Helmut Pirc

Bäume von A-Z

Erkennen und Verwenden

616 Farbfotos

Ulmer

Vorwort

Vorwort

Bäume sind waldbildend und stellen dominierende Elemente im Öffentlichen Grün, Parkanlagen, Straßen und Gärten dar. Die Anzahl der in Mitteleuropa heimischen Arten mag zwar bescheiden sein, durch die Verwendung von fremdländischen Arten und zahlreichen Sorten steigt die Artenvielfalt aber drastisch an, so dass wir uns insgesamt mit etwa 250-300 Baumarten auseinandersetzen, diese bestimmen müssen oder richtig verwenden sollen. Wir unterscheiden Laub- und Nadelbäume, wobei die Laubbäume vorwiegend sommergrün sind, in seltenen Fällen auch immergrün oder wintergrün sein können. Manche dieser Bäume werden kaum höher als 5-6 m, die meisten Baumarten erreichen Höhen zwischen 15 und 25 m, einige, insbesondere aus Amerika stammende Arten können am Heimatstandort 80 m und höher werden. Auch in ihrer Entwicklung sind Bäume sehr variabel: während manche raschwüchsige Pionierarten wie Weiden und Pappeln bereits mit 20-30 Jahren ausgewachsen sind, gibt es langsam- bis sehr langsamwüchsige Arten wie Eiben, Mammutbäume oder einige Kiefern, die ein Alter von 1000 bis 3500 Jahren erreichen können.

Das vorliegende „Katalog-Buch" sollte den Studierenden und dem Fachmann ebenso wie den interessierten Laien eine Bestimmungshilfe sein sowie allgemeine Informationen (Herkunft, Nutzung, etc.) über die Bäume bieten. Gleichzeitig sollen dem Pflanzenverwender sowie dem Garten- und Landschaftsgestalter nützliche Hinweise über die zeitliche und räumliche Entwicklung der einzelnen Baumarten, sowie über deren Wurzelwachstum und Standortansprüche gegeben werden. Nahezu alle wichtigen, in Mitteleuropa verwendeten Arten und Sorten, sowie die häufigsten Baumarten des Mittelmeerraumes werden mit entsprechendem Bildmaterial vorgestellt. Auf der vorderen aufgeklappten Umschlaginnenseite findet man Tipps zur Baumpflanzung, auf der hinteren aufgeklappten Umschlaginnenseite sind wichtige botanische Fachbegriffe erklärt. Ich hoffe, dass mit diesem Buch den an dieses umfassende Thema gestellten Anforderungen seitens der Studierenden, der Pflanzenliebhaber und der Pflanzenverwender gleichermaßen nachgekommen wird und eine Lücke im bisherigen Angebot der „Baumbücher" geschlossen wird.

Wien, im Juni 2004 Helmut Pirc

Acer Ahorn

Ahorn, *engl.* Maple; *franz.* Erable; *ital.* Acero; *span.* Arce; *kroat.* Javor
Familie: Aceraceae, Ahorngewächse

Die Gattung Acer umfasst etwa 150 Arten, die in der gesamten nördlichen Zone Nordamerikas, Europas und Asiens vertreten sind. Die Arten präsentieren sich außerordentlich vielgestaltig, die Wuchstypen reichen von kleinen Sträuchern bis hin zu mächtigen, imposanten Baumgestalten. Sie besitzen ornamentale Blätter, die meisten Arten weisen eine prächtige Herbstfärbung auf. Darüber hinaus sind sie relativ leicht zu kultivieren und finden in der Landschaft, in Parks, entlang von Straßen und besonders in Gärten Verwendung.

Acer campestre L.

Feld-Ahorn, Maßholder; *engl.* Field maple, Hedge maple, Common maple; *franz.* Erable des champs, Erable champêtre, Erable commun; *ital.* Acero campestre, Oppio; *span.* Arce menor, Arce silvestre; *kroat.* Javor klen
Habitus: Kleiner bis mittelgroßer, meist rundkroniger Baum von 5–15 (selten bis 20) m Höhe und 5–10 m Breite; oft auch nur strauchförmig wachsend, dann dicht und sparrig verzweigt.
Rinde: Borke längs- und querrissig, rechteckig gefeldert, Zweige braun, an jungen Pflanzen oft mit ausgeprägten, flügelartigen Korkleisten.
Blätter: Meist (3–)5-lappig, 5–10 cm breit, buchtig eingeschnitten, oberseits stumpf dunkelgrün, unterseits graugrün und fein behaart, milchsaftführend, leuchtend gelbe Herbstfärbung.
Blüten: Gelblich grüne aufrechte Rispen mit dem Laubaustrieb im Mai.
Verbreitung und Standort: Europa, Kleinasien, Nordafrika, im Tiefland bis auf 1000 m Seehöhe, wächst in Eichen-Hainbuchen-Mischwäldern, Auenwäldern, Waldränder, Hecken.
Ansprüche: Sehr anpassungsfähiges Gehölz, meidet allerdings vollschattige Standorte, gut stadtklimaverträglich, sehr windfest, trockene bis frische Böden

Acer campestre

Acer campestre

Acer campestre

Acer campestre 'Nanum'

Acer capillipes

Acer rufinerve

Acer capillipes

aller Art, bevorzugt kalkhaltige Standorte, meidet staunasse Böden.

Allgemeines: Früher wurden die Zweige zur Viehfuttergewinnung geschnitten.

Verwendung: Der Feld-Ahorn ist eines der vielseitigsten und robustesten Gehölze in der Garten- und Landschaftsgestaltung, auch für Windschutzpflanzungen, Hecken (gut schnittverträglich), Mischpflanzungen aller Art, Bienenweide und Vogelnähr- und -schutzgehölz.

Nutzung: Der Feld-Ahorn ist sehr gut schnittverträglich, wichtiges Gehölz für Heckenwände und Formschnitt. Das Holz ist rötlich getönt, fest, hart, zäh und elastisch. Es wurde vorwiegend zum Drechseln und zur Herstellung landwirtschaftlicher Geräte verwendet.

Sorten: 'Elsrijk': Mittelgroßer Baum mit breit eiförmiger Krone, weitgehend mehltauresistent. 'Nanum': Sehr langsamwüchsige Sorte mit dichter, rundlicher Krone, Kronendurchmesser etwa 2–3 m nach einigen Jahrzehnten, meist Kronenveredlung. 'Royal Ruby': Kleiner Baum oder Strauch mit purpurrotem Laubaustrieb, Blätter vergrünen im Sommer.

Acer capillipes Maximowicz

Rotstieliger Schlangenhaut-Ahorn; *engl.* Red snake bark maple; *franz.* Erable capillaire, Erable oriental rouge; *ital.* Acero

Habitus: Großstrauch bis Kleinbaum von 7–9 (–12) m Höhe und 4–5 m Breite, Krone malerisch ausladend bis leicht überhängend.

Rinde: Glänzend grüne, gelegentlich auch rötlich angehauchte Stämme mit weißen Längsstreifen, außerordentlich attraktives Rindenbild, auch Zweige sind glänzendgrün bis rötlich mit weißer Zeichnung.

Knospen: Auffällige längliche, rot gefärbte Knospenschuppen.

Blätter: 3-lappige, breite Blätter von 6–12 cm Länge, Lappen auffallend 3-eckig zugespitzt, Blätter im Austrieb rötlich, später glänzend dunkelgrün, Herbstfärbung leuchtend karminrot.

Blüten: Gelbliche, 7–8 cm lange, hängende Blütentrauben mit etwa 10–25 Einzelblüten nach dem Laubaustrieb im Mai.

Verbreitung und Standort: Wächst im Unterwuchs der Bergwälder Japans.

Ansprüche: Sonnige bis halbschattige Standorte, sehr frosthart, rauchhart und stadtklimafest, bevorzugt humose nahrhafte, gut durchlässige Böden mit geringem Kalkgehalt, sonst leicht Chlorose und Wuchsdepressionen.

Allgemeines: Selten verwendeter Großstrauch bis Kleinbaum mit exotischer Wirkung.

Verwendung: Zählt zu den attraktivsten in der Gruppe der Ahorne, der schöne Wuchs, die Belaubung und prächtige Herbstfärbung sowie das dekorative Rindenbild machen ihn zu einem wertvollen Solitärgehölz in Gärten und Parks. Wegen seines aufrechten, lockeren Wuchses lässt er sich gut mit Kleingehölzen, Stauden und Farnen kombinieren.

Weitere Arten:

Neben dem Rotstieligen Schlangenhaut-Ahorn sind noch die ähnlichen und verwandten Arten *A. davidii* subsp. *grosseri*, Grossers Ahorn; franz. Erable de Grosser; *A. davidii* subsp. *davidii*, Davids Ahorn; *engl*: Snakebark maple, Père David's maple; *franz.* Erable de David; und *A. rufinerve*, der Rostnervige Ahorn; *engl.* Red-veined maple; *franz.* Erable rufinerve sowie der aus Amerika stammende A. *pensylvanicum*, der Pensylvanische Ahorn, Streifen-Ahorn; *engl.* Moosewood, Snakebark maple; *franz.* Erable jaspé mit gelber(!) Herbstfärbung zu nennen; diese Arten unterscheiden sich nur geringfügig von den oben genannten.

Acer cappadocicum Gleditsch. subsp. cappadocicum

Kolchischer Ahorn; *engl.* Caucasian Maple; *franz.* Erable de Cappadoce, Erable de Colchide; *ital.* Acero; *span.* Arce de Capadocia
(Syn.: *A. laetum*, *A. colchicum*)

Habitus: Mittelgroßer Baum mit breitrundlicher Krone, wird etwa 12–15 (–20) m hoch und 8–10 m breit, bleibt oft kleiner.

Rinde: Glatte graue Borke, Zweige bleiben im 2. Jahr noch glänzend oder rötlich.

Blätter: 5- oder 7-lappig, 8–14 cm breit, Blattspreite ist dünn und leicht glänzend, milchsaftführend, Herbstfärbung leuchtendes, prächtiges Gelb.

Blüten: In grünlich gelben aufrechten Blütenrispen nach dem Blattaustrieb im Mai.

Wurzel: Oberflächennahes Wurzelsystem, einziger Ahorn, der starke Wurzelausläufer (Wurzelbrut) entwickelt.

Verbreitung und Standort: Südosteuropa, Kaukasus, Kleinasien, Nordiran, Westhimalaja und Westchina mit zahlreichen Unterarten, wächst in Laub- und Nadelmischwäldern.

Ansprüche: Bevorzugt vollsonnige bis lichtschattige Standorte in wärmeren Lagen. Sehr anpassungsfähig, bevorzugt alkalische, wächst aber auch auf sauren Standorten, gleichmäßig feuchte, gut drainierte Böden, gut frosthart bis –25 °C.

Allgemeines: Blätter der Ausläufer (Wurzelbrut) im Austrieb kräftig rot gefärbt.

Verwendung: Prächtiger Solitärbaum in Parks und großen Gärten wegen der schönen Wuchsform und der prächtigen Herbstfärbung.

Weitere Sorten: 'Rubrum': Blätter im Austrieb blutrot, später vergrünend, Johannistrieb ebenfalls blutrot gefärbt. 'Aureum': Sorte mit leuchtendgelbgrünem Austrieb, Blätter bleiben im Sommer eher hellgrün gefärbt.

Weitere verwandte Art:

A. cappadocicum subsp. **lobelii** (Tenore) De Jong Lobels Ahorn, Neapolitanischer Ahorn; *engl.* Lobel's maple; *franz.* Erable de Lobel; *ital.* Acero neapolitano Dieser Ahorn ist eine Unterart des Kolchischen Ahor-

Acer cappadocicum subsp. cappadocicum

Acer cappadocicum subsp. cappadocicum

Acer cappadocicum subsp. lobelii

Acer griseum

Acer griseum

nes, der sich durch seinen straff aufrechten bis fast säulenförmigen Wuchs von der Art deutlich unterscheidet, wird etwa 15 m hoch, kommt in Mittel- und Süditalien sowie den Bergwäldern am Golf von Neapel vor. Bei uns selten in Verwendung.

Acer griseum (Franch.) Pax

Zimt-Ahorn; *engl.* Paperbark maple; *franz.* Erable à écore de bouleau; *ital.* Acero; *kroat.* Sivi javor

Habitus: Großstrauch oder kleiner Baum von 5–8 m Wuchshöhe, selten bis 12 m, oft mehrstämmig, breitkronig bis trichterförmig, lockere Krone, sehr langsamwüchsig.

Rinde: Zimtfarbene, rotbraune, papierartig abrollende Rinde ab dem 4-jährigen Holz, besonders auffällig an älteren Stammpartien.

Blätter: 3-zählige Blätter, Blättchen 3–8 cm lang, elliptisch, Austrieb spät, bronzefarben, Herbstfärbung leuchtend orange oder scharlachrot, seltener gelb.

Blüten: Zartgelbe hängende Blütenrispen mit dem Blattaustrieb im Mai.

Wurzel: Flach- bis Herzwurzler, empfindlich gegenüber Eingriffen im Boden.

Verbreitung und Standort: Wächst in den Bergwäldern Westchinas.

Ansprüche: Sonnige bis halbschattige Standorte, warm bis kühl, liebt hohe Luftfeuchtigkeit, meidet heiße und trockene Standorte, empfindlich gegen Luft- und Bodenverschmutzung, frische bis feuchte Böden, Bodenreaktion sollte eher sauer oder neutral bis schwach alkalisch sein.

Allgemeines: Zweifellos eines der schönsten Gehölze mit Rindenfärbung, kostbares Gartengehölz, lässt sich nur schwer vermehren, da nur wenige Samen keimfähig sind.

Acer griseum

Verwendung: Prächtiges, exquisites Solitärgehölz für Einzelstellung im Garten, auf Rasenflächen und an Gehölzrändern, besonders im Winter tritt die schöne Rindenwirkung zutage; gute Kombinationsmöglichkeiten mit Stauden und Gräsern.

Acer monspessulanum L.

Französischer Ahorn, Montpellier Ahorn, Burgen-Ahorn, Felsen-Ahorn; *engl.* Montpellier maple; *franz.* Erable de Montpellier; *ital.* Acero piccolo; *span.* Arce de Montpellier, Mundillo; *kroat.* Javor maklen

Habitus: Kleiner Baum mit unregelmäßiger, breit eiförmiger oder rundlicher Krone, oft nur sparriger Strauch, 5–8 (–11) m hoch und 4–7 (–9) m breit, langsam wachsend.

Rinde: Im Alter rechteckig gefelderte, dunkel schwarzbraune Borke.

Blätter: 3-lappig, derb ledrige, dunkelgrün glänzende Blätter 3–4 cm breit, Herbstfärbung gelb, gelegentlich orange bis rötlich im Oktober.

Blüten: Gelbgrüne, hängende Blütentrauben knapp vor oder mit dem Laubaustrieb im April.

Verbreitung und Standort: Mittelmeer bis zum Kaukasus und Nordpersien, ebenso Nordafrika, in Deutschland im Rhein-, Mosel- und Nahetal. Wächst bevorzugt auf Kalk auf warmen, trockenen Felshängen, im lichten Trockengebüsch; ist mit anderen wärmeliebenden Bäumen und Sträuchern wie Flaum-Eiche, Stein-Weichsel, Schlehdorn, Blasenstrauch, Mehlbeere und Elsbeere sowie der Felsenbirne vergesellschaftet.

Ansprüche: Bevorzugt vollsonnige Standorte, lichten Schatten ertragend; Kalk liebend, kommt mit allen Bodenarten gut zurecht, auch auf trockenen Böden, der Französische Ahorn ist licht- und wärmeliebend, hitzetolerant, windfest und ausreichend frosthart, jedoch keine Extremlagen.

Allgemeines: Der Name bezieht sich auf die französische Stadt Montpellier; Blüten werden sehr stark von Bienen, Hummeln und Käfern beflogen.

Verwendung: Freistehende Exemplare entwickeln sich zu kleinen bis mittelgroßen schönen Solitärbäumen, sie sind langsamwüchsig, auch für kleinere Straßenräume, in Mischpflanzungen geeignet.

Sorten: Keine Sorten bekannt, aber die Art ist sehr variabel, mit zahlreichen Unterarten (regionalen Rassen), zur Zeit werden Auslesen betrieben (HBLVA Wien-Schönbrunn). Eine interessante Hybride zwischen dem Berg-Ahorn und dem Französischen Ahorn ist *Acer × coriaceum*: kleiner Baum mit etwas größeren und längeren Blättern als jene von *A. monspessulanum*, sehr selten in Parks anzutreffen.

Acer negundo L.

Eschen-Ahorn; *engl.* Box elder, Ash leafed maple, Common box, Elder; *franz.* Erable négondo, Erable à feuilles de frêne; *ital.* Acero negondo; *span.* Arce negundo; *kroat.* Javor negundovac

Habitus: Mittelgroßer Baum mit lockerer, breiter Krone oder mehrstämmiger Großstrauch, bis 15 (–20) m hoch und 10–12 m breit, sehr raschwüchsig.

Rinde: Glatte graubraune Borke. Junge Triebe und Zweige glänzend grün, oft blau bereift.

Acer monspessulanum

Acer monspessulanum

Blätter: Gefiedert, Blättchen meist 5 (–7) oder 3, hellgrün, Herbstfärbung unscheinbar, gelegentlich gelb.

Blüten: Blassgelb, vor dem Laubaustrieb im März–April, in hängenden Trauben, Blüten sind 2-häusig, männliche Blütenstände auffallend.

Verbreitung und Standort: Stammt aus Nordamerika, wächst dort bevorzugt an Seeufern und in Auenwäldern.

Ansprüche: Sonne bis Schatten, wärmeverträglich, dennoch frosthart, Pioniergehölz, unempfindlich gegenüber Luftverschmutzung, stadtklimafest, Windbruchgefahr, sehr anspruchslos, toleriert alle Bodenarten, auch vernässte Böden und hoher Grundwasserstand werden ertragen.

Allgemeines: Männliche und weibliche Blüten sind auf verschiedene Pflanzen verteilt, werden vom Wind bestäubt, sehr schnellwüchsige Pionierpflanze, ist stark verwildert.

Verwendung: Schnellwüchsiges, dekoratives Gehölz für Solitärstellung und für Gruppenpflanzungen im Park und städtischen Bereich, Uferbegleitgrün, Pio-

Acer negundo

Acer negundo 'Flamingo'

Acer negundo 'Variegatum'

Acer negundo 'Variegatum'

nier zur Ödlandbegrünung, Abpflanzungen, panaschierte Sorten auch im Garten.

Sorten: 'Aureo-Variegatum': Fiederblättchen dunkelgrün mit unregelmäßigen goldgelben Flecken. 'Flamingo': silbrig graugrün, später mittelgrün, weiß bis rosa-weiß gerandet und marmoriert, junger Austrieb zart flamingorosa gefärbt oder lebhaft grünrosa gefleckt. 'Odessanum': Blätter im Austrieb bronzefarben, später lebhaft gelb. 'Variegatum': Fiederblättchen unregelmäßig weiß gerandet oder gebändert. Alle buntlaubigen Sorten eignen sich als Solitärpflanzen für besondere Situationen in Park und Garten sowie für Pflanzkübel, Unterpflanzung und Kombinationen mit farblich abgestimmten Stauden gut möglich.

Acer opalus Mill.

Italienischer Ahorn, Schneeballblättriger Ahorn; *engl.* Italien maple; *franz.* Erable à feulles d'obier; *ital.* Acero neapolitano; *kroat.* Talijanski javor
(Syn.: *A. italum*, *A. opulifolium*)

Habitus: Kleiner bis mittelgroßer Baum von 8–12 (–15) m Wuchshöhe und 5–15 m Kronenbreite.

Rinde: Alte Borke ist graubraunschuppig.

Knospen: Groß, breit zugespitzt, mit zahlreichen dunkelbraunen Knospenschuppen.

Blätter: 5–10 cm breit, derb dunkelgrün, unterseits blaugrün, mitunter behaart, stumpf (3-)5-lappig, Blattlappen kurz und breit, Austrieb oft rötlich, Herbstfärbung leuchtend orange bis rot.

Blüten: Lebhaft zitronengelb in vielblütigen, hängenden Doldentrauben vor dem Laubaustrieb im April, zierend.

Verbreitung und Standort: Der Italienische Ahorn kommt in den südeuropäischen Gebirgen vor, am Balkan, in den Südalpen sowie im Illyrischen Gebirge, er wächst dort in lichten Buchen-Eichenwäldern in Gesellschaft mit Flaum-Eichen, Mehlbeeren, Elsbeeren, Stein-Weichsel, Buchs, Kornelkirsche, Hasel und Französischem Ahorn.

Ansprüche: Wärme- und hitzeliebend, trockenheitsresistent, etwas spätfrostempfindlich, kommt früh in Saft, deshalb gelegentlich Frostrisse bei jungen Bäumen (Stämme vor Frostrissen schützen).

Allgemeines: Die Bezeichnung Schneeballblättriger Ahorn bezieht sich auf die Ähnlichkeit seiner Blätter mit jenen des Gewöhnlichen Schneeballs, *Viburnum*

opulus, die Blüten werden stark von Bienen, Hummeln und anderen Insekten beflogen.
Verwendung: Kleiner malerischer Baum mit schöner, leuchtend orangeroter Herbstfärbung, sehr schön als Einzelgehölz in Parks und großen Gärten.
Nutzung: Das Holz wird für Tischlerarbeiten, zum Drechseln, zur Herstellung von Einrichtungs- und Dekorationsstücken sowie für Resonanzböden für Streichinstrumente verwendet.

Weitere Art:
A. opalus subsp. **obtusatum** (Willd.) Gams, der Stumpfblättrige Ahorn oder Bosnische Ahorn. Bis 7-lappige, breitere Blätter, die auf der Unterseite weich behaart sind.

Acer palmatum Thunb.

Fächer-Ahorn, Japanischer Fächer-Ahorn; *engl.* Japanese maple; *franz.* Erable palmé, Erable japonais; *ital.* Acero; *span.* Arce palmado japonés; Arce polimorfo; *kroat.* Dlanastolisni javor
(Syn.: *Acer polymorphum* Siebold et Zucc.)
Habitus: Exquisiter Kleinbaum oder auch nur baumartiger Großstrauch, 4–7 (–8) m hoch, 2–5 m breit, meist mehrstämmig, langsamwüchsig.
Rinde: Glatt, grau, bei manchen Sorten auffällig rot, Zweige sehr dünn, zierlich.
Knospen: Sehr zierlich, spitz.
Blätter: 5–10 cm lang und breit, meist 5- bis 7 (–11)-lappig, tief eingeschnitten, Blattlappen zugespitzt, frischgrün, Herbstfärbung leuchtend orange bis rot.
Blüten: Die Blüten erscheinen nach oder mit dem Laubaustrieb im Mai in rötlichen Trauben.
Wurzel: Flachwurzler, Oberboden wird intensiv durchwurzelt, hoher Feinwurzelanteil, Wurzelbereich sollte kühl und feucht sein (eventuell mulchen).
Verbreitung und Standort: Kommt im Unterwuchs der Wälder Japans und Koreas, im Gebirge wie im Tiefland vor.
Ansprüche: Bevorzugt lichtschattige, kühlfeuchte und wintermilde Lagen, windgeschützt, spätfrostgefährdet, empfindlich gegen Hitze und Trockenheit.

Acer opalus

Acer opalus

Acer opalus subsp. obtusatum

Acer palmatum

Acer palmatum

Acer palmatum-Sorten

Acer palmatum 'Garnet'

Acer palmatum 'Osakazuki'

Acer palmatum 'Dissectum'

Acer palmatum 'Dissectum'

Benötigt schwach sauren bis schwach alkalischen, frischen bis feuchten, durchlässigen, lockeren sandig-humosen Lehmboden. Auf schweren, nassen, undurchlässigen und verdichteten Böden versagt der Fächer-Ahorn, Frostschäden und Pilzerkrankungen sind die Folge.

Allgemeines: Der Fächer-Ahorn ist eine ungemein variable Gehölzart mit mehr als 200 Sorten, prächtiger Herbstfärbung und besonders exquisitem Aussehen. Fächer-Ahorne in zahlreichen Sorten sind sehr beliebte Bonsai-Pflanzen.

Verwendung: Einer unserer größten Kostbarkeiten für den Garten, außergewöhnliches Solitärgehölz für Einzelstellung, sowohl im Garten aus auch in Parkanlagen, für Innenhöfe, auch sehr dekorativ in großen Kübeln und Containern. Lässt sich sehr schön mit anderen exquisiten Gehölzen wie Azaleen, Strauch-Paeonien, Federbusch-Strauch, Gartenbambus, Farnen, Gräsern und Stauden kombinieren. Prächtiger Herbstaspekt.

Sorten: Sorten mit handförmigen Blättern werden in der Palmatum-Gruppe zusammengefasst, dazu zählen die meisten Sämlingspflanzen und Sorten wie z. B. 'Bloodgood', 'Atropurpureum' (rotlaubige Sorten), 'Osakazuki' und 'Sango-kaku', der Korallenrinden-Ahorn.

Sorten mit geschlitzten Blättern, deren Blattlappen wiederum fiederförmig bis eingeschnitten gesägt sind werden der Dissectum-Gruppe zugeordnet, z. B. 'Dissectum' oder 'Garnet' und 'Ornatum' (rotlaubig), diese Sorten weisen zumeist einen pilzförmigen Wuchs auf.
Der Linearilobum-Gruppe gehören Sorten mit sehr schmalen, linealischen bis fadenförmig zusammengesetzten Blattlappen, z. B. 'Linearilobum', an.
Daneben gibt es noch die Zwerg- und Bonsaiformen, dazu zählen Sorten, die kleinwüchsig, dichttriebig und kompakt gewachsen sind, z. B. 'Okushimo'.
In der letzten Gruppe werden Sorten zusammengefasst, die sich in die vorhin genannten Gruppen nicht gut einordnen lassen, wie beispielsweise die feinlaubige, aufrecht wachsende Sorte 'Seiryu' oder 'Shishigashira' mit ihren dicht gedrängten Internodien.

Acer palmatum 'Osakazuki'

Acer platanoides L.

Spitz-Ahorn; *engl.* Norway maple; *franz.* Erable plane, Erable de Norvège; *ital.* Acero platano; *span.* Arce real, Arce platanoide; *kroat.* Javor mlijec

Habitus: Rundkroniger Großbaum mit dichtgeschlossener Krone, 20–25 (–30) m hoch und bis 15 m breit.

Rinde: Borke schwärzlichgrau.

Blätter: 12–18 (–20) cm breit, 5- bis 7-lappig, oberseits glänzend dunkelgrün, kahl, unterseits heller, milchsaftführend, Herbstfärbung intensiv goldgelb, gelegentlich auch orangerot.

Blüten: Gelblich grün, in aufrechten, endständigen 5–8 cm langen Trugdolden, erscheinen vor dem Laubaustrieb im März–April, auffallend.

Wurzel: Flach- bis Herzwurzler, intensives Feinwurzelwerk, empfindlich gegen Bodenverdichtung.

Verbreitung und Standort: Europa, östlich bis zum Ural, Kaukasus und Kleinasien bis Nordpersien; in Misch- und Schluchtwälder. Höchstalter etwa 150 Jahre, sehr variabel, schnellwüchsig.

Ansprüche: Frische, nährstoffreiche, humose Böden, versagt auf sauren Böden und Sandboden. Benötigt Sonne, verträgt lichten Schatten, ist hitzeverträglich, gleichzeitig frosthart, insgesamt anpassungsfähig und anspruchslos, auch stadtklimaverträglich, windfest.

Allgemeines: Im Volksglauben ist der Spitz-Ahorn ein wirksamer Schutz gegen Hexen. Um Hexen von Ställen und Scheunen abzuhalten, wurden Zapfen aus Ahornholz in Türen und Schwellen eingeschlagen.

Verwendung: Aufgrund seiner Anpassungsfähigkeit zählt der Spitz-Ahorn zu den wichtigsten Gehölzen in der freien Landschaft und im städtischen Raum. In frostgefährdeten Lagen Frostrisse an jungen Stämmen möglich. Für Einzelstellung, Gruppenpflanzungen, Bodenbefestigung, Windschutz, Dorf- und Hofbaum, Straßenbaum, Vogelnährgehölz.

Nutzung: Das Holz ist mäßig hart, schwer, fein; Möbelholz, zur Herstellung von Furnieren, Tischplatten, Musikinstrumenten. Früher verwendete man Blätter

Acer platanoides

des Spitz-Ahorns zum Füttern von Schafen, im Frühjahr geerntet, wurden sie sogar als Salat verspeist, der Baum hieß deswegen auch „Salat-Baum". In der Medizin nutzte man einen Sud aus Ahornblättern gegen Augenentzündungen.

Acer platanoides 'Globosum'

Acer platanoides 'Columnare'

Acer platanoides 'Faassen's Black'

Sorten: 'Cleveland': Mittelgroßer Baum mit ovaler, kompakter Krone, besonders für den innerstädtischen Bereich. 'Eurostar': Mittelgroßer bis großer Baum, wertvolle Neuheit, als Allee- und Straßenbaum. 'Farlake's Green': Ähnlich dem vorigen. 'Columnare': Bis 10 m hoher Baum mit anfangs straff säulenförmiger, später eiförmiger Krone, Äste schräg aufrecht wachsend, Zweige kurz; langsamwüchsiger schmalkroniger Baum für Stadtstraßen und Innenhöfe und schmale Abpflanzungen. 'Olmstedt': Mäßig stark wachsender Baum mit anfangs säulenförmiger, später spitz ovaler bis kegelförmiger Krone, guter Stadtbaum. 'Globosum': Kugel-Ahorn, Kleinbaum mit regelmäßiger, dicht verzweigter, geschlossener Kugelkrone, hochstämmig veredelt, schwachwüchsig, für beengte Straßenräume; formaler, dekorativer Raumbildner, auch für Kübel und Container geeignet.

Die Sorten 'Schwedleri', 'Reitenbachii', 'Emerald Queen' und 'Deborah' treiben intensivrot aus, die Blätter werden später braungrün bis dunkelgrün, Park- und Straßenbäume. 'Faassen's Black' und 'Royal Red': Mittelgroße Bäume mit intensiv purpurrotem bis metallisch schwarzrotem Austrieb, Blätter bleiben bis zum Herbst dunkelpurpur bis schwarzrot gefärbt, für Einzelstellung in Parkanlagen, Straßenbaum. 'Drummondii': Mittelgroßer Baum mit breit pyramidaler Krone, weiß bis cremeweiß gerandeten Blättern, schöne weißbunte Form zur Kontrastierung und Belebung von Gehölzpflanzungen.

Acer platanoides 'Drummondii'

Acer pseudoplatanus L.

Berg-Ahorn; *engl.* Sycamore; *franz.* Erable sycamore; *ital.* Acero montano; *span.* Arce plátano falso, Arce blanco, Sicómoro; *kroat.* Gorski javor

Habitus: 20–25 (–40) m hoher Baum mit dichter, anfangs runder, im Alter hoch aufgewölbter, 15–20 m breiter Krone.

Rinde: Anfangs graubraun, glatt; später in kleinen Schuppen ablösend.

Blätter: Sommergrün, gegenständig, Stiel bis 20 cm lang, ohne Milchsaft; oberseits matt dunkelgrün, unterseits heller, graugrün behaart. Herbstfärbung leuchtend goldgelb.

Blüten: Mai, mit oder knapp nach dem Laubaustrieb in hängenden, bis 15 cm langen, vielblütigen Rispen. Blüten gelbgrün.

Früchte: Geflügelte Spaltfrüchte mit rundlichen, kugeligen Nüsschen.

Wurzel: Tiefwurzler, empfindlich gegen Bodenverdichtung, verträgt aber nachträgliche Einschüttung mit lockeren Substraten.

Verbreitung und Standort: Gebirge Mittel-, Süd- und Südosteuropas sowie Kaukasus. Der Berg-Ahorn wächst meist in montanen artenreichen Misch- und Schluchtwäldern, kommt aber auch noch im subalpinen Fichtenwald bis in 1700 m Seehöhe (Alpen) vor.

Ansprüche: Bevorzugt tiefgründige, frische bis feuchte, humose und nährstoffreiche Böden in kühlfeuchten Lagen, kalkhältige Standorte werden bevorzugt. Für sonnige Standorte, aber lichten Schatten ertragend; frosthart; empfindlich gegen Hitze, Luft- und Bodentrockenheit, verträgt keine Luftverschmutzung, windfest.

Allgemeines: Der Berg-Ahorn bildet keine Reinbestände, sondern ist in Mischwäldern anzutreffen. Wird etwa 500 Jahre alt, hat mit 100 Jahren aber seine endgültige Höhe erreicht. Sehr formenreiche Gruppe, gelegentlich gibt es in der Natur Formen mit rötlich gefärbter Blattunterseite.

Verwendung: Prächtiger Solitärbaum in der Landschaft sowie Park- und Hofbaum; in einigen Gebieten innerhalb der Alpen teilweise landschaftsprägend. Windschutz und Hangbefestigung (zur Sicherung von Schuttböden und Rutschhängen). Auch häufig als Allee- und Straßenbaum in Verwendung (mäßig salzverträglich!), prachtvoller Schattenspender, Vogelnährgehölz.

Acer pseudoplatanus

Nutzung: Das Holz des Berg-Ahorns ist hell, beinahe weiß, sehr hart und strapazierfähig; es ist ein wertvolles Nutzholz und wird zur Herstellung von Furnieren und Parketten verwendet. Fußböden aus Ahorndielen sind besonders exquisit; das unbehandelte Holz nimmt auch im Möbelbau, insbesondere bei der Herstellung von Tisch- und Kommodenplatten einen besonderen Platz ein. Instrumentenbauer schätzen Ahornholz (Ton- oder Resonanzholz) bei der Anfertigung von Musikinstrumenten wie Flöten und Zithern, Lauten, Gitarren und Geigen. Der Berg-Ahorn wurde in früheren Zeiten in Böhmen deshalb auch als Lautenbaum bezeichnet.

Wagner fertigten früher auch Dreschflegel, Radzähne, Walzen, Rollen, Ölstampfen und Schrauben, ebenso

Acer pseudoplatanus

Acer pseudoplatanus 'Brilliantissimum'

wie Kutschbäume, Naben und Schlittenkufen aus dem Ahornholz. Auch allerlei Küchengerätschaften für den täglichen Gebrauch wie Schüsseln, Teller, Löffel, aber auch Bottiche und Kannen wurden hergestellt.

Sorten: Zahlreiche Sorten (etwa 60) mit abweichender Wuchsform, z. B. 'Erectum': Mit anfangs straff, später breit säulenförmigen Wuchs. 'Negenia': Breit

Acer pseudoplatanus 'Leopoldii'

pyramidaler Kronenaufbau, weniger frosthart, deshalb öfter Stammschäden; 'Rotterdam': Ebenfalls breit pyramidale Krone. 'Atropurpureum': Mit purpurnen Blattunterseiten. 'Erythrocarpum': Mit roten Fruchtflügeln. 'Brilliantissimum': Hochstämmig veredelter kleiner Baum mit gelblichem, blassrosa überlaufenem Austrieb, nur für Gärten und Parkanlagen. 'Leopoldii': Hat im Austrieb kupfrigrosa Blätter, die später weißlich gelb gefleckt sind. Attraktiver Parkbaum.

Acer rubrum L.

Rot-Ahorn, Sumpf-Ahorn; *engl.* Red maple, Scarlet maple; *franz.* Erable rouge; *ital.* Acero; *kroat.* Crveni javor

Habitus: Mittelgroßer Baum, 10–15 (–20) m hoch und 6–10 (–14) m breit, mit kegelförmiger oder breitrundlicher, geschlossener Krone, im Alter Bezweigung eher locker, in der Jugend raschwüchsig.

Rinde: Borke alter Bäume glatt und grau.

Knospen: Mit rötlichen Knospenschuppen. Blütenknospen zu Knospenpaketen gehäuft, meist 12–18 Knospen dicht beisammen.

Blätter: Die 6–10 cm langen Blätter sind 3 (–5)-lappig, dunkelgrün, unterseits bläulich weiß, Herbstfärbung gelb, orange bis leuchtend rot, sehr früh einsetzend.

Blüten: Vor dem Laubaustrieb im März–April, dunkelrot, zierend.

Wurzel: Herzwurzler, hoher Anteil der Feinwurzeln befindet sich im Oberboden, deshalb empfindlich gegen Bodenverdichtung und Einpflasterungen.

Verbreitung und Standort: Der Rot-Ahorn kommt im östlichen Nordamerika vor, er wächst dort an Flussufern, sogar in Sümpfen sowie auf feuchten und nassen Böden, aber auch an trockeneren Stellen in Mischwäldern vor, an den sumpfigen Standorten ist er meist mit Sumpfzypressen, Eschen, Gelb- und Schwarz-Birke sowie mit dem Amberbaum vergesellschaftet.

Ansprüche: Sonne bis lichter Schatten, bis –31 °C frosthart, aber Jungpflanzen spätfrostgefährdet, hitzeunverträglich, meidet Luft- und Bodentrockenheit, auf kalkhältigen und trockenen Böden kaum Herbstfärbung, nicht windfest, keine verdichteten Böden, verträgt kurzfristige Überschwemmungen, benötigt kalkarme, nährstoffreiche, feuchte Böden.

Allgemeines: Wird gerne von Bienen beflogen, wegen der frühen Blüte wertvolles Insektennährgehölz.

Acer rubrum

Acer rubrum

Acer rubrum

Acer rubrum ‘Scanlon’

Verwendung: Auffälliger und verlässlicher Herbstfärber (Beginn immer ab 15. September), gute Kombinationsmöglichkeit mit Herbstastern oder anderen früh ausfärbenden Gehölzen wie dem Gelbholzbaum. Einzelstellung in Park und Gärten, bei geeigneten Bodenbedingungen Straßenbaum für enge Standorte.

Nutzung: Die ersten Siedler in Nordamerika verwendeten die Borke des Rot-Ahorns zum Färben von Leinen und Wolle, schon die Indianer wussten, dass man mit dem Rindenextrakt Naturstoffe dunkelblau färben konnte.

Sorten: ‘Armstrong’: Mittelgroßer Baum mit säulenförmiger Krone für die Verwendung in schmalen Straßen. ‘October Glory’: Mittelgroßer Baum mit breit pyramidaler, etwas unregelmäßiger Krone, zählt zu den schönen „Herbstfärbern“, färbt sich 3 Wochen nach der Sorte ‘Red Sunset’. ‘Red Sunset’: Mittelgroßer Baum mit breit kegelförmiger, im Alter eiförmiger bis rundlicher Krone, weitere „Herbstfärber“-Sorte. ‘Scanlon’: Kleiner Baum mit kompakt kegelförmiger, dichtverzweigter Krone, aufwärtsstrebende Äste, spektakuläre Herbstfärbung, Einzelbaum oder schmalkroniger Alleebaum.

Acer saccharinum L.

Silber-Ahorn; *engl.* Silver maple; *franz.* Erable argenté; *ital.* Acero bianco americano; *span.* Arce plateado, Arce blanco americano, Arce sacarino; *kroat.* Srebrnolisni javor
(Syn.: *Acer dasycarpum*)

Habitus: Großer, stattlicher Baum mit hochgewölbter Krone, Hauptäste weit ausladend, locker stehend, Zweige überhängend, oft mehrstämmig oder Krone auf kurzem Stamm ansetzend, 15–20 (–30) m hoch und 12–15 m breit, sehr raschwüchsig.

Rinde: Borke silbergrau.

Blätter: 10–15 cm lang, tief 5-lappig, hellgrün, unterseits silbrigweiß, Herbstfärbung leuchtend gelb, auch orange bis weinrot.

Blüten: Grünlich gelb bis rot, März, vor dem Laubaustrieb.

Wurzel: Hauptwurzeln sind oberflächlich weitstreichend, stark durchwurzelt, hoher Feinwurzelanteil, aggressives Wurzelsystem, hebt Platten und Beläge hoch.

Verbreitung und Standort: Östliches Nordamerika, wächst in Niederungen, Sümpfen, Auenwäldern auf Überschwemmungsböden.

Ansprüche: Sonnige bis halbschattige, aber windgeschützte Standorte, toleriert alle Böden von sauer bis

Acer saccharinum 'Wieri'

Acer saccharinum 'Pyramidale'

Acer saccharinum

schwach alkalisch, gedeiht auch noch auf armen Böden, bevorzugt aber tiefgründige, genügend feuchte Böden, bei hohem Kalkgehalt Neigung zu Chlorose und keine Herbstfärbung; gut frosthart, verträgt zeitweilige Trockenheit, ist stadtklimafest, rauchhart, windbruchgefährdet, steht schon im Januar–Februar im Saft.

Allgemeines: Wird gerne von Misteln (*Viscum album* subsp. *album*) befallen, Bäume nicht im Spätwinter oder Frühjahr schneiden, da sie endlos „bluten".

Verwendung: Raschwüchsige Baumart für die Verwendung in Parkanlagen, großen Gärten, zur Einzelstellung, durch hohen Wasserbedarf im Uferbereich, starke Konkurrenz für Stauden, als Straßenbaum wegen Brüchigkeit ungeeignet.

Nutzung: Wurde früher in Nordamerika auch zur Zuckergewinnung angepflanzt, dies erwies sich aber als nicht rentabel, hat sehr weiches, brüchiges Holz.

Sorten: 'Borns Graciosa': Die 10–16 cm großen Blätter sind fast bis zur Mittelrippe, bzw. zur Basis gelappt, die unregelmäßigen, 1–2 cm breiten Lappen wiederum eingeschnitten oder nochmals gelappt. 'Wieri', Geschlitztblättriger Silber-Ahorn: Blattlappen sehr fein, teil fadenförmig geschlitzt. 'Pyramidale': 15–20 m hoher, großer Baum mit breit säulenförmiger, im Alter ovaler bis rundlicher Krone.

Acer saccharum Marsh.

Zucker-Ahorn; *engl.* Sugar maple; *franz.* Erable à sucre; *ital.* Acero; *span.* Arce azucarero; *kroat.* Secerni javor

Habitus: Mittelgroßer bis großer Baum mit aufrechter, dicht geschlossener, ovaler bis rundlicher Krone, 15–20 (–25) m hoch und 10–14 m breit, mittelstark wachsend.

Rinde: Borke graubraun.

Blätter: Ähnlich jenen des Spitz-Ahorns, führen aber keinen Milchsaft(!), gelborange bis feurigorange Herbstfärbung, trägt wesentlich zum nordamerikanischen „Indian Summer" bei.

Blüten: Grünlich gelbe, aufrechte Blütenrispen mit oder nach dem Laubaustrieb im April.

Wurzel: Hauptwurzeln sind flach ausgebreitet, mit hohem Feinwurzelanteil.

Acer saccharum

Acer saccharum

Acer buergerianum

Verbreitung und Standort: Kommt im östlichen Nordamerika vor, wächst in artenreichen Mischwäldern mit Buchen, Hemlock, Birken und Kirschen-Arten, im Hochland und in Tallagen auf frischen bis feuchten Böden.

Ansprüche: Der Zucker-Ahorn wächst auf sonnigen bis lichtschattigen Standorten, benötigt guten, humusreichen Oberboden, der gleichmäßig feucht ist und nicht austrocknen sollte, der pH-Wert sollte im leicht sauren bis neutralen Bereich liegen, toleriert aber Kalkböden ebenfalls; benötigt großen, offenen Wurzelraum, ist aber gut frosthart und etwas salztolerant.

Allgemeines: Das Blatt des Zucker-Ahorns ist im Kanadischen Wappen dargestellt. Früher fand das Holz Verwendung für den Wagenbau, Automobilbau und die Erzeugung landwirtschaftlicher Maschinen sowie zur Herstellung von Schuhleisten, Zahnstochern und tausend anderen Gebrauchsgegenständen.
Gewinnung des Maple-Sirup: aus etwa 50 (–150) Liter Zuckersaft, die ein Baum jährlich liefert, gewinnt man 10–25 kg Zucker, noch vor 100 Jahren wurden in Nordamerika 18 Mio. kg Zuckersirup gewonnen.

Verwendung: Der Zucker-Ahorn ist ein prachtvoller Baum mit brillanter Herbstfärbung, wird vorwiegend als Einzelbaum in Parks und größeren Gärten gepflanzt, selten.

Nutzung: Bereits die Indianer wussten den zuckerhältigen Saft des Zucker-Ahorns zu nutzen, bis zur Einführung der Zuckerrübe diente er in Nordamerika und Kanada als Zuckerlieferant. Dieser Ahorn, er ist einer der wichtigsten amerikanischen Nutzholzbäume, liefert ein sehr hartes Holz, das biegungsfest, druckfest und elastisch ist, das im Baubereich, Möbelbau, für Bodenparkette, sogar für den Schiffsbau verwendet wird. Für Stammstücke mit „Vogelaugenmaser" bezahlt man in Furnierfabriken besonders hohe Preise, es wurde zur Auskleidung der Palastwägen (Pullman Cars) verwendet.

Weitere, seltene Ahorn-Arten:

Acer buergerianum Miquel, Dreizahn-Ahorn; *engl.* Trident maple. Baum von 6–8 (–12) m Wuchshöhe, 3-lappige, 4–8 cm breite und 10 cm lange dunkelgrüne Blätter, leuchtend orangerote Herbstfärbung.

Acer buergerianum-Bonsai

Acer carpinifolium

Acer circinatum

Acer cissifolium

Acer tataricum subsp. ginnala

Acer carpinifolium Sieb. et Zucc., Hainbuchenblättriger Ahorn; *engl.* Hornbeam-maple; *franz.* Erable à feuilles de charme. Bis 4–6 (–10) m hoher Baum, meist mehrstämmig, oft strauchförmig wachsend, Blätter wie jene der Hainbuche, aber gegenständig angeordnet, hellgelbe Herbstfärbung.

Acer circinatum Pursh, Weinblatt-Ahorn; *engl.* Vine maple; *franz.* Erable a feuilles de vigne. Großstrauch bis kleiner Baum von 4–5 m Wuchshöhe, rundliches, 7- bis 9-lappiges Blatt, glühend rote Herbstfärbung, Blattform diente als Vorlage für das Dienstgradabzeichen eines Majors und Oberstleutnants der US-Armee.

Acer cissifolium Sieb. et Zucc., Cissusblättriger Ahorn; *engl.* Vine-leafed maple. Kleiner Baum von 6–8 (–10) m Wuchshöhe und breiter Krone, 3-teilige Blättchen; leuchtend orangerote Herbstfärbung, hängende Blüten- und Fruchtrispen.

Acer tataricum subsp. **ginnala** Maxim., Feuer-Ahorn, Amur-Ahorn; *engl.* Amur maple; *franz.* Erable du fleuve Amour: *span.* Arce de Manchuria. 5–7 m hoher und bis 8 m breiter Großstrauch oder Kleinbaum, 3-lappige Blätter, leuchtendrote Herbstfärbung.

Acer heldreichii Orph. ex Boiss., Griechischer Ahorn; Starkwüchsiger, bis 20 m hoher Baum, Südosteuropa, seine 10–12 (–15) cm großen Blätter ähneln jenen des Berg-Ahorns, doch sind die Blattlappen tiefer eingeschnitten, Blattoberseite leicht glänzend, aufrechte Blütenstände(!).

Acer heldreichii subsp. **trautvetteri** (Medv.) Murray, Kaukasus-Ahorn; *engl.* Red-bud maple; *franz.* Erable de Trautvetter. 10–12 (–15) m hoher Baum aus dem Kaukasus und Südwestasien, ist dem Griechischen Ahorn ähnlich, besitzt aber größere Blätter, leuchtendrote Knospenschuppen, tief eingeschnittene Blätter.

Acer heldreichii

Acer heldreichii subsp. trautvetteri

Acer japonicum 'Aconitifolium'

Acer macrophyllum

Acer japonicum Thunberg, Japanischer Ahorn; Fullmoon maple; *franz.* Erable du Japon. 3–5 (–7) m hoher kleiner Baum oder breit ausladender Großstrauch, 8–14 cm große, rundliche, tief eingeschnittene Blätter mit 11 (7–13) Lappen, prächtige Herbstfärbung.

Acer macrophyllum Pursh, Großblatt-Ahorn, Oregon-Ahorn; *engl.* Oregon maple, Big leaf maple. 10–15 (–20) hoher, rundkroniger Baum mit 5-lappigen, bis zu 25 cm großen Blättern, bis 25 cm lange, hängende Blütenrispen; Schattholzart aus dem westlichen Nordamerika.

Aesculus Rosskastanie

Rosskastanie; *engl.* Buckeye, Horse chestnut; *franz.* Faux Marronnier; *ital.* Ippocastano; *span.* Castano de Indas; *kroat.* Kestenovac
Familie: Hippocastanaceae, Rosskastaniengewächse

Die Gattung Aesculus umfasst etwa 25 Arten, die in Ostasien, Indien, Nordamerika und Südosteuropa vertreten sind. Rosskastanien sind stattliche große Bäume oder Sträucher, sie besitzen dekorative, gegenständig angeordnete, handförmige Blätter. Ihre Blüten entfalten sie in weißen, roten oder gelben aufrechten Blütenrispen. Auffällig sind auch deren große, oft klebrige, braune Knospenschuppen. Ihre glänzendbraunen Samen, die Kastanien, haben mit den Früchten der Edel-Kastanien, den Maroni nichts zu tun, die beiden Gattungen sind nicht miteinander verwandt. Die prächtigen Rosskastanien sind seit Jahrhunderten geschätzte Park-, Straßen- und Alleebäume. Wegen ihres dichten Kronendaches werden sie auch gerne als Schattenspender im Dorf oder als Hofbaum verwendet. Sie stellen keine besonderen Ansprüche an Boden und Klima, vorausgesetzt der Boden ist nicht allzu trocken. Als Einzelbäume entwickeln sie sich zu wunderschönen Baumgestalten.

Aesculus × carnea Hayne

Rote Rosskastanie; *engl.* Red horse chestnut; *franz.* Marronnier rouge; *span.* Castano de Indias rojo; *kroat.* Ruzicasti kestenovac
(Syn.: *A. hippocastanum* × *A. pavia*)
Habitus: Die rotblühende Rosskastanie entwickelt sich zu einem mittelgroßen Baum von 10–15 (–20) m Höhe, die dichte belaubte, kompakte, rundliche Krone wird 8–12 (–16) m breit. Der Baum ist relativ langsamwüchsig.

Aesculus-Blütenstände

Aesculus × carnea

Rinde: Grobschuppige Borke.
Knospen: Große Knospen mit großen braunen Knospenschuppen, kaum bis nicht klebrig.
Blätter: Die gegenständigen, handförmig gefiederten, 8–15 cm großen, leicht glänzenden Blätter sind von dunkelgrüner Farbe, der Blattrand ist leicht gewellt, die Herbstfärbung gelbbraun.
Blüten: Hellrote bis fleischfarbene Blüten mit gelber Fleckung in der Mitte, diese erscheinen in aufrechten, 15–20 cm langen Blütenrispen in der 2. Maihälfte (s. Foto links, 3. v. l.).
Früchte: Kugelig, 3–4 cm breit und kaum bestachelt, der Fruchtansatz ist gering.
Wurzel: Dichtverzweigtes Herzwurzelsystem mit hohem Feinwurzelanteil, vermag Bodenbeläge (z. B. Asphalt) zu heben.
Verbreitung und Standort: Hybride zwischen der Gewöhnlichen Rosskastanie (*A. hippocastanum*) und der aus Amerika stammenden Roten Pavie (*A. pavia*, s. Foto links, rechter Blütenstand).
Ansprüche: Die Rote Rosskastanie bevorzugt sonnige bis halbschattige Standorte. Sie ist wärmeliebend, aber frosthart, stellt auch an den Boden keine besonderen Ansprüche, dieser sollte nicht zu trocken sein. Bevorzugt jedoch frische, durchlässige Böden. Gut kalkverträglich, stadtklimafest und rauchhart.
Allgemeines: *A. × carnea* lässt sich durch Samen vermehren, obwohl es sich bei dieser Baumart um eine Hybride handelt. Nicht anfällig für die Kastanien-Miniermotte.
Verwendung: Die Rote Rosskastanie ist ein sehr schöner Einzelbaum und Schattenspender, kann auch in Gruppen gepflanzt werden, ist auch ein beliebter Hausbaum, aber auch als Straßen- und Alleebaum in unbefestigten Flächen verwendbar.

Aesculus × carnea 'Briotii'

Aesculus flava

Sorten: 'Briotii': Scharlach-Rosskastanie. Unterscheidet sich durch die blutroten Blütenstände, muss veredelt werden. 'Plantierensis': Eine Rückkreuzung von *A. × carnea* mit *A. hippocastanum*, wird etwas größer als *A. × carnea*, entwickelt aber viel größere, teils schräggestellte Blütenstände mit sterilen, hell- bis zartrosa Blüten, die an jene der Gewöhnlichen Rosskastanie erinnern (s. Foto S. 20 oben, 2. v. l.).

Aesculus flava Soland.

Gelbe Rosskastanie; *engl.* Sweet buckeye, Yellow buckeye; *franz.* Marronnier jaune; *kroat.* Zuto kestenovac
(Syn.: *A. octandra*)
Habitus: Großer bis mittelgroßer Baum, 12–15 (–20) m hoch und 8–12 (–15) m breit, mit lockerer breit kegelförmiger, im Alter mehr rundlichen Krone. Die unteren Äste sind oft malerisch herabhängend.
Rinde: Borke löst sich in großen, rundlichen, flachen, sehr dekorativen Schuppen oder Platten.
Blätter: Gegenständige, handförmig geteilte Blätter, Blätter im Austrieb hellgrün und behaart, später matt dunkelgrün, frühzeitig (ab September) einsetzende, prächtig leuchtendgelbe bis orange Herbstfärbung.
Blüten: Hellgelb mit purpurfarbenen Saftmalen, Blüten erscheinen in 10–18 cm langen, behaarten, aufrechten Rispen Ende Mai bis Juni.
Früchte: Unregelmäßig bis entfernt birnenförmig, 5–7 cm dick, ohne Stacheln, giftig.

Aesculus flava 'Vestita'

Verbreitung und Standort: Die Heimat der Gelben Rosskastanie ist das östliche Nordamerika, sie wächst dort auf feuchten, tiefgründigen und humosen Böden meist entlang der Flüsse.
Ansprüche: Sonnige bis leicht schattige Standorte, bevorzugt tiefgründige, nahrhafte Böden, kalkverträglich, meidet heißtrockene Standorte, liebt mitt-

Aesculus hippocastanum

Aesculus hippocastanum

Aesculus hippocastanum

lere bis hohe Luftfeuchte. Außerdem ist sie gut frosthart, stadtklimafest und rauchhart.
Allgemeines: Nicht anfällig für die Miniermotte, Früchte giftig, Triebe sind giftig für das Vieh. Die nordamerikanischen Indianer aßen die Früchte, nachdem sie die Giftstoffe durch Rösten und Wässern unwirksam machten.
Verwendung: Schöner, malerischer Baum für Einzelstellung im öffentlichen Bereich und für große Privatgärten. Ist bei entsprechenden Bodenverhältnissen auch als Straßenbaum verwendbar.
Sorte: 'Vestita': Breit kegelförmige Krone, Zweige und Blattunterseiten dicht behaart, zahlreiche hellgrünlich-gelbe Blüten mit rötlicher Fleckung.

Aesculus hippocastanum L.

Gewöhnliche Rosskastanie; *engl.* Horse chestnut; *franz.* Marronnier d'Inde; *span.* Castano de Indias común; *kroat.* Obicni kestenovac
Habitus: Großer Baum mit breiter bis hochgewölbter, dicht geschlossener Krone. Wird etwa 25 (–30) m hoch und 12–15 (–20) m breit. Die unteren Äste und Zweige sind tief herabhängend bis malerisch überhängend.
Rinde: Dunkelgraue bis graubraune Schuppenborke.
Knospen: Große Knospen mit dunkelrotbraunen, klebrigen Knospenschuppen.
Blätter: Gegenständige, 10–20 cm große, handförmig gefiederte dunkelgrüne Blätter, Herbstfärbung leuchtend gelb.
Blüten: Entfalten sich in reichblütigen, kegelförmigen, 20–30 cm langen aufrechten Rispen, weiß, anfangs gelben, später roten Saftmalen, die Blüten entfalten sich in der 1. Maihälfte nach dem Laubaustrieb (s. Foto S. 20 oben, linker Blütenstand).
Früchte: Zahlreiche derbstachelige, bis 6 cm große Kapseln mit 1–2 glänzend dunkelbraunen Samen (Kastanien), sie reifen im September/Oktober.
Wurzel: Flach- und weitstreichendes Herzwurzelsystem, empfindlich gegen Eingriffe und Bodenverdichtung, bzw. Bodenversalzung.
Verbreitung und Standort: Nordgriechenland, Albanien, Südjugoslawien, Ostbulgarien, auf nährstoffreichen, tiefgründigen Sand- und Lehmböden in der feuchten Gebirgsstufe. Die Rosskastanie ist seit dem 16. Jahrhundert in Europa eingebürgert.
Ansprüche: Sonnige bis lichtschattige Standorte, der Boden sollte schwach sauer bis alkalisch sein, kalkliebend, etwas tiefgründigere, schwerere Lehmböden werden bevorzugt, frosthart, meidet jedoch Lufttrockenheit, Strahlungshitze, sehr salzempfindlich.
Allgemeines: Busbecq, der Gesandte in Konstantinopel, brachte Ende des 16. Jahrhunderts neben dem Flieder und der Tulpe auch die Rosskastanie nach Mitteleuropa, genauer gesagt nach Wien. Der in Wien wirkende Arzt und Botaniker Carolus Clusius erhielt 1756 die ersten Samen der Rosskastanie.
Angeblich verwendeten die Türken die Früchte zur Bekämpfung des Hustens bei Pferden. Äste sind im Alter

wenig elastisch und brüchig; Unsachgemäße Schnittmaßnahmen führen zu einer schnellen Zerstörung des Holzes, der Stamm wird innen bald hohl. Kastanienblüten produzieren sehr viel Nektar, deshalb ist sie eine gute Bienenweide. Die Blüten der Rosskastanie werden von Bienen und Hummeln bestäubt; besonders interessant in diesem Zusammenhang ist der Farbwechsel der Saftmale: diese sind bei den jungen Blüten gelb gefärbt und signalisieren den Insekten, dass sie bestäubungsfähig sind, bzw. dass sich ein Besuch lohnt. Am 2. und 3. Tag färben sich die Saftmale ziegel- bis karminrot, gleichzeitig verändert sich der Duft und die Nektarproduktion erlischt. Sie werden dann von Insekten nicht mehr angeflogen.

Die stärke- und saponinhaltigen Früchte wurden im 1. Weltkrieg zur Seifenherstellung verwendet, bzw. als Seifenersatz genutzt. In Blättern, Blattstielen und Fruchtschalen ist das phytotoxische, wachstumshemmende „Aesculin" enthalten, diese Pflanzenteile verrotten deshalb sehr schlecht (nicht dem Kompost beimischen). Die Gewöhnliche Rosskastanie wird mittlerweile in vielen Regionen sehr stark durch die Kastanien-Miniermotte geschädigt.

Verwendung: Die Rosskastanie ist ein prachtvoller Baum für die Einzelstellung in Parks und großen Gärten, früher Schattenspender (Gasthäuser), auffälliger Blütenbaum, Straßenbaum bei geeigneten Bodenverhältnissen, Bienenweide.

Nutzung: Das Holz der Rosskastanie ist wirtschaftlich nur von geringer Bedeutung, weil es kaum witterungsbeständig ist. Es wird gelegentlich für Küchenmöbel, als Drechslerholz oder als Furnier für die Möbeltischlerei, zur Holzschnitzerei und zur Herstellung von orthopädischen Geräten verwendet, daneben dient es noch als Verpackungsmaterial. Die Holzkohle aus Rosskastanienholz eignet sich zur Herstellung von Schießpulver. Pharmazeutisch verwertbar sind Tannine aus der Borke dieses Baumes. Aus Blättern und Blüten werden Saponine zur Herstellung von kosmetischen Produkten und Farben verwendet. Biologisch aktive Substanzen werden auch aus Samen, der Borke, den Blättern und den Blüten extrahiert, sie wirken gefäßverstärkend, antikoagulierend und entzündungshemmend. Mit Arzneien aus der Rosskastanie werden u. a. Magen- und Duodenum-Geschwüre, Uterus-Blutungen, Krampfadern und Hämorrhoiden behandelt.

Die Früchte dienen als Winterfutter für Schwarz-, Rot- und Rehwild. Nach Trocknung, Entfernung der Schale, Zerkleinern und Wässern können die Früchte auch als Viehfutter verwendet werden.

Sorten: 'Baumannii': Gefülltblühende Rosskastanie. Wie die Art, jedoch reinweiße, gefüllte, sterile Blüten mit gelb/roten Saftmalen, blüht länger als die Art, setzt keine Früchte an, wird als Schattenspender und Straßenbaum in unbefestigten Flächen verwendet. 'Pyramidalis': Säulen-Rosskastanie. Anfangs breit säulenförmige, später breit kegelförmige Krone. 'Umbraculifera': Kugel-Rosskastanie. 6–8 m hoher und 5–6 m breiter Baum mit kugelförmiger, rundlicher Krone, extrem langsamwüchsig.

Aesculus hippocastanum 'Baumannii'

Aesculus × neglecta 'Erythroblasta'

Aesculus × neglecta Lindl.

Carolina Rosskastanie; *engl.* Sunrise horse chestnut; *franz.* Marronnier aurore

Habitus: Mittelhoher Baum (10–20 m) mit anfangs rundlicher, später ausladender Krone.

Rinde: Schuppige Borke.

Knospen: Nicht klebrige, hellbraune Knospen.

Blätter: Die aus 5 Teilblättchen zusammengesetzten Blätter sind 10–17 (–20) cm lang, im Austrieb leuchtend karminrosa, später gelb und zuletzt hellgrün, Herbstfärbung gelb bis hellorange.

Blüten: In 10–15 cm langen aufrechten Rispen, Blütenkelch schmal glockig, Kronblätter gelb, zur Basis hin rot geadert.

Früchte: Kaum ausgebildet.

Verbreitung und Standort: Hybride zwischen den beiden amerikanischen Arten *A. flava* und *A. sylvatica*.

Ansprüche: Sonnige bis leicht schattige Standorte, bevorzugt tiefgründige, nahrhafte Böden, kalkverträglich, meidet heißtrockene Standorte, liebt mittlere bis hohe Luftfeuchte. Treibt früh aus, ist spätfrostempfindlich.

Allgemeines: Besonders auffälliger, karminrosa Blattaustrieb.

Verwendung: Wegen des spektakulären Austriebes im April/Mai ein außergewöhnlicher, prachtvoller Parkbaum.

Sorte: 'Erythroblasta' (Späth): Prächtiger karminrosa Austrieb, pfirsichfarbene bis rosa Blüte.

Ailanthus Götterbaum

Götterbaum; *engl.* Tree of heaven; *franz.* Ailante; *ital.* Ailanto; *span.* Ailanto, Zumaque; *kroat.* Pajasen
Familie: Simaroubaceae, Bitterholzgewächse, Bittereschengewächse

Von den etwa 5–10 Arten, die in Ost- und Südasien sowie in Australien beheimatet sind, wird bei und nur eine, gelegentlich eine zweite Art verwendet. Götterbäume sind mittelgroße sommergrüne Bäume mit auffallend großen, gefiederten Blättern, sie erinnern stark an Bäume in den Tropen. Die meisten Verwandten und übrigen Arten dieser Gattung sind in den Subtropen oder Tropen beheimatet.

Ailanthus altissima (Mill.) Swingle

Götterbaum, Chinesischer Götterbaum; *engl.* Tree of heaven; *franz.* Ailante; *ital.* Ailanto; *span.* Ailanto, Àrbol del cielo, àrbol de los dioses, Falso Zumaque; *kroat.* Obicni pajasen
(Syn.: *Ailanthus glandulosa* Desf.)
Habitus: Großer,18–25 m hoher, mitunter mehrstämmiger Baum mit 10–15 (–20) m breiter Krone, Zweige wenig überhängend, sondern mehr waagrecht oder aufrecht stehend. Raschwüchsig, Jahrestriebe junger Schösslinge von 1,2 m und mehr (bis mehrere Meter), später 50–80 cm. Wird etwa 50 Jahre alt.
Rinde: Borke ist grünlich graubraun, andeutungsweise weißstreifig.
Blätter: Wechselständig, unpaarig gefiedert, 45–75 cm lang, Anzahl der Fiederblättchen 13–25; im unteren Teil meist mit 2–4 Blattzähnen, die jeweils eine große Drüse tragen(!), Blätter riechen unangenehm, kaum Herbstfärbung, Blätter fallen spät ab.
Blüten: Unscheinbare, grünlich gelbe Blüten, erscheinen im Juni in 15–20 cm langen aufrechten, reichverzweigten, endständigen und unangenehm duftenden Rispen. Reich an Nektar, Bienenweide.
Früchte: Geflügelte, eschenähnliche Nussfrüchte, die ringsum geflügelt sind, etwa 5 cm lang und 1,5 cm breit; sonnenseits oft leuchtend rot gefärbt, werden in großen Massen gebildet, windverbreitet.
Wurzel: Flach- und weitstreichendes Wurzelsystem, starke Ausläuferbildung und Wurzelbrut in der Jugendphase.
Verbreitung und Standort: China.
Ansprüche: Bevorzugt sonnige, warme Lagen, ist anspruchslos, wächst auch noch auf schlechtesten, tro-

Ailanthus altissima

Ailanthus altissima

Ailanthus altissima

ckensten Standorten, schwach sauer bis stark kalkhaltig. Pionierpflanze, stadtklimafest, sehr gut industriefest, mitunter frostempfindlich, krankheitsresistent, salzverträglich.

Allgemeines: Der Götterbaum wurde 1750 nach England eingeführt und ist mittlerweile in Europa und Nordamerika verwildert, bzw. eingebürgert. Ursprünglich war die Wiener Ringstraße 4-reihig mit Götterbäumen bepflanzt „Ailanto" ist ein Volksname auf den Molukken und bedeutet „Baum des Himmels". Samen benötigen zur Keimung hohe Keimtemperatur.

Verwendung: Imposanter Solitärbaum in Parkanlagen, wegen der Brüchigkeit des Holzes und der Kurzlebigkeit als Straßenbaum nicht geeignet. Pionierbaum für Rohböden, Böschungen. Wuchert, lässt sich jedoch gut mit Bambus unterpflanzen.

Nutzung: Das Holz hat kaum Nutzwert und ist nur zur Papierherstellung geeignet. Die Blüten, junge Rinde und Austriebe enthalten „Ailanthin" und Gerbstoffe, die Inhaltstoffe werden in China gegen Durchfallerkrankungen eingesetzt.

Albizia Seidenbaum

Seidenbaum, Seidenakazie; *engl.* Silk tree; *franz.* Arbre de soie; *kroat.* Albicija
Familie: Mimosaceae, Mimosengewächse

Die Gattung ist mit etwa 100–150 Arten in den Tropen und Subtropen der Alten Welt vertreten. Sommergrüne, raschwüchsige Bäume (Sträucher oder Kletterpflanzen) mit wechselständigen Blättern, die groß, doppelt und fein gefiedert sind. Blüten in end- oder achselständigen Ähren. Im Alter mit flachgewölbter Schirmkrone, sehr elegante Blütengehölze, aber nur in wintermilden Regionen an sonnigwarmen Standorten ausreichend winterhart.

Albizia julibrissin Durazz.

Seidenbaum, Seidenakazie, Albizie, Schlafbaum; *engl.* Pink siris, Silk tree; *franz.* Acacia de Constantinople, Arbre de Soie; *kroat.* Swilenasta albicija

Habitus: Hoher Strauch oder bis 6 m hoher Baum mit breit ausladender, flach gewölbter Krone.

Rinde: Dunkelgraubraune Borke.

Blätter: Fiederblätter von 20–30 cm Länge, 8–15 Paar Fiedern 1. Ordnung, jeweils mit 20–30 Paar sichelförmigen Blättchen; nachts sind die Fiederblättchen in „Schlafstellung“ gefaltet, daher auch der Name Schlafbaum.

Blüten: Hellrosa in kugeligen, 2,5–3 cm breiten, endständigen Köpfchen, Staubblätter sind bis zu 4 cm lang. Blütezeit Juli bis August.

Früchte: 12–15 cm lange strohfarbene Hülsen.

Verbreitung und Standort: Iran, Pakistan, Himalaja, Central-China und Japan, in Südöstl. Nordamerika eingebürgert.

Ansprüche: Sehr wärmebedürftig, nur im Weinbauklima an geschützten Standorten ausreichend winterhart, schwach saure bis stark alkalische, durchlässige Böden.

Allgemeines: Holz ist sehr brüchig, Bäume werden in Tee- und Kaffeeplantagen als Schattenbäume gepflanzt.

Verwendung: Exquisiter Solitärbaum in günstigen Klimalagen, Park, sonnige Innenhöfe, Vorgarten, Kübelpflanze.

Nutzung: In China wird es für Kunsttischler-Arbeiten verwendet, in Indien zur Herstellung preiswerter Möbel. Die getrocknete Borke der Stämme wird in der chinesischen und japanischen Medizin als Tonikum verwendet.

Sorten: ‘Ernest Wilson’: Ähnlich wie die Art, jedoch frosthärter, diese Sorte entstand im Arnold Arboretum aus Samen, die Ernest H. Wilson in Korea gesammelt hat. ‘Rosea’: Winterhärter als die Art.

Albizia julibrissin

Albizia julibrissin

Alnus Erle

Erle; *engl.* Alder; *franz.* Aulne; *ital.* Ontano; *span.* Aliso, Homero; *kroat.* Joha
Familie: Betulaceae, Birkengewächse

Die etwa 35 Arten der Gattung sind vorwiegend in der nördlichen Hemisphäre verbreitet. Es sind sommergrüne Bäume, seltener Sträucher mit gestielten Winterknospen, wechselständigen Blättern und eingeschlechtlichen Blüten. Sie entwickeln charakteristische Blütenkätzchen, die Früchte sind kleine geflügelte Nüsschen, die sich in kleinen holzigen Zapfen befinden. Sie wachsen vorwiegend auf feuchten bis nassen Standorten und sind in der Lage, mit Hilfe von Strahlenpilzen Luftstickstoff zu binden. Sie werden etwa 50 bis 100 Jahre alt.

Alnus cordata (Loisel.) Desf.

Herzblättrige Erle, Italienische oder Neapolitanische Erle; *engl.* Italien alder; *franz.* Aulne de Corse, Aune à feulles en cœur; *ital.* Ontano neapolitano, Ontano cordato; *span.* Aliso, Homero; *kroat.* Srcrolisna joha

Habitus: Kleiner bis mittelgroßer Baum mit 8–15 (–20) m Höhe und 3–6 m breiter, lockerer kegelförmiger bis eiförmiger Krone. In den ersten 20 Jahren eher mittelstark bis stark wachsend.

Rinde: Im Alter graubraune, grobrissige Borke.

Blätter: Sommergrüne, wechselständige, herzförmige, 5–10 cm große, etwas ledrig wirkende Blätter. Treibt relativ früh aus, Laub lange haftend.

Blüten: Blüten eingeschlechtlich, gelblich grün, im März.

Früchte: Fruchtzapfen verholzt.

Wurzel: Flachstreichend, keine Ausläuferbildung, Stickstoffsammler.

Verbreitung und Standort: In den Niederungen in Korsika, Süditalien und Kreta.

Ansprüche: Vollsonnige bis lichtschattige Standorte, feucht bis mäßig trockene Böden, keine besonderen Ansprüche, leicht kalkverträglich.

Allgemeines: Die Italienische Erle triebt sehr früh aus, ist gelegentlich spätfrostgefährdet. Erlen haben die Fähigkeit, mit Hilfe von symbiontischen Strahlenpilzen der Gattung *Frankia* Luftstickstoff zu binden.

Verwendung: Wird als Einzelbaum verwendet, auch zur Bepflanzung von Rohböden, Windschutz, gelegentlich auch Straßenbaum. Diese Erle ist stadtkli-

Alnus cordata

Alnus cordata

Alnus glutinosa

Alnus glutinosa

matolerant, sehr windfest und weist eine große Standortsamplitude auf.

Nutzung: Gelegentlich wird das Holz zu Möbelstücken verarbeitet, sonst zu ähnlichen Nutzungen wie das der Schwarz-Erle herangezogen.

Alnus glutinosa (L.) Gärtn.

Schwarz-Erle, Rot-Erle; *engl.* Common alder, Black alder; *franz.* Aulne commun, Aulne glutineux; *span.* Aliso comun, Alno; *kroat.* Crna joha

Habitus: Großer Baum von 8–20 (–25) m Höhe, kegelförmige bis breit eiförmige, 8–12 (–14) m breite Krone, raschwüchsig. Oft mehrstämmig wachsend. Wird etwa 120 bis maximal 150 Jahre alt.

Rinde: Borke dunkelgrau–schwarzbraun, längsrissig.

Knospen: Winterknospen deutlich gestielt, beide Knospenschuppen verklebt.

Blätter: Wechselständig, verkehrt eiförmig bis rundlich, dunkelgrün, Blätter lange haftend, keine Herbstfärbung.

Blüten: Pflanzen 1-häusig, weibliche Blüten unscheinbar, männliche Blüten rötlich braune Kätzchen zu 2–5, endständig, überwinternd, im März–April vor den Laubentfaltung blühend.

Früchte: Verholzende Zapfen von 1,8 cm Länge.

Wurzel: Intensiver Flach- bis Herzwurzler, mittelstarke Senkwurzeln bis in 3 m Tiefe, macht keine Ausläufer, Erlen können bis in 1,5 m ständig in nassen Bodenschichten stehen, vertragen Überschwemmungen und Einschüttungen. Stickstoffsammler.

Verbreitung und Standort: Europa, Sibirien, Westasien, Persien bis Nordafrika, immer an Bächen, Flüssen in Niederungen auf staunassen Überschwemmungsböden und in Bruchwäldern vorkommend. Sie ist in der Weichholzaue mit Weiden und Pappeln, in der Hartholzaue auch mit Ulmen, Eichen und Eschen vergesellschaftet.

Ansprüche: Volle Sonne bis lichter Schatten, jedoch lichtliebend(!), für kalte bis mäßig warme Standorte, sehr frosthart, bevorzugt nährstoffreiche, frische bis feuchte Standorte, schwach saure Böden, nicht gut kalkverträglich.

Allgemeines: Pioniergehölz, das wegen seiner stickstoffbindenden Symbionten (Actinomyceten, Strahlenpilze) auch noch auf nährstoffarmen, sandigen Böden gut gedeihen kann, Laub verrottet schnell. Das Wurzelwerk der Erle ragt ins offene Wasser und ist Lebensraum für verschiedene Tierarten wie Fischarten, Krebse, Libellen- und Steinfliegenlarven. Das Epitheton „glutinosa" kommt aus dem Lateinischen und bedeutet „klebrig".

Verwendung: Pioniergehölz und Baum für freie Landschaft, auf Rohböden, zur Haldenbegrünung, Uferbefestigung, zur Gewässerreinhaltung, als Einzel- und Gruppengehölz für feuchte Parkwiesen und Gewässerränder, können nach 15–20 Jahren auf den Stock gesetzt werden, Vogelnährgehölz.

Nutzung: Das überwiegend gebildete Splintholz ist blass rötlich bis hell orangefarben, es dunkelt an der Luft nach. Das Holz hatte früher eine sehr große wirtschaftliche Bedeutung. Es wurden unter anderem bäuerliche Gerätschaften, Küchengeschirr, Holzschuhe, Zigarrenkisten, Sperrholzplatten und Nähmaschinentische daraus gefertigt. Im Wasser verbaut, hält es über 100 Jahre, ohne zu verrotten, wegen dieser Dauerhaftigkeit wurde es für Wasser- und Mühlenbauten sowie für Wasserleitungsröhren verwendet. Heute wird das Holz der Schwarz-Erle als Massivholz in der Kunst- und Möbeltischlerei eingesetzt, aber auch zu Furnieren verarbeitet.

Aus Blättern und Rinde wurden gerbstoffhaltige Drogen gewonnen, die äußerlich bei der Behandlung von Geschwüren, Beulen, Wunden, Hals- und Mandelentzündung, Angina und Darmblutung Verwendung fanden. Die Blütenstände sowie die Rinde wurden zum Gerben eingesetzt, Zapfen dienten zur Herstellung einer Tinte.

Sorten: 'Imperialis': Bambus-Erle. Kleiner Baum oder Strauch meist mehrstämmig mit locker aufstrebenden Grundtrieben, Zweige elegant überhängend, Blätter fein und filigran, beiderseits mit 3–4 unregelmäßigen, schmalen, bis über sie Blattmitte eingeschnittenen Blattlappen. Es gibt auch eine schmale Säulenform mit dem Sortennamen 'Pyramidalis'.

Alnus incana (L.) Moench.

Grau-Erle; *engl.* Grey alder; *franz.* Aulne blanc; *ital.* Alno bianco; *span.* Aliso gris, Aliso blanco, Aliso cano; *kroat.* Bijela joha

Habitus: Mittelgroßer Baum von 8–12 (–20) m Wuchshöhe und 3–8 (–12) m breiter, unregelmäßiger aufgelockerter Krone, oft auch nur strauchförmig. Die Krone ist kegelförmig, die Äste leicht übergeneigt bis schräg aufrecht. Schnellwüchsig, wird etwas 50 Jahre alt.

Rinde: Borke ist silbriggrau, lange glatt bleibend.

Knospen: Bis zu 5 mm lang gestielte Winterknospen, nicht klebrig.

Blätter: Wechselständig, elliptisch bis oval, deutlich zugespitzt; dunkelgrün, unterseits grau und filzig behaart.

Blüten: Pflanzen 1-häusig, weibliche Blüten unscheinbar, männliche Blüten rötlich braune Kätzchen zu 3–5, endständig, überwinternd, im März–April vor der Laubentfaltung blühend.

Früchte: Verholzende Zapfen von 1,3–1,6 cm Länge.

Wurzel: Flach- und weitstreichend, sehr intensiv, bei Wurzelverletzungen Bildung von Ausläufern, verträgt Überschwemmungen und Einschüttungen, Stickstoffsammler.

Verbreitung und Standort: Kommt von Europa bis zum Kaukasus, West-Sibirien und Mitteleuropa in Höhenlagen bis 1600 m vor. Sie wächst gewässerbegleitend, überwiegend im Bereich der Flüsse, in Auenwäldern, an feuchten Hängen und Hangrutschflächen, meist auf kalkhältigen, nährstoffreichen Ton-, Schotter und Kiesböden. Meidet im Gegensatz zur Schwarz-Erle staunasse Böden(!), verträgt jedoch zeitweise Überschwemmungen.

Ansprüche: Sonnige bis lichtschattige Standorte, stellt keine besonderen Bodenansprüche, mäßig trocken bis feucht, nass, bevorzugt kalkhältige Böden, verträgt Staunässe nicht gut; ist sehr frosthart, windfest, salztolerant, zeichnet sich durch hohes Ausschlagvermögen aus.

Allgemeines: Das Epitheton „incanus" ist lateinisch und heißt „aschgrau" oder „fast grau" und bezieht sich auf die Blattunterseiten sowie auf die Rinde.

Verwendung: Vorwiegend Pioniergehölz auf Rohböden, Halden, zur Uferbefestigung, Böschungsbefestigung, Windschutzpflanzungen, Autobahnbegleitgrün, gelegentlich Straßen- und Alleebaum (in der Landschaft).

Nutzung: Das Holz der Grau-Erle wird ähnlich jenem der Schwarz-Erle genutzt, zeichnet sich aber durch weniger gute Eigenschaften aus, Stämme werden auch nicht so dick; hauptsächlich als Brenn- und Faserholz in Verwendung, gelegentlich zur Herstellung von Spielwaren und Holzschuhen.

Sorten: 'Aurea', Gold-Erle: Kleinbaum mit orangeroten Blütenkätzchen, im Austrieb gelbgrünen, später hellgrünen Blättern, ist schwachwüchsiger als die Art. Weitere Sorten sind die geschlitztblättrige Sorte 'Laciniata' und eine Hängeform mit dem Sortennamen 'Pendula'.

Alnus incana 'Laciniata'

Alnus × spaethii Call.

Spaeths Erle, Purpur-Erle; *engl.* Spaeths alder; *franz.* Aulne de Spaeth

Habitus: Mittelgroßer, 12–15 (–20) m hoher Baum mit 6–8 (–10) m breiter, kegelförmiger Krone, Äste ansteigend, Zweige horizontal, raschwüchsig, Jahrestriebe bis 1 m.

Rinde: Borke graubraun, längsrissig.

Blätter: Sommergrün, wechselständig, lanzettlich bis elliptisch, mit 6–16 (–18) cm Länge recht groß, im Austrieb violettpurpur, dunkelgrün, leicht glänzend, etwas ledrig wirkend, violettrote Herbstfärbung.

Blüten: 1-häusig, auffällige Kätzchen, etwa 10 cm lang, rötlich gelb, oft schon im Februar stäubend.

Früchte: Zäpfchen zu 2–4, eiförmig.

Wurzel: Tief wurzelnd.

Verbreitung und Standort: Hybride aus der japanischen Erle, *A. japonica* und der kaukasischen Erle, *A. subcordata*.

Ansprüche: Sonnige bis halbschattige Standorte, anspruchslos, gedeiht auf allen Bodenarten, mäßig trocken bis feucht, kalkverträglich, ist frosthart und windfest, behält das Laub im Herbst sehr lange.

Verwendung: Guter, kleiner Parkbaum, auch für Straßen mit offenen Bodenverhältnissen, auch mit Stauden und Zwiebelpflanzen kombinierbar.

Amelanchier Felsenbirne

Felsenbirne; *engl.* June berry, Service berry; *franz.* Amelanchier du Canada; *kroat.* Rusvica
Familie: Rosaceae, Rosengewächse

Die meisten der etwa 25 Arten umfassenden Gattung *Amelanchier* sind in Amerika beheimatet, 2 von Europa bis Kleinasien und 1 Art in Ostasien. Es sind durchwegs sommergrüne Sträucher mit wechselständigen Blättern, oft mit buntem Laubaustrieb und einer Masse weißer Blütenrispen, die sich vor oder gleichzeitig mit den Blättern entfalten. Ihre beerenartigen blauschwarzen Früchte sind essbar und wurden früher als Korinthenersatz verwendet. Die meisten Arten weisen eine prächtige leuchtendorangegelbe bis rote Herbstfärbung auf. Es sind äußerst anpassungsfähige Großsträucher oder kleinere Bäume mit malerischem Wuchs.

Amelanchier laevis Wiegand

Kahle Felsenbirne; *engl.* June berry, Service berry; *franz.* Amelanchier du Canada

Habitus: Malerischer, oft mehrstämmiger Großstrauch von 3–5 (–10) m Höhe und 2–3 (–4) m Breite; in ihrer Heimat kann diese Felsenbirne baumförmig wachsen und bis 13 m hoch werden.

Rinde: Hellgraue Borke.

Blätter: Sommergrün, wechselständig, eiförmig bis elliptisch, 3–7 cm lang, im Austrieb leuchtend bronzerot, im Sommer bläulich grün, prächtige gelborange bis scharlachrote Herbstfärbung.

Blüten: In dichten, bis 12 cm langen hängenden Trauben, weiß, im April knapp vor den Blättern.

Früchte: Dunkelpurpurn bereifte, blauschwarze Beeren, schmecken süß, sind essbar.

Verbreitung und Standort: Wächst in Wäldern und Dickichten im östlichen Nordamerika.

Ansprüche: Sonnige bis halbschattige Standorte, auf normalen, offenen, mäßig nährstoffreichen Böden, die leicht sauer bis leicht alkalisch, mäßig feucht bis mäßig trocken sein sollten, sind jedoch sehr anpassungsfähig, ertragen die Kombination von Hitze und Kalk schlecht.

Amelanchier laevis

Allgemeines: Prachtvolles Ziergehölz, als Strauch oder Baum das ganze Jahr hindurch wirkend.

Verwendung: Die Felsenbirne zählt zu den schönsten und anspruchslosesten Ziergehölzen unserer Gärten und Parkanlagen. Sie ist sehr frosthart, stadtklimafest und verträgt auch gelegentlich auftretende Trockenperioden. Sowohl für die Einzelstellung, aber auch in Gruppen und als Kübelpflanze gut geeignet, manchmal auch als kleinkroniger Straßenbaum in Wohn- und Spielstraßen, darüber hinaus für Dachgärten, als Vogelnährgehölz und Insektenfutterpflanze.

Sorte: 'Ballerina': Wird gelegentlich zu *A. lamarckii* gestellt, wird 3–6 (–8) m hoch und bringt mit 1–1,25 cm großen Beeren wesentlich größere Früchte als die Art hervor.

Amelanchier lamarckii F.G. Schroeder

Kupfer-Felsenbirne; *engl.* June berry; *franz.* Amélanchier du Canada; *ital.* Pero corvino; *kroat.* Alleghenska rusvica
(*A. canadensis* der Baumschulen)

Habitus: Malerischer, oft mehrstämmiger Großstrauch von 4–6 (–8) m Höhe und 5–7 m Breite; in ihrer Heimat kann diese Felsenbirne baumförmig wachsen und bis 10 m hoch werden.

Rinde: Hellgraue Borke.

Blätter: Sommergrün, wechselständig, eiförmig bis elliptisch, 4–10 cm lang, im Austrieb leuchtend bronzerot, unterseits weiß seidenhaarig, im Sommer bläulich grün, prächtige gelborange bis scharlachrote Herbstfärbung.

Blüten: In dichten, bis 12 cm langen hängenden Trauben, weiß, im April knapp vor den Blättern.

Früchte: Dunkelpurpurn bis blauschwarze bereifte Beeren, sind essbar schmecken süß, wohlschmeckend.

Verbreitung und Standort: Ist im östlichen Nordamerika heimisch, Waldunterwuchs, entlang von Gewässern, seit über 100 Jahren in Europa eingebürgert.

Ansprüche: Sonnige bis halbschattige Standorte, auf

Amelanchier lamarckii

Amelanchier lamarckii

normalen, offenen, mäßig nährstoffreichen Böden, die leicht sauer bis leicht alkalisch, mäßig feucht bis mäßig trocken sein sollten, ist jedoch sehr anpassungsfähig, ertragen die Kombination von Hitze und Kalk schlecht.

Allgemeines: Prachtvolles Ziergehölz, Strauch oder Baum, welches das ganze Jahr hindurch wirkt.

Verwendung: Die Felsenbirne zählt zu den schönsten und anspruchslosesten Ziergehölzen unserer Gärten und Parkanlagen. Sie ist sehr frosthart, stadtklimafest und verträgt auch gelegentlich auftretende Trockenperioden. Sowohl für die Einzelstellung, aber auch in Gruppen und als Kübelpflanze gut geeignet, manchmal auch als kleinkroniger Straßenbaum in Wohn- und Spielstraßen, darüber hinaus für Dachgärten, Vogelnährgehölz und Insektenfutterpflanze.

Nutzung: Früchte sind beliebte Nahrung für Vögel und Kleinsäuger, werden bereits in unreifem Zustand gefressen. Die getrockneten Früchte wurden früher als Korinthenersatz verwendet.

Sorten: Siehe *A. laevis*.

Amelanchier lamarckii

Betula Birke

Birke; *engl.* Birch; *franz.* Bouleau; *ital.* Betulla; *span.* Abedul; *kroat.* Breza
Familie: Betulaceae, Birkengewächse

In den gemäßigten und arktischen Zonen ist die Birke mit 40 Arten vertreten, die meisten unter ihnen wachsen zu mittelhohen bis hohen Bäumen heran, es gibt aber auch zahlreiche strauchförmige Arten, die vorwiegend im Hochgebirge und in den Mooren der arktischen Zone beheimatet sind.
Birken entwickeln sich zu äußerst malerischen Baumgestalten mit schlanken Stämmen, oft mit bunten Rinden und zierlich überhängender Bezweigung sowie schöner leuchtendgelber Herbstfärbung. Die Blüten sind 1-häusig, die männlichen zumeist zu 3, die weiblichen zu 2–3 in den Achseln von Tragblättern, in Kätzchen angeordnet. Es sind sehr anspruchslose Gehölze, Pionierbaumarten, die allesamt sehr lichthungrig sind und freie Standorte benötigen.

Betula albosinensis Burkill

Chinesische Birke, Kupfer-Birke; *engl.* China paper birch, Red bark birch, Scaly bark birch; *franz.* Bouleau; *span.* Abedul chino de corteza roja; *kroat.* Kineska breza

Habitus: Mittelgroßer Baum von 6–8 (–10) m Höhe und 5–6 m Breite, die Krone ist locker breit pyramidal.

Rinde: Leuchtend weißlich rosa bis rotorange, glänzend.

Blätter: Sommergrün, wechselständig, eiförmig bis elliptisch, leicht zugespitzt, im Austrieb hellgrün, später mattgrün bis bläulich grün, Herbstfärbung gelb bis gelborange.

Blüten: Unscheinbar, in gelblichen, hängenden Kätzchen im April.

Betula albosinensis

Wurzel: Flachwurzler, dicht verzweigt mit hohem Feinwurzelanteil, gegen Verdichtung und Einpflastern empfindlich.

Verbreitung und Standort: Die Kupfer-Birke ist den nord- und westchinesischen Wäldern heimisch, sie wächst dort in den Nadelmischwäldern, an kühlen Nordhängen und in Höhenlagen von 2000 bis 4000 m, auch in Tibet und Zentralasien.

Ansprüche: Sonnige Standorte, warm bis kühl, frosthart, in Extremlagen spätfrostgefährdet, alle (außer schwere) Bodenarten von mäßig frisch bis trocken, schwach sauer bis schwach alkalisch.

Allgemeines: Wegen der auffälligen Rinde beliebter Parkbaum.

Verwendung: Wegen der außergewöhnlichen Rinde und des langsamen Wuchses prächtiger Baum auch für kleinere Gärten und Parkanlagen, Einzelstellung oder in kleinen Gruppen.

Nutzung: In der Heimat wird das Holz in großem Umfang genutzt, es findet sowohl in der Sperrholzproduktion wie auch in der Möbelherstellung und in der Papierindustrie Verwendung, auch zur Anfertigung von Sportgeräten und für Tischlereiarbeiten wird es genutzt. Als Ersatz für Walnussholz dient es zur Herstellung von Gewehrschäften.
Auch der Blutungssaft spielt eine nicht unwesentliche Rolle. Da er reich an Kohlehydraten, Aminosäuren und Vitaminen ist, wird er Getränken und kosmetischen Produkten zugesetzt, darüber hinaus auch für medizinische Zwecke verwendet. Aus den in der Rinde enthaltenen Harzen werden Tannine extrahiert.

Weitere Art:
Var. *septentrionalis*: zeichnet sich durch eigenartig graurosa bis kupferrosa Rinde aus.

Betula ermanii Cham.

Ermans Birke, Gold-Birke; *engl.* Erman's birch, Russian rock birch; *franz.* Bouleau du Japon; *span.* Abedul de Erman; *kroat.* Ermanova breza

Habitus: Die Gold-Birke ist ein mittelgroßer Baum von 15–20 m Wuchshöhe und 6–8 (–10) m Breite. Die Krone ist anfangs schmal bis breit kegelförmig, später aufgelockert, oft mehrstämmig, mittelstark bis langsam wachsend.

Rinde: Schon die Stämme der jungen Bäume ab 5–8 cm Stammdurchmesser schmücken sich mit einer rosaweißen bis cremeweißen, dünn abrollenden Rinde.

Blätter: Sommergrün, wechselständig, eckig herzförmig, 8–10 cm lang, frischgrün, im Herbst sehr früh einsetzende, goldgelbe Färbung.

Blüten: Gelbgrüne, bis 3 cm lange hängende Kätzchen.

Wurzel: Flachwurzler, dicht verzweigt mit hohem Feinwurzelanteil, gegen Verdichtung und Einpflastern empfindlich.

Verbreitung und Standort: Japan, Korea, Sachalin, Kamtschatka, wächst hier gemeinsam, mit Nadelbäumen wie Lärchen und Föhren, mit zahlreichen immergrünen Laubgehölzen und einem artenreichen Staudenbegleitgrün im Unterwuchs.

Ansprüche: Sonnig, bevorzugt kühle bis kalte Standorte, ist frosthart, meidet heiß-trockene Plätze, liebt hohe Luftfeuchtigkeit. Der Boden sollte trocken bis nass ein, sauer bis schwach alkalisch, aber durchlässig und humos oder sandig-lehmig.

Allgemeines: Die Gold-Birke behält bis ins hohe Alter hinein ihre schöne glatte, cremeweiße Rindenstruktur. Die Samen dieser Birke werden gerne von Buchfinken und Sperlingen gefressen.

Verwendung: Schöne Birken-Art für Einzelstellung und Gruppenpflanzungen in größeren Garten- sowie Parkanlagen.

Sorten: 'Blush': Sorte mit schöner, hellgelber bis gelbgrauer Rinde, diese Sorte war in Holland lange als *Betula costata* in Kultur. 'Holland': Baum mit anfangs schmal kegelförmiger Krone und regelmäßigem Wuchs.

Betula ermanii

Betula maximowicziana Regel

Lindenblättrige Birke, Maximowicz-Birke, Kaiser-Birke; *engl.* Monarch birch, Japanese red birch; *franz.* Bouleau monarque; *span.* Abedul de Maximowicz; *kroat.* Maximowiczeva breza

Habitus: Mittelgroßer bis großer Baum, 15–20 (–30) m hoch und 8–12 m breit, breit kegelförmige Krone, oft mit durchgehendem Stamm, aufstrebende Äste, Zweige kaum überhängend, raschwüchsig.

Rinde: Orangebraun, später grau bis weißlich orange, dünn abrollend.

Blätter: Sommergrün, wechselständig, fast lindenartig, größtes Blatt aller Birken-Arten, breit herzförmig, bis 15 cm, Herbstfärbung goldgelb.

Blüten: Grünlich gelb, männliche Kätzchen 7–12 cm lang und sehr dick, im März–April.

Betula maximowicziana

Betula nigra

Betula nigra

Wurzel: Herzwurzelsystem, dicht verzweigt mit hohem Feinwurzelanteil im oberen Bereich, gegen Verdichtung und Einpflastern empfindlich.
Verbreitung und Standort: In den Bergwäldern Japans beheimatet.
Ansprüche: Sonnig bis lichter Schatten, toleriert alle Bodenarten von mäßig feucht bis trocken, schwach sauer bis alkalisch.
Allgemeines: Eine der auffälligsten Birken wegen ihrer großen, lindenähnlichen Blätter.
Verwendung: Schöner Solitärbaum für Parkanlagen und große Gärten, sollte sich entfalten können.
Nutzung: In der japanischen Heimat der Lindenblättrigen Birke werden aus dessen Holz Möbel, Weberschiffchen, Spindeln, Streichholzschachteln und Kisten sowie Papier hergestellt, aus ihrer Rinde stellt man Fackeln her. Das Holz wird zudem für Fußböden und zur Furnierherstellung verwendet, wegen der guten Holzqualität wird dieses Birkenholz auch exportiert.

Betula nigra L.

Schwarz-Birke, Fluss-Birke; *engl.* Red birch, Black birch, River birch; *franz.* Bouleau noir; *span.* Abedul negro americano, Abedul fluvial, Abedul de agua; *kroat.* Mrka breza
Habitus: 12–15 (–20) m hoher Baum mit 6–8 (–12) m breiter Krone, häufig mehrstämmig, Krone trichterförmig bis locker rundkronig, Zweige locker übergeneigt, schnellwüchsig.
Rinde: Hellrotbraun bis silbergrau, im Alter schwarzbraun, rollt sich kraus auf, verbleibt in krausen Fetzen am Stamm.
Blätter: Sommergrün, wechselständig, rautenförmig, 3–10 cm lang, anfänglich stumpf, später glänzend grün, unten samtig behaart, leuchtendgelbe Herbstfärbung.
Blüten: 1-häusige, gelbliche Kätzchen vor dem Laubaustrieb.
Wurzel: Herzwurzelsystem, dicht verzweigt mit hohem Feinwurzelanteil im oberen Bereich, gegen Verdichtung empfindlich.
Verbreitung und Standort: Ist im östlichen Nordamerika beheimatet, wächst meist an Flussufern, Sümpfen, Überschwemmungszonen und feuchten Standorten an Seen. Kommt noch in Höhenlagen von 750 m in den Appalachen vor.
Ansprüche: Vollsonnige Standorte, frosthart, bevorzugt nährstoffreiche, feuchte oder nasse Standorte, verträgt Überschwemmungen und toleriert noch mäßig trockene Standorte.
Allgemeines: Sehr schöne, dekorative Borke.
Verwendung: Wegen ihrer dekorativen, schönen Rinde und des charakteristischen Wuchses eine schöne Birken-Art für große Gärten und Parkanlagen, Einzelstellung oder in kleineren Gruppen, insbesondere zur Ufer- und Gewässerbegrünung, auch für feuchte Parkwiesen.
Nutzung: Wird in der Heimat zur Trockenlegung feuchter Standorte und zur Festigung erosionsgefährdeter Hänge verwendet

Betula papyrifera Marshall

Papier-Birke; *engl.* Canoe birch, Paper birch, White birch; *franz.* Bouleau à canots, Bouleau à papier; *span.* Abedul de los cànoes, Abedul papyrifero; *kroat.* Papirokora breza
Habitus: Eindrucksvoller großer Baum von 15–25 (–30) m Höhe und 10–15 (–18) m Breite, raschwüchsig, einstämmig, aber oft auch malerisch mehrstämmig, lichte, hochgewölbte Krone tief ansetzend, Zweige waagrecht bis eher aufstrebend, nur in Bodennähe überhängend.
Rinde: Rinde blendendweiß bis schimmernd cremeweiß mit feinen Querstreifen, bis in die Krone, mit zunehmendem Alter immer schöner werdend, schält sich ringförmig ab.

Blätter: Sommergrün, wechselständig, eiförmig, 3-eckig zugespitzt, oberseits mattgrün und kahl, im Herbst (Oktober) leuchtend gelb.

Blüten: 1-häusige, gelbliche, bis 5 cm lange Kätzchen vor dem Laubaustrieb.

Wurzel: Flaches Wurzelsystem, dicht verzweigt mit hohem Feinwurzelanteil im oberen Bereich, gegen Verdichtung empfindlich.

Verbreitung und Standort: Wächst in Nordamerika, Kanada und Grönland, oft in Reinbeständen, meist auf gut durchlässigen, sandigen Lehmböden sowie auf feuchten bis nassen Standorten, kommt noch in Höhenlagen bis 1200 m vor.

Ansprüche: Benötigt sonnige Standorte, kommt mit allen Bodenarten gut zurecht, sauer bis leicht alkalisch, auf feuchten, nährstoffreichen, gut durchlässigen, sandig sauren Lehmböden am besten gedeihend, gut frosthart.

Allgemeines: Wurde schon von den Indianern seit jeher genutzt, wird in der Heimat als einer der schönsten heimischen Bäume geschätzt.

Verwendung: Zählt neben der Himalaja-Birke zu den schönsten, weißrindigen Birken-Arten, auffälliges Solitärgehölz, auch in freistehenden Gruppen sehr wirkungsvoll, auf unversiegelten Böden auch als Straßenbaum verwendbar.

Nutzung: Ziergehölz. Die Indianer Nordamerikas bauten aus der Rinde der Papier-Birke ihre leichten Kanus, daher auch der Name canoe-birch. Auch heute noch wird das Holz dieser Birke zur Herstellung von Zahnstochern, Spielzeug und Besenstielen verwendet, ebenso als Brennholz.

Betula papyrifera

Betula papyrifera

Betula pendula Roth

Hänge-Birke, Sand-Birke, Warzen-Birke; *engl.* European white birch, White birch, Silver birch; *franz.* Bouleau blanc, Bouleau verruqueux; *span.* Abedul común, Abedul de europa, Abedul verrugoso, Abedul péndulo; *kroat.* Obicna breza

(Syn.: *B. verrucosa* Ehrh.)

Habitus: Großer, 8–22 (–30) m hoher Baum mit schlankem, meist durchgehendem Stamm und lockerer, hochgewölbter Krone von 6–8 (–12) m Breite, Seitenzweige oft schlaff und malerisch herunterhängend, oft mehrstämmig, sehr raschwüchsig, Pionierbaumart, erreicht mit 50 Jahren ihre endgültiger Größe, kann 90–120 Jahre alt werden, der Stamm wird 50–80 cm dick.

Rinde: Rinde glänzend weiß mit quergestellten Korkwarzen, abrollend, später an der Basis der Stämme schwarz, gefurcht und längsrissig; Zweige grau bis schwarzbraun, dicht besetzt mit warzigen Harzdrüsen.

Blätter: Sommergrün, wechselständig, 4–7 cm lang, rautenförmig, hellgrün, frühzeitiger Austrieb, Herbstfärbung goldgelb.

Blüten: 1-häusige, gelbliche, 5–10 cm lange Kätzchen vor dem Laubaustrieb im März–April.

Wurzel: Herzwurzelsystem mit intensiven, flachstreichenden oberflächennahen Feinwurzeln.

Verbreitung und Standort: Die Hänge-Birke ist in Europa, Kleinasien, im Kaukasus und Nordpersien, bis Sibirien und im Altai-Gebirge heimisch; sie wächst in lichten Laub- und Nadelmischwäldern, auf Mooren, in Magerweiden und Heiden sowie auf feuchten bis trockenen, mäßig nährstoffarmen, meist sauren Böden.

Ansprüche: Benötigt vollsonnige Standorte, ist aber sehr anpassungsfähig an alle Bodenarten, auch trockene, nährstoffarme Sandböden sind noch geeignet. Diese Birke ist außerordentlich frosthart, trockenheitsresistent, Bodenfestiger.

Allgemeines: Birken dürfen nicht im Spätwinter geschnitten werden, weil sie bei Verletzungen stark „bluten“; sollte ein Schnitt unumgänglich sein, so ist dieser während der Vegetationszeit im Sommer durchzuführen. Das Pflanzen bzw. das Verpflanzen von Birken sollte im Frühjahr kurz vor dem Laubaustrieb (Mausohrstadium) erfolgen.

Die Birke spielt in vielen Volkssagen und alten Bräuchen eine wichtige Rolle. Sie ist Sinnbild des Frühlings und Fruchtbarkeitssymbol und auch heute noch werden zum Beispiel Fronleichnams-Prozessionen und Festumzügen mit Birkenzweigen gesäumt. In der Mythologie verkörpert sie den Inbegriff des „Weiblichen“.

Betula pendula

Betula pendula

Sogar „Ötzi", die 3500 Jahre alte mumifizierte Leiche aus den Ötztaler Alpen, trug zwei Gefäße aus Birkenrinde mit sich, eines davon diente wahrscheinlich zum Transport von Glut zur Entfachung des Lagerfeuers. Zahlreichen Vögeln (z. B. Birkenzeisig) dienen Knospen und Samen als wichtige Winternahrung. Nach dem 2. Weltkrieg war die Sand-Birke die erste Baumart, welche die Trümmerhaufen besiedelte.

Verwendung: Wegen des malerischen Wuchses ein sehr häufig gepflanzter Baum. Kommt als Einzelbaum, aber auch in kleineren Gruppe sehr gut zur Wirkung, auf Wiesen- und Rasenflächen, aber auch als Pioniergehölz in der freien Landschaft, als Straßenbaum in nicht versiegelten Flächen (Überlandstraßen), aber auch in Wohnstraßen. Nur wenige Pflanzen können dem Wurzeldruck der Birke widerstehen, dazu zählen unter anderem *Hedera helix*, *Lonicera nitida*, *Mahonia aquifolium*, *Prunus laurocerasus*, *Pyracantha*-Sorten und *Buglossoides purpurocaerulea*.

Nutzung: Das Holz der Sand-Birke ist hell und leicht bearbeitbar. Es wird zur Herstellung von Küchen- und Schlafzimmermöbeln verwendet, aber auch in der Zellstoffindustrie und als Faserholz. Aus dem Holz werden darüber hinaus Täfelungen, Schlittenkufen, Felgen, Deichseln, Propeller, Holzschuhe, Tröge, Tassen, Löffel u. v. m. sowie dekorative Gebrauchsgegenstände und Schmuck hergestellt. Auch Postkarten aus Birkenfurnier und Trinkbecher werden produziert; Birkenscheiter werden gerne als Kamin- und Brennholz genutzt; aus Birkenzweigen stellt man Besen und Ruten her, und mit Rutenzweigen peitschten die Besucher nordischer Dampfbäder ihre schwitzenden Körper. Die weiße Rinde verwendeten unsere Vorfahren als Papier. Die Rinde ist durch den Inhaltstoff „Betulin" weitgehend witterungsfest, sodass in Skandinavien sogar Häuser mit Birkenrinde gedeckt werden. In Notzeiten wurde Mehl aus der Rinde hergestellt und daraus Pfannkuchen gebacken.

In einigen Regionen war die Gewinnung von Birkensaft eine wirtschaftlich interessante Einnahmequelle. Im zeitigen Frühjahr wurden die Birkenstämme 2–4 cm tief angebohrt, so konnte man für einige Wochen lang den Blutungssaft, eine klare Flüssigkeit sammeln; bis zu 50 Liter konnte pro Baum geerntet werden, dieser Birkensaft wurde dann zu Wein, Limonade oder Haarwasser weiterverarbeitet.

Birkenblätter sind nach deutschem Arzneimittelbuch ein anerkanntes Heilmittel. Als Teeaufguss wirken sie schweiß- und harntreibend, heilend bei Gicht, Rheuma, Borreliose, Nierenleiden, Blasensteinen und Wassersucht. Macht man längere Trinkkuren mit Birkenblättertee, so wirken diese entschlackend und blutreinigend. Junge Birkenblätter lassen sich auch gut in einen Wildsalat mischen, zu Quarkspeisen oder Frühlingssuppen verwenden.

Sorten: 'Dalecarlica', Ornäs-Birke (*B. pendula* 'Crispa'): Ähnlich der Art, etwas schwächerwüchsig, Blätter sind tief gelappt und unregelmäßig gesägt bis geschlitzt. 'Fastigiata', Säulen-Birke. Mittelgroßer, bis 15 m hoher Baum mit säulenförmiger, 4–6 m breiter Krone, Zweige leicht hin und her gewunden. 'Purpurea', Blut-Birke: Kleinerer Baum mit schwarzrotem Austrieb, später färbt sich das Laub eher rotbraun bis dunkelpupurn. 'Tristis', Hänge-Birke: Mittelgroßer, bis 20 m hoher Baum mit geradem durchgehenden Stamm, bogenförmig übergeneigten Ästen und elegant schleppenartig überhängenden Zweigen. 'Youngii', Trauer-Birke: Kleiner, 5–7 m hoher Baum mit

Betula pendula 'Dalecarlica'

Betula pendula 'Purpurea'

3–4 m breiter schirmförmiger Krone, Äste und Zweige fast senkrecht bis zum Boden hängend, für die Einzelstellung in Parks, Gärten, Innenhöfen.

Betula pubescens Ehrh.

Moor-Birke, Besen-Birke; *engl.* Downy birch, White birch, European birch; *franz.* Bouleau pubescent; *ital.* Betulla pubescente; *span.* Abedul pubescernte; *kroat.* Cretna breza

Habitus: Mittelgroßer, 10–20 m hoher und 8–12 m breiter Baum, oft kurzstämmig mit aufsteigenden bis waagrechten, nicht überhängenden(!), oft unregelmäßigen Ästen, Krone rundlich bis oval, sehr variabel im Aussehen. Pionierbaumart.

Rinde: Rinde grauweiß bis schwärzlich, rissig, quer abrollend.

Blätter: Sommergrün, wechselständig, rundlich bis eiförmig, kurz zugespitzt, einfach bis doppelt gesägt, im Austrieb weich behaart, später kahl, beiderseits dunkelgrün, derb, Herbstfärbung gelb.

Blüten: 1-häusige, gelbliche, 4–8 cm lange Kätzchen vor dem Laubaustrieb im April.

Früchte: Breit geflügelte Nüsschen, in hängenden, zylindrisch eiförmigen, 4 cm langen Kätzchen, Samenreife ab August.

Wurzel: Ähnlich *B. pendula*, jedoch tiefer wurzelnd.

Verbreitung und Standort: Wächst von Mitteleuropa bis Sibirien, Schwarzmeergebiet bis zum Kaukasus, kommt in den Alpen bis in 2200 m Seehöhe vor; Charakterbaum der Birkenmoore, Eichen-Birken-Wälder, Erlen-Bruchwälder, auf feuchten bis nassen, nährstoffreichen, sauren, humosen Moor-, Torf- und Sandböden. Vergesellschaftet ist die Moor-Birke am natürlichen Standort mit Rot-Föhre, Zitter-Pappel, Faulbaum, Schwarz- und Grau-Erle.

Betula pendula 'Youngii'

Betula pubescens

Ansprüche: Wächst auf sonnigen Standorten, ist sehr anspruchslos, gedeiht sowohl auf nassfeuchten wie

Betula utilis var. jaquemontii

Betula utilis var. jaquemontii

auf trockenen Standorten, auch auf sauren, nährstoffarmen Sandböden.

Allgemeines: Moor-Birken waren in Mittel- und Nordeuropa Pioniergehölze am Ende der Eiszeit. Ursprünglich wurden Birkenwälder als Waldweide genutzt. Zweige wurden für rituelle Zwecke verwendet. Birkenpollen kann auch Allergien auslösen.

Verwendung: Wird in erster Linie als Pioniergehölz für Sonderstandorte verwendet, bei Rekultivierungsmaßnahmen, in der freien Landschaft, in großen Heidegärten sowie als Straßenbaum für anmoorige, nass-feuchte Standorte.

Nutzung: Das Holz wurde zur Herstellung von Kleinmöbeln und Holzkohle genutzt. Es ist als Drechsler-, Möbel- und Furnierholz in Verwendung, neben Brennholz wird es auch als Rohstoff zur Papierherstellung eingesetzt.

Die Blätter enthalten ein ätherisches Öl, Flavonoide und Saponin, Tee wirkt leicht schweißtreibend. Aus finnischen Moor-Birken wird ein „neuer", leicht holzig schmeckender Sirup karamelisiert, der sich in der chemischen Zusammensetzung und im Geschmack deutlich vom Ahornsirup unterscheidet, es lässt sich auch ein Süßstoff für Diabetiker daraus gewinnen.

Betula utilis var. **jaquemontii** (Spach) Winkl.

Himalaja-Birke, Weißrindige Himalaja-Birke; *engl.* Himalayan birch; *franz.* Bouleau de l'Himalaya; *ital.* Betulla; *kroat.* Jaquemontova breza

(Syn.: *B. utilis* Hort., *B. jaquemontii* Hort.)

Habitus: Malerischer, mittelgroßer, 8–12 (–15) m hoher Baum mit breitovaler, lockerer Krone von 5–7 m Breite, Hauptäste trichterförmig aufsteigend, Seitenäste mehr waagrecht gestellt, Zweige überhängend, oft mehrstämmig, mittelstark wachsend.

Rinde: Ab dem 6. Jahr reinweiß, dünn abrollend.

Blätter: Sommergrün, wechselständig, spitz eiförmig bis herzförmig, dick, 5–7 cm lang, matt dunkelgrün, prächtige, goldgelbe Herbstfärbung.

Blüten: Männliche Kätzchen, 8–12 cm lang, grünlich gelb, vor dem Laubaustrieb, April.

Wurzel: Flach ausgebreitetes Wurzelsystem mit hohem Feinwurzelanteil in oberen Bodenschichten, empfindlich gegen Einschüttungen und Bodenverdichtung.

Verbreitung und Standort: In den Bergwäldern des Westhimalaja, Kaschmir bis Nepal.

Ansprüche: Braucht sonnige Standorte, bevorzugt kühlfeuchte Lagen und schwach saure bis neutrale, durchlässige Böden, auch auf sterilen Böden gedeihend.

Allgemeines: Besonders attraktive Birke mit blendendweißer Rinde.

Verwendung: Eine der schönsten Birken-Arten wegen der reinweißen Rinde, schönes Solitärgehölz für Park und Garten, kommt auf Rasenflächen, vor immergrünen Gehölzen oder einer Koniferenkulisse (in kleinen Gruppen) besonders gut zur Geltung, auch schöner Winteraspekt.

Sorte: 'Doorenboos': Eine der schönsten Gartenformen wegen der strahlend weißen Rinde.

Broussonetia Papiermaulbeerbaum

Papiermaulbeerbaum; *engl.* Paper mulberry; *kroat.* Dudovac
Familie: Moraceae, Maulbeerbaumgewächse

Sommergrüne, Milchsaft führende Bäume und Sträucher mit wechselständigen, unregelmäßig tief gebuchteten Blättern, männlichen Blüten in hängenden Kätzchen, kugelige Fruchtstände mit dicht beieinander stehenden saftig-fleischigen, 1-samigen Früchten. *Broussonetia*-Arten sind großlaubige, raschwüchsige Gehölze die hohe Boden- und Lufttrockenheit ertragen, nur für warme, wintermilde Klimagebiete (Weinbauklima).

Broussonetia papyrifera (L.) Vent.

Papier-Maulbeerbaum; *engl.* Paper mulberry; *kroat.* Papirokori dudovac

Habitus: Großstrauch oder kleiner mehrstämmiger Baum von 3–5 (–15) m Höhe mit breitovaler Krone, Zweige etwas sparrig und steif mit weißem Mark, als Strauch manchmal Dickichte bildend.

Rinde: Graugrün bis olivgrün.

Blätter: Sommergrün, wechselständige, breit eiförmige, oft 3-lappig zugespitzte, 7–20 cm große Blätter mit abgerundeter Basis, oberseits dunkelgrün und rau, unterseits graugrün dichtwollig behaart, Milchsaft führend.

Blüten: 2-häusig, männliche Blüten in 4–7 cm langen, zylindrischen Kätzchen, weibliche Blüten in 1,5 cm großen rundlichen Köpfchen im Mai.

Früchte: Etwa 2 cm breit, aus dicht beieinander stehenden, saftig fleischigen orangeroten bis roten Früchten.

Verbreitung und Standort: Von Japan über Taiwan, China, bis Thailand und Myanmar. In Südeuropa sowie im östlichen Nordamerika eingebürgert.

Ansprüche: Sonnige Standorte, sehr wärmeliebend, friert als Jungpflanze häufig zurück, später im Weinbauklima völlig frosthart, keine speziellen Bodenansprüche, lockere, kalkhältige Böden bevorzugend.

Allgemeines: Der Papier-Maulbeerbaum war die erste Pflanze, die in China um ca. 100 vor Christi zur Herstellung von Papier verwendet wurde.

Verwendung: Etwas exotisch wirkender Großstrauch oder Kleinbaum für Gärten und Parkanlagen, zur Einzelstellung oder in kleineren Gruppen.

Nutzung: Zur Papierherstellung in China wurden Bastfasern aufgeschwemmt, über ein Bambussieb geschüttet, der zurückbleibende dünne Fasernfilz wurde mit Kaurischnecken geglättet und mit Leim (Reispaste) verbunden. Auch heute noch werden in China und Japan aus dem Papier-Maulbeerbaum besondere, nach alten Methoden handgeschröpfte Papiersorten hergestellt.

Sorte: 'Laciniata': Schwächer im Wuchs, strauchig, Blätter bis auf schmale Streifen entlang der Mittelrippe reduziert.

Broussonetia papyrifera

Broussonetia papyrifera

Carpinus Hainbuche

Hainbuche, Weißbuche; *engl*. Hornbeam; *franz*. Charme, Charmille; *ital*. Carpino bianco; *span*. Carpe; *kroat*. Grab
Familie: Betulaceae, Birkengewächse

Die Hainbuche kommt mit etwa 35 Arten in der nördlich-gemäßigten Zone vor. Es sind sommergrüne Bäume und Sträucher mit wechselständigen, 2-zeilig angeordneten, einfachen, gezähnten Blättern, Blütenkätzchen erscheinen mit dem Laubaustrieb, Früchte in bis zu 15 cm langen, ährenartigen Ständen, Frucht, Nüsschen mit meist 3-lappigem Hochblatt verwachsen. Anpassungsfähige, langlebige, gut schnittverträgliche Bäume oder Sträucher.

Carpinus betulus L.

Hainbuche, Weißbuche; *engl*. Common hornbeam; *franz*. Charme commun, Charmille; *ital*. Carpino bianco; *span*. Carpe blanco, Carpe europeo; *kroat*. Obicni grab

Habitus: Mittelgroßer, 10–15 (–20) m hoher, oft auch mehrstämmiger Baum mit etwas unregelmäßig aufgebauter, kegelförmiger bis rundlicher Krone, 7–12 (–14) m breit, Stamm oft krummwüchsig, Äste aufrecht, Zweige ausgebreitet bis leichtübergeneigt, langsam bis mittelstark wachsend, wird etwa 150 Jahre alt.

Rinde: Borke silbrig bis dunkelgrau gezeichnet.

Knospen: Am Zweig anliegend, spindelig zugespitzt.

Blätter: Sommergrün, wechselständig, eiförmig bis länglich elliptisch, frischgrün, Herbstfärbung leuchtend gelb, die Blätter oftmals in braunem Zustand bis zum Frühjahr am Baum verbleibend.

Blüten: 1-häusig, Blütenkätzchen entwickeln sich erst mit dem Laubaustrieb im Mai, unauffällig, windbestäubt.

Wurzel: Herzwurzelsystem, bis 1,5 m tief reichend, empfindlich gegen Verdichtung und Überfluten.

Verbreitung und Standort: Von Europa über die Balkanhalbinsel bis zum Kaukasus und Persien verbrei-

Carpinus betulus

Carpinus betulus

Carpinus betulus

Carpinus betulus

tet, Charakterart der Eichen-Hainbuchen-Mischwälder, meist auf mäßig nährstoffreichen, tiefgründigen Standorten, in den Alpen bis auf 1000 m Seehöhe vorkommend.

Ansprüche: Sonne bis Schatten ertragend, kühle bis warme Lagen, bei ausreichender Bodenfeuchte auch Hitze ertragend, frosthart, stadtklimaverträglich und windfest, toleriert alle Bodenarten von mäßig feucht bis trocken, sauer bis alkalisch, verträgt auch höheren Grundwasserstand und kurzfristige Überflutungen, aber keine Staunässe(!), salzempfindlich.

Allgemeines: Neben der Windverbreitung tragen auch Nagetiere zur Verbreitung der Samen bei. Schon bei den Römern hieß die Hainbuche „Carpinus", der deutsche Name „Hagebuche" leitet sich von „hag" ab was soviel wie „Einzäunung" bedeutet.

Verwendung: Sehr wichtiges Landschaftsgehölz, Windschutzpflanzungen, Dorfbegrünung, schöner Einzelbaum, freiwachsende und geschnittene Hecken, Baumhecken, intensives Ausschlag- und hohes Regenerationsvermögen nach Rückschnitt, wird deshalb für historische Gärten, als Formgehölz, für Laubengänge und Skulpturen verwendet, Bodenfestiger, Allee- und Straßenbaum auf unbefestigten Standorten.

Nutzung: Das Holz der Hainbuche ist im Splint und Kern gleichfarbig, feinfasrig, trocknet leicht und schnell, ist fest und sehr hart, dabei gut biegsam und lässt sich leicht polieren und färben. Deshalb wird es als Ebenholz-Imitation genutzt, auch für die Anfertigung von Hammersystemen im Klavierbau. Man verarbeitet es zu Gegenständen, die hoher mechanischer Belastung ausgesetzt sind wie Hackbretter, Hackklötze und Werkzeugstiele. Hainbuchenholz hat einen hohen Brennwert und liefert ausgezeichnete Holzkohle sowie Parkettholz.

Carpinus betulus

Sorten: 'Columnaris': Wächst anfangs säulenförmig, später eiförmig, ist dicht verzweigt und wird etwa 8 m hoch und 6 m breit. 'Fastigiata': Säulen-Hainbuche. Wächst anfangs straff säulenförmig, später breit kegelförmig bis breit eiförmig, wird etwa 10–15 m hoch und 4–6 m breit, interessant für historische und formale Gärten, schmale Straßen und für geschnittene Formen. 'Frans Fontaine': Ähnlich wie vorige, ist aber schwächer im Wuchs (bis 8 m) und bleibt im Al-

Carpinus betulus 'Fastigiata'

Carpinus betulus 'Pendula'

ter wesentlich schmäler. 'Pendula': Wird meist hochstämmig veredelt, Äste wachsen zunächst waagrecht, später kuppelförmig abwärts, langsamwüchsig. 'Quercifolia': Eichenblättrige Hainbuche: 10–20 m hoch und 6–10 m breit, Blätter unregelmäßig tief gelappt oder gebuchtet, Blattlappen breit abgerundet, Blätter in Form und Größe sehr variabel.

Weitere Art:
Carpinus orientalis, die Orientalische Hainbuche. Sie wächst meist nur strauchig oder zu einem etwa 5 m hohen Kleinbaum heran, ähnlich *C. betulus*, aber in allen Teilen kleiner und zierlicher. Heimat Südosteuropa bis Südwestasien.

Carya Hickorynuss

Hickorynuss; *engl.* Hickory; *span.* Hicoria; *kroat.* Karija
Familie: Juglandaceae, Walnussgewächse

Von der Gattung der Hickorybäume sind etwa 25 Arten in Ostasien und im östlichen Nordamerika bekannt. Es handelt sich hierbei um sommergrüne, meist hohe Bäume mit herbaromatisch duftenden, wechselständigen, gefiederten Blättern. Die Zweige besitzen volles, meist braunes Mark, die Blüten sind Kätzchen, 1-häusig verteilt, die 2–6 cm langen Früchte sind glatt oder 4-kantig, ihre dicke Schale spaltet sich in 4 Teile oder löst sich. Samen sind teilweise essbar. Sie weisen eine prächtige Herbstfärbung auf, teils interessante Rindenstruktur, gedeihen in sommerwarmen Klimazonen auf kalkfreien Böden.

Carya cordiformis (Wangenh.) K. Koch

Bitternuss; *engl.* Bitternut hickory, Swamp hickory, Pignut; kroat. Gorka karija
(Syn.: *Carya amara*)
Habitus: Bis 30 m hoher, raschwüchsiger Baum mit breitovaler Krone.
Rinde: Eschenähnlich, grau oder hellbraun.
Blätter: Sommergrün, wechselständig, 15–25 cm lang, unpaarig gefiedert, mit 5–9 Fiederblättchen; Herbstfärbung goldgelb.
Blüten: Männliche Kätzchen zu je 3 auf 25 cm langem gemeinsamen Stiel.
Früchte: Früchte zu 2–3, birnenförmig oder verkehrt eiförmig, oberhalb der Mitte 4-flügelig, bei der Reife bis wenig unterhalb der Mitte aufplatzend; Nuss glatt und mit dünner Schale, fein gerillt, Samen (gallen)bitter
Verbreitung und Standort: Nordosten der USA, auf feuchten Talböden bis zu trockeneren Böden, in Mischwäldern.
Ansprüche: Mäßig trockene bis mäßig feuchte, leicht saure bis neutrale Böden.
Allgemeines: Eine der am häufigsten und weit verbreiteten Hickory-Arten. Die frühen Siedler nutzten das Öl der Samen für Öllampen, es sollte auch gegen Rheumatismus helfen
Verwendung: Als Zier- und Parkbaum mit prächtiggelber, frühzeitig einsetzender Herbstfärbung.
Nutzung: Das Holz wurde zur Herstellung von Veranda-Möbeln genutzt, es ist ein ausgezeichnetes Brennholz.

Carya cordiformis

Carya illinoensis (Wangenh.) Koch

Pekannuss, Pekan; *engl.* Pecan, Sweet pecan; *kroat.* Slatka karija
Habitus: Großer, 30 (–50) m hoher Baum mit breiter oder rundlicher Krone und Stammdurchmesser von etwa 100 cm, raschwüchsig.
Rinde: Borke hellbraun bis grau.

Carya illinoensis

Carya illinoensis

Carya ovata

Blätter: Sommergrün, wechselständig, 20–30 (–50) cm lang, unpaarig gefiedert, setzen sich aus 5–17 (meist 9–17) Teilblättchen zusammen.

Blüten: Die windbestäubten Blüten erscheinen im April–Mai in 8–12 cm langen weiblichen oder männlichen Kätzchen am selben Baum.

Früchte: Eiförmige bis ovale, 3–5 (–8) cm lange Früchte zu 3–10, schwach geflügelt, Steinkern dünnschalig, glatt, hellbraun, Samen süß, essbar.

Verbreitung und Standort: Südöstliches Nordamerika, Mississippi-Tal, wächst in Höhenlagen bis 600 m, auf gut drainierten, lehmigen Böden, auch kurzfristig überflutete Standorte. Wächst gemeinsam mit *Asimina*, *Platanus occidentalis*, *Celtis laevigata*, *Celtis ocidentalis*, *Ulmus americana* und *Fraxinus pennsylvanica*.

Ansprüche: Sonnige Standorte, gut drainierte lehmige Böden, leicht sauer bis leicht alkalisch.

Allgemeines: Pekannüsse werden in Plantagen kultiviert, das Wort „pecan“ stammt aus der Sprache der Algonquian Indianer, die ersten französchen Siedler berichteten, dass viele Indianerstämme bereits Pekannüsse als Vorrat einlagerten.

Verwendung: In milden Gebieten ausreichend winterhart, als Obstbaum in Verwendung, gelegentlich als Parkbaum mit schöner Herbstfärbung in älteren, historischen Gärten anzutreffen.

Nutzung: Die Früchte sind essbar und werden genutzt, auch in Plantagen angebaut. Ein ausgewachsener Baum bringt einen durchschnittlichen Ertrag von etwa 175 kg Früchten pro Jahr. Auch von Wildstandorten werden Pekannüsse gesammelt.

Das Holz der Pekannuss wird für Möbel- und Tischlerarbeiten verwendet, auch Täfelungen und Furniere werden daraus hergestellt. In Tadschikistan wird diese Baumart seit 1935 kultiviert und auch als Straßen- und Stadtbaum gepflanzt. Die Früchte sind auch wichtiges Nahrungsmittel für Vögel, Füchse, Eichhörnchen, Opossums und Waschbären.

Sorten: Die zahlreichen amerikanischen Fruchtsorten werden in zwei Gruppen, die der „Östlichen Pekannuss“ und die der „Westlichen Pekannuss“ unterteilt.

Carya ovata (Mill.) K. Koch

Schuppenrinden-Hickory; *engl.* Shagback hickory, Scalybark hickory, Shellbark hickory; *span.* Hicoria ovada; *kroat.* Obicna karija

Habitus: 20–30 (–40) m hoher Baum mit einem hohen Stamm und unregelmäßiger, ovaler Krone, Stammdurchmesser bis 0,8 m.

Rinde: Borke hellbraun, löst sich in schindelartigen, abstehenden Streifen.

Blätter: Sommergrün, wechselständig, 20–35 cm lang, mit 5 Fiederblättchen, Herbstfärbung prächtig goldgelb.

Blüten: Männliche Kätzchen in dünnen, 10–12 cm langen behaarten Kätzchen zu dreien.

Früchte: Einzeln oder zu zweien, 3,5–6 cm lang, Außenschale 5–8 mm dick, rund, bei der Reife bis zur Basis aufspringend und später in 4 Teile zerfallend. Der Steinkern ist dünnschalig, ellipsoid bis verkehrt eiförmig, 4-kantig, weiß bis hellfarben, mit süßem Kern.

Verbreitung und Standort: Östliches Nordamerika, auf feuchten Talböden und in höhergelegenen Mischwäldern, kommt in den südlichen Appalachen bin in 900 m Höhe vor.

Ansprüche: Mäßig feuchte bis mäßig trockene, leicht saure, nährstoffreiche, gut drainierte Böden, sonnige bis lichtschattige Standorte.

Allgemeines: Ziergehölz, der Name kommt aus dem indianischen: „pawcohiccora" nannten die Indianer das ölige Nahrungsmittel, welches sie aus geriebenen Nüssen in kochendem Wasser herstellten.

Verwendung: Parkbaum mit prächtiger, früh einsetzender, goldgelber Herbstfärbung, wird gerne mit anderen, herbstfärbenden Baumarten wie zum Beispiel dem Rotahorn sowie mit Rhododendren als Unterwuchs kombiniert.

Carya ovata

Nutzung: Die Früchte werden von Wildstandorten und von angepflanzten Auslesen gesammelt. Die süße Hickory-Milch wurde zum Kochen von Maiskuchen verwendet. Die frühen Siedler gewannen aus der inneren Rindenschicht einen gelben Farbstoff zum Färben. Hickory liefert ein vorzügliches Brennholz – guter amerikanischer Schinken muss mit Hickory-Rauch geräuchert werden –, auch bei uns wird mittlerweile Schinken, der mit Hickoryholz geräuchert wird, angeboten. Dünne Holzstangen wurden zu Trockenfassreifen aufgespalten. Früher wurde für die exklusive Innenausstattung von Automobilen Hickoryholz genutzt, heute wird es noch in geringem Ausmaß beim Bau von Lastwägen und landwirtschaftlichen Geräten eingesetzt. Auch für Axt- und Hammerstiele, Radspeichen und Golfschläger ist Hickoryholz ausgezeichnet geeignet, die ersten Skier waren ebenfalls aus Hickory gefertigt. Beim Holzabtransport mit Kleinbahnen aus dem Urwald wurden Hickory-Hölzer sogar als Schienen verwendet, weil dieses sich weniger abnutzt als irgendeine andere Holzart, wenn eiserne Räder darüber rollen.

Castanea Kastanie

Kastanie, Marone; *engl.* Spanish chestnut; *franz.* Chataignier; *ital.* Castagno; *span.* Castaneo; *kroat.* Pitomi kesten, kostanj
Familie: Fagaceae, Buchengewächse

Kastanien kommen mit 12 Arten in der nördlichen gemäßigten Zone und 1 Art in Europa vor. Es sind sommergrüne Bäume mit tiefrissiger Borke, 2-zeilig angeordneten, wechselständigen Blättern und 1-häusigen, von Käfern bestäubten Blüten. Die essbaren Früchte sind von einem stacheligen, 4-klappig aufspringendem Fruchtbecher umgeben.

Castanea sativa Mill.

Edel-Kastanie, Ess-Kastanie, Marone, Echte Kastanie; *engl.* Spanish chestnut, Sweet chestnut; *franz.* Chataignier commun; *ital.* Castagno; *span.* Castano; *kroat.* Europski piomi kesten

Habitus: Sommergrüner, 15–30 (–35) m hoher Baum mit 12–20 (–25) m breiten ausladender Krone; kurzer, oft drehwüchsiger Stamm, Stockausschläge mit meterlangen Jahrestrieben, mittel- bis starkwachsend. Stammdurchmesser von 1 m und ein Alter von etwa 500 Jahren kann erreicht werden, einige Exemplare werden sogar auf 1000 Jahre geschätzt.

Castanea sativa

Rinde: Borke im Alter dunkelgrau, tief längsrissig.
Blätter: Sommergrün, wechselständig, länglich-lanzettlich, 12–20 cm lang, dunkelgrün, glänzend, derb ledrig; gelbe bis gelbbraune Herbstfärbung.
Blüten: Blüten eingeschlechtlich, männliche in köpfchenartigen Teilblütenständen bis zu 15–20 cm langen aufrechten, weißen, stark duftenden Ähren vereint, die weiblichen Blüten einzeln an der Basis der männlichen Blütenähren, unscheinbar, klein, grünlich, Juni–Juli.
Früchte: 2–3 cm lange, essbare Nüsse (Maronen) in 8–10 cm großen, stacheligen Fruchtbechern, Fruchtreife Oktober.
Verbreitung und Standort: Die Edel-Kastanie kommt in Südeuropa, Nordafrika und Kleinasien und zum Kaukasus vor, sie wächst in grasreichen Eichenwäldern auf mäßig trockenen bis frischen, kalkarmen, mittelgründigen, humosen, lehmigen bis sandig-steinigen Böden in sommerwarmen, wintermilden Klimalagen. In Mitteleuropa wahrscheinlich von den Römern eingebürgert.
Ansprüche: Sonnig bis halbschattige Standorte, wärmeliebend, gut hitzeverträglich, mäßig frosthart (Weinbauklima), stadtklimaverträglich, ansonsten keine speziellen Ansprüche, bevorzugt aber mäßig feuchte, nährstoffreiche, saure Böden, meidet Staunässe und kalkhältige Böden (Chlorose).
Allgemeines: Blühende Bäume riechen unangenehm streng nach Trimethylamin, insbesondere die männlichen Blüten produzieren reichlich Nektar und werden gerne von Bienen, Hummeln, Fliegen und Käfern besucht, der Honigertrag liegt bei etwa 30–100 kg pro Hektar.
Verwendung: Die Ess-Kastanie entwickelt sich zu einem mächtigen, gewaltigen Solitärbaum in Parkanlagen, wichtiger Fruchtbaum, besonders in Südeuropa, Kastanienwälder werden im Mittelmeerraum auch als Niederwaldbetrieb bewirtschaftet, zur Gewinnung von Rebpfählen, in manchen Regionen auch als Haus-, Alle- und Straßenbaum in Verwendung.
Nutzung: Schon die Römer verwendeten das gut witterungsbeständige Holz für Rebpfähle. In Italien und insbesondere in Korsika galt die Edel-Kastanie als der bäuerliche Brotbaum. Er lieferte Streu für den Stall,

Castanea sativa

Castanea sativa

Futterlaub für die Ziege und Holz für den Ofen, aus den Früchten wurde ein „Ersatzbrot" gebacken. Kastanienholz wurde zur Gewinnung von Gerbextrakten ausgekocht; Rohmaterial für Fassreifen und Körbe aller Art wurden aus Stockschlagbetrieben herausgeholt. Neben der Gerbstoffgewinnung wird das Holz auch für die Papierherstellung herangezogen.
Es fand in England zur Herstellung von Fassdauben für Whiskyfässer, und auch für Olivenölfässer, Verwendung.
Das Holz der Edel-Kastanie ist im Splint hell, im Kern dunkelbraun, es wird im Schiffsbau und für Fassdauben eingesetzt, da es gegen Feuchtigkeit sehr widerstandsfähig ist. Auch Furniere werden hergestellt. Im Mittelmeerraum sind Ess-Kastanien ein wichtiges Nahrungsmittel, ihre Samen enthalten 39 % Wasser, 43 % Stärke und 2,5 % Fett. Sie werden geröstet und direkt verzehrt oder zu Konditorwaren verarbeitet (marrons glacé). Eine weitere Nebennutzung stellt die Ernte von Speisepilzen dar, weil mehrere Mykorrhiza-Symbiosen mit Speisepilzen bestehen.
Sorten: Mehrere Fruchtsorten werden im Mittelmeerraum und in Mitteleuropa in Gebieten mit Weinbauklima verwendet.

Catalpa Trompetenbaum

Trompetenbaum; *engl.* Catalpa, Bean tree; *franz.*Catalpa; *ital.* Catalpa; *span.* Catalpa; *kroat.* Katalpa
Familie: Bignonioceae, Trompetenbaumgewächse

Sommergrüne, meist breitkronige Bäume mit dicken, steifen Zweigen und großen Blattnarben. Blätter meist in 3er Quirlen, groß, unangenehm duftend. Blüten in endständigen Trauben oder Rispen, weiß mit purpurner Fleckung, Kronröhre schief glockig, Kronensaum wellig-kraus. 20–40 cm lange 2-klappig öffnende Fruchtkapseln, Samen an den Enden mit haarig ausgefransten Flügeln. Schöne Blütenbäume, anfangs raschwüchsig, in der Jugend mitunter frostempfindlich. Wird etwa 100 Jahre alt.

Catalpa bignonioides Walt.

Gewöhnlicher Trompetenbaum, Bohnenbaum, Zigarrenbaum; *engl.* Indian bean tree; *franz.* Catalpa commun, Catalpa de la Caroline; *ital.* Catalpa americana; *span.* Catalpa; *kroat.* Obicna katalpa

Habitus: Schnellwüchsiger, mittelgroßer Baum von 10–15 m Höhe und 6–10 m Breite, hochgewölbte rundliche Krone mit weit ausladenden Seitenästen, manchmal sogar schleppenartig dem Boden aufliegend; Stammdurchmesser bis 40 cm.

Rinde: Hellbraune, dünne, längsrissige Borke.

Blätter: Sommergrün, sehr spät austreibend, meist in 3er-Wirteln, 10–20 cm lang, sehr groß, herzförmig, selten etwas gelappt, frischgrün, gerieben unangenehm riechend, hellgelbes Herbstlaub, früh abfallend.

Blüten: Erscheinen im Sommer von Juni bis Juli in vielblütigen, aufrechten Rispen, Einzelblüte glockenförmig, weiß mit purpurnen Flecken und zwei gelben Längsstreifen im Schlund.

Früchte: Bis zu 20–40 cm lange und 6–8 mm dicke bohnenförmige, dünnwandige Fruchtkapseln, teilweise bis ins Frühjahr haftend.

Wurzel: Herzwurzelsystem, wenig verzweigt, fleischig, empfindlich gegenüber mechanischen Verletzungen.

Catalpa ovata, C. bignonioides, C. speciosa

Catalpa bignonioides

Verbreitung und Standort: Südöstliches Nordamerika, wächst auf nährstoffreichen, feuchten Böden entlang der Flussläufe.

Ansprüche: Sonne bis lichter Schatten, sehr gut wärme- und hitzeverträglich, sofern der Boden frisch ist, in der Jugend frostempfindlich, sonst frosthart, bevorzugt tiefgründige, nährstoffreiche, lehmige Substrate und mäßig trockene bis mäßig feuchte Standorte, industriefest, stadtklimafest.

Allgemeines: Der Name „Catalpa" leitet sich von dem indianischen Volksnamen „cutuhlpa" ab. Alle Pflanzenteile mit Ausnahme der Samen enthalten das gering giftige Catalpin.

Verwendung: Der Trompetenbaum ist einer der auffallendsten Blütenbäume, mit seine großen Blättern vermittelt er eine fast tropische Atmosphäre. Guter Schattenbaum für den Garten, Parkbaum, günstig in Kombination mit anderen Arten wie *Aristolochia macrophylla* als Kletterpflanze, Bambus, Raublatt-Hortensien sowie *Rodgersia, Ligularia* und *Hosta* unter den Stauden.

Nutzung: Das Holz ist leicht, weich und grobfasrig, es zeichnet sich durch große Dauerhaftigkeit bei Verwendung im Boden aus, wird deshalb gerne zu Pfosten verarbeitet.

Sorten: 'Aurea': Blätter groß, im Austrieb goldgelb, sonst wie die Art. 'Nana', Kugel-Trompetenbaum: Meist hochstämmig veredelt, 4–6 m hoch werdend, Kugelkrone dicht und kompakt, im Alter abgeflacht, Blätter kleiner als bei der Art, blüht nicht.

Catalpa bignonioides

Catalpa bignonioides 'Nana'

Catalpa ovata G. Don.

Kleinblütiger Trompetenbaum, Gelber Trompetenbaum; *engl.* Ovate catalpa; *kroat.* Kineski katalpa

Habitus: Der Kleinblütige Trompetenbaum wächst zu einem 10–15 m hohen, mittelgroßen Baum mit breit ausladender Krone heran, Stammdurchmesser von 20–50 cm werden erreicht.

Rinde: An jungen Bäume ist die Borke grau, später wird sie rau, graubraun.

Blätter: Sommergrün, in 3-zähligen Quirlen angeordnet, 10–25 cm lang, breit eiförmig, oberseits dunkelgrün, unterseits heller und kurz behaart, oberseits in den Nervenwinkeln deutliche violette Drüsenflecken.

Blüten: In 10–25 cm langen, aufrechten Blütenrispen, Krone 2–3 cm lang, gelblich weiß, innen mit violetten Punkten und 2 gelben, später rotbraunen Streifen, am Kronensaum gekräuselt, Blütezeit Juli.

Früchte: Fruchtkapseln 20–30 cm lang, meist 4–6 mm, Fruchtreife Oktober.

Wurzel: Herzwurzelsystem, ausgeprägtes Pfahlwurzel und kräftige Lateralwurzeln, wenig verzweigt, fleischig, empfindlich gegenüber mechanischen Verletzungen.

Verbreitung und Standort: Der Kleinblütige Trompetenbaum ist in Zentralchina beheimatet, er wächst dort in Höhenlagen bis 1000 m. Er wächst meist entlang von Bächen und auf den Sandbänken der Flussläufe. Wird auch häufig in der Heimat als schattenspendender Zierbaum gepflanzt.

Catalpa ovata

Ansprüche: Sonne bis lichter Schatten, sehr gut wärme- und hitzeverträglich, sofern der Boden frisch ist, in der Jugend frostempfindlich, sonst frosthart, bevorzugt tiefgründige, nährstoffreiche, lehmige Substrate und mäßig trockene bis mäßig feuchte, leicht saure bis leicht alkalische Standorte, industriefest, stadtklimafest, aber spätfrost- und dürreempfindlich.

Allgemeines: Alle Pflanzenteile mit Ausnahme der Samen enthalten das gering giftige Catalpin.

Verwendung: Als kleinkroniger bis mittelgroßer Baum für größere Gärten und Parkanlagen, öffentliches Grün, Wohnhausanlagen.

Nutzung: Catalpaholz wird in der Heimat zur Möbelherstellung uns für Musikinstrumente verwendet, die jungen Blätter dienen als Viehfutter. Früchte, Wurzel und Stammrinde sowie Holz und Blätter haben eine volksmedizinische Bedeutung als Mittel gegen Nierenentzündung, sie wirken außerdem harntreibend und stoppen Brechreiz.

Catalpa speciosa (Warder ex Barney) Engelm.

Prächtiger Trompetenbaum, Westlicher Trompetenbaum; *engl.* Western catalpa, Northern catalpa, Hardy catalpa, Cigartree und Indian bean; *franz.* Catalpa élégant, Bois chavanon; *ital.* Catalpa cordifolia; *kroat.* Scrolisna katalpa

Habitus: Prächtiger, 12–18 (–24) m hoher Baum mit schlanker, offener, unregelmäßiger ovaler Krone von 6–10 (–15) m Breite. Wird etwa 100 Jahre alt.

Rinde: Borke graubraun, tief gefurcht, auch als Schuppenborke ausgebildet.

Blätter: Sommergrün, in 3-zähligen Quirlen, große Blätter, 25–25 (–30) cm lang, nicht riechend.

Blüten: Erscheinen in 10–20 cm langen, aufrechten, meist wenigblütigen Rispen, Blütenkrone 5 cm lang, weiß, innen mit 2 gelben Streifen und purpurnen Punkten, Blütezeit im Juni 2–3 Wochen vor *C. bignonioides*.

Früchte: Bohnenartige, 20–50 cm lange und 1,2–1,5 cm dicke Kapseln, dickwandig, meist werden nur wenige Früchte ausgebildet.

Wurzel: Herzwurzelsystem, wenig verzweigt, fleischig, empfindlich gegenüber mechanischen Verletzungen.

Verbreitung und Standort: Nordöstliches Nordamerika, in feuchten, fruchtbaren Tälern und Auwäldern entlang der Flüsse.

Ansprüche: Sonne bis lichter Schatten, sehr gut wärme- und hitzeverträglich, sofern der Boden frisch ist, in der Jugend frostempfindlich, sonst frosthart, bevorzugt tiefgründige, nährstoffreiche, lehmige Substrate und mäßig trockene bis mäßig feuchte Standorte, industriefest, stadtklimafest.

Allgemeines: Wird gerne von Rehen und Hasen verbissen, Wühlmäuse verursachen Wurzelschäden.

Verwendung: *C. speciosa* ist frosthärter als *C. bignonioides*, ist attraktiver und größer, Verwendung in großen Gärten und Parkanlagen, öffentliches Grün.

Nutzung: Ursprünglich wurde das Holz in der Heimat zur Anfertigung von Eisenbahnschwellen genutzt, es ist auch für Zaunpfähle, Masten und Dachschindeln geeignet, auch 30 Jahre alte Pfähle zeigten keine Spuren von Holzfäule.

Sorte: 'Pulverulenta': Blätter deutlich fein und dicht weiß gesprenkelt.

Weitere Arten: Weitere, gelegentlich verwendete Arten sind **C. × erubescens** mit tief dunkelpurpurnem Austrieb sowie **C. bungei** mit rosa bis weißen purpurbraun bis gelb gefleckten Blüten.

Celtis Zürgelbaum

Zürgelbaum; *engl.* Celtis; *franz.* Micocoulier; *span.* Almez; *kroat.* Koprivic
Familie: Ulmaceae, Ulmengewächse

Alle bei uns winterharten Zürgelbaum-Arten sind sommergrüne Bäume mit wechselständigen, asymmetrisch angeordneten, von der Basis an 3-nervigen Blättern, unscheinbaren eingeschlechtlichen Blüten, orangeroten bis dunkelroten Steinfrüchten, Früchte sind essbar, trockenresistente Schattenbäume. Die Gattung ist mit etwa 80 Arten in den Tropen und der gemäßigten Zone beheimatet.

Celtis australis L.

Südlicher Zürgelbaum; *engl.* Nettle tree, European nettle tree; *franz.* Micocoulier de Provence; *ital.* Arcidiavolo, Bagolaro; *span.* Almez, Aligonero, Latonero; *kroat.* Obicni koprivic

Habitus: Mittelgroßer bis großer Baum mit geraden hohen Stämmen, 15–20 (–25) m hoch werdend, Krone breitrundlich bis weitausladend, im Alter hochgewölbt, malerisch, in der Jugend langsam wachsend, wird etwa 200 Jahre alt.

Rinde: Stämme buchenartig, glatt, grau.

Blätter: Sommergrün, eiförmig-elliptisch, mit langer, schwanzartig ausgezogener Spitze, Basis asymmetrisch, Rand scharf gesägt, oberseits dunkelgrün, mit steifen Haaren besetzt, später kahl und rau, unterseits graugrün und bleibend behaart.

Blüten: Unscheinbar, Ende Mai.

Früchte: Kugelige, bis 1,2 cm dicke, erst rötliche, dann purpurbraun-violett Früchte, bei einigen Herkünften (Himalaja) zuerst auch gelblich, dann dunkel, süßlich mehlig schmeckend, essbar.

Verbreitung und Standort: Südeuropa, Kaukasus, Nordafrika, Himalaja, östlich bis Nepal und in Höhenlagen bis 2500 m. Im Mittelmeergebiet meist entlang von Flüssen und Bächen gemeinsam mit Platanen und Oleander wachsend, sonst wächst er in trockenen Karstgebieten und auf felsigen Hängen mit geringer Bodenauflage. Im Himalaja in Vergesellschaftung mit der Himalaja-Zeder, Tränen-Kiefer und verschiedenen Eichen-Arten.

Ansprüche: Sonnige warme und geschützte Standorte, toleriert fast alle Bodenarten, geringe Ansprüche, bevorzugt aber tiefgründige, mäßig feuchte, schwach saure bis alkalische Standorte, ist in der Jugend frostempfindlich, wärmeliebend, hitze- und trockenheitertragend, bislang frei von Krankheiten und Schadinsekten.

Allgemeines: In Südtirol nennt man die essbaren Früchte „Zürgeln".

Verwendung: In den wärmeren Gebieten schöner Baum mit malerischer Krone in Parks, auch gut geeignet als Straßenbaum im städtischen Raum.

Nutzung: Laub und Zweige dienen im Himalaja als Viehfutter, aus Blattfasern hat man früher Seile her-

Celtis australis

Celtis australis

Celtis occidentalis

Celtis occidentalis

gestellt. Aus den Stockausschlägen gewann man hochwertige Peitschenstiele.

Das Holz des Zürgelbaumes ist hart, schwer und biegsam, es wurde unter dem Namen „Triester Holz" bekannt und fand für verschiedene technische Zwecke Verwendung, für die Stellmacherei, zum Drechseln sowie für Haushaltsgeräte und Blasinstrumente.

Celtis occidentalis

Celtis occidentalis L.

Nordamerikanischer Zürgelbaum, Abendländischer Zürgelbaum; *engl.* Hackberry; *franz.* Micocoulier occidentale; *ital.* Bagolaro occidentale; *kroat.* Americki koprivic

Habitus: Mittelgroßer bis großer Baum von 15–20 (–25) m Wuchshöhe, unregelmäßige breite Krone, Äste oft überhängend, in der Jugend raschwüchsig, 150–200 Jahre alt werden, oft auch nur strauchig wachsend.

Rinde: Stammborke grau, tief gefurcht, mit grob wulstigen Korkleisten.

Blätter: Sommergrün, wechselständig, schief eiförmig, asymmetrische Blattbasis, Rand bis zur Mitte und tiefer scharf gesägt, Blätter dünn, oberseits glänzend grün, kahl, Herbstfärbung schönes Gelb.

Blüten: Unscheinbar, grünlich.

Früchte: Kugelig, 0,7–1 cm dick, orangerot bis dunkelbraunrot, süßlich schmeckend.

Verbreitung und Standort: Kanada und Nordamerika, bevorzugt auf wassernahen Standorten, flussbegleitend, in artenreichen Wäldern, bis ins Felsengebirge, in den Niederungen (Mississippi) und Flusstälern, aber auch auf Kalkklippen.

Ansprüche: Sonnige Standorte, toleriert alle durchlässigen Bodenarten von feucht bis trocken, bevorzugt aber tiefgründige, nährstoffreiche Boden, schwach sauer bis kalkhältig. Der Zürgelbaum verträgt Hitze und Trockenheit, ist stadtklimafest und frei von Krankheiten, lässt sich gut verpflanzen.

Verwendung: Malerischer Baum für Parkanlagen und große Gärten, Alleebaum, wegen der breit ausladenden Krone als Straßenbaum nur bedingt geeignet.

Nutzung: Das Holz ist jenem der Esche ähnlich, wurde zur Herstellung von Spannkörben, Gerätestielen, Wagenteilen und für Innenverkleidungen verwendet, auch als Brennholz in Gebrauch.

Weitere Arten:

Weitere, selten verwendete Arten sind die schwachwüchsigen Kleinbaumarten **C. reticulata**, **C. laevigata** und **C. tournefortii**.

Cercidiphyllum Kuchenbaum

Kuchenbaum, Katsurabaum; *engl.* Katsura tree; kroat. Sladika, Kadsura
Familie: Cercidiphyllaceae, Kuchenbaumgewächse

Sommergrüne, oft mehrstämmige mittelgroße bis große Bäume mit Lang- und Kurztrieben, Blüten 2-häusig, unscheinbar, mäßig langsam wachsend, Herbstfärbung.

Cercidiphyllum japonicum Sieb. et. Zucc.

Cercidiphyllum japonicum

Cercidiphyllum japonicum

Kuchenbaum, Katsurabaum; *engl.* Katsura tree; *kroat.* Japanska sladika

Habitus: Kleiner bis mittelgroßer, meist mehrstämmiger Baum von 5–12 (–15 m, in der Heimat bis 30) m hoch, mit zunächst trichterförmiger, im Alter zunehmend breitkegelförmiger bis rundlicher, zuletzt auch schirmförmiger, malerischer Krone; 4–6 (–10) m breit, Zweige deutlich in Lang- und Kurztriebe untergliedert; langsam wachsend.

Rinde: Graubraun, längsrissig.

Knospen: Glänzend, weinrot bis kräftig leuchtendrot.

Blätter: Sommergrün, meist gegenständig, breitrund, Blattstiel rot, Blätter frischgrün bis bläulich grün, Austrieb Anfang mai, bronzefarben, brillante Herbstfärbung, gelborange bis karminrot, oft leuchtend gelb, die Blätter duften zur Zeit des Laubfalls angenehm nach Zimt und Karamel (Kuchenbaum!).

Blüten: 2-häusig, unscheinbar, vor dem Laubaustrieb im April.

Früchte: 1,5–2,2 cm lange, bananenartig gebogene Hülsen.

Wurzel: Flach- bis Herzwurzler, Hauptwurzeln meist oberflächennah mit hohem Feinwurzelanteil, empfindlich gegen Bodenverdichtung.

Verbreitung und Standort: Japan, an Flussufern und im Gebirge bis in 1000 m, die Varietät *sinense* kommt in China bis in 3000 m Seehöhe vor.

Ansprüche: Sonnige bis halbschattige Standorte, kühle, luft- und bodenfeuchte Standorte werden bevorzugt, frische, tiefgründige und nährstoffreiche Böden, sauer bis kalkhältig, empfindlich gegen Hitze und Trockenheit, gelegentlich spätfrostgefährdet.

Allgemeines: Die Blätter verströmen zur Zeit der Herbstfärbung, bzw. zur Zeit des herbstlichen Laubfalls einen intensiven, angenehm süßlichen Duft. Der Gattungsname deutet auf die Ähnlichkeit der Blätter mit jenen des Judasbaumes, lat. *Cercis,* hin.

Verwendung: Prächtiger Solitärbaum für Park und Garten, besonders wegen des interessanten Wuchses und der dekorativen Blätter mit der prächtigen Herbstfärbung, lässt sich gut mit großen Gräsern (*Miscanthus*) und Herbstastern kombinieren.

Nutzung: Die Früchte werden in den Wintermonaten gerne von Vögeln (Dompfaff, Erlenzeisig, Buchfinken) gefressen. Das Holz ähnelt in seiner Beschaffenheit und Dauerhaftigkeit jenem des Tulpenbaumes, der Splint ist hellbraun, der Kern rotbraun. Es ist leicht zu bearbeiten, wirft sich nicht und reißt nicht. In Japan wird es zur Unterlage von Lackarbeiten, zu Schnitzereien und zur Innenverkleidungen verwendet.

Sorten: 'Pendulum', Hänge-Kuchenbaum: Zweige und Seitenäste wachsen in kurzen Bögen abwärts, langsam wachsend, malerische Hängeform. 'Rotfuchs': Sorte mit purpurfarbenen Blättern.

Cercis Judasbaum

Judasbaum; *engl.* Judas tree; *franz.* Arbre de Judée, Gainier; *ital.* Albero di Guida; *span.* Ciclamor; *kroat.* Judic
Familie: Caesalpiniaceae

Judasbäume sind sommergrüne Bäume oder Sträucher mit wechselständigen Blättern, rosa bis lila Schmetterlingsblüten an 2-jährigen und älteren Zweigen sitzend (Kauliflorie), ledrige Fruchthülsen den Winter über an den Bäumen verbleibend. Für wärmere Regionen geeignet.

Cercis canadensis L.

Kanadischer Judasbaum; *engl.* Eastern redbud, Redbud; *franz.* Arbre de Judée; *kroat.* Kanadski judic

Habitus: Großstrauch bis mehrstämmiger Kleinbaum von 6–10 (–12) m Wuchshöhe und 3–5 m Kronenbreite, breit trichterförmig bis schirmförmig ausgebreitet, malerisch.

Rinde: Borke olivbraun bis braunschwarz, fein quadratisch oder rechteckig gefeldert.

Knospen: Bis 8 mm, länglich zugespitzt, oft Beiknospen, aus Seitenknospen entwickeln sich Blütenknospen, die vielschuppig, groß und kugelig, 8–10 mm lang sind.

Blätter: Sommergrün, wechselständig, eiförmig bis fast kreisförmig, zugespitzt(!), 7–12 cm lang, oberseits glänzendgrün, unterseits graugrün, Herbstfärbung gelb.

Blüten: Auffällige rosa Blütenbüschel aus 4–8 Schmetterlingsblüten, 1–1,2 cm lang, an älteren Zweigen oder direkt am Stamm entspringend (Kauliflorie), vor dem Laubaustrieb im April, zart duftend.

Früchte: 6–8 cm lange flache braune Hülsen, die auch im Winter am Strauch oder Baum bleiben.

Wurzel: Flaches Wurzelsystem, bei Verletzungen Ausläufer bildend, Stickstoffsammler.

Verbreitung und Standort: Kanada bis Florida und Mexiko, in Wäldern an Flussufern, meist auf mittelgründigen, mäßig nährstoffreichen, meist stark kalkhaltigen Böden.

Cercis canadensis

Ansprüche: Benötigt vollsonnige bis lichtschattige, geschützte, warme Standorte, verträgt große Hitze und Trockenheit, ist in der Jugend allerdings frostempfindlich, allerdings frosthärter als *C. siliquastrum*, wird kaum von Schädlingen befallen.

Allgemeines: Die Eigenschaft, dass die Blüten direkt am Stamm und an älteren Trieben entspringen, wird als Kauliflorie, Stammblütigkeit, bezeichnet, kommt sonst eher nur bei tropischen Gehölzen (z. B. Kakao, Kanonenkugel-Baum, Brotfruchtbaum, etc.) vor. Angeblich hat sich Judas an einem *Cercis* erhängt, daher der Name „Judasbaum".

Verwendung: Sehr auffälliges Blütengehölz für Park und Garten, auch für große Kübel oder Gefäße geeignet, insbesondere für warme, geschützte Standorte wie Stadtplätze, vor Südwänden etc.

Sorten: Es gibt Sorten mit weißen ('Alba') oder intensiver gefärbten roten, bzw. gefüllten Blüten ('Double Flame', 'Flame'), aber auch solche mit purpurschwarzem Austrieb ('Forest Pansy'), dessen Blätter allerdings später purpurrot und zuletzt eine dunkelgrüne Färbung annehmen.

Cercis siliquastrum L.

Gewöhnlicher Judasbaum; *engl.* Judas tree, *franz.* Arbre de Judée, Gainier; *ital.* Albero di Guida, Siliquastro; *span.* Ciclamor, Àrbol del amor, Algarrobo loco, Àrbol de Judas; *kroat.* Obicni judic

Habitus: Großstrauch bis mehrstämmiger Kleinbaum von 4–6 (–12) m Wuchshöhe und 3–5 m Kronenbreite, breit trichterförmig bis schirmförmig ausgebreitet, malerisch.

Rinde: Borke olivbraun bis braunschwarz, fein quadratisch oder rechteckig gefeldert.

Knospen: Bis 8 mm, länglich zugespitzt, oft Beiknospen, aus Seitenknospen entwickeln sich Blütenknospen, die vielschuppig, groß und kugelig, 8–10 mm lang sind.

Blätter: Sommergrün, wechselständig, rundlich, 7–12 cm lang, bläulich grün bis stumpfgrün.

Blüten: Auffällige purpurrosa Blütenbüschel aus etwa 2 cm großen Schmetterlingsblüten, an älteren Zweigen oder direkt am Stamm entspringend (Kauliflorie), vor dem Laubaustrieb im April, zart duftend.

Cercis siliquastrum

Cercis siliquastrum

Cercis siliquastrum

Früchte: 10–12 cm lange flache braune Hülsen, die auch im Winter am Strauch oder Baum bleiben.

Wurzel: Flaches Wurzelsystem, bei Verletzungen Ausläufer bildend, Stickstoffsammler.

Verbreitung und Standort: Südeuropa bis Afghanistan, in Wäldern an Flussufern, aber auch an trockenen Berghängen, meist auf mittelgründigen, mäßig nährstoffreichen und häufig auch stark kalkhaltigen Böden.

Ansprüche: Benötigt vollsonnige, geschützte, warme Standorte, verträgt große Hitze und Trockenheit, ist in der Jugend allerdings frostempfindlich, wird kaum von Schädlingen befallen.

Allgemeines: Die Eigenschaft, dass die Blüten direkt am Stamm und an älteren Trieben entspringen, wird als Kauliflorie, Stammblütigkeit, bezeichnet, kommt sonst eher nur bei tropischen Gehölzen (z. B. Kakao, Kanonenkugel-Baum, Brotfruchtbaum, etc.) vor. Angeblich hat sich Judas an einem *Cercis* erhängt, daher der Name „Judasbaum".

Verwendung: Sehr auffälliges Blütengehölz für Park und Garten, auch für große Kübel oder Gefäße geeignet, insbesondere für warme, geschützte Standorte wie Stadtplätze, vor Südwänden etc.

Sorten: Es gibt Sorten mit weißen oder intensiver gefärbten rötlichen Blüten.

Gelbholzbaum

Gelbholzbaum; *engl.* Yellowwood; *franz.* Virgilier à bois jaune; *kroat.* Zuto drvo
Familie: Fabaceae, Schmetterlingsblütler

Die Gattung ist mit 4 Arten in Ost-Asien und 1 Art in Nord-Amerika vertreten. Es sind mittelhohe, sommergrüne Bäume mit nackten Winterknospen, die anfangs von den Blattstielen verdeckt sind. Neben unpaarig gefiederten Blättern sind besonders die weißen, in hängenden oder aufrechten Rispen oder Trauben angeordneten Schmetterlingsblüten charakteristisch.

Cladrastis lutea (F. Michx.) K. Koch

Amerikanisches Gelbholz; *engl.* Yellowwood; *franz.* Virgilier à bois jaune; *kroat.* Kentakijsko zuto drvo (Syn.: *Cladrastis kentukea*)

Habitus: Mittelgroßer, 8–10 (–14) m hoher, oft mehrstämmiger, rundkroniger, 6–8 m breiter Baum, die Stämme können etwa 50 cm Durchmesser erreichen; das Holz dieser Baumart ist auffällig gelb gefärbt.

Rinde: Die Borke ist buchenähnlich, glatt und grau.

Blätter: Sommergrün, wechselständig, gefiederte Blätter bis 40 cm lang, oberseits frischgrün, unterseits graugrün, an den Nerven behaart; besonders früh einsetzende, intensiv gelbe Herbstfärbung.

Blüten: Weiße, 2–3 cm große, leicht duftende Schmetterlingsblüten in 20–40 cm langen, überhängenden Rispen im Mai–Juni.

Früchte: Hellbraune, flache, 7–8 cm lange Hülsen.

Wurzel: Tiefgehendes Wurzelsystem.

Verbreitung und Standort: In den USA (südwestl. Virginia und westl. Nord-Carolina, nordöstliches Georgia westlich bis Oklahoma) in Laubmischwäldern, auf durchlässigen, meist feuchten Standorten, auf Kalkfelsen, entlang von Flussbänken sowie auf nährstoffreichen Böden.

Ansprüche: Sonnige Standorte, bevorzugt kalkhaltige, durchlässige Böden, wärmebedürftig, in der Jugend frostempfindlich.

Cladrastis lutea

Allgemeines: Auch in der Heimat seltene Baumart, einer der schönsten Blütenbäume in den amerikanischen Wälder.

Verwendung: Prächtiger Blütenbaum für Parkanlagen, häufig in historischen und alten Schlossgärten.

Nutzung: Aus dem hellgelben Holz und besonders auch aus den Wurzeln wurde ein gelber Farbstoff zum Färben von Wolle gewonnen. Das Holz ist ringporig, hart und politurfähig, der Splint weiß, der Kern gelb gefärbt. Die ersten Siedler schnitzten Gewehrkolben aus dem Holz.

Weitere Arten:

Keine, gelegentlich wird eine weitere Art, *C. sinensis* Hemsl., das Chinesische Gelbholz, angepflanzt, diese unterscheidet sich vor allem durch die länglich bis länglich lanzettlichen Fiederblättchen und die spätere Blütezeit im Juni–Juli.

Cladrastis lutea

Cornus Hartriegel

Hartriegel; *engl.* Dogwood; *franz.* Cornouiller; *span.* Cornejo; *kroat.* Drijen
Familie: Cornaceae, Hartriegelgewächse

Die Gattung *Cornus* umfasst etwa 45 Arten, die vor allem in der nördlichen gemäßigten Zone beheimatet sind. Es sind meist sommergrüne Sträucher oder kleine Bäume mit gegenständigen, ausnahmsweise auch wechselständigen *(C. alternifolia)* Blättern, die meist weißen Blüten sind in Schirmrispen oder Köpfchen angeordnet, die Blumen-Hartriegel-Arten zeichnen sich durch ihre attraktiven, weiß oder rosa gefärbten Hochblätter aus. Es handelt sich bei den Vertretern dieser Gruppe um meist anpassungsfähige, teils kalkfliehende Arten mit prächtiger Herbstfärbung und vielfältigen Verwendungsmöglichkeiten.

Cornus alternifolia L.

Wechselblättriger Hartriegel; *engl.* Alternate-leaf dogwood, Pagoda dogwood, Blue dogwood; *franz.* Cornouiller à feuilles alternes; *kroat.* Americki crni drijen

Habitus: Hoher aufrecht wachsender Strauch oder kleiner Baum mit 2–6 m Höhe, 2–5 m Breite und 15 cm dicken Stämmen, die Seitenäste sind in waagerecht abstehenden Etagen angeordnet.

Rinde: Graue oder dunkelrotbraune Rinde.

Blätter: Sommergrün, wechselständig angeordnet, breit eiförmig bis elliptisch, 6–12 cm lang, Herbstfärbung leuchtend wein- bis scharlachrot, seltener leuchtend gelb.

Blüten: In 4–6 cm breiten cremeweißen Trugdolden an den Enden kurzer Seitentriebe nach dem Laubaustrieb im Mai oder Anfang Juni, strenger Geruch.

Früchte: Bläulich schwarze Beeren im August, nur kurz haftend.

Wurzel: Flaches, weitstreichendes Wurzelsystem, empfindlich gegen Bodenverdichtung und Austrocknung.

Verbreitung und Standort: Der Wechselblättrige Hartriegel ist im östlichen Nordamerika beheimatet, er wächst dort in feuchten Lagen im Unterholz der artenreichen Laub- und Nadelmischwälder, aber auch entlang von Flüssen und in Sümpfen auf gut drainierten Böden.

Ansprüche: Sonniger bis lichtschattiger Standort, benötigt Bodenfeuchte, frosthart, gedeiht gut in luftfeuchten, kühlen Lagen, meidet Hitze und Trockenheit. Der Boden sollte frisch bis feucht, leicht sauer, sandig-humos sein, jedoch keine Staunässe aufweisen.

Allgemeines: Prächtige Herbstfärbung.

Verwendung: Zierstrauch oder Zierbaum in älteren, reifen Gärten und Parks.

Sorte: 'Argentea': Schwächer im Wuchs, weißgefleckte Blätter.

Cornus controversa Hemsl. ex Prain

Pagoden-Hartriegel; *engl.* Giant dogwood; *franz.* Cornouiller discuté, Cornouiller des pagodes; *kroat.* Azijski crni drijen

Habitus: Malerischer, stark wachsender Kleinbaum mit kegelförmiger Krone, 6–10 (–20) m hoch und 4–6 m breit und etagenförmig, horizontal ausgebreiteten Ästen,

Rinde: Graue oder dunkelrotbraune Rinde.

Cornus alternifolia

Cornus controversa

Cornus controversa 'Variegata'

Cornus controversa

Blätter: Sommergrün, wechselständig, 7–12 cm lange Blätter, oberseits glänzend dunkelgrün, unterseits bläulich grün, Herbstfärbung gelb bis violett-weinrote Herbstfärbung.

Blüten: Weiß, in 10–18 cm breiten flachen Trugdolden im Mai–Juni.

Früchte: Blauschwarze, etwa 6 mm große Beeren ab September.

Wurzel: Flaches, weitstreichendes Wurzelsystem, empfindlich gegen Bodenverdichtung und Austrocknung.

Verbreitung und Standort: Japan, Korea und China, im Unterwuchs artenreicher Mischwälder

Ansprüche: Sonniger bis lichtschattiger Standort, benötigt Bodenfeuchte, frosthart, gedeiht gut in luftfeuchten, kühlen Lagen, meidet Hitze und Trockenheit. Der Boden sollte frisch bis feucht, leicht sauer, sandig-humos sein und keine Staunässe aufweisen.

Allgemeines: Wird wegen seines etagenförmigen Wuchses als Pagoden-Hartriegel bezeichnet.

Verwendung: Zierstrauch oder Zierbaum in älteren, reifen Gärten und Parks.

Weitere Sorten: 'Pagode': Wuchs baumartig mit durchgehendem Stamm. 'Variegata': Schwächer im Wuchs, im Alter ebenfalls baumartig, Blätter schmaler, unregelmäßig gelblich weiß gerandet.

Cornus florida L.

Blumen-Hartriegel; *engl.* Flowering dogwood, Eastern flowering dogwood, White dogwood; *franz.* Cornouiller à fleurs, Cornouiller de Floride; *ital.* Corniolo americano; *kroat.* Velecvjetni drijen

Habitus: Langsam wachsender dekorativ verzweigter Großstrauch oder kurzstämmiger Kleinbaum, 4–6 (–10) m hoch und 4–6 m breit, im Alter noch breiter.

Rinde: Borke an älteren Exemplaren rechteckig gefeldert.

Blätter: Sommergrün, gegenständig, eiförmig bis elliptisch, 7–15 cm lang, dunkelgrün, unterseits weißlich, prächtige scharlachrote bis violette Herbstfärbung (Foto S. 59 rechts unten).

Blüten: Grünlich weiß oder gelblich, in kleinen Köpfchen vereint, von 4 weißen, verkehrt eiförmigen 3–5 cm langen Hochblättern umgeben, diese „Blüten" (eigentlich Blütenstände) sind außerordentlich attraktiv und werden im Mai in unglaublicher Fülle hervorgebracht.

Früchte: Scharlachrote, eiförmige Früchte, etwa 1 cm dick, meist zu mehreren.

Wurzel: Herzwurzler, dichtverzweigtes Feinwurzelsystem, empfindlich gegen Austrocknung und Bodenverdichtung.

Verbreitung und Standort: Wächst in feuchten Laubwälder, aber auch in trockeneren Bergwäldern Nordamerikas. Er wächst im Unterwuchs gemeinsam mit Eichen, Eschen, Rosskastanien, Schwarznuss, Amberbaum und *Pinus*-Arten (Weymouth-Kiefer) sowie Schneeglöckchenbaum, Zaubernuss und Magnolien. In der Heimat häufig in aufgelassenen Feldern und entlang von Straßen verwildert.

Ansprüche: Sonnige bis halbschattige Standorte, gut frosthart, gelegentlich spätfrostgefährdet, bevorzugt kühlfeuchte Lagen, frische bis feuchte Böden, durchlässige, nährstoffreiche, humose und saure bis neutrale Böden, der Wurzelbereich sollte die ersten Jahre gegen Hitze und Austrocknung geschützt werden.

Allgemeines: Dieser Blumen-Hartriegel ist einer der schönsten blühenden Kleinbäume des östlichen Nordamerika.

Verwendung: Wegen der überreichen Blüte und der prächtigen Herbstfärbung einer der beliebtesten Zierbäume in Parkanlagen und Gärten. Lässt sich auch gut mit Stauden vergesellschaften, aber auch mit Rhododendren, Farnen.

Nutzung: Die Inhaltstoffe der Rinde und Wurzel wurden von den Indianern als fiebersenkendes Mittel und gegen Malaria eingesetzt, aus den Wurzeln wurde ein roter Farbstoff gewonnen. Das dauerhafte, harte Holz wurde früher für die Herstellung von Weberschiffchen genutzt. Heute dient es noch der Produktion spezieller Geräteteile wie Spulen, Rollen und Lager. In der Heimat ist der Blumen-Hartriegel auch ein wichtiges Vogelnährgehölz, zahlreichen Säugetieren dienen die Früchte als Nahrung.

Sorten: Zahlreiche Sorten mit rosa bis roten Hochblättern. 'Cherokee Chief' und 'Rubra', Roter Blumen-Hartriegel: Rosafarbene Hochblätter. 'Cherokee Sunset': Hochblätter tiefrosa, Blätter unregelmäßig gelb gerandet, prächtige Herbstfärbung von dunkelrotbraun bis rot und gelb.

Cornus florida

Cornus florida

Cornus florida 'Rubra'

Cornus florida 'Rubra'

Cornus florida 'Cherokee Sunset'

Cornus kousa

Cornus kousa

Cornus kousa

Cornus kousa Hance

Japanischer Blumen-Hartriegel; *engl.* Japanese dogwood; *franz.* Cornouiller kousa; *kroat.* Japanski velecvjetni drijen

Habitus: Großer Strauch, mitunter kleiner, kurzstämmiger Baum, 4–7 m hoch und 3–4 (–5,5) m breit, anfangs trichter- bis vasenförmig wachsende Äste, später breit waagerecht, etwas unregelmäßig aufgebaute Krone, insgesamt sehr langsam wachsend.

Rinde: Graue, eher glatte Borke.

Blätter: Sommergrün, gegenständig, eiförmig bis elliptisch, 5–9 cm lang, dunkelgrün, unterseits bläulich grün, Herbstfärbung leuchtend scharlachrot bis orangepurpurn, lange anhaltend.

Blüten: Grünlich weiß oder gelblich, in kleinen Köpfchen vereint, von 4 weißen, verkehrt eiförmigen 3–5 cm langen, länglich-eiförmigen lang zugespitzten Hochblättern umgeben, diese „Blüten" (eigentlich Blütenstände) sind außerordentlich attraktiv und werden im Juni (etwa 3 Wochen nach *C. florida*) in großer Fülle hervorgebracht, sehr lange Blühdauer.

Früchte: Himbeerartig, etwa 2 cm dick, auf 4–6 cm langen Stielen, sehr zahlreich, sehr attraktiver Fruchtschmuck.

Wurzel: Herzwurzler, Hauptwurzeln kräftig, Oberboden intensiv durchwurzelnd, hoher Feinwurzelanteil.

Verbreitung und Standort: Wächst im Unterwuchs der Bergwälder Japans auf Honshu, Shikoku und Kyushu, Naturstandorte gibt es auch in Korea, die var. *chinensis* ist in China heimisch.

Ansprüche: Sonnige bis halbschattige Standorte, gut frosthart, gelegentlich spätfrostgefährdet, bevorzugt kühlfeuchte Lagen, frische bis feuchte Böden, durchlässige, nährstoffreiche, humose und saure bis neutrale Böden, der Wurzelbereich sollte die ersten Jahre gegen Hitze und Austrocknung geschützt werden, verträgt mehr Trockenheit als *C. florida*.

Allgemeines: „Blüten" sind botanisch betrachtet Blütenstände, die von Hochblättern (Brakteen) umgeben sind.

Verwendung: Häufig verwendeter Zierstrauch oder -baum in Gärten und Parkanlagen.

Sorten: Zahlreiche Sorten, insbesondere aus der var. *chinensis*. *C. kousa* var. *chinensis*: In allen Teilen größer als die Art, stammt aus China, wird größer und breiter, Blütenstände (mit Hochblättern) bis 10 cm breit, ist wüchsiger und wird älter als die Art. 'China Girl': Einzelblüten (-stände) 8,5–10,5 cm breit, zierlich, reichblühend, im Juni–Juli. 'Satomi': Breit aufrechter Wuchs, schwächer wüchsig, Hochblätter bis 4,5 cm lang, rosarot, unterseits rot geadert.

Cornus mas L.

Kornelkirsche, Dierlitze, Herlitze; *engl.* Cornelian cherry; *franz.* Cornouiller mâle; *ital.* Crogiolo; *span.* Cornejo macho; *kroat.* Tvrdi drijen

Habitus: Großstrauch mit mehreren Grundtrieben oder kurzstämmiger Kleinbaum mit breitrundlicher Krone, 4–6 (–8) m hoch und meist genauso breit, langsamwüchsig, über 100 Jahre alt werdend.

Rinde: Borke braunschuppig abblätternd.

Blätter: Sommergrün, gegenständig, eiförmig bis elliptisch, 4–10 cm lang, glänzend grün, unterseits etwas heller, Herbstfärbung gelblich bis (seltener, auf trockeneren Standorten) rotorange.

Blüten: Kleine, gelbe, 1,5–2 cm große kugelige Dolden bereits lange vor dem Laubaustrieb im März–April, sehr zierend, etwa 3 Wochen anhaltend.

Früchte: Glänzend rote, ovale bis eiförmige, etwa 2 cm große, essbare Steinfrüchte (Kornelkirschen), im Geschmack säuerlich, sehr gutes Wildobst.

Wurzel: Dichtverzweigtes, intensives Herzwurzelsystem, empfindlich gegen Bodenverdichtung.

Verbreitung und Standort: Europa bis Kleinasien und Transkaukasien, Ukraine bis Südrussland, in den Südalpen bis 1300 m ansteigend; vielerorts verwildert und eingebürgert, wächst in lichten Eichen- und Laubmischwäldern, an sonnig-warmen Waldrändern, auf sommerwarmen, trockenen Hanglagen, auf trockenen bis frischen, nährstoffreichen, lockeren, gut drainierten, humosen Lehm- und Steinböden

Ansprüche: Sonnige bis lichtschattige Standorte, ansonsten keine speziellen Bodenansprüche, toleriert alle Bodenarten von schwach sauer bis stark alkalisch, bevorzugt Böden mit pH-Werten über 7,4. Kornelkirsch-Sträucher und -Bäume sind stadtklimafest, hitzeverträglich, sehr gut schnittverträglich.

Allgemeines: Die Früchte wurden schon in während der Hallstadtzeit von den Menschen genutzt, im Altertum wurden aus dem Holz der Kornelkirsche Speerschäfte gefertigt.

Verwendung: Die Kornelkirsche ist ein wichtiges Gehölz in der Garten- und Landschaftsgestaltung. Schönes Solitärgehölz, aber auch für geschnittene Hecken und große Pflanzkübel.

Nutzung: Als Vorfrühlingsblüher ist sie ein wichtiges Gehölz für Insekten, die Früchte werden von verschiedene Vögeln und Säugetieren (Haselmaus, Siebenschläfer) gefressen. Das hellgelbe bis rötlich weiße, im Kern rotbraune Holz ist das härteste aller heimischen Holzarten, es war ein geschätztes Drechslerholz, früher diente es zur Herstellung von Radspeichen, Radnaben, Werkzeugstielen, Leitersprossen, Reitpeitschen und Spazierstöcken.

Sorten: Es werden einige reichfruchtende ('Titus', 'Devin', 'Hecoma') sowie großfrüchtige Sorten ('Jolico', 'Kasanlak', 'Schumener') aber auch weiß panaschierte Formen ('Variegata' und 'Elegantissima') angeboten.

Cornus mas

Cornus mas 'Jolico'

Cornus mas 'Jolico'

Cornus nuttallii

Cornus nuttallii Audubon

Nuttalls Blumen-Hartriegel; *engl.* Mountain dogwood, Pacific dogwood; *franz.* Cornouiller de Nuttall; *kroat.* Nuttallov drijen

Habitus: In der Heimat bis zu 25 m hoher Baum, in Kultur etwa 6 m hoch wachsend.

Rinde: Glatte, graue Borke.

Blätter: Sommergrün, gegenständig, 8–12 cm lang, elliptisch bis verkehrt eiförmig, Herbstfärbung intensiv gelb oder scharlachrot.

Blüten: Purpurn und grün, in kleinen, 2 cm breiten Köpfchen, von 6 (seltener 5 oder 4) verkehrt eiförmigen bis länglichen, 4–6 cm langen, gelblich weißen Hochblättern umgeben. Blütezeit Mai.

Früchte: Elliptisch, 1 cm lang, orange, zu 4 cm dicken Scheinfrüchten verwachsen, die aus bis zu 30 Einzelfrüchten bestehen.

Verbreitung und Standort: Westliches Nordamerika von British Columbus bis Süd-Kalifornien, im Flachland im Unterwuchs der hochwüchsigen Nadelholzwälder an der Pazifikküste (z. B. Vancouver Island), im südlichen Verbreitungsgebiet auch in höhergelegenen Bergwäldern.

Ansprüche: Sonnige bis halbschattige Standorte, gut frosthart, gelegentlich spätfrostgefährdet, bevorzugt kühlfeuchte Lagen, frische bis feuchte Böden, durchlässige, nährstoffreiche, humose und saure bis neutrale Böden, der Wurzelbereich sollte die ersten Jahre gegen Hitze und Austrocknung geschützt werden.

Allgemeines: In seinem natürlichen Verbreitungsgebiet mit optimalen Standortbedingungen (z. B. an der Küste Nordkaliforniens) kann dieser Hartriegel bei Stammdurchmessern von bis zu 60 cm eine Wuchshöhe von maximal 33 m erreichen.

Verwendung: Selten verwendetes Gehölz in historischen Parkanlagen, Schlossgärten, Arboreten.

Nutzung: Die ersten weißen Siedler nutzten Stammabschnitte als Holzhämmer und Schlegel sowie für Werkzeugstiele.

Sorten: Einige Sorten mit größeren Hochblättern ('Monarch'), bzw. goldgelb gefleckten, bzw. gestreiften Blättern ('Goldspot').

Corylus Haselnuss

Haselnuss; *engl.* Hazel; *franz.* Noisetier; *ital.* Nocciolo; *span.* Avellano; *kroat.* Lijeska
Familie: Betulaceae, Birkengewächse

Die überwiegende Anzahl Vertreter der Gattung Corylus sind sommergrüne Sträucher, seltener Bäume. 2-zeilig stehende, meist doppelt gesägte, wechselständige Blätter und männliche Blüten in hängenden Kätzchen sind für alle Arten charakteristisch. Sie blühen vor dem Laubaustrieb, die Früchte (Nüsse) sind 1-samig, hartschalig, sie sitzen einzeln oder zu mehreren an den Enden kurzer Triebe und sind von einem zerschlitzten Hüllblatt umgeben.

Corylus colurna L.

Baum-Hasel, Türkische Hasel; *engl.* Turkish hazel, Turkish filbert; *franz.* Noisetier en arbre, Noisetier de Bysance; *ital.* Nocciolo mediterraneo; *span.* Avellano mediterráneo, Avellano arbóreo, Avellano turco; *kroat.* Medvjeda lijeska

Habitus: Mittelgroßer Baum von 15–18 (–20) m Höhe, mit regelmäßiger, anfangs streng kegelförmiger Krone mit durchgehendem Stamm, später breit ausladender Krone, wird 8–12 (–15) m breit, kann 200 Jahre alt werden.

Rinde: Grau bis hellgelblich grau, alte Borke hellgrau bis bräunlich, korkig, längsrissig.

Blätter: Sommergrün, wechselständig, breit eiförmig, 8–12 cm lang, dunkelgrün, Herbstfärbung goldgelb.

Blüten: 1-häusig, männliche Blüten in grünlich gelben, etwa 12 cm langen, hängenden Blütenkätzchen oft zu mehreren, ab März–April.

Früchte: Nüsse zu mehreren, jede einzelne ist umgeben von einem tief zerschlitzten Hüllblatt.

Wurzel: Herzwurzelsystem, Hauptwurzeln tiefgehend, Feinwurzeln oberflächennah, empfindlich gegen Bodenverdichtung.

Verbreitung und Standort: Südost-Europa bis Kleinasien, vom Kaukasus bis zum Himalaja, Iran. Die Baum-Hasel wächst als Einzelbaum oder bestandsbildend in Wäldern.

Corylus colurna

Corylus colurna

Corylus colurna

Ansprüche: Sonnige bis halbschattige Standorte, bevorzugt tiefgründigen, etwas lehmigen, kalkhältigen Boden, ist aber sehr anpassungsfähig, gedeiht auch noch auf trockeneren, schwach sauren Standorten, wärmeliebend, sehr hitzetolerant, trockenresistent, stadtklimafest, mäßig salzempfindlich, frei von Krankheiten.

Allgemeines: Wichtiger Nusslieferant.

Verwendung: Schöner Baum für Solitärstellung und für Gruppen, in großen Gärten oder Parkanlagen, auch im innerstädtischen Raum, bei offenem Boden auch Straßenbaum, Schutzpflanzungen in Industrieanlagen.

Nutzung: Das Holz wird als Bauholz und Möbelholz verwendet, es findet auch in der Holzschnitzerei und Drechslerei Verwendung. Auch werden Baum-Haseln als Unterlagen für Hochstämme von *C. maxima* und *C. avellana* sowie deren Sorten verwendet. Das aus den Samen gewonnene Öl wird in der pharmazeutischen Industrie verarbeitet, auch bei der Herstellung von Ölfarben wird es verwendet.

Sorte: 'Granat': Sorte mit intensiv dunkelrotbraunem Austrieb, später bleiben Blätter oberseits dunkelgrün, unterseits und Blattstiele rot.

Crataegus Weißdorn

Weißdorn; *engl.* Hawthorn; *franz.* Aubépine; *ital.* Biancospino; *span.* Espino; *kroat.* Log
Familie: Rosaceae, Rosengewächse

Crataegus-Arten, es gibt etwa 200 davon, sind sommergrüne Bäume oder Sträucher mit meist verdornten Zweigen und einfachen, gezähnten oder gelappten Blättern, meist haben sie eine schöne Herbstfärbung, die weißen, seltener rosa oder roten Blüten sitzen in endständigen Schirmrispen, die Früchte sind kleine rote oder orangerote Apfelfrüchte. Sehr anpassungsfähige Großsträucher oder Kleinbäume für Landschaft und Parkanlagen.

Crataegus crus-galli L.

Hahnensporn-Weißdorn; *engl.* Cockspur thorn, Hog-apple, Newcastle-thorn; *franz.* Aubépine ergot de coq; *kroat.* Ostrugasti glog

Habitus: Breitwüchsiger Großstrauch oder unregelmäßig aufgebauter Kleinbaum von 5–7 (–9) m Höhe und breitrunder Krone mit 4 (–6) m Breite, Bäume haben im Alter oft eine malerische, abgeflachte Schirmkrone.

Rinde: Graubraun, Zweige ebenfalls graubraun mit vielen, bis 8 cm langen, leicht gebogenen, schlanken Dornen.

Blätter: Sommergrün, wechselständig, dunkelgrün glänzend, im Herbst gelborange bis bronzerot.

Blüten: 1,5 cm große weiße Einzelblüten in bis zu 10 cm großen Schirmrispen vereint, im Mai–Juni.

Früchte: Etwa 1,5 cm große, rote rundliche Apfelfrüchte, sehr zahlreich und sehr lange, oft bis zum Frühjahr haftend.

Wurzel: Hauptwurzeln wenig verzweigt und tiefgehend, sonst oberflächennah, wenig Feinwurzeln, wenig empfindlich gegenüber Einschüttung mit Lockermaterial, aber empfindlich gegen Bodenverdichtung.

Verbreitung und Standort: Östliches Nordamerika und westlich bis Pennsylvania, auf Wiesen und an Waldrändern, auf feuchten, nährstoffreichen und gut drainierten Böden, in Tälern und an den Hängen niedriger Berge.

Ansprüche: Vorwiegend sonnige Standorte, Halbschatten tolerierend, wärmeliebend, frosthart, bevorzugt höhere Luftfeuchte, windfest und stadtklimaverträglich, toleriert alle Bodenarten, bevorzugt frische, nährstoffreiche, gut durchlässigen Boden.

Allgemeines: Anfällig für Feuerbrand.

Verwendung: Solitärbaum oder in Gruppen mit anderen Arten, Parks und größere Gartenanlagen.

Crataegus crus-galli

Crataegus laevigata (Poir.) DCL.

Zweigriffeliger Weißdorn; *engl.* Midland hawthorn; *franz.* Aubépine à deux styles; *ital.* Biancospino; *span.* Espino navarro, Majuelo de dos huesos; *kroat.* Obicni glog
(Syn: *C. oxyacantha*)

Crataegus laevigata

Habitus: Sparrig verzweigter, aufrechter Großstrauch oder Kleinbaum von 2–6 (–10) m Höhe und 2–7 (–8) m Breite.

Rinde: Borke schuppig abblätternd, Zweige lange glatt bleibend, dornig.

Blätter: Sommergrün, wechselständig, 3–5 cm lang und 2–3 cm breit, verkehrt eiförmig, Blätter höchstens bis zur Mitte der Blattspreitenhälfte eingeschnitten, oft nur gekerbt, ledrig, glänzend dunkelgrün, Herbstfärbung gelb bis gelborange.

Blüten: Weiße, endständige Schirmrispen im Mai. 2, seltener 1 oder 3 Griffel.

Früchte: Scharlachrote, glänzende kleine Apfelfrüchte, eiförmig, mehlig-fleischig mit 2 (1–3) Steinkernen, essbar, aber im Geschmack fad.

Crataegus laevigata 'Paul's Scarlet'

Wurzel: Tiefgehendes und sehr weitreichendes Wurzelsystem, Wurzeln sehr fest, empfindlich gegen Bodenverdichtung und Einschüttung.
Verbreitung und Standort: Europa, Häufig an Waldrändern, in Gebüschen, Hecken, an Felshängen, auf nicht bewirtschafteten Flächen, im lichten Unterwuchs von Eichen-, Buchen- und Kiefernwäldern, auf frischen, nährstoffreichen, mäßig sauren bis alkalischen, tiefgründigen Lehmböden.
Ansprüche: Sonne bis Halbschatten, alle nicht allzu nährstoffarme und zu leichte Böden, mäßig trocken bis mäßig feucht, schwach sauer bis alkalisch, liebt höhere Luftfeuchte und Sommerwärme.
Allgemeines: Besitzt hohes Ausschlagvermögen, gut schnittverträglich.
Verwendung: Wichtiges Landschaftsgehölz, Pioniergehölz, zur Böschungsbefestigung, für Heckenpflanzungen und Windschutz, Straßenbegleitgrün.
Nutzung: Blätter und Blüten werden als Heilmittel mit blutsenkender Wirkung eingesetzt.
Sorten: 'Autumn Glory': weitgehend mehltauresistent, sehr große, leuchtend rote Früchte; 'Paul's Scarlet' (= *C. monogyna* 'Kermesina Plena' der Baumschulen), Rotdorn: Blüten leuchtend karminrot, dicht gefüllt; schöner kleinkroniger Baum für Garten und Park.

Crataegus laevigata 'Paul's Scarlet'

Crataegus laevigata 'Autumn Glory'

Crataegus × lavallei Herincq ex Lavallée **'Carrierei'**

Lederblättriger Weißdorn, Apfeldorn; *engl.* Lavell hawthorn; *kroat.* Lavalléeov hibridni glog
(Syn.: *C. crus-galli* × *C. pubescens* f. *stipulacea*)
Habitus: Kleiner Baum oder Großstrauch bis 7 (–10) m Höhe, mit zunächst kugeliger, später breiter, flachgewölbter Krone, kann sehr breit werden.
Rinde: Graugrün bis olivgrün, später graubraun, Zweige vereinzelt mit bis zu 5 cm langen, leicht gebogenen Dornen.
Blätter: Sommergrün, wechselständig, elliptisch-länglich, 5–15 cm lang, ledrig, glänzend, dunkelgrün, Blätter haften oft bis Dezember, Herbstfärbung gelbbraun bis orange.
Blüten: Weiß bis zartrosa überhaucht, in Schirmrispen im Mai bis Anfang Juni, reichblühend, strenger Geruch.
Früchte: Orangerot, gesprenkelt, 1,5–1,8 cm dick, werden in großen Massen gebildet, haften bis spät in den Winter hinein, sehr attraktiver Fruchtschmuck.
Wurzel: Hauptwurzeln wenig verzweigt und tiefgehend, sonst oberflächennah, wenig Feinwurzeln, wenig empfindlich gegenüber Einschüttung mit Lockermaterial, aber empfindlich gegen Bodenverdichtung.
Verbreitung und Standort: Hybride (*C. crus-galli* × *C. pubescens* f. *stipulacea*), um 1879 ein Frankreich entstanden.
Ansprüche: Sonnig bis leicht schattig, mittelschwerer bis leichter Boden, trocken bis frisch, neutral bis stark alkalisch, sehr anpassungsfähig, frosthart,

stadtklimafest, windfest, verträgt Hitze und Trockenheit.

Verwendung: Schöner, kleinkroniger Baum für städtisches Grün, Parkanlagen, Straßenbegleitgrün, insbesondere wegen des lange wirkenden, auffälligen Fruchtschmuckes.

Crataegus monogyna Jacq.

Eingriffeliger Weißdorn; *engl.* Common hawthorn, May tree; *franz.* Aubépine monogyne, Epine blanche; *ital.* Biancospino; *span.* Espino albar, Espino blanco, Majuelo; *kroat.* Bijeli glog

Habitus: Aufrechter, stark bedornter Großstrauch oder kleiner rundkroniger Baum, 2–6 (–10) m hoch, wird etwa 100 Jahre alt.

Rinde: Borke schuppig abblätternd, Zweige lange glatt bleibend, dornig.

Blätter: Sommergrün, wechselständig, 3–5 cm lang, breit eiförmig, dunkelgrün, kaum glänzend, unterseits bläulich grün, Herbstfärbung gelb bis rot.

Blüten: Weiße, endständige Schirmrispen, in großer Fülle im Mai–Juni, unangenehm riechend.

Früchte: Dunkelrote, 7–9 mm große Steinfrüchte mit einem Steinkern, mehlig-fleischig, essbar, aber im Geschmack fad.

Wurzel: Tiefgehendes und weitreichendes Wurzelsystem, empfindlich gegen Bodenverdichtung und Einschüttungen.

Verbreitung und Standort: Europa bis Westasien, an Wegrändern, Waldrändern, Gebüschen, Hecken und Felshängen, in Laub- und Nadelmischwäldern, auf trockenen bis frischen, bevorzugt kalkhältigen, sandig-steinigen oder lehmigen Böden; in den Alpen kommt der Weißdorn noch in Höhen bis 1000 m vor.

Ansprüche: Sonne bis Halbschatten, toleriert alle nicht zu nährstoffarmen Böden, mäßig frisch bis mäßig trocken, mäßig sauer bis stark kalkhältig, eher tiefgründige Böden; sehr frosthart, windfest, verträgt Hitze und Trockenheit, auch exponierte Standorte, unempfindlich gegenüber mechanischen Verletzungen.

Crataegus × lavallei 'Carrierei'

Crataegus × lavallei 'Carrierei'

Crataegus × lavallei 'Carrierei'

Crataegus monogyna

Crataegus monogyna

Crataegus monogyna 'Stricta'

Crataegus pedicellata

Allgemeines: „Krataigos" kommt aus dem Griechischen und bedeutet soviel wie „stark, fest" und bezieht sich auf das harte Holz des Weißdorns. Feuerbrand-Wirtspflanze.

Verwendung: Wichtiges heimisches Gehölz für Pflanzungen in der freien Landschaft, Pioniergehölz, Windschutz, Böschungsbefestigung, Hecken, Straßenbegleitgrün.

Nutzung: Wertvolle Futterpflanze für Säugetiere, Vögel und Insekten, das rötlich weiße Holz ist dauerhaft, zäh und stark schwindend, es wird für Holzschnitte, als Ersatz für Buchsbaumholz, für Wagner- und Drechslerarbeiten verwendet.

Sorten: Es gibt Sorten mit breit säulenförmigem Wuchs ('Stricta'), Hängeformen ('Pendula') und Sorten mit weißbunten Blättern ('Variegata').

Crataegus pedicellata Sarg.

Scharlach-Weißdorn; *engl.* Scarlet hawthorn; *franz.* Aubépine; *kroat.* Grimizni glog
(Syn.: *C. coccinea* L.)

Habitus: Breitwüchsiger Großstrauch oder unregelmäßig aufgebauter Kleinbaum von 5–7 m Höhe und breitrunder Krone mit 3–4 (–6) m Breite, Bäume haben im Alter oft eine malerische, abgeflachte Schirmkrone.

Rinde: Graubraun, Zweige ebenfalls graubraun mit vielen, 3–5 cm langen, meist geraden Dornen.

Knospen: Kugelig, etwa 4 mm lang, Knospen an der Basis der Dornen, mit weinroten bis dunkelviolettbraunen, kahlen Knospenschuppen.

Blätter: Sommergrün, wechselständig, breit eiförmig mit kurzen, zugespitzten Lappen, scharf doppelt gesägt, 5–7 cm lang, Blattstiel bis 3 cm, Herbstfärbung goldgelb bis orange.

Blüten: Weiß mit rosa Staubgefäßen, ca. 1–2 cm breit, in großen Schirmrispen, Mai.

Früchte: 1,5–2 cm dicke, scharlachrote Apfelfrüchte, auffallend und zierend.

Wurzel: Tiefgehendes und weitreichendes Wurzelsystem, empfindlich gegen Bodenverdichtung und Einschüttungen.

Verbreitung und Standort: Östliches Nordamerika, Wälder und Waldränder.

Ansprüche: Sonne bis Halbschatten, toleriert alle Bodenverhältnisse, bevorzugt jedoch mittelschwere bis leichtere Böden, die trocken bis feucht und neutral bis stark alkalisch sind, sehr anpassungsfähig, frostfest, stadtklimafest, verträgt zeitweilige Nässe noch gut.

Allgemeines: Feuerbrand-Wirtspflanze.

Verwendung: Einzelpflanze, Gruppenpflanzen, Park und Garten, Kübelpflanze.

Crataegus persimilis Sarg.

Pflaumenblättriger Weißdorn; *engl.* Hawthorn; *franz.* Aubépine; *kroat.* Sljivolisni glog
(Syn: *C.* × *prunifolia* Pers.; *C. crus-galli* × *C. succulenta* var. *macrantha*)

Habitus: Breitwüchsiger Großstrauch oder unregelmäßig aufgebauter Kleinbaum von 6–7 m Höhe und breitrunder Krone mit 4–5 (–6) m Breite, Hauptäste straff aufrecht und dicht verzweigt, bedornt, Seitenäste weit ausladend, Bäume haben im Alter oft eine malerische, abgeflachte Schirmkrone.

Rinde: Graubraun, Zweige ebenfalls graubraun mit vielen, 4 cm langen, meist leicht gebogenen Dornen.

Blätter: Sommergrün, wechselständig, breit elliptisch, auch rundlich, glänzend dunkelgrün, unterseits heller, Herbstfärbung leuchtend gelborange bis rot.

Blüten: In zahlreichen, vielblütigen Schirmrispen, weiß, im Mai.

Früchte: Scharlachrote, bis 1,5 cm dicke Apfelfrüchte, in großen Mengen, sehr zierend.

Crataegus persimilis

Crataegus azarolus

Crataegus laciniata

Crataegus pinnatifida var. major

Wurzel: Tiefgehendes und weitreichendes Wurzelsystem, empfindlich gegen Bodenverdichtung und Einschüttungen.

Verbreitung und Standort: Hybride *C. crus-galli* × *C. succulenta* var. *macrantha*.

Ansprüche: Vorwiegend sonnige Standorte, Halbschatten tolerierend, wärmeliebend, frosthart, bevorzugt höhere Luftfeuchte, windfest und stadtklimaverträglich, toleriert alle Bodenarten, bevorzugt frische, nährstoffreiche, gut durchlässige Böden.

Allgemeines: Feuerbrand-Wirtspflanze.

Verwendung: Schöner, kleinkroniger Baum für städtisches Grün, Parkanlagen, Straßenbegleitgrün, insbesondere wegen des lange wirkenden, auffälligen Fruchtschmuckes.

Sorte: 'Splendens': Ähnlich wie die Art, dichte geschlossene Krone, stadtklimafest und rauchhart.

Weitere, seltene Arten:

Crataegus azarolus, Welsche Mispel. Strauch oder bis 10 m hoher Baum, junge Triebe filzig, Blüten in filzigen Trugdolden, Früchte kugelig, 2 cm dick, orangerot oder gelb, essbar, Geschmack apfelartig, auf Kreta natürlich vorkommend.

Crataegus laciniata, Orientalischer Weißdorn. Bis 7 m hoher Baum, Triebe filzig, Kurztriebe zu Dornen umgewandelt, Blätter beiderseits filzig behaart, Früchte bis 1,5 cm dick, orangerot, Iberische Halbinsel bis Osteuropa.

Crataegus phaenopyrum, Washington-Weißdorn. Bis 10 m hoher Baum oder Strauch, Krone bis 7 m breit, bis 7 cm lange Dornen an den Trieben, Blätter 3–7 cm lang, orangerote bis scharlachrote Herbstfärbung, Blüten 1,2 cm breit in vielblütigen Trugdolden, Früchte 8 mm dick, glänzend scharlachrot, spät reifend und lange haftend.

Crataegus pinnatifida, Fiederblättriger Weißdorn. Bis 6 m hoher Strauch oder Baum, Blätter 5–10 cm lang, 3–4 tief eingeschnittene Blattlappen, Blüten zu wenigen in 5–8 cm breiten Trugdolden, Früchte kugelig bis kurz eiförmig, 1,5–2,5 cm dick (var. *major*), dunkelrot, hell punktiert, heimisch in Korea, wird in China der essbaren Früchte wegen in Sorten angebaut.

Davidia Taubenbaum

Taubenbaum; *engl.* Dove tree, Ghost tree, Handkerchief tree; *kroat.* Davidovac
Familie: Nyssaceae, Tupelogewächse

Monotypische Gattung. Der Taubenbaum zählt zu den schönsten Blütenbäumen, die aus China zu uns kamen. Benötigt etwa 10–15 Jahre, bis er das erste Mal blüht und wintermildes, sommerwarmes Klima.

Davidia involucrata Baill.

Taubenbaum, Taschentuchbaum; *engl.* Dove tree, Ghost tree, Handkerchief tree; *kroat.* Kineska davidija
Habitus: Kleiner bis mittelgroßer Baum von 8–15 (–20) m Höhe und etwa 7 m Breite, in der Jugend eher regelmäßig breitpyramidal, später rundliche, lockere Krone.
Rinde: Graubraun, abschuppend.
Knospen: Glänzend dunkel weinrot.
Blätter: Sommergrün, wechselständig, lindenähnlich, breiteiförmig mit herzförmigem Grund, 3–14 cm lang, Blattstiel 4–5 cm, Blattrand grob gezähnt, dekoratives Laub.
Blüten: Etwa 2 cm große rotbraune, runde Blütenköpfchen, die jeweils aus zahlreichen männlichen und einer weiblichen Blüte bestehen, werden von zwei cremeweißen, kahnartig geformten Hochblättern umgeben, davon eines ca. 16 cm, das andere ca. 8 cm lang. Die Blütezeit dauert etwa 2–3 Wochen im Mai–Juni.
Früchte: Einer Walnuss ähnlich, aber Steinfrucht, 3–3,5 cm lang, langgestielt, Fruchtfleisch löst sich nicht vom unregelmäßig längsgefurchten, verholzenden Steinkern, Frucht enthält 2–3 Samen.
Wurzel: Kräftig, fleischig, tiefgehend, wenig verzweigt, empfindlich.
Verbreitung und Standort: Westchina, in Hupeh und Sichuan, auf sehr kleinem Areal wachsend.
Ansprüche: Sonnig bis Halbschattig, sehr bodentolerant, bevorzugt nahrhafte, mäßig feuchte, schwach saure bis alkalische Böden mit gutem Wasserabzug, nässeempfindlich. Der Taubenbaum ist in der Jugend frostempfindlich, im Alter jedoch ausreichend frosthart.

Davidia involucrata

Davidia involucrata

Davidia involucrata

Allgemeines: Die Blüten des außergewöhnlichen Taubenbaumes werden erstmals nach etwa 10–15 Jahren gebildet, die Samen überliegen 2–3 Jahre. Der Taubenbaum ist nach Pater Armand David benannt, dieser war französischer Missionar und Chinaforscher, er lebte von 1826–1890.
Der ungewöhnliche Anblick hat dem Taubenbaum in China den Namen „Aufwiedersehenbaum" eingebracht.

Verwendung: Außergewöhnlicher Solitärbaum mit ungewöhnlichem Blütenschmuck für Gärten und Parkanlagen.

Weitere Art:
Var. *vilmoriniana*. Blätter glänzend hellgrün, unterseits bläulich grün, Früchte größer und mehr eiförmig, der rote Ring am Stiel fehlend, diese Varietät ist überwiegend in Kultur.

Elaeagnus Ölweide

Ölweide; *engl.* Russian Olive; *franz.* Chalef; *ital.* Olivo di Boemia; *kroat.* Maslinica
Familie: Elaeagnaceae, Ölweidengewächse

Etwa 45 Arten, sommer- oder immergrüne Sträucher oder Bäume, Zweige oft mit Dornen, alle Pflanzenteile dicht mit Schuppen- oder Sternhaaren (=Schülferhaaren) bedeckt, Blätter wechselständig, einfach, Blüten 2-häusig oder polygam, einzeln oder zu mehreren in Blattachseln, duftend, Steinfrüchte olivenähnlich, essbar, Fruchtfleisch mehlig-fleischig, sehr anspruchslos.

Elaeagnus angustifolia L.

Schmalblättrige Ölweide, Russische Olive; *engl.* Russian olive; *franz.* Chalet; *ital.* Olivo di Boemia; *kroat.* Uskolisna maslinica

Habitus: Hoher Strauch oder kleiner Baum, 5–7 m, gelegentlich auch höher, oft genauso breit wie hoch, sparrige Krone mit weit ausladenden Ästen, im Alter malerisch überhängend.

Rinde: Graubraune, längsrissige Streifenborke, Triebe im 1. Jahr silbrig-schülfrig, später glänzend rotbraun, mit 1–3 cm langen Dornen.

Knospen: Silbrig weiß schülfrig, kugelig bis eiförmig, mehrschuppig.

Blätter: Sommergrün, wechselständig, länglich lanzettlich, oberseits grünlich grau bis dunkelgrün, unterseits dicht sternhaarig, silbrig, weich.

Blüten: Zu 1–3 in den Blattachseln junger Kurztriebe, Einzelblüte ca 1 cm lang, röhrige, schlanke Glöckchen, innen gelb, außen silbrig, angenehm nach Honig duftend, sehr reichblühend, Mai–Juni.

Früchte: Olivenähnliche, 0,7–1,5 cm große, gelblich braune bis silbrige Frucht, Fruchtfleisch mehlig-fleischig, Steinkern hart.

Wurzel: Fleischig, tiefgehend und oberflächennah ausgebreitet, Ausläufer auf sandigen Böden bis 1 m lang, verlaufen dicht unter der Oberfläche.

Verbreitung und Standort: Mittelmeergebiet bis zur Mongolei, an Küsten, Fluss- und Seeufern, in Flussbetten von Wüsten und Halbwüsten, in Steppen- und Dünengelände, auf mittel- bis tiefgründigen, sehr durchlässigen Stein-, Kies- und Schotterböden.

Elaeagnus angustifolia

Elaeagnus angustifolia

Ansprüche: Vollsonnige Standorte, jede Bodenart wird toleriert, bevorzugt trockene, sandige, kalkhaltige Standorte, gut frosthart, ausgesprochen windfest, hitzetolerant, trockenresistent, erträgt aber auch Überschwemmungen, wuchert leicht, ist gut salzresistent.

Allgemeines: Auffällige Erscheinung wegen des silbrigen Laubes. Wurzeln leben in Symbiose mit Strahlenpilzen, sind in der Lage, Stickstoff zu sammeln.

Verwendung: Anspruchsloses Gehölz für Schutzhecken, Windschutzhecken, Böschungen und Ödlandbegrünung, auch für heiß-trockene Sonderstandorte. Lässt sich gut mit anderen graulaubigen Gehölzen und Stauden, aber auch mit rot- und blaublühenden Pflanzen kombinieren.

Nutzung: Früher wurde in Kleinasien aus den Früchten Öl gewonnen.

Eucommia Guttaperchabaum

Guttaperchabaum; *engl.* Gutta percha tree; *franz.* Arbre á Gutta-Percha; *kroat.* Pruzac
Familie: Eucommiaceae

Monotypische Gattung, in Saftschläuchen von Blättern, Rinde, Mark und Früchten befindet sich ein guttaperchaartiger Milchsaft, der beim Zerreißen der Blätter als feine, weiße Fäden sichtbar wird. Verwandtschaftliche Beziehung ungeklärt.

Eucommia ulmoides Oliv.

Guttaperchabaum; *engl.* Gutta percha tree; *franz.* Arbre á Gutta-Percha; *kroat.* Pruzac
Habitus: Baum bis 20 m hoch, mit breitrundlicher Krone, 8–10 m.
Rinde: Graue, glatte bis raue Borke.
Blätter: Sommergrün, wechselständig, länglich eiförmig, zugespitzt, 8–20 cm lang, Rand gezähnt, beim Auseinanderreißen der Blätter gummiartige Substanz in Fäden austretend.
Blüten: 2-häusig, ohne Blütenhülle, in den Achseln von Hochblättern an der Basis junger Triebe, unscheinbar.
Früchte: Länglich-elliptische, etwa 3 cm lange, dick ledrige, 1-samige, geflügelte Nüsse.
Verbreitung und Standort: Mittel- und Westchina.
Ansprüche: Sonnige bis halbschattige Standorte, mäßig trockene bis mäßig feuchte, tiefgründige Böden, leicht sauer bis alkalische Böden, mäßig trockenheitsverträglich.

Eucommia ulmoides

Allgemeines: Als Besonderheit ist der guttaperchaartige Milchsaft in den Pflanzenteilen anzuführen.
Verwendung: Selten verwendeter Parkbaum, häufiger in Botanischen Gärten kultiviert.
Nutzung: In China wird aus der Rinde eine hochgeschätzte Arznei gewonnen.

Fagus Buche

Buche; *engl.* Beech; *franz.* Hêtre, Fayard; *ital.* Faggio, Fago, Fo; *span.* Haya; *kroat.* Bukva
Familie: Fagaceae, Buchengewächse

Die Gattung umfasst etwa 10 Arten in der gemäßigten nördlichen Zone. Es sind meist große, sommergrüne Bäume mit einfachen, wechselständigen Blättern, 1-häusigen Blüten und 1-samigen Nüssen (Bucheckern). Die Buche ist auf optimalen Standorten allen anderen Baumarten überlegen und bestandsbildend sowie Klimaxstadium. In Europa wurde die warme Eichenmischwaldzeit (etwa 5000 vor Christi) von der kühleren, feuchteren Buchen-Zeit abgelöst, die bis heute anhält.

Fagus sylvatica L.

Rot-Buche; *engl.* Common beech, European beech; *franz.* Hêtre commun; Fayard, *ital.* Faggio, *span.* Haya común; *kroat.* Obicna bukva

Habitus: Großer, mächtiger Baum von 25–30 m Höhe und 15–20 (–25) m Breite, im Bestand und in Gruppen hohe, gerade Stämme bildend; sind mit etwa 200 Jahren ausgewachsen, können jedoch 300–400 Jahre alt werden.

Rinde: Glatt, silbergrau.

Blätter: Sommergrün, wechselständig, breit elliptisch bis oval, anfangs sind die Blätter seidig behaart, später oberseits dunkelgrün, glänzend und glatt; Herbstfärbung leuchtend gelb bis rotbraun.

Blüten: 1-häusig, männliche Blüten zu vielen in langgestielten kugeligen Büscheln, die weiblichen nur 2-blütig, erscheinen nach 15–20 Jahren zum ersten Mal.

Früchte: Zwei 1-samige Nüsse (Bucheckern) sind in einer borstigen, waagrecht oder aufrecht stehenden Fruchthülle eingeschlossen. In größeren Mengen genossen sind diese schwach giftig (hoher Oxalsäuregehalt)!.

Wurzel: Typisches Herzwurzelsystem, sehr kräftig ausgeprägte, weitstreichende, untereinander stark verwachsene Hauptwurzeln; sehr intensive Oberbodendurchwurzelung, ausgeprägter Wurzelanlauf, Wurzeltiefen bis etwa 1,5 m, das Wurzelsystem der Buche ist auf leichten, sandigen Böden oftmals doppelt so breit wie der Kronendurchmesser(!); Wurzeln

Fagus sylvatica

Fagus sylvatica

Fagus sylvatica

sind gegen Eingriffe, Einschüttungen, Abgrabungen, Versiegeln und Verdichten sowie Veränderungen des Grundwasserstandes sehr empfindlich.

Verbreitung und Standort: In Europa allgemein verbreitet, vom Tiefland bis in 1600 m Höhe (Alpen), im südlichen teil des Areals oberhalb von 900 m (z. B. in den Apenninen), bestandsbildend in Wäldern auf lockeren, feuchten bis frischen, gut durchlässigen, warmen, kalkarmen und -reichen, sandigen Lehmböden, in kühl-humider Klimalage mit Niederschlägen über 500 mm.

Ansprüche: Sonnige bis schattige Standorte, anspruchslos an Boden, aber frische bis feuchte, nahrhafte, leicht lehmig Böden mit Kalkgehalt bevorzugend, warme Kalkböden in luftfeuchter Lage sind optimal, wächst aber auch noch auf sauren, nährstoffärmeren Böden gut; Buchen gedeihen noch bei 1/60 des Tageslichtes, sind bis –30 °C winterhart, etwas spätfrostgefährdet, hitzeempfindlich, gegen Trockenheit und Staunässe empfindlich, reagieren bei Freistellung mit Rindenbrand.

Allgemeines: Den Zeitraum seit etwa 800 vor Christi, dem Beginn der Nachwärmezeit, auch Subatlantikum genannt, als niedrigere Temperaturen und höhere Niederschläge das Vordringen der Buche ermöglichten, sprechen wir auch als „Buchen-Zeit“ an. Der Name Buche leitet sich aus den althochdeutschen „buoha“ ab, auch das Buch leitet sich von der Buche ab, da früher auf dünnen Buchenholztafeln geschrieben wurde.

Verwendung: Die Buche ist eine wichtige Baumart für die Verwendung in der Landschaft: Windschutz, Baumgruppen, Alleen, gelegentlich auch Dorf- oder Hofbaum. Schöner Einzelbaum in großen Gärten und Parkanlagen sowie langlebiges, robustes Heckengehölz.

Nutzung: Das stark schwindende Holz der Buche ist in Splint und Kern weißlich grau bis rötlich getönt, zäh, sehr tragfähig aber wenig elastisch. Es wird zu Schälfurnieren, Sperrholzplatten und Pressholz verarbeitet. Es eignet sich für die Produktion von vergütetem Holz und Holzwolle. Durch Zermahlen wird Holzmehl erzeugt, das als Füllstoff Einsatz findet. Durch Auflösung des Holzgefüges entstehen Halbstoffe –Holzschliff, Zellstoffe und Halbzellstoffe. Besonders die Produktion von Kunstfasern aus Buchenhalbstoffen ist verbreitet, so wird zum Beispiel Viskose überwiegend aus Rot-Buchenholz hergestellt. In der Bautischlerei werden Treppen, Parkett und Holzpflaster gefertigt, auch im Möbelbau ist es vielseitig einsetzbar. Aus Rot-Buchenholz lassen sich auch Werkzeug- und Gerätestiele, Werkbänke, Fässer, Webstühle, Instrumententeile, Schlitten, Gefäße sowie Haus- und Küchengeräte herstellen. Daneben findet es Verwendung für die Produktion von Spielzeug, Sitzmöbeln, Dachschindeln, Eisenbahnschwellen und auch als gutes Brennholz. Aufgrund seiner guten Haltbarkeit unter Wasser wird es im Schiffsbau als Kielholz eingesetzt. „Wiener Möbel“ entstehen durch Verformung frisch gedämpften Buchenholzes.

Fagus sylvatica ‘Asplenifolia’

Fagus sylvatica ‘Dawyck’

Die Verkohlung liefert Holzkohle, Pech und Holzteer, letztere wurden zur Konservierung verwendet. Buchenholzteer ist zudem in alkoholischer Lösung oder als Salbe Bestandteil von dermatologischen Arzneimitteln. Bis ins Mittelalter wurden Bucheckern gesammelt und an Schweine verfüttert. Während des 1. Weltkrieges verwendete man das aus Bucheckern ausgepresste Öl zu Speisezwecken, aus 4 kg Bucheckern gewann man 1 kg Öl. Buchenrinde diente als Rohstoff zur Gerbstoffgewinnung. Buchenblätter wurden früher häufig als Viehfutter, Einstreu und auf Grund seiner Fäuleresistenz als Füllmaterial genutzt.

Sorten: ‘Asplenifolia’, Farnblättrige Buche: Mittelgroßer Baum mit tief eingeschnittenen, farnartig wirkenden Blättern. ‘Atropunicea’, Blut-Buche: Groß-

Fagus sylvatica 'Pendula'

Fagus sylvatica 'Purpurea Pendula'

Fagus sylvatica 'Rohanii'

Fagus sylvatica 'Rotundifolia'

kroniger Baum mit intensiv kupfrigrotem Austrieb, später mattbronzerot. 'Dawyck', Säulen-Buche: Mittelgroßer, breit säulenförmiger Baum mit normal grünen Blättern. 'Dawyck Purple', Rote Säulen-Buche: Klein bleibender, breit säulenförmiger Baum mit dunkel-purpurbraunen Blättern. 'Laciniata', Geschlitztblättrige Buche: Großer Baum mit anfangs kegelförmiger, später breit kegeliger Krone, mit grünen, geschlitzten oder tief eingeschnittenen Blättern. 'Pendula', Hänge-Buche: Mittelgroßer Baum mit schirmförmig überhängender Krone, normal grünen Blättern. 'Purpurea Pendula', Rote Hänge-Buche: Kleinbaum mit aufrecht stehenden Ästen und locker pendelnden Zweigen sowie schwarzroten bis schwarzviolett, metallisch schimmernden Blättern. 'Purpurea Tricolor' (= 'Roseomarginata'), Dreifärbige Buche: Mittelgroßer Baum, Blätter mittelgroß, braunrot mit unterschiedlich breitem, rosa Rand. 'Rohanii', Rohan-Buche: Mittelgroßer Baum mit kompakter Krone, Blätter kleiner als bei der Art, dunkelrot. 'Rotundifolia', Kleinlaubige Buche: Klein- bis mittelgroßer Baum mit anfangs schlank aufrechter Krone, Blätter 4 cm lang, rundlich bis kreisrund. 'Swat Magret', Schwarze Blut-Buche: Großbaum mit intensiv schwarzroten Blättern. 'Tortuosa', Süntel-Buche: Wuchs unregelmäßig, Äste oft gedreht, schlangenartig gewunden oder dichtes Gewirr bildend, äußere Äste meist in flachen Bogen abwärts gerichtet und breite, abgeflacht-rundliche Krone bildend. 'Zla-

Fagus sylvatica 'Tortuosa'

Fagus sylvatica fo. purpurea

Fagus sylvatica fo. purpurea

Fagus sylvatica fo. purpurea

Fagus orientalis

Fagus grandifolia

tia', Gold-Buche: Mittelgroßer bis großer Baum, Blätter anfangs goldgelb, stark glänzend, später gelblich grün. Fagus sylvatica fo. purpurea, Sämlings-Blut-Buche: Sammelbezeichnung für alle aus Samen gezogenen Blut-Buchen, Wuchs wie die Art, Blätter im Austrieb dunkelrot, oft auch nur braunrot, im Sommer oft vergrünend.

Weitere Arten:

Fagus orientalis Lipsky, Orient-Buche; *span.* Haya oriental, Haya del Asia Menor. Bis 40 m hoher Baum mit 8–17 cm großen Blättern, Blatt ist meist oberhalb der Mitte am breitesten; in Südosteuropa, Kaukasus und Nordiran heimisch.

Fagus grandifolia Ehrh., Amerikanische Buche. Bis 30 m hoher Baum, Blätter 5–12 cm, länglich-eiförmig, Basis breit keilförmig bis schwach herzförmig; im östlichen Nordamerika beheimatet.

Ficus Feige

Feige, Gummibaum; *engl.* Fig; *franz.* Figuier; *ital.* Fico; *span.* Higuera; *kroat.* Smokva
Familie: Moraceae, Maulbeergewächse

Immergrüne oder sommergrüne, Milchsaft führende Bäume, Sträucher, Lianen oder Epiphyten, zahlreiche Arten mit Luftwurzeln. Blätter in der Regel wechselständig, ungeteilt oder gelappt. Blüten meist 1-häusig, sehr klein, männliche und weibliche Blüten in sehr großer Anzahl auf der Innenseite einer krug- oder urnenförmigen Blütenstandsachse verborgen, die zur Reife saftig-fleischig wird. Scheinfrüchte (Feigen) länglich oder birnenförmig, einzeln in den Blattachseln stehend, kurz gestielt. Etwa 700 Arten, überwiegend in den Tropen.

Ficus carica

Ficus carica

Ficus carica L.

Echte Feige; *engl.* Fig, Fig tree; *franz.* Figuier commun; *ital.* Fico; *span.* Higuera; *kroat.* Obicna smokva
Habitus: Kleinbaum oder Strauch, 3–10 m hoch, Krone eiförmig oder auch halbkugelig, vielästig.
Rinde: Borke grau; Zweige dick, glatt, behaart.
Blätter: Sommergrün, wechselständig, 10–20 cm lang, sehr veränderlich, einfach oder mit 3–5 spitzenwärts verbreiterten Lappen, oben rau, unten weich behaart.
Blüten: 1-häusig, Blüten klein, eingeschlechtlich.
Früchte: Reifer Fruchtstand, die Feige, ist grün, braun oder dunkelviolett und enthält zahlreiche kleine Steinfrüchte, zumeist 3-mal jährlich fruchtend.
Verbreitung und Standort: Mittelmeergebiet, Kleinasien, Westasien bis zum Kaukasus, in Westeuropa und Nordafrika eingebürgert.
Ansprüche: Sonniger Standort, warmes, wintermildes Klima, nur im Weinbauklima ausreichend frosthart und fruchtend; gut durchlässige, nahrhafte, kalkhältige Böden,
Allgemeines: Die Bestäubungsverhältnisse bei der Feige sind sehr kompliziert und finden mit Hilfe der Feigen-Gallwespe statt. Es gibt aber auch Rassen der Kulturfeige, die ohne Bestäubung Früchte produzieren.
Verwendung: Ziergehölz, Obstgehölz.
Nutzung: Fruchtnutzung, heute werden Feigen in Plantagen in Kalifornien, Mexiko, Ostaustralien, Neuseeland, weiten Teilen Afrikas und Chinas plantagenmäßig angebaut.
Sorten: Zahlreiche Fruchtsorten.

Fraxinus Esche

Esche; *engl.* Ash; *franz.* Frêne; *ital.* Frassino; *span.* Fresno; *kroat.* Jasen
Familie: Oleaceae, Ölbaumgewächse

Die Gattung *Fraxinus* ist mit 65 Arten auf der nördlichen Halbkugel verbreitet. Meist sind es hohe, sommergrüne Bäume mit gegenständigen, unpaarig gefiederten Blättern. Ihre Blüten sind unscheinbar oder auffällig, 1-häusig, 2-häusig oder zwittrig. Die Frucht ist eine Nuss mit einem langen ausgezogenen Fruchtflügel („Drehschraubenflieger"). Eschen sind wichtige Bäume für die freie Landschaft und wichtige Nutzholzbäume, sie werden etwa 200 Jahre alt.

Fraxinus angustifolia Vahl

Schmalblättrige Esche; *engl.* Narrow leaved ash; *span.* Fresno de hoja estrecha, Fresno del Sur; *kroat.* Poljski jasen

Habitus: Mittelgroßer bis großer, 15–20 (–25) m hoher Baum, mit eiförmiger, etwas unregelmäßiger Krone, 10–12 (–15) m breit.

Rinde: Borke alter Bäume ist grob und tief gefurcht, Triebe dünn, kahl, braun, später grau.

Knospen: Dunkelbraun, oft zu 3 im Quirl stehend.

Blätter: Sommergrün, gegenständig, unpaarig gefiedert, 12–25 cm lang, Blättchen zu 9–13, Herbstfärbung violettpurpur oder bordeauxrot.

Blüten: Blüten unscheinbar, zwittrig, in seitenständigen, wenigblütigen Trauben vor den Blättern im April.

Verbreitung und Standort: Südeuropa von der Atlantikküste bis zum Kaukasus und Nordafrika.

Ansprüche: Sonnig bis lichtschattig, auf mäßig trockenen bis frischen, gut durchlässigen Kalkböden. Ausreichend frosthart, stadtklimaverträglich, verträgt auch Strahlungshitze, wärmebedürftig, salzverträglich.

Verwendung: Zierlich belaubter, attraktiver Parkbaum, auch für Alleen, Straßenbaum und Solitärgehölz für größere Gärten und Parkanlagen.

Nutzung: Holznutzung.

Sorten: 'Raywood', Purpur-Esche: Mittelgroßer Baum mit unregelmäßig eiförmiger Krone, intensiv bordeauxroter Herbstfärbung.

Fraxinus angustifolia

Fraxinus excelsior L.

Gewöhnliche Esche, Hohe Esche; *engl.* Common ash, European ash; *franz.* Frêne, Frêne commun, Fraisne, Fresne, Fraine commun; *ital.* Frassino; *span.* Fresno común, Fresno grande; *kroat.* Obicni jasen

Habitus: Raschwüchsiger, großer Baum, 25–40 m hoch und 20–30 (–35) m breit und weit ausladend, wird etwa 200 Jahre alt.

Rinde: Borke anfangs lange glatt bleibend, grau, später mit rautenförmigen Mustern fein und flach gefurcht, schwärzlich.

Fraxinus excelsior

Fraxinus excelsior

Fraxinus excelsior 'Diversifolia'

Blätter: Sommergrün, gegenständig, unpaarig gefiedert, bis 40 cm lang, 9–13 Fiederblättchen, eilänglich bis elliptisch, spät austreibend, Herbstfärbung gelb, nach frühzeitigem Frosteinbruch auch grün abfallend.

Blüten: erscheinen vor den Blättern in seitenständigen, etwa 10 cm langen Rispen vor dem Laubaustrieb im April–Mai, unscheinbar, zwittrig oder eingeschlechtlich, windbestäubt.

Früchte: Nussfrüchte, schmal länglich, geflügelt und zu vielen büschelig zusammen, Fruchtreife im Herbst, aber Früchte oft bis zum Frühjahr am Baum hängend; Früchte können bis 150 m weit fliegen.

Wurzel: Tiefwurzler mit sehr kräftigen, flachen und weit über die Kronentraufe hinausreichenden Hauptseitenwurzeln, größte Wurzelausdehnung der heimischen Baumarten, reagieren empfindlich auf Absenkung des Grundwasserstandes, vertragen jedoch leichte Einschüttungen mit Grobmaterial, sind aber gegen Bodenverdichtung empfindlich.

Verbreitung und Standort: Europa und Kleinasien bis Transkaukasien, in den Alpen bis 1400 m; meist in Auen- und Schluchtwälder, in krautreichen Laubmischwäldern, an Bächen und Flüssen, an steinigen Hängen, auf feuchten, lockeren, tief- bis gelegentlich flachgründigen, nährstoffreichen, kalkhaltigen bis mäßig saueren Ton- und Lehmböden. In der Natur ist die Esche häufig mit Zitter-Pappeln, Schwarz-Erlen und Weiden vergesellschaftet.

Ansprüche: Sonne bis Halbschatten, auch für kühle und luftfeuchte Standorte, bevorzugt humose, frische bis feuchte, tiefgründige und nährstoffreiche, gut durchlüftete Böden, kalkliebend, gedeiht aber auch auf mäßig sauren Standorten, meidet Staunässe und verdichtete Böden, liebt sauerstoffreiches, fließendes Wasser, bei Wasserabsenkung Wipfeldürre, empfindlich gegen Rauchgase.

Allgemeines: In der Mythologie spielt die Esche seit jeher schon eine bedeutende Rolle. Die Druiden maßen ihr eine besondere Macht über das Wasser zu: sie verwendeten das Holz, um Regen zu machen oder um die zerstörende Kraft des Wassers zu bannen. In der nordischen Mythologie stellt die Esche den allumfassenden Weltenbaum dar, der wie eine lebende Säule die verschiedenen Welten durchdringt und verbindet. Wie heute noch der Dorfbaum die Gemeinde, so beschützt die Welt-Esche, Yggdrasil, die ganze Menschheit (Eddalieder aus dem 13. Jahrhundert).

Verwendung: Wichtiger Großbaum für die Pflanzung in freier Landschaft, Windschutzpflanzungen, Schutzpflanzungen an Hängen und Böschungen, Uferbefestigung an Bächen und Flüssen, Straßen- und Alleebaum bei geeigneten Bodenbedingungen, schöner Einzelbaum in Parkanlagen.

Nutzung: Das Holz der Esche ist sehr hart und dauerhaft, zäh und biegsam. Deshalb wurde Eschenholz früher in der Wagnerei zur Fertigung gebogener Teile verwendet, auch Ski- und Sportgeräte sind aus Eschenholz gefertigt worden. Außerdem werden Werkzeugstiele, Möbel (Biegemöbel) und Deckfurniere hergestellt. Früher fertigte man auch Radreifen, Schlittenkufen, Achsen, Deichseln, Ruder, Schneeschuhe, Ackergeräte, Musikinstrumente, Turngeräte, ebenso wie Waffen etc. aus Eschenholz. Eschenlaub war ein wichtiges Winterfutter für das Vieh, es wurde von eigens zu diesem Zwecke angelegten Schneitelbäumen gewonnen.

Sorten: 'Altena' (= *Fraxinus excelsior* 'Monarch'): Großbaum anfangs straff kegelförmig, später hochgewölbte oder eiförmige Krone, Zweige aufstrebend, nicht überhängend, fruchtet nicht, raschwüchsig. 'Diversifolia', Einblatt-Esche: Mittelgroßer Baum mit schmal eiförmiger, etwas unregelmäßiger, lichter Krone, Blatt nicht gefiedert, sondern nur das Endblättchen ist stark vergrößert. 'Geessink': Mittelgroßer Baum mit breit kegelförmiger, dichter und regelmäßig aufgebauter Krone, Äste schräg bis stark aufrecht, später waagrecht, selten fruchtend. 'Jaspidea', Gold-Esche: Mittelgroßer Baum mit unregelmäßig, aufgelockerter Krone, Austrieb gelb, im Sommer gelbgrün, Herbstfärbung gelb, Zweige gelbrindig. 'Nana', Kugel-Esche: Auf Hochstamm veredelter Kleinbaum von 4–6 m Höhe, kompakte kugelförmige Krone, langsamwüchsig, nicht fruchtend. 'Pendula', Hänge-Esche: Mittelgroßer Baum von 10–15 m Höhe mit schirmförmiger weit überhängender Krone, 8–10 m breit, Zweige oft schleppenartig bis zum Boden wachsend, meist Hochstamm-Veredlungen. 'Westhof's Glorie': Großbaum mit geschlossen eiförmig bis runder Krone mit durchgehendem Stamm, 20–25 m hoch, Äste straff aufrecht bis breit aufgerichtet, Zweige nicht überhängend, später Austrieb, nicht fruchtend.

Fraxinus excelsior 'Nana'

Fraxinus ornus

Fraxinus ornus L.

Blumen-Esche, Manna-Esche; *engl.* Flowering ash, Manna ash; *franz.* Frêne á fleurs, Frêne á manne; *ital.* Orniello; *span.* Orno, Fresno del maná, Fresno florido; *kroat.* Crni jasen, Krsky jasen

Habitus: Kleiner, meist rundkroniger Baum von 8–10 (–15) m Höhe und 4–8 (–10) m Breite, eher langsamwüchsig, Zweige aufrecht wachsend, selten übergeneigt.

Rinde: Ältere Borke grauschwarz.

Knospen: 7–12 mm lang, feinfilzig grau behaart.

Blätter: Sommergrün, gegenständig, unpaarig gefiedert, 15–20 cm lang, Blättchen meist zu 7, sattgrün, leicht glänzend, Blätter unterseits heller, später Austrieb, Herbstfärbung schön gelb bis gelegentlich gelb- oder bronzeviolett.

Blüten: Dichte, bis 15 cm große, endständige Rispen mit cremeweißen Blüten im Mai–Juni, Blüten stark duftend, zierender, überaus reichblühender Baum.

Verbreitung und Standort: Südeuropa und Kleinasien, in Mitteleuropa teilweise eingebürgert. Wächst auf sonnigen, warmen, trockenen und kalkreichen Lehm- oder Steinböden. Die Blumen-Esche ist am Naturstandort mit Stein-Weichsel, Flaum-Eiche, Zerr-Eiche, Hopfenbuche, Schwarzföhre, Silber-Linde u. a. m. vergesellschaftet.

Ansprüche: Sonnige bis leicht beschattete Standorte, äußerst hitze- und trockenheitsverträglich, mäßig frosthart, rauchhart, stadtklimafest, toleriert alle Bodenarten von neutral bis stark alkalisch, gedeiht auch noch auf trockenen bis frischen, warmen, durchlässigen Böden, meidet schwere Lehmböden, kalkliebend.

Allgemeines: Seit dem 15. Jahrhundert gewinnt man von der Manna-Esche den wertvollen Manna-Saft, der nach Anritzen der Rinde austritt und aufgefangen wird. Die Manna-Esche wurde insbesondere seit dem 17. Jahrhundert in Nordsizilien großflächig angepflanzt. In Kalabrien sollten früher ganze Ortschaften von der Manna-Produktion gelebt haben, die armdicken Stockausschläge wurden zu diesem Zwecke angeritzt, der austretende, an der Luft erhärtende Saft als Manna in den Handel gebracht.

Verwendung: Dekorativer kleiner bis mittelgroßer Blütenbaum für Einzelstellung und Gruppenpflanzungen in Gärten und Parkanlagen, hitzefester Straßenbaum für innerstädtische Sonderstandorte in nicht befestigten Flächen, auch für Hochbeete und große Kübel geeignet.

Nutzung: Ökologische Bedeutung erhält die Art bei der Aufforstung extrem trockener Felsstandorte. Die Gewinnung des Manna-Saftes erfolgt von etwa 7–12-jährigen Pflanzen durch Anritzen der 8–10 cm starken Stämme im Juli und August. Durch einschneiden bis zur Kambiumschicht tritt ein bräunlicher Blutungs-

Fraxinus ornus ‘Meczek’

saft aus, der sich an der Luft gelblich weiß verfärbt und erhärtet. Diese Masse wird eingesammelt, sie ist wasserlöslich, deshalb muss darauf geachtet werden, dass der Regen die Ernte nicht vernichtet. Früher wurden dafür Wächter eingesetzt, die bei Regengefahr die Mannaglöckchen läuten mussten. Die Bäume werden in 20–30-jährigem Umtrieb gehalten. Produktion des Manna-Saftes: 5000 Bäume liefern etwa 1000 kg Manna. Dieser begehrte, süßlich schmeckende Saft enthält bis zu 75 % Mannit, einen Alkohol mit honigartigem Geruch, der vornehmlich in der Volksmedizin angewendet wird. Manna findet al leichtes Abführmittel Verwendung und wird bei Husten verabreicht. Das von der Manna-Esche stammende Manna ist nicht mit dem in der Bibel erwähntem Manna identisch.

Sorten: ‘Anita’: Kleinbaum, 6–8 m hoch und 3–5 m breit, meist durchgehender Leittrieb, kegelförmige Krone, Äste schräg aufrecht. ‘Rotterdam’: Selektion mit schmaler, kegelförmiger Krone. ‘Meczek’, Kugel-Blumen-Esche: Hochstämmig veredelter Kleinbaum, 4–6 m hoch und 4–5 m breit, sehr dichte, kompakte Kugelkrone, blüht kaum.

Weitere, seltene Eschen-Arten:

Fraxinus americana L, Weiß-Esche. Heimat Nordamerika, großer Baum mit 12–35 cm langen Blättern, 5–9 Fiederblättchen, oberseits dunkelgrün, unterseits weißlich behaart, Herbstfärbung oft violettpurpurn, Knospen schuppig-drüsig, bräunlich behaart.

Fraxinus paxiana Lingelsh., Chinesische Blumen-Esche. Heimat China bis Himalaja, 10–15 m hoher Baum, in Kultur oft nur strauchig, Blätter 10–40 cm lang, Blättchen 7–9, Blüten in großen, sehr vielblütigen, endständigen Rispen, zwittrig, weiß, mit und nach den Blättern im Mai.

Gleditsia Gleditschie

Gleditschie, Lederhülsenbaum; *engl.* Honey locust; *franz.* Févier; *ital.* Spino di Guida; *span.* Gleditsia; *kroat.* Trnovac, Gledicija
Familie: Caesalpiniaceae

Gleditschien sind hohe, sommergrüne, meist dornig bewehrte Bäume. Ihre Blätter sind wechselständig, einfach oder doppelt gefiedert, Blättchen sehr klein, Blüten polygam, unscheinbar, Fruchthülsen 10–40 cm lang, meist lederartig, stark abgeflacht, oft lange am Baum haftend, Samen rot- bis dunkelbraun, die Gattung ist mit 14 Arten in Mittel- und Ostasien, Nord- und Südamerika und im tropischen Asien vertreten.

Gleditsia triacanthos L.

Amerikanische Gleditschie, Dreidorniger Lederhülsenbaum (fälschlich Christusdorn); *engl.* Honey locust, Sweet locust, Thorny locust; *franz.* Févier d' Amérique; *ital.* Spino di Guida; *span.* Gleditsia de tres espinas; *kroat.* Trobodni trnovac, Gledicija

Habitus: Großer Baum von 10–20 (–30) m Höhe und unregelmäßigem, offenem und lockerem Kronenaufbau, Hauptäste in der Jugend schräg aufwärtsstrebend, später waagrecht ausgebreitet, im Alter oft schirmförmige Krone bildend, 8–15 (–20) m breit werdend, Triebe etwas hin und her gebogen (zickzack). Sehr raschwüchsig, zumindest in der Jugend.

Rinde: Borke alter Stämme ist graubraun, meist mit stark verzweigten, abgeflachten, bis 20 cm langen Dornen, oft auch schwärzlich, in langen, schmalen, tiefgefurchten schuppenartigen Platten ablösend, sehr dekorativ, Zweige rotbraun, später olivbraun und grau, mit einfachen oder verzweigten, bis 8 cm langen Dornen.

Blätter: Sommergrün, wechselständig, einfach oder doppelt gefiedert, 20–30 cm lang, doppelt gefiederte Blätter mit 8–14 Fiedern, hellgrün, im Herbst goldgelb, Färbung tritt zeitig ein.

Blüten: Unscheinbare, eingeschlechtliche, hellgrüne Blüten in 5–7 cm langen Trauben, duftend, reich an Honig, Blütezeit Juni–Juli.

Gleditsia triacanthos

Gleditsia triacanthos

Gleditsia triacanthos 'Elegantissima'

Gleditsia triacanthos 'Skyline'

Früchte: Flache, gedrehte, dunkelbraun glänzende, bis 40 cm lange ledrige Hülsen, bleiben bis spät in den Winter hinein am Baum, sehr auffälliger Fruchtschmuck.

Wurzel: Dicke, fleischige, wenig verzweigte Wurzeln, sehr tiefgehend, weitstreichend, verträgt sogar Einpflastern, keine Ausläufer, kein Stickstoffsammler.

Verbreitung und Standort: Nordamerika; wächst in Mischwäldern entlang der Flüsse auf frischen bis feuchten, nährstoffreichen Böden, gelegentlich auch auf trockenen, nährstoffarmen, sandig-kiesigen, anlehmigen Böden, bis in 600 m Seehöhe.

Ansprüche: Sonnige, windgeschützte Lagen, windbruchgefährdet, Hitze vertragend, mäßig frosthart, stadtklimaresistent, industriefest, salzverträglich, sehr anpassungsfähig und anspruchslos an den Boden, wächst auf allen kultivierten Böden, bevorzugt aber nährstoffreiche, gleichmäßig feuchte Standorte; auf zu tiefgründigen, nährstoffreichen Böden Gefahr von Frostschäden.

Allgemeines: Die Gattung wurde zu Ehren des deutschen Botanikers und Direktors des Botanischen Gartens Berlin, Gottlieb Gleditsch (1714–1786) benannt.

Verwendung: Schöner, malerischer Einzelbaum für Parks und größere Gärten, auch in Gruppen verwendbar, gut mit Kleingehölzen und Stauden unterpflanzbar, allerdings an Wegen und Plätzen wegen der Dornen gefährlich.

Nutzung: Das Holz wurde zu Eisenbahnschwellen, Pfosten und Radnaben verarbeitet. Die Gleditschie zieht Insekten wie magnetisch an, deshalb wird sie in Amerika auch Honey locust genannt, der Honigertrag liegt bei 85 bis 250 kg pro Hektar. Früchte werden vom Vieh gefressen und dadurch weit verbreitet. Die Indianer bereiteten aus den Früchten Kuchen und andere Speisen. Das sehr tief gehende Wurzelholz wird gerne als Feuerholz verwendet.

Sorten: 'Elegantissima': Buschig dicht verzweigter, eher strauchförmiger Wuchs, bis 4,5 m hoch, Krone trichterförmig, Dornen fehlend, Blätter farnartig, fein, im Herbst lange haftend. 'Inermis': Großer Baum mit unregelmäßiger Krone, locker belaubt, Stämme und Zweige dornenlos. 'Ruby Lace': Kleiner Baum mit breit aufrechter, lockerer Krone, Blätter im Austrieb dunkelrot, später bronzegrün. 'Shademaster': Mittelgroßer Baum mit anfangs eiförmiger, später aufrecht vasenförmiger Krone, Zweige dornenlos. 'Skyline': Mittelgroßer Baum mit anfangs unregelmäßig kegelförmiger, später locker breit eiförmiger Krone, untere Zweige übergeneigt, Zweige und Stamm dornenlos, Blätter im Austrieb rötlich bronze, später grün. 'Sunburst', Gold-Gleditschie: Kleinerer bis mittelgroßer Baum mit locker kegelförmiger bis unregelmäßig breiter Krone, Zweige und Stamm dornenlos, Blätter im Austrieb leuchtendgelb, später grün.

Gymnocladus Geweihbaum

Geweihbaum; *engl.* Coffee-tree; *span.* Gimnoclado; *kroat.* Gimnoklad
Familie: Caesalpiniaceae

Hohe, sommergrüne Bäume mit gewölbter Krone und dicken Zweigen, gegenständigen, sehr großen, doppelt gefiederten Blättern, polygamen oder eingeschlechtlichen Blüten, unscheinbar, Fruchthülsen länglich, oft bis zum Frühjahr am Baum bleibend, je eine Art in Nordamerika und China.

Gymnocladus dioicus (L) K. Koch

Amerikanischer Geweihbaum, Kanadischer Schusserbaum; *engl.* Kentucky coffe-tree, chicot; *span.* Gimnoclado dioico; *kroat.* Kentakijski gimnokladus, Lubovac

Habitus: Mittelhoher bis hoher Baum von 12–15 (–20) m, 6–10 m breit, mit kurzem Stamm und ovaler Krone, später breit auseinanderstrebend, im Alter auffallend dicht und kurz beastet, Triebe dick und knorrig, langsam wachsend.

Rinde: Borke grau bis graubraun, sehr rau und längsrissig, in schmalen schindelartigen Streifen abblätternd. Triebe dick, bläulich bereift.

Blätter: Sommergrün, wechselständig, doppelt gefiedert, außerordentlich groß, bis 80 cm lang und 50 cm breit, mit 3–7 Fiederpaaren, Blättchen kurz gestielt, elliptisch zugespitzt, später Austrieb, etwas rosa überlaufen, im Sommer blaugrün, im Herbst intensiv gelb.

Blüten: Weißlich, klein, am Ende 1-jähriger Triebe in endständigen, pyramidalen Rispen, männliche Blütenstände bis 25 cm lang, Juni.

Früchte: Fruchthülsen sind 10–15 cm lange, braune bereifte, derb ledrige Hülsen. Giftig. Rotbraune Samen 2–2,5 cm lang, fast kreisrund.

Wurzel: Hauptwurzel kräftig, tiefgehend und sehr weitstreichend, wenig verzweigt. Ausläufer treibend.

Verbreitung und Standort: Nordamerika, von New York, Ontario, Pennsylvania, Michigan bis Arkansas und Tennessee, auf feuchten, tiefgründigen Böden in Tälern und Flussniederungen gemeinsam mit anderen Harthölzern. Kommt bis in 600 m Seehöhe vor.

Ansprüche: Benötigt vollsonnige Standorte, bevorzugt tiefgründige, nahrhafte Böden, ist aber sehr anpassungsfähig und wächst auch auf trockeneren, ärmeren Standorten, schwach sauer bis stark alkalisch. Ausreichend winterhart, treibt sehr spät aus, verträgt auch Trockenheit, frei von Krankheiten und Schädlingen.

Allgemeines: Treibt Wurzelausläufer kreisförmig um den Baum, wenn der Mutterbaum abstirbt bleibt oft eine ringartige Anordnung von Bäumen, die aus den mittlerweile hochgewachsenen Ausläufer entstanden ist. Geröstete Samen wurden früher als Kaffeeersatz verwendet, obwohl rohe Samen das Alkaloid Cytisin enthalten und giftig sind. Die Farmer legten grüne Blätter in Ziegenmilch und benutzten dies als Fliegengift.

Gymnocladus dioicus

Gymnocladus dioicus

Verwendung: Einzelbaum, wegen seiner eigenwilligen Erscheinung mit den großen Fiederblättern und den etwas bizarrem Geäst, für große Gärten und Parkanlagen, auch als Straßenbaum in unbefestigten Flächen in Verwendung. Lässt sich gut mit anderen großblättrigen Baumarten, Aralien, Bambus und Gräsern kombinieren und mit Stauden gut unterpflanzen.

Halesia Schneeglöckchenbaum

Schneeglöckchenbaum, Silberglocke; *engl.* Silver bell, Snowdrop tree; *franz.* Halésia; *kroat.* Halezija
Familie: Styracaceae, Storaxbaumgewächse

Sommergrüne Bäume oder hohe Sträucher mit wechselständigen Blättern, weißen, achselständigen, glöckchenförmigen Blüten in Büscheln am vorjährigen Holz, Steinfrüchte mit Längsflügeln, 4 Arten im östlichen Nordamerika, 1 Art in China.

Halesia monticola (Rhed.) Sarg.

Berg-Schneeglöckchenbaum; *engl.* Mountain silverbell, Snowdrop tree; *franz.* Halésia; *kroat.* Brdska halezija

Habitus: Hoher Strauch oder kleiner bis mittelgroßer Baum mit breit kegelförmiger Krone und eher aufrechtem Wuchs, 6–12 m hoch und bis 10 m breit, in der Heimat allerdings bis 25 m hoch.

Rinde: Borke grauschwarz, mit quadratischen, tiefrissigen Schuppen.

Blätter: Sommergrün, wechselständig, elliptisch bis eilänglich, bis 10 cm lang. Herbstfärbung gelb oder gelblich grün, spät färbend.

Blüten: Bis 2,5 cm große, weiße glockenförmige Einzelblüten, Knospen zartrosa, Blütezeit April–Mai, sehr attraktive Blüte.

Früchte: Braune, bis 5 cm lange Nüsschen, bleiben oft bis zum Frühjahr am Baum.

Wurzel: Hauptwurzeln ausgebreitet und tiefgehend, hoher Anteil an Feinwurzeln, Wurzelholz ist sehr hart, Wurzelbereich sollte beschattet und kühl sein.

Verbreitung und Standort: Bergwälder des östlichen Nordamerika, North Carolina bis Tennessee, südlich bis Georgia. Wird in den Urwäldern der Appalachen bis 20 m hoch bei Stammdurchmessern bis zu 120 cm, wächst dort gemeinsam mit Tulpenbaum, Linden, Edel-Kastanien, Eschen, Tuopelobaum und Zaubernuss im Unterwuchs.

Ansprüche: Sonniger bis halbschattiger Standort in geschützter Lage; guter, humoser, durchlässiger Boden mit gleichbleibender Feuchtigkeit, leucht sauer (pH-Wert 5–6 optimal), bei hohem pH-Wert Neigung zu Chlorose. Sehr krankheitsresistent.

Verwendung: Prachtvolle Solitärgehölze für exquisite Gärten und Parkanlagen, auch gut mit Rhododendren zu kombinieren.

Nutzung: Holz mit breitem Splint und hellbräunlichem Kern, geschälte Furniere zeigen schöne Vogelaugentextur. Das Holz wird gemeinsam mit jenem von *Betula lutea* ausgesägt und verkauft.

Weitere Arten:

Halesia carolina L., Carolina-Schneeglöckchenbaum, Maiglöckchenstrauch. Bis 6 m hoher Strauch oder Baum mit 5–10 cm langen Blättern, etwa 1,5 cm großen, glockigen, weißen Einzelblüten im April–Mai, 2,5–3 cm lange Früchte mit 4 breiten, flügelartigen Rippen. Heimat Virginia bis Florida und Texas.

Halesia diptera Ellis., Zweiflügeliger Schneeglöckchenbaum. Strauch oder Baum bis 8 (–15) m, Blätter 6–12 cm, Blüten 2–3 cm, zu 2–5 in Büscheln, Juni. Heimat South Carolina bis Tennessee, Florida und Texas.

Halesia monticola

Halesia diptera

Hippophae Sanddorn

Sanddorn; *engl.* Sea buckthorn; *franz.* Argousier; *ital.* Olivello spinoso; *span.* Espino amarillo; *kroat.* Vucji trn, Pasji trn, Vukodrzica
Familie: Elaeagnaceae, Ölweidengewächse

Sommergrüne Sträucher oder Bäume, Zweige, Blätter und Früchte mit silbrigen Schuppenhaaren (Schülferhaaren) bedeckt, meist dornig, Blüten 2-häusig, unscheinbar, Steinfrüchte beerenähnlich, reich an Vitamin C, Wurzeln in Symbiose mit knöllchenbildenden Strahlenpilzen vergesellschaftet.

Hippophae rhamnoides L.,

Gewöhnlicher Sanddorn; *engl.* Sea buckthorn; *franz.* Argousier, Saule épineux; *ital.* Olivello spinoso; *span.* Espino amarillo; *kroat.* Krkavinasti vucji trn,
Habitus: Sparrig und unregelmäßig wachsender Großstrauch bis Kleinbaum von 3–6 (–10) m Höhe und 2–3 m Breite, mit dornigen Kurztrieben, Ausläufer.
Rinde: Borke schwärzlichbraun, längsrissig.
Knospen: Blütenknospen der männlichen Pflanzen relativ groß, dicht aufeinander am Trieb stehend.
Blätter: Sommergrün, wechselständig, weidenähnlich, lineal lanzettlich, silbrig grau, lange haftend, keine Herbstfärbung.
Blüten: 2-häusig, unscheinbar grünlich braun, vor der Blattentwicklung, März–April.
Früchte: Walzenförmige bis eiförmige, orange, 6–8 mm lange saftige beerenähnliche Steinfrüchte, enthalten sehr viel Vitamine, besonders Vitamin-C, aber auch Vitamin A (Carotin) und Vitamin E, Fruchtreife September.
Wurzel: Tiefgehende Hauptwurzeln, Seitenwurzeln oberflächennah, weit ausgebreitet, bildet starke Ausläufer, Wegebeläge und Pflaster können angehoben werden. Stickstoffsammler mit Hilfe von Strahlenpilzen, verträgt Einschüttung mit Lockermaterial.
Verbreitung und Standort: Europa und Asien, Alpen, Alpenvorland, an den Flüssen, Küstengebiete, auch in trockenen, lichten Kiefernwäldern, sandigen Küsten-

Hippophae rhamnoides

Hippophae rhamnoides 'Leikora'

streifen, auf zeitweise überfluteten Kies- und Sandbänken.

Ansprüche: Vollsonnige Standorte, keine besonderen Bodenansprüche, bevorzugt aber gut durchlässige, sandig-kiesige Böden, trocken bis feucht, auch gut auf nährstoffarmen Standorten, bevorzugt Kalk. Der Sanddorn ist stadtklimafest, frosthart, salzverträglich und hitzeverträglich.

Allgemeines: Mit „Hippohaes" bezeichnete Dioskurides eine dornige Pflanze, abgeleitet von „hippos" = Pferd und „phaeinein" = glänzen. Der Artname weist auf die Ähnlichkeit mit dem Kreuzdorn *Rhamnus* hin.

Verwendung: Wichtiges Gehölz für Windschutzpflanzungen und Rekultivierungen in der freien Landschaft, Ödlandbegrünungen, Böschungs- und Dünenbefestigung. Lässt sich in Park und Garten gut mit anderen grau- oder silbrig laubigen Gehölzen und Stauden kombinieren, ebenso mit hellrosa und hellblauen Blütenpflanzen. Nicht in die Nähe von Wegen, Terrassen, etc. pflanzen, da der Sanddorn durch Wurzelausläufer sehr lästig werden kann. Beliebtes Dekorationsgehölz in der Floristik, zahlreiche Fruchtsorten.

Nutzung: Fruchtnutzung, Verarbeitung zu Säften, Marmeladen, pharmazeutische Produkte.

Sorten: 'Pollmix': Männliche Befruchtersorte. 'Leikora': Mittelstark wachsende, besonders für Hausgärten interessante Sorte mit geringer Bedornung. 'Hergo': Großfrüchtige, reichfruchtende Sorte, auch im Erwerbsanbau in Verwendung. 'Dorana' und 'Frugana': Ebenfalls reichfruchtende Sorten mit hohem Vitamin-C-Gehalt der Früchte. 'Hikul', Zwerg-Sanddorn: Schwachwüchsige, dichttriebige Sorte, wird in 10 Jahren kaum 1,5 m hoch.

Hippophae rhamnoides 'Hergo'

Hippophae rhamnoides 'Hikul'

Idesia Orangenkirsche

Orangenkirsche; *engl.* Igiri tree; *franz.* Idésia; *kroat.* Idezija
Familie: Flacourtiaceae

Monotypische Gattung, die in China heimisch ist. Sommergrüner Baum mit auffällig regelmäßig etagenförmigem Aufbau und großen Blättern, 2-häusige Blüten in achselständigen, hängenden Rispen, orangerote Beerenfrüchte.

Idesia polycarpa Maxim.

Orangenkirsche; *engl.* Igiri tree; *franz.* Idésia; *kroat.* Idezija

Habitus: Malerischer, etwa 6–10 (–15) m hoher, regelmäßig aufgebauter Baum mit quirlig angeordneten, fast waagrecht abstehenden Ästen.

Rinde: Glatte, grauweiße Rinde.

Blätter: Sommergrün, wechselständig, groß und herzförmig, 15–20 cm lang, oberseits dunkelgrün, unterseits blaugrün, Stiel rot, mit 1–8 auffallenden Nektarien.

Blüten: Meist 2-häusig, Blüten duftend, in 10–30 cm langen, hängenden, end- oder achselständigen Rispen, Kelchblätter grünlich gelb, Kronblätter fehlend, Blütezeit Mai–Juni.

Früchte: Kugelige Beerenfrüchte, 7–8 mm dick, orangerot, Fruchtfleisch mehlig, Samen zahlreich.

Verbreitung und Standort: Japan, Korea, China, Taiwan, auf feuchten, nährstoffreichen Waldböden.

Ansprüche: Der Baum ist sehr wärmeliebend, deshalb nur im Weinbauklima geeignet. Der Boden sollte nicht zu feucht und schwer sein, gut durchlässig, schwach sauer bis neutral.

Allgemeines: Idesia wurde nach dem holländischen Pflanzensammler Ides benannt, der russische Botaniker Maximowicz hat sie 1860 in Japan entdeckt, sie wurde 1865 nach Europa eingeführt.

Verwendung: Schöner, jedoch seltener Solitärbaum, meist nur in Botanischen Gärten und Pflanzensammlungen anzutreffen.

Idesia polycarpa

Ilex Stechpalme

Stechpalme, Hülse, Winterbeere; *engl.* Holly, Winterberry; *franz.* Houx; *ital.* Agrifoglio; *span.* Acebo; *kroat.* Bozika, Bozikovina
Familie: Aquifoliaceae, Stechhülsengewächse

Mit etwa 400 Arten ist die Gattung *Ilex* sehr umfangreich. Es handelt sich um sommer- oder immergrüne Bäume und Sträucher mit wechselständigen Blätter, meist 2-häusigen Blüten und roten, seltener schwarzen Steinfrüchten. Die Hauptzahl der Arten wächst in den Tropen und Subtropen, eine geringere Anzahl ist in der gemäßigten Klimazone beheimatet.

Ilex aquifolium L.

Ilex aquifolium

Gewöhnliche Stechpalme, Hülse; *engl.* Holly, English holly; *franz.* Houx commun; *ital.* Agrifoglio; *span.* Acebo, Agrifolio; *kroat.* Obicna bozika, Bozikovina
Habitus: Spitz kegelförmiger bis pyramidal wachsender Großstrauch bis kleiner Baum, 3–6 (–15) m hoch und 3–5 m breit, oft mit rundlich gewölbter Krone, Äste sparrig und dicht stehend, besonders im Alter im unteren Bereich hängend, langsam wachsend. Kann bis zu 300 Jahre alt werden und Stammdurchmesser von 50 cm erreichen.
Rinde: Borke am Stamm glatt und grau.
Blätter: Immergrün, wechselständig, eiförmig bis breit lanzettlich, 3–8 cm lang, derb ledrig, Blattrand ungleichmäßig wellig, dornig-gezähnt. Blätter dunkelgrün glänzend, unterseits hellgrün. An älteren Pflanzen sind die Blätter wenig bedornt oder ganzrandig und glatt.
Blüten: Pflanze ist 2-häusig, Blüten sind klein, weiß, Mai–Juni.
Früchte: Leuchtend scharlachrote, glänzende Steinfrüchte, erbsengroß, werden in großer Menge gebildet, reifen ab September und haften bis in den Vorfrühling, Fruchtschmuck, Früchte sind giftig.
Wurzel: Herzwurzler mit weitreichendem Wurzelsystem, fleischig dicke Hauptwurzeln tiefergehend, Faserwurzeln in der obersten Bodenschicht sehr stark ausgebreitet. Mitunter Wurzelschosse bildend.
Verbreitung und Standort: Besonders atlantisches Europa bis Kleinasien und Nordwestafrika, in Mitteleuropa im Norddeutschen Tiefland und im Alpenvorland, in den Alpen bis 1800 m ansteigend. In Sardinien gemeinsam mit Eiben und laubabwerfenden Eichen in Höhenlagen zwischen 600 und 1000 m. Als Unterholz in Buchen und Buchen-Tannenwäldern, seltener auf frischen Eichen-Hainbuchen- oder Eichen-Birkenwäldern; auf mäßig trockenen bis frischen, nährstoffreichen, schwach sauren bis sauren, sandigen oder steinigen Lehmböden mit einer Mull- oder Moderhumusauflage.
Ansprüche: Sonnige bis schattige Standorte, in voller Sonne nur bei gleichmäßiger Boden- und Luftfeuchte, windgeschützt; bevorzugt nicht zu nährstoffarme, mäßig trockene bis feuchte, humose, saure bis neutrale Böden, wächst aber auch auf leicht kalkhaltigen und mäßig trockenen Böden noch ausreichend. In der Jugend etwas frostempfindlich, langsam wachsend, schnittverträglich.
Allgemeines: Beeren sind giftig, Symptome bei Verzehr von mehr als 2 Beeren: Leibschmerzen, Erbrechen und Durchfälle. Stechpalmenzweige mit Früchten werden gerne als Weihnachtsschmuck verwendet. „Ilex" war bei den Römern der Name für die Steineiche, die Stechpalme bezeichneten sie als „Aquifolium".
Verwendung: Eignet sich gut zur Bepflanzung von schattigen Baumstandorten mit Wurzeldruck der Bäume, freiwachsende und geschnittene Hecken (Schnitt im Frühjahr), auch Einzelstellung, Gruppenpflanzung in Hausgarten und Parkanlagen; im atlantischen Klimabereich mitunter sogar als kleiner Alleebaum.
Nutzung: Beliebtes Gehölz für die Blumenbinderei. Das Holz ist schwer spaltbar, zäh und gut polierfähig. Wurde früher für Handgriffe, Spazierstöcke, Peitschen und Hammerstiele verwendet, sollen an den Händen keine Blasen erzeugen. Auch für Drechslerarbeiten, Einlegearbeiten, wird zur Furnierholzgewinnung herangezogen.
Sorten: Es gibt zahlreiche Sorten, die sich durch Wuchs und Blattausprägung von der Wildform unterscheiden, einige sind nachfolgend genannt. 'Alaska': Großstrauch, anfangs kegelförmig, später breitbuschig, 3–5 m hoch und 2–3 m breit, glänzend dunkel-

Ilex aquifolium 'Argentea Marginata'

grüne Blätter, stark dornig, reicher Beerenschmuck. 'Argentea Marginata' (= 'Argenteomarginata'): Großstrauch (2–4–6 m hoch)mit breitbuschigem Wuchs und teils überhängenden Zweigen, breite Blättern mit weißer bis cremefarbener Blattmitte, gelegentlich dornige Blätter. 'J. C. van Tol': Großstrauch bis Kleinbaum, 4–6 (–8) m hoch und 2–3 m breit, dunkelgrüne, fast dornenlose Blätter, überreich fruchtend, rote Früchte, 1-häusige Sorte(!). 'Pyramidalis': Großstrauch mit anfangs kegelförmiger, später breit eiförmiger Krone, 4–6 (–8) m Höhe und 2–4 (–6) m breite, reichfruchtend, rote Beeren. 'Rubricaulis Aurea': 2,5–4,5 m hoher und bis 3 m breiter Strauch, langsamwüchsig, Blätter oval bis rundlich, unregelmäßig mit Blattdornen besetzt, dunkelgrün glänzend, mit 1–5 mm breitem, gelblichen Rand, unterseits gelblich grün.

Weitere Arten:

Ilex × altaclerensis (Loudon) Dalim., (*I. aquifolium* × *I. perado*). Großblättrige Stechpalme, *franz.* Houx de Highclere. Immergrün, wechselständig, besitzt größere Blätter und ist etwas frostempfindlicher als *I. aquifolium*. Dazu zählen Sorten wie 'Blue Angel', 'Blue Prince' und 'Blue Princess'.

Ilex × meservae S. Y. Hu. (*I. aquifolium* × *I. rugosa*). Kreuzung der heimischen mit einer ostsibirischen Art, zur Zeit etwa 20 Sorten, meist Klein- bis Großsträucher, Blätter im Winter oft schwärzlich oder grün, ledrig, weich, Dornen kaum stechend.

Ilex crenata Thunb., Japanische Hülse. Immergrüner, aufrechter Strauch mit 2–3,5 m Wuchshöhe, 2–3 cm kleinen Blättern, schwarzen, etwa 6 mm großen Früchten.

Juglans Walnuss

Walnuss; *engl.* Walnut; *franz.* Noyer; *ital.* Noce; *span.* Nogal; *kroat.* Orah
Familie: Juglandaceae, Walnussgewächse

Sommergrüne mittelgroße bis hohe Bäume, seltener Sträucher, Zweige mit gekammertem Mark, Blätter wechselständig, unpaarig gefiedert, Blüten 1-häusig, Steinfrüchte, gemeinhin als Nüsse bezeichnet, sind kugelig bis eiförmig länglich, Schale ablösend, Samen stark gefurcht. Wertvolle Holzlieferanten.

Juglans nigra L.

Schwarznuss, Schwarze Walnuss; *engl.* American walnut, Eastern black walnut, Black walnut; *franz.* Noyer noir; *ital.* Noce nero americano; *span.* Nogal nero americano; *kroat.* Crni orah, Morsi orah

Habitus: Mächtiger Großbaum von 20–30 (–35) m Wuchshöhe, mit meist ebenso breiter Krone, rundkronig, schnellwüchsig. Ein Stammumfang von 4 m und eine Kronenbreite von 33 m können erreicht werden.

Rinde: Borke tiefrissig, braun, graubraun bis schwärzlich.

Blätter: Sommergrün, wechselständig, gefiedert, 30–60 cm lang, Seitenblättchen 13–23, elliptisch oder lanzettlich, Austrieb spät ab Mitte Mai, Herbstfärbung leuchtend gelb, sehr früh einsetzend, etwa ab Mitte September, Laub mit aromatischem Geruch, schnell verwitternd.

Blüten: 1-häusig, männliche in grünen Kätzchen, weibliche Blüten unscheinbar zu 2–5.

Früchte: Kugelige, 4–5 cm dicke Früchte, Schale sehr dick und rau, Steinkern dickschalig, rau, gerippt, grob und unregelmäßig gefurcht; aromatische Fruchtschale ist stark färbend, Reife der Nüsse ab Ende August, der ölige Kern ist essbar, doch dicke Schale lässt sich kaum knacken.

Wurzel: Extremer Tiefwurzler, verträgt gelegentliche Überschwemmungen.

Verbreitung und Standort: Östliches Nordamerika, von New York bis Nordwestflorida, westlich bis Texas, in Neuengland bis 1200 m vorkommend; wächst meist auf gut durchlässigen Böden, meist entlang von Flüssen und vereinzelt in Mischwäldern.

Ansprüche: Sonnige bis lichtschattige Standorte, hitzeverträglich, wärmeliebend bis kühl, frosthart, aber

Juglans nigra

Juglans nigra

Juglans nigra

Juglans regia

spätfrostgefährdet, stadtklimaresistent, widerstandsfähig gegen Luft- und Bodenverschmutzung. Boden sollte frisch bis feucht, nährstoffreich, durchlässig und neutral bis stark alkalisch sein.

Allgemeines: Die Schwarznuss ist in der Heimat eine der seltenen und daher sehr wertvollen Hartholzbaumarten. Unter den Nussbäumen wachsen aufgrund der Gerbstoffausscheidungen Stauden schlecht oder gar nicht.

Verwendung: Solitärbaum für Parkanlagen und sehr große Gärten.

Nutzung: Wertvolles Nutzholz, wird für den Möbelbau verwendet, früher stellte man daraus Flugzeugpropeller her sowie Gewehrkolben und Nähmaschinen. Die Früchte sind essbar und werden schon seit jeher genutzt, aus der Schale wird ein schwärzlicher Farbstoff hergestellt.

Juglans regia L.

Walnuss, Welschnuss; *engl.* Walnut; *franz.* Noyer commun; *ital.* Noce commune; *span.* Nogal común, Nogal europeo, Nogal espanol; *kroat.* Obicni orah, Bieli orah

Habitus: Mittelgroßer bis großer, stattlicher rundkroniger Baum mit 15–20 (–30) m Höhe und 10–15 (–20) m Breite, ist meist kurzstämmig, Krone im Alter hochgewölbt, langsam wachsend.

Rinde: Borke silbergrau, korkig, im Alter tiefrissig und dunkelgrau.

Blätter: Sommergrün, wechselständig, unpaarig gefiedert, 25–35 cm lang, mit 5–9 Fiederblättchen, Blättchen elliptisch bis eilänglich, dunkelgrün, Zerrieben aromatisch duftend, keine besondere Herbstfärbung.

Blüten: 1-häusig, gelbgrüne männliche Kätzchen aus den Achselknospen am 2-jährigen Trieb, weibliche Blüten an den Triebspitzen des 1-jährigen Triebes, Blütezeit vor dem Austrieb im Mai.

Früchte: Kugelige Früchte mit dicker Schale, diese ist glatt und grün; Nuss mit wulstigen Kanten, essbar, enthalten bis zu 60 % fettes, nicht eintrocknendes Öl.

Wurzel: Hauptwurzel tief und sehr dick, weit ausgebreitet, hoher Feinwurzelanteil in der obersten Bodenschicht.

Verbreitung und Standort: Kleinasien, Griechenland, Bosnien, Westchina; auf tiefgründigen, sickerfeuchten, nährstoffreichen und kalkhältigen bis mäßig sauren Lehm- und Tonböden.

Ansprüche: Sonnige bis lichtschattige Standorte, mäßig trockene bis feuchte, nährstoffreiche, durchlässige Böden, schwach sauer bis sehr kalkreich; ausreichend frosthart, in der Jugend frostempfindlich, auch spätfrostempfindlich, stadtklimafest und lichtbedürftig, steht sehr früh im Saft. Sollten unbedingt, falls nötig, im Spätsommer oder Herbst geschnitten werden.

Allgemeines: Walnuss oder Welschnuss ist abgeleitet von „Nuss der Walen oder Welschen (Italiener)". Im griechischen Altertum war der Nussbaum dem Zeus heilig. Im griechischen, später auch im deutschen Volksglauben war die Walnuss ein Fruchtbarkeitssymbol.

Verwendung: Solitärbaum für Garten- und Parkanlagen, beliebter Hofbaum, im Landschaftsbereich auch Alleebaum.

Nutzung: Das Holz des Nussbaumes zählt zu den wertvollsten Hölzern. Schon im Mittelalter fertigte man Armbrustschäfte, später Gewehrkolben. Aus dem Absud der Blätter und Nussschalen wurde früher die Nussbeize, die unter anderem zum Beizen von Möbeln verwendet wurde, hergestellt. Schalenextrakte werden in der kosmetischen Industrie als Zusatz für bräunende Öle verwendet. Die Nüsse, genaugenommen sind das die Samen, enthalten 50 bis 65 % fettes Öl, das als Speiseöl oder für technische und kosmetische Zwecke verwendet wird, daneben sind noch 18–25 % Rohprotein, Vitamine und Mineralstoffe enthalten.

Sorten: Fruchtsorten.

Weitere Arten:

Juglans ailantifolia Carrière, Japanische Walnuss. Stattlicher, breitkroniger Baum mit 45–60 cm langen Fiederblättern, mit 11–17 Fiederblättchen; junge Triebe und Rhachis der Fiederblätter drüsig behaart; Früchte in bis zu 20 cm langen Trauben, Früchte kugelig, drüsig behaart, Steinkern 3 cm lang, zugespitzt, mit 2 dickwülstigen Kanten. Heimat Japan.

Juglans cinerea L., Butternuss. Großer mächtiger Baum, Triebe behaart, anfangs drüsig klebrig, Blätter 20–50 cm lang mit 9–19 Fiederblättchen, Früchte zu 2–5, 7–10 cm lang, klebrig-drüsig behaart, Steinkern länglich, unregelmäßig tief gefurcht. Heimat nordöstliches Nordamerika.

Juglans microcarpa Berland, Felsennuss. Kleiner, kaum 7 m hoher Baum, Triebe anfangs filzig, später gelbgrün behaart, Blätter 15–25 cm lang mit 13–20 Fiederblättchen, Früchte einzeln, kugelig, 1,5–2 cm dick, Steinkern längsrissig, glatt, dünn. Heimat Texas bis Nordostmexiko.

Juglans ailantifolia

Juglans regia

Koelreuteria Blasenbaum

Blasenbaum, Blasenesche; *engl.* Golden rain tree; *franz.* Koelreuteria, Savonnier; *kroat.* Klepetac, Kelreuterija
Familie: Sapindaceae, Seifenbaumgewächse

Sommergrüne Bäume oder Sträucher mit wechselständigen, einfach oder doppelt gefiederten Blättern und gelben Blüten in großen endständigen Rispen. Fruchtkapseln sind blasenartig aufgetrieben, Samen glänzend schwarz. Insgesamt wärmebedürftige, in der Jugend etwas frostempfindliche Gehölze.

Koelreuteria paniculata Laxm.,

Blasenbaum, Blasenesche; *engl.* Golden rain tree; *franz.* Koelreuteria, Savonnier; *kroat.* Klepetac, Kelreuterija
Habitus: Locker und breitkroniger, oft schiefwüchsiger Kleinbaum oder Großstrauch, 6–8 (–15) m hoch und bis 5 m breit, in der Jugend Krone rundlich, im Alter flach gewölbt bis schirmförmig.
Rinde: Borke mit schmalen, orangefarbenen Streifen.
Blätter: Sommergrün, wechselständig, unpaarig gefiedert, bis 35 cm lang, Blättchen 7–15, eiförmig länglich, 3–8 cm lang, dunkelgrün, Austrieb leuchtend rot, Herbstfärbung gelb bis orange oder orangebraun.
Blüten: Kleine, gelbe Blüten in lockeren, aufrechten, 15–30 cm langen endständigen Blütenrispen ab Ende Juni bis Juli.
Früchte: Aufgeblasene, lampionartige, papierdünne Kapseln, anfangs grünlich, später rötlich braun gefärbt, sehr auffallend und lange am Baum haftend. Samen kugelig, schwarz, zu dreien in einer Kapsel.
Wurzel: Hauptwurzeln kräftig, fleischig, flach ausgebreitet, wenig verzweigt, empfindlich gegenüber Bodenverdichtung.
Verbreitung und Standort: China, Japan und Korea, im Unterwuchs lichter Eichen-Kiefernwälder.
Ansprüche: Sonnige Standorte, in der Jugend frostempfindlich, besonders auf nährstoffreichen Standorten, wärmbedürftig, gut hitzeverträglich, stadtklimafest, verträgt große Trockenheit; frische bis trockene Böden, ist anpassungsfähig, wächst gerne auf Kalk, meidet schwere, nasse Lehm- und Tonböden.
Allgemeines: In Japan werden aus den Samen des Blasenbaumes Rosenkränze hergestellt. Benannt

Koelreuteria paniculata

Koelreuteria paniculata

Koelreuteria paniculata

nach dem deutschen Naturwissenschaftler J. G. Koelreuter, 1733–1806.

Verwendung: Einer der wenigen gelb blühenden Bäume, wegen seiner späten Blüte im Sommer besonders wertvoll, auch die Blätter und die Früchte haben hohen Schmuckwert. Solitärbaum für Garten- und Parkanlagen, hochstämmig auch als Straßenbaum verwendbar.

Sorten: Var. *apiculata*. Wuchs etwas niedriger, Blätter bis 40 cm lang, im mittleren Bereich doppelt gefiedert. 'Fastigiata': Wuchs schmal säulenförmig, bis 8 m hoch und 1 m breit, blüht nur wenig. 'September Gold': Blüht erst im September–Oktober, rötliche Fruchtkapseln.

Weitere Art:

Koelreuteria bipinnata Franch. Bis 5 m hoher Baum mit bis zu 50 cm langen, doppelt gefiederten Blättern. Heimat Südwest-China.

Laburnum Goldregen

Goldregen; *engl.* Bean tree, Golden Rain; *franz.* Aubour cytise, Cytise aubour, Faux-ébénier, Laburne; *ital.* Laburno, Maggiociondolo; *span.* Laburno; *kroat.* Negnjil, Zanovijet
Familie: Fabaceae, Schmetterlingsblütler

Sommergrüne, straff aufrechte oder trichterförmige Bäume oder Sträucher mit wechselständigen, 3-zähligen Blättern und gelben Blüten in langen, schlaff hängenden Trauben. Alle Pflanzenteile sind giftig.

Laburnum alpinum Fabr.

Alpen-Goldregen; *engl.* Scotch laburnum; *franz.* Cytise des Alpes; *ital.* Laburno di monte; *span.* Codeso d los Alpes; *kroat.* Planinski negnjil, Gorska zanovijet
Habitus: Straff aufrecht wachsender Großstrauch oder kleiner Baum, 3–5 m hoch und bis 4 m breit.
Rinde: Grau und glatt.
Blätter: Sommergrün, wechselständig, 3-zählig, die Fiederblättchen elliptisch-länglich, 4–7 cm lang, hellgrün.
Blüten: Schmetterlingsblüten in dichten, 20–30 cm langen, hängenden Trauben, kahl, duftend(!), einzelne Blüten 2 cm groß, gelb, im Juni.
Früchte: Fruchthülsen bis 6 cm lang, mehrsamig, messerartig gekielt.
Wurzel: Fleischig, wenig verzweigt, nicht tiefreichend.
Verbreitung und Standort: Südeuropa, in Bergwäldern, Waldränder, offene Gebüsche und Hecken.
Ansprüche: Keine besonderen Ansprüche, Kalk bevorzugend.
Allgemeines: Alle Pflanzenteile sind sehr giftig, sie enthalten das Alkaloid Cytisin. Der Alpen-Goldregen wird vom Weidevieh nicht verbissen und tritt deshalb an seinen Naturstandorten häufig als Weide-Unkraut auf.
Verwendung: Selten in Verwendung, wird bei Rekultivierungsmaßnahmen gepflanzt.

Laburnum anagyroides Med.

Gewöhnlicher Goldregen, Bohnenbaum, Kleebaum; *engl.* Common laburnum, Golden rain, Golden chain; *franz.* Aubour, Faux-ébénier; *ital.* Laburno, Maggiociondolo; *span.* Laburno, Citiso, Lluvia de oro, Falso ébano; *kroat.* Obicni negnjil, Obicna zanovijet
Habitus: Straff aufrecht wachsender Großstrauch oder kleiner Baum, 5–7 m hoch und bis 4 m breit, Baum mit trichterförmig gestellten Grundästen und locker ausgebreiteten, überhängenden Seitenästen. Dieser Goldregen kann 150 Jahre alt werden.
Rinde: Grau und glatt.

Laburnum anagyroides

Blätter: Sommergrün, wechselständig, 3-zählig, die Fiederblättchen elliptisch-länglich, 3–8 cm lang.

Blüten: Schmetterlingsblüten, hellgelb, in lockeren, 10–15 (–30) cm langen, behaarten, bogig überhängenden Trauben, nicht duftend(!), Mai bis Anfang Juni.

Früchte: Seidig behaarte, bis 8 cm lange, mehrsamige Fruchthülsen, giftig(!).

Verbreitung und Standort: Südeuropa, in Süddeutschland eingebürgert, in lichten Eichen- und Kiefernwäldern, seltener Buchenwäldern, an sonnig-warmen Hängen, auf mäßig trockenen, nährstoffreichen, meist kalkhaltigen Böden. In den Karstwäldern gemeinsam mit dem Perückenstrauch, Blasenstrauch, Seidelbast, Blumen-Esche, Französischem Ahorn, Flaum-Eiche, Mehlbeere und Hopfenbuche.

Ansprüche: Keine besonderen Ansprüche, trockener bis frischer, mittelschwerer, anlehmiger Boden schwach sauer bis kalkhaltiger Boden, Kalk bevorzugend; sehr anpassungsfähig an Bodenverhältnisse. Gut frosthart und stadtklimafest, zeitweilige Trockenheit gut ertragend. Sonnige bis halbschattige Standorte.

Allgemeines: Alle Pflanzenteile sind sehr giftig, sie enthalten das Alkaloid Cytisin, das besonders in den Samen konzentriert vorkommt. Bei Kindern können schon zwei Samen starke Vergiftungen hervorrufen. Der Gewöhnliche Goldregen wird gerne vom Wild verbissen. Rückschnitt ins alte Holz nicht möglich, Pflanzen regenerieren sich nicht mehr.

Verwendung: Bekanntes, häufig verwendetes Blütengehölz für Einzelstellung und Gruppenpflanzungen in Park und Garten.

Nutzung: Das Holz des Goldregens besitzt einen schmalen Splint- und einen breiten Kernanteil. Die Farbe variiert von gelb bis schokoladebraun. Es ist schwer, hart, sehr gut polierfähig und wird für feine Drechslerarbeiten verwendet sowie zu Maßstäben und Musikinstrumenten verarbeitet; früher wurden daraus Armbrustbögen gefertigt. Den Bast nahm man zum Anbinden der Weinreben.

Weitere Sorten und Arten:

Es gibt auch gelblaubige Sorten und Hängeformen.

Laburnum × watereri 'Vossii' (G. Kirchn.) Dippel, (*L. alpinum* × *L. anagyroides*). 5–6 m hoher Baum oder Strauch, ähnlich *L. alpinum*, Blüten gelb, duftend, in bis zu 50 cm langen Trauben, im Mai–Juni. In englischen Gärten werden aus dieser Sorte gelegentlich sehr spektakuläre Laubengänge gebaut. 'Alford's Weeping'. Sorte mit langen, hängenden Zweigen.

+ Laburnocytisus adamii (Poit.) C. K. Schneider (*Cytisus purpureus* × *Laburnum anagyroides*), Geißklee-Goldregen. Ist aus einer Veredlung von *Cytisus purpureus* auf *Laburnum anagyroides* entstanden, so genannte Periklinachimäre. Habitus einem *L. anagyroides* ähnlich, aber Blüten gelb und überwiegend hell purpurn in hängenden Trauben, daneben auch ginsterähnliche Verzweigungen mit roten *Cytisus*-Blüten.

Laburnum anagyroides

Laburnum × watereri 'Vossii'

+ Laburnocytisus adamii

Liquidambar Amberbaum

Amberbaum; *engl.* Sweet gum; *franz.* Copalme; *ital.* Nocino; *kroat.* Likvidambar, Storac
Familie: Hamamelidaceae, Zaubernussgewächse

Hohe sommergrüne Bäume, Zweige oft mit Korkleisten, mit wechselständigen, handförmig gelappten Blättern, weibliche Blüten in hängenden Köpfchen, Fruchtkapseln in 2–3 cm dicken, kugeligen, hängenden Köpfchen.

Liquidambar styraciflua L.

Amerikanischer Amberbaum; *engl.* American sweet gum, Red gum; *franz.* Copalme d'Amérique; *ital.* Nocino d'Americano; *kroat.* Americki likvidambar, Storac
Habitus: Mittelgroßer bis großer Baum von 10–20 (–30) m Höhe mit geradem, durchgehendem Leittrieb, in de Jugend kegelförmiger Kronenaufbau, später mehr rundliche und zuletzt offene Krone mit starken, ausgebreiteten Ästen, etwa 6–12 m breit. In der Jugend langsam wachsend, später stärkerwüchsig, insbesondere auf tiefgründigen, feuchten Böden.
Rinde: Borke grau bis dunkelgraubraun, längsrissig mit Querstegen, 1-jährige Triebe grün bis bräunlich, später graubraun und mehr oder weniger stark mit Korkleisten besetzt.
Blätter: Sommergrün, wechselständig, ahornähnlich, oberseits dunkelgrün und etwas glänzend, unterseits mattgrün; prächtige Herbstfärbung, tiefpurpur, violettbraun, gelborange, scharlachrot und weinrot.
Blüten: 1-häusig, männliche Blüten in grünen, endständigen, aufrechten, 5–7 cm langen Ähren, weibliche Blüten in hängenden, langgestielten kugeligen Köpfchen; Blütezeit Mai.
Früchte: Kugelig, aus zahlreichen verholzten Kapseln zusammengesetzt, etwa 2,5–3 cm dick, an langen Stielen, an die Fruchtstände der Platanen erinnernd, bleiben oft bis spät in den Winter hinein am Baum.
Wurzel: Herzwurzelsystem mit Pfahlwurzel, sehr weit streichend, benötigt viel Raum, gegen Bodenverdichtung empfindlich, verträgt Überschwemmungen.
Verbreitung und Standort: Südöstliches Nordamerika, im Norden bis Süd-Illiniois, westlich bis Ost-Texas, südlich bis Mittel-Florida sowie in Mexiko und Guatemala; in den Appalachen in Höhen bis 1400 m, meist auf feuchten Böden in Tälern, Uferwäldern, auf Hängen in Laubmischwäldern und als Pioniergehölz auf alten, nicht mehr bewirtschafteten Ländereien.
Ansprüche: Vollsonniger Standort zum Ausfärben im Herbst sowie zur Ausreifung der Triebe wichtig, frische bis feuchte, nährstoffreiche, durchlässige Böden, sauer bis neutral, kalkmeidend, bei höherem Kalkgehalt tritt Chlorose auf(!). Junge Pflanzen sind frostempfindlich, auch bei älteren Pflanzen können in sehr strengen Wintern Knospen der 1-jährigen Triebe erfrieren, auf nicht zu nährstoffreichen Böden früher Triebabschluss und bessere Ausreife, wärmeliebend, benötigt großen, offenen Wurzelraum. Sollte nur im Frühjahr gepflanzt werden.

Liquidambar styraciflua

Liquidambar styraciflua

Liquidambar styraciflua

Liquidambar orientalis

Allgemeines: Der Amberbaum gehörte gemeinsam mit dem Ginkgo, Sumpfzypressen und Magnolien zur tertiären Flora, war also ursprünglich auch bei uns in Mitteleuropa heimisch.

Verwendung: Wegen seiner außergewöhnlichen Herbstfärbung prachtvoller Solitärbaum in Gärten und Parkanlagen. Als Straßenbaum nur bei entsprechenden Bodenverhältnissen und nicht im innerstädtischen Bereich verwendbar. Auch sehr schön gemeinsam mit anderen herbstfärbenden Baumarten wie Tulpenbaum, Ginkgo, Feld-Ahorn, Rot-Ahorn oder Tupelobaum.

Nutzung: Das weiche, doch zähe Holz lässt sich vielseitig verwenden, eine Zeit lang war es in Amerika sogar eines der wichtigsten Nutzhölzer neben Eiche und Ahorn. Das hochwertige, gut polier- und färbbare Kernholz bildet sich erst in Bäumen über 60 Jahren.

Furniere wurden unter der Bezeichnung Nuss-Satinholz zu Zigarrenkisten und Beerenkörben verarbeitet, auch wurden die amerikanischen Trockenfässer aus deren Holz hergestellt. Es ist Bau-, Sperr- und Möbelholz und wird auch als Resonanzholz im Musikinstrumentenbau verwendet. Im Holzhandel unterscheidet man zwischen „red gum" (Kernholz) und „sap gum" (Splintholz.); aus Liquidambar-Zellstoff lässt sich ein gutes, weißes Papier hoher Qualität herstellen.

Das Harz, der amerikanische Storax, Sweet Gum oder Red Gum genannt, war einst Bestandteil des Kaugummis. Außerdem hat es pharmazeutische Bedeutung als Mittel gegen Halsschmerzen, Diarrhoe und Ruhr. Storax fügte man schon im Aztekenreich dem Tabak als Geschmackskomponente hinzu. Den Balsam gewinnt man im Frühjahr durch partielles Schälen des Stammes, diese Prozedur lässt sich alle 3 bis 5 Jahre wiederholen.

Liquidambar styraciflua 'Silver King'

Sorten: Es gibt zahlreiche Sorten, die sich in der Herbstfärbung unterscheiden ('Burgundy', 'Palo Alto'), weißlich bis gelb panaschierte Blätter aufweisen ('Aurora', 'Silver King', 'Variegata'), aber auch Sorten mit etwas abweichender Blattform ('Rotundiloba', 'Worplesdon') befinden sich darunter, 'Moraine' ist eine besonders frostharte Sorte.

Weitere Arten:

Liquidambar formosana Hance, Formosa-Amberbaum. 20–40 m hoher, geradschaftiger Baum mit 15 cm breiten, 3-lappigen Blättern, die gelegentlich 2 sekundäre Basallappen aufweisen, im Austrieb kupferfarben, im Herbst weinrot. Heimat China und Taiwan.

Liquidambar orientalis Mill., Orientalischer Amberbaum. Bis 20 m hoher Baum, aber oft niedrig bleibend, Herbstfärbung nicht so auffällig, Heimat südliches Kleinasien und Syrien. Die Bäume liefern den flüssigen Storax (Storax liquidus), dieser wird medizinisch verwendet und zur Herstellung von Parfümen und Weihrauch verwendet.

Liriodendron Tulpenbaum

Tulpenbaum; *engl.* Tulip tree; *franz.* Tulipier; *ital.* Tulipifero; *span.* Tulipífero de Virginia; *kroat.* Tulipanovac
Familie: Magnoliaceae, Magnoliengewächse

Hohe sommergrüne Bäume, mit tief netzförmiger Borke, wechselständigen, 4–6-lappigen Blättern, großen glockenförmigen Tulpenblüten und zapfenähnlichen, jedoch zerfallenden, leicht verholzenden Fruchtständen. Art im östlichen Nordamerika und 1 Art in China.

Liriodendron tulipifera L.

Amerikanischer Tulpenbaum, *engl.* Tulip tree, Tulip polar, Yellow poplar, Canary whitewood; *franz.* Tulipier de Virginie; *ital.* Tulipifero americano; *span.* Tulipífero de Virginia, Tulipífero americano, Tulipia; *kroat.* Americki tulipanovac, Tulipovac

Habitus: Hoher, mächtiger Baum mit schlankem, geraden Stamm und pyramidaler, im Alter hoch aufgewölbter Krone, gelegentlich mit unregelmäßig ansetzenden, mächtigen Seitenästen, Zweige im unteren Kronenbereich oft tief überhängend, 25–35 m hoch und 15–20 m breit; raschwüchsig. Kann 500 bis 700 Jahre alt werden.

Rinde: Borke dunkelgrau, mit regelmäßigem, tiefrissigem rautenförmigen Muster.

Knospen: Entenschnabelförmig, 6–10 mm lang, dunkel weinrot bis violett, im Schatten oft grünlich, etwas weißlich bereift.

Blätter: Sommergrün, wechselständig, auffallende, ungewöhnlich Blattform, im Umriss fast 4-eckig, jeweils mit einem sattelförmigen Mittellappen und 2 großen, geschwungenen Seitenlappen, frischgrün; prachtvolle goldgelbe Herbstfärbung.

Blüten: In Form und Größe einer Tulpenblüte ähnlich, schwefelgelb bis gelbgrün, innen an der Basis der 6 Kronblätter orangefarbene Saftmale, zahlreiche große Staubblätter, Blütezeit Ende Mai bis Juni.

Liriodendron tulipifera

Liriodendron tulipifera

Liriodendron tulipifera

Früchte: In aufrechten, spindelartigen, 6–7 cm langen zapfenähnlichen Fruchtständen, die zur Reifezeit zerfallen.

Wurzel: Herzwurzelsystem, fleischig, weit ausgebreitet, benötigt großen Wurzelraum, unverträglich gegenüber Bodenverdichtung, verträgt keine Einschüttungen oder Einpflastern.

Verbreitung und Standort: Östliches Nordamerika; auf gut durchfeuchteten, gut durchlässigen Böden, oft in Tälern und an sickerfeuchten Hängen, in artenreichen, sommergrünen Mischwäldern häufig, auch in Reinbeständen anzutreffen.

Ansprüche: Sonniger Standort, wärmebedürftig, frosthart aber spätfrostgefährdet, windbruchgefährdet: bevorzugt nähstoffreiche, tiefgründige, frische bis feuchte, gut drainierte Böden, sauer bis leicht alkalisch, gedeiht aber auch noch auf trockeneren Standorten, salzempfindlich.

Allgemeines: Das Wort Liriodendron stammt aus dem Griechischen und setzt sich aus „leirion“ = Lilie und „dendron“ = Baum zusammen.

Verwendung: Der Tulpenbaum ist einer der stattlichsten Bäume für große Gärten und Parkanlagen, meist in Einzelstellung, aber auch in kleinen Gruppen angepflanzt, effektvolle Wirkung besonders in Kombination mit rotfärbenden Baumarten wie Rot-Ahorn, Rot-Eiche, Eisenholzbaum und Tupelobaum.

Nutzung: War früher wichtiger Nutzholzbaum, man konnte bis zu 60 cm breite und 5 m lange astfreie Bretter daraus gewinnen. Heute werden daraus noch Pianos und Kirchenorgeln sowie Außen- und Innenverschalungen gefertigt. Daneben wurde es noch als Sperrholz für feine Kisten, für Autos und Drechslerwaren, Küchen- und Handwerksgeräte sowie für Särge verwendet. Auch für die Herstellung von Bleistiften, Zündhölzern und als Ausgangsstoff für die Papierproduktion wurde es genutzt. Die frühen Siedler bauten aus einem einzigen Stamm lange, sehr leichte Kanus.

Sorten: 'Fastigiatum', Säulen-Tulpenbaum: Straff aufrechter Wuchs bei 15–20 m Höhe, Krone kegelförmig, im Alter mitunter unregelmäßig. 'Aureomarginatum': Im Wuchs schwächer, Blätter mit breitem, gelben Blattrand, besonders zur Zeit des Laubaustriebs auffällig, im Sommer grünlich verfärbt. Es gibt auch noch weitere Sorten mit panaschierten Blättern und solche mit abweichender Blattform.

Weitere Art:

Liriodendron chinense (Hemsl.) Sarg.; Chinesischer Tulpenbaum. Etwa 15 m hoher Baum mit größeren Blättern als *L. tulipifera*, tiefer gelappt und nur 1 paar Basallappen, Blüten kleiner, nur 3–4 cm groß, grünlich, unterseits mit gelben Adern, Staubblätter kürzer. Heimat Mittelchina, Indochina.

Liriodendron tulipifera 'Fastigiatum'

Liriodendron tulipifera 'Aureomarginatum'

Maclura Osagedorn

Osagedorn; *engl.* Osage orange; *franz.* Oranger des osages; *ital.* Maclura; *kroat.* Maklura
Familie: Moraceae, Maulbeergewächse

Sommergrüne, milchsaftführende Bäume oder Sträucher, mit dornigen Zweigen, wechselständigen Blättern, 2-häusigen Blüten und kugeligen Fruchtständen (Sammelfrüchten) von 8–14 cm Durchmesser. Es gibt 12 Arten in den warmen Regionen von Amerika, Afrika und Asien.

Maclura pomifera (Raf.) C. K. Schneid.

Osagedorn, Indianer-Orange, Milch-Orange, Osage-Orange; *engl.* Osage orange, Bowdark, Bowwood, Hedge apple, Horse apple; *franz.* Oranger des osages; *ital.* Maclura; *kroat.* Americka maklura
(Syn.: *Maclura aurantiaca*)

Habitus: Kleiner Baum, 8–10 (–20) m hoch, Krone unregelmäßig, Zweige mit bis zu 3 cm langen Dornen.

Rinde: Borke tief gefurcht, orangebraun, Triebe anfangs behaart, später kahl, orangebraun.

Knospen: Etwa 2 mm, oft an der Basis eines Triebdornes.

Maclura pomifera

Maclura pomifera

Blätter: Sommergrün, wechselständig, eiförmig bis eiförmig lanzettlich, zugespitzt, Blattspitze oft lang ausgezogen, 5–12 cm lang, oberseits dunkelgrün glänzend, unterseits blassgrün, Milchsaft führend.

Blüten: Unscheinbar, 2-häusig, männliche Blüten in kurzen Ähren, weibliche Blüten in dichten, kugeligen Köpfchen, 2,5–3 cm dick, im Mai–Juni.

Früchte: Orangenartige, zusammengesetzte Sammelfrucht, 5–10 (–15) cm dick, gelbgrün, mit Milchsaft.

Verbreitung und Standort: In Amerika von Arkansas bis Texas, im östlichen Nordamerika eingebürgert. Wächst auf guten, durchfeuchteten Böden in Flusstälern.

Ansprüche: Sonnige bis lichtschattige Standorte, anpassungsfähig an unterschiedliche Bodenarten, auch Trockenheit, Hitze, Windeinwirkung und Luftverschmutzung in den Städten gut vertragend.

Allgemeines: Die Gattung ist nach dem amerikanischen Geologen und Naturforscher William Maclure, 1763–1840, benannt. Wurde vor der Einführung des Stacheldrahtes als Einzäunung verwendet; der Name „Bodark“ stammt aus dem französischen „bois d'arc“ = Bogenholz. Es ist auf die Osage-Indianer zurückzuführen, die dieses Holz früher zur Bogenherstellung benutzten.

Verwendung: Als Einzelbaum in Parkanlagen, für dichte, undurchdringliche Hecken.

Nutzung: *Maclura pomifera* lieferte das sagenhafte Bogenholz und Tomahawkholz der Osage-Indiander. Das fäulnisresistente Holz ist schwer zu bearbeiten, früher wurde es für Zaunpfähle verwendet. Für Eisenbahnschwellen und sogar als Straßenpflaster sowie zum Brückenbau nutzte man es. Den frühen Siedlern diente es als Wagnerholz, für Axtstiele und Tabakpfeifen wurde es verwendet, sie gewannen aus der Wurzelrinde einen gelben Farbstoff zum Färben von Textilien; die orangenartige, fleischige Frucht wurde als Lebensmittel gegessen, was zu dem ebenfalls gebräuchlichen Namen „Pferdeapfel“ geführt hat.

Maclura pomifera

Magnolia Magnolie

Magnolie; *engl.* Magnolia; *franz.* Magnolia, Magnolier; *ital.* Magnolia; *span.* Magnolia; *kroat.* Magnolija
Familie: Magnoliaceae, Magnoliengewächse

Sommergrüne oder immergrüne Bäume oder Sträucher mit großen, grau oder grün behaarten Winterknospen, einfachen, wechselständigen Blätter und meist sehr großen, tulpenähnlichen Blüten; zapfenartige Fruchtstände mit bis zu 1 cm großen Samen, diese sind von rotem, fleischigen Samenmantel (Arillus) umgeben, oft an einem Faden aus der Frucht heraushängend. Magnolien sind uralte Bedecktsamer, die während der Kreidezeit und im Tertiär auch in Mitteleuropa heimisch waren. Weisen primitive Entwicklungsstufe auf; Blütenblätter werden nicht in Kelch- und Kronblätter untergliedert, sondern bestehen aus gleichartigen „Tepalen". Blüten werden vorwiegend von Käfern und Hautflügler bestäubt, die Verbreitung der Samen erfolgt vorwiegend durch Vögel. Magnolien sind heute in Amerika und Ostasien beheimatet, die Gattung umfasst etwa 80 Arten. Benannt sind sie nach dem französischen Arzt und Botaniker Pierre Magnol, 1638–1715.

Magnolia acuminata var. acuminata (L.) L.

Blaue Gurken-Magnolie, Gurken-Magnolie; *engl.* Cucumber tree; *franz.* Arbre aux concombres, Magnolia á feuilles acuminèe; *ital.* Magnolia; *kroat.* Usiljena magnolija

Habitus: Großer, breitkroniger, ausladender Baum von 15–20 (–35) m Höhe, raschwüchsiger Baum.

Rinde: Borke gefurcht, hellbraun bis grau.

Magnolia acuminata

Blätter: Sommergrün, wechselständig, 12–24 cm lang, eiförmig bis länglich, oberseits dunkelgrün, unterseits hellgrün und weich behaart; Herbstfärbung lederbraun.

Blüten: Sitzen am Ende oft kurzer Triebe, gelblich oder grünlich gelb, oft blau überhaucht, glockig, mit 9 6–9 cm langen Blütenblättern (Tepalen); Blütezeit Ende Mai bis Juni.

Früchte: 5–8 cm lange, walzenförmige, oft asymmetrische Zapfen (Sammelfrucht)

Wurzel: Wurzeln wenig verzweigt, fleischig, liegen flach im Oberbodenbereich, sehr empfindlich gegen Eingriffe.

Verbreitung und Standort: Südliches Ontario bis westliches New York, südlich bis nordwestliches Florida, westlich bis Louisiana; wächst meist in Mischwäldern, an Berghängen und in Tälern.

Ansprüche: Sonniger Standort, tiefgründige, frische bis feuchte, nahrhafte Böden, gut winterhart.

Allgemeines: Der Name „Gurken-Magnolie" bezieht sich auf die gurkenähnlichen Fruchtstände.

Verwendung: Prächtiger Parkbaum mit gesunder Belaubung.

Nutzung: Das Holz lässt sich leicht bearbeiten und reißt nicht, es ist dem Holz des Tulpenbaumes ähnlich, nur schwerer. Die Stämme wurden früher zu

Magnolia acuminata

Wasserleitungsrohren und Trägern verwendet. Das Holz wird auch zur Herstellung billiger Möbel verwendet, verschiedene Tischlereierzeugnisse und Einrichtungsgegenstände, Jalousien, Inneneinrichtungen, Fensterrahmen und Türen, Fußböden, Lattenverschläge, Kisten und Tröge werden ebenfalls daraus gefertigt. Auch als Unterlage für die Veredlung anderer Magnolien-Arten in Verwendung

Sorte: 'Koban Dori': Sorte der *M. acuminata*-Gruppe, Blüten rein hellgelb, mittelgroß, Blätter sind hellgrün und kleiner als bei anderen *M. acuminata*-Sorten.

Weitere Arten:

M. acuminata var. **subcordata**, Gelbe Gurken-Magnolie, *engl.* Yellow cucumber tree: 5–7 m hoher, kleinkroniger Baum mit dicht seidig behaarten Trieben, 8–15 cm langen Blättern und schwach duftenden, kanariengelben, 4–5 cm großen, glockigen Blüten im Mai–Juni.

Magnolia × **brooklynensis** (*M. acuminata* × *M. liliiflora*). Zu diesen Hybriden zählen die gelbblühenden Sorten. 'Yellow Bird': Ist eine Hybride von *M. acuminata* var. *subcordata* mit 'Evamaria', wächst stark mit aufrechten Zweigen, blüht viele Wochen hindurch, Blüten sind rein groß und gelb, anfangs außen mit einem grünen Hauch, blüht 1–2 Wochen vor 'Elizabeth'. 'Elizabeth': Entstammt einer Kreuzung von *M. acuminata* × *M. denudata*, wächst kegelförmig, buschig aufrecht, Blüten erscheinen vor den Blättern, die sich während der Hauptblüte entfalten; Blüten sind hellgelb bis gelblich weiß, etwa 10 cm groß, offene Blüten bis 18 cm breit.

Magnolia denudata Desr.

Yulan-Magnolie, Lilien-Magnolie; *engl.* Lily tree, Yulan; *franz.* Magnolia dénudé; *ital.* Yulan magnolia; *kroat.* Julanska magnolija

Habitus: Kleiner bis mittelgroßer Baum bis 15 m Wuchshöhe mit breit kegelförmiger, im Alter rundlich-ovaler Krone.

Rinde: Glatte, graue Borke.

Blätter: Sommergrün, wechselständig, 10–15 cm lang, verkehrt eiförmig bis länglich, kurz zugespitzt, Basis abgerundet oder keilförmig.

Blüten: Reinweiß, glockig, später breit schalenförmig, 10–15 cm breit, duftend, 9 gleichartige Blütenblätter (Tepalen), dick fleischig, vor dem Laubaustrieb im März–April.

Früchte: Zylindrische, zapfenartige, 8–12 cm lange, braune Sammelfrüchte.

Verbreitung und Standort: Mittelchina.

Ansprüche: Sonnige bis lichtschattige Standorte, nährstoffreiche, saure bis neutrale Böden, mäßig feucht bis mäßig trocken, Blüten sind spätfrostgefährdet.

Allgemeines: *M. denudata* ist ein Elternteil der bekannten *M.* × *soulangiana*-Hybriden.

Magnolia acuminata var. subcordata

Magnolia denudata

Magnolia denudata

Magnolia grandiflora

Magnolia grandiflora

Verwendung: Prächtiger Solitärbaum in Parks und Gärten.

Magnolia grandiflora Desr.

Immergrüne Magnolie, Großblütige Magnolie; *engl.* Bull Bay, Evergreen magnolia, Southern magnolia; *franz.* Magnolia à grandes fleurs, Magnolia d' Amerique; *ital.* Magnolia americana; *span.* Magnolia común, Magnolia grandiflora; *kroat.* Velecvjetna magnolija

Habitus: Mittelgroßer Baum von 10–15 (–25) m Höhe und regelmäßig kegelförmiger, geschlossener Krone.

Rinde: Borke dunkelgrau, etwas abschuppend, Triebe rostbraun filzig.

Blätter: Immergrün, wechselständig, derb ledrig, 12–20 cm lang, verkehrt länglich eiförmig oder elliptisch, oberseits glänzend, unterseits rostbraun kurzfilzig.

Blüten: Weiß, schalenförmig, duftend, 15–20 cm breit, Tepalen 9–12, fleischig, Staubblätter purpurn; Mai–August.

Früchte: Eiförmige, zapfenartige Sammelfrucht, 7–10 cm lang, braunfilzig.

Wurzel: Wurzeln wenig verzweigt, fleischig, liegen flach im Oberbodenbereich, sehr empfindlich gegen Eingriffe.

Verbreitung und Standort: Südosten der USA, in Mischwäldern, auf gutem, feuchten Boden. Charakteristischer Waldbaum in Gesellschaft von Wasser- und Weideneiche, Tupelobäumen und Amberbaum.

Ansprüche: Sonnige bis lichtschattige Standorte, sehr wärmebedürftig, nur frostharte Selektionen in Mitteleuropa an geschützten Standorten winterhart, bei Temperaturen von –14 °C werden Blätter bereits geschädigt; nährstoffreiche, saure bis neutrale Böden, mäßig feucht bis mäßig trocken.

Allgemeines: Lässt sich gut schneiden und formieren.

Verwendung: Prächtiger Parkbaum und für Gärten, nur in wärmeren Klimagebieten verwendbar.

Nutzung: Brennholz, zur Möbelherstellung, zur Anfertigung von Kisten und Jalousien sowie als Sperrholz. Weil Farben und Lacke besonders gut haften, wird es gerne für die Fabrikation französischer Stilmöbel herangezogen. Aus Blättern und Früchten sowie aus der Borke und dem Holz werden phenolische Stoffe für die pharmazeutische Industrie gewonnen.

Sorten: Es gibt zahlreiche Sorten mit besserer Winterhärte: 'Galossonière': Wuchs kegelförmig, Blätter unterseits rötlich braunfilzig, Blüten sehr groß. Weitere gut winterharte Sorten: 'Edith Bogue'; 'Spring Grove', 'Victoria' und '24 Below'.

Magnolia kobus DC.

Kobushi-Magnolie, Japanische Baum-Magnolie; *engl.* Kobus magnolia; *franz.* Magnolia de Kobé; *ital.* Magnolia; *span.* Magnolia kobus, Magnolia del Norte del Japón; *kroat.* Kobusi-magnolija

Habitus: Kleiner Baum oder baumartiger Großstrauch, bis 10 m (in der Heimat bis 20 m) hoch und 4–8 m breit, anfangs kegelförmige, später mehr breitrundliche Krone, mittelstark wachsend.

Rinde: Glatte, graue Borke.

Knospen: Blütenknospen hellgrau bis silbrig grün, dicht samtig anliegend oder etwas zottig behaart.

Blätter: Sommergrün, wechselständig, verkehrt eiförmig, mittelgrün, Herbstfärbung gelblich.

Blüten: Vor den Laubaustrieb, weit geöffnete, etwa 10 cm große, weiße Blüten die aus 6 (–9) Blütenblättern bestehen, gelegentlich am Blütengrund schwach rosa überlaufen; sehr reich blühend, Mitte bis Ende April.

Magnolia kobus

Magnolia kobus

Magnolia liliiflora 'Nigra'

Magnolia liliiflora 'Nigra'

Früchte: Walzenförmige, rötliche Sammelfrucht.

Wurzel: Fleischig, Hauptwurzeln kräftig, flach und tief ausgebreitet, empfindlich.

Verbreitung und Standort: Japan; Hokkaido, Honshu, Shikoku, Kyushu, in der Ebene, aber auch in den Bergen, meist auf humusreichen, feuchten Böden.

Ansprüche: Sonne bis lichter Schatten, geschützte Lage wegen Spätfrostgefahr vorteilhaft; bevorzugt tiefgründige, lockere, frische bis feuchte, nährstoffreiche und humose Böden, sauer bis schwach alkalisch, ansonsten anpassungsfähig; ist die frosthärteste aller asiatischen Magnolien.

Verwendung: Sehr schöner, wüchsiger und gesunder Blütenbaum für Einzelstellung in mittelgroßen Gärten und Parkanlagen. Gut mit Zierkirschen und Zwiebelpflanzen (Narzissen, Blausternchen etc.) sowie mit Eriken zu kombinieren; auch gemeinsam mit Rhododendren sehr attraktiv.

Nutzung: Samen werden von verschiedenen Vogelarten und Kleinsäugern gefressen.

Sorte: 'Borealis': Wuchs stärker als bei der Art, kommt erst spät zur Blüte, stammt aus Japan und Korea.

Magnolia liliiflora Desr.

Purpur-Magnolie; *engl.* Purple magnolia; *franz.* Magnolia pourpre; *ital.* Magnolia; *kroat.* Purpurea magnolija

Habitus: Breit aufrechter, oft vielstämmiger Großstrauch, selten baumförmig, bis 4 m hoch, langsam wachsend.

Rinde: Glatte, graue Borke.

Blätter: Sommergrün, wechselständig, verkehrt eiförmig, 10–15 cm lang, dunkelgrün, besonders anfangs glänzend.

Blüten: Erscheinen zugleich mit den Blättern, es sind schmal vasenförmige, 10–12 cm lange und 5 cm breite Blüten, außen rubinrot bis magenta, innen weißlich mit zart hellgraulila; Blütezeit Ende April bis Anfang Mai, mit Nachblüte bis Mitte Juni.

Früchte: Bis 5 cm lange, braune, zapfenähnliche Sammelfrüchte.

Wurzel: Fleischig, Hauptwurzeln kräftig, flach und tief ausgebreitet, empfindlich.

Verbreitung und Standort: Mittelchina.

Ansprüche: Sonne bis lichter Schatten; bevorzugt humose, gleichmäßig frische bis feuchte, lockere, durchlässige und nährstoffreiche Böden, sauer bis neutral, etwas kalktolerant; frosthart, insgesamt widerstandsfähiger als andere strauchförmige Magnolien-Arten der *M.* × *soulangiana*-Gruppe.

Allgemeines: *M. liliiflora* ist ein Elternteil der bekannten *M.* × *soulangiana*-Hybriden.

Verwendung: Sehr attraktive Magnolie, wegen des kompakten und strauchförmigen Wuchses auch für kleinere Gärten interessant, auch für spätfrostgefährdete Gebiete.

Sorte: 'Nigra' (Syn.: *M.* × *soulangiana* 'Nigra'): Wuchs kompakter, Blütenblätter 10–12 cm lang, außen dunkelpurpurrot, frosthärteste aller Sorten.

Magnolia × loebneri

Magnolia × loebneri Kache

Loebners Magnolie; *engl.* Loebner magnolia; *franz.* Magnolia; *ital.* Magnolia; *kroat.* Loebnerova hibridna magnolija

Habitus: Großer Strauch bis kleiner Baum, 5–7 (–9) m hoch und 4–5 (–6) m breit, mäßig starkwüchsig.

Rinde: Glatte, graue Borke.

Blätter: Sommergrün, wechselständig, verkehrt eiförmig, 10–15 cm lang, Herbstfärbung gelblich grün.

Blüten: Vor dem Laubaustrieb über den ganzen Strauch verteilt, sehr reichblühend, Einzelblüten weiß, sternförmig, 10–12 cm breit, Blütenblätter 11–16, spatelförmig, außen reinweiß oder mit schwachem lila Streifen, duftend, Blütezeit Anfang April bis Mai.

Früchte: Walzenförmige, rötliche Sammelfrucht.

Wurzel: Fleischig, Hauptwurzeln kräftig, flach und tief ausgebreitet, empfindlich.

Verbreitung und Standort: Hybride (*M. kobus* × *M. stellata*).

Ansprüche: Sonne, geschützte Lage wegen Spätfrostgefahr vorteilhaft; bevorzugt tiefgründige, lockere, frische bis feuchte, nährstoffreiche und humose Böden, sauer bis schwach alkalisch.

Magnolia × loebneri 'Merill'

Magnolia × loebneri 'Leonard Messel'

Magnolia × loebneri 'Leonard Messel'

Allgemeines: In den Nymanns Garden in Sussex, England entstanden, um 1900 von Max Loebner gezüchtet.

Verwendung: Sehr schöne Gartenpflanze für Solitärstellung, gemeinsam mit Zwiebelpflanzen oder mit Stauden unterpflanzt, wirkt wesentlich graziler als die *M. × soulangiana* -Sorten.

Sorten: 'Merill': Großstrauch oder kleiner, bis 6 m hoher Baum, Blüten zahlreich, leicht gefüllt, bis zu 15 Tepalen, schimmernd weiß, duftend. 'Leonard Messel': Eine der attraktivsten Sorten, Großstrauch oder kleiner, bis 6 m hoher, breitkroniger Baum, Blüten 6 cm lang, anfangs kelchförmig, später flach ausgebreitet, außen rosa, innen fast weiß, in der Knospe dunkelpurpurn, 12 Tepalen, Blüten sind frostresistent.

Magnolia × soulangiana Soul.-Boud.

Tulpen-Magnolie; *engl.* Lenne's magnolia, Saucer magnolia; *franz.* Magnolia de Soulange; *ital.* Magnolia; *span.* Magnolia tulípera; *kroat.* Soulangeova magnolija

Habitus: Großstrauch oder kleiner, kurzstämmiger Baum, in der Jugend mit pyramidaler Krone und locker aufsteigenden Ästen, im Alter oft breiter als hoch, 4–8 m hoch.

Rinde: Glatte, graue Borke.

Knospen: Anliegend bis zottig dicht graugrün bis silbrig behaart.

Blätter: Sommergrün, wechselständig, verkehrt eiförmig oder breit elliptisch, bis 15 cm lang, hellgrün bis mittelgrün, kaum Herbstfärbung.

Blüten: Vor dem Laubaustrieb, große tulpenförmige Einzelblüten mit weißer Grundfarbe und rosavioletten Einfärbungen, besonders bei älteren Exemplaren in unglaublicher Fülle an etwas sparrigen Kurztrieben sitzend.

Früchte: Rötliche, meist gekrümmte, walzenförmige Sammelfrucht.

Wurzel: Fleischig, Hauptwurzeln kräftig, flach und tief ausgebreitet, empfindlich, zu tiefes Pflanzen wird schlecht vertragen, Wurzelbereich gegen Austrocknung mit einer Mulchschicht abdecken.

Verbreitung und Standort: Hybride (*M. denudata × M. liliiflora*).

Ansprüche: Sonnig bis lichter Schatten; tiefgründige, lockere, frische bis feuchte, nährstoffreiche und humose Böden, sauer bis neutral, bei zuviel Kalk Neigung zu Chlorose; frühe Blüte ist spätfrostempfindlich.

Allgemeines: Nach Soulange-Boudin benannt, dieser begann bereits 1820 mit der Züchtung von Magnolien, 1926 blühte die erste *M. × soulangiana* im Königlichen Gartenbauinstitut in Fromont bei Ris, in der Nähe von Paris.

Verwendung: Schöner Blütenbaum für Gärten, Innenhöfe, Teichränder, in Gärten und Parkanlagen. Eine der beliebtesten und häufigsten Magnolien unserer Gärten.

Magnolia × soulangiana 'Rustica Rubra'

Magnolia × soulangiana

Sorten: 'Alba Superba': Wuchs mittelhoch, Blüten weiß, im unteren Drittel leicht rosa getönt, früh blühend. 'Alexandrina': Wuchs stark, aufrecht, Blüten bis 12 cm, innen reinweiß, außen zartrosa, zur Basis dunkler werdend, Blüte früh, etwa 3 Wochen anhaltend. 'Lennei': Wuchs kräftig mehrstämmig, Blüten tulpenförmig, Tepalen breit und fleischig, innen weiß, außen dunkelpurpurrot, Blütezeit spät. 'Rustica Rubra': Wuchs kräftig, bis 7 m hoch, Äste ausgebreitet, Blüten bis 13 cm breit, wie bei 'Lennei', aber mehr offen becherförmig und dunkler rot gefärbt.

Magnolia × soulangiana

Magnolia tripetala

Magnolia tripetala

Magnolia campbellii

Magnolia tripetala (L.) L.

Schirm-Magnolie; *engl.* Elkwood, Umbrella magnolia; *franz.* Magnolia parasol; *ital.* Magnolia; *span.* Magnolia umbelada; *kroat.* Kisobrana magnolija

Habitus: Bis 12 m hoher Baum, meist vom Boden an mehrstämmig, Krone offen, etwas sparrig.

Rinde: Glatte, hellgraue Borke.

Blätter: Blätter sind an den Triebenden quirlartig gehäuft und schirmförmig ausgebreitet, 25–20 cm lang, verkehrt länglich-eiförmig.

Blüten: Milchweiß, unangenehm riechend, 20–25 cm lang, im Mai–Juli.

Früchte: Sammelfrüchte eiförmig zylindrisch bis konisch, 6–10 cm lang, rosarot.

Wurzel: Wurzeln wenig verzweigt, fleischig, liegen flach im Oberbodenbereich, sehr empfindlich gegen Eingriffe.

Verbreitung und Standort: Östliches Nordamerika; von Pennsylvania bis Georgia, westlich bis Mississippi, nördlich bis Indiana, auf feuchten Böden in Tälern und in Mischwäldern.

Ansprüche: Sonne bis lichter Schatten, windgeschützter Standort; gute, nährstoffreiche, durchlässige, leicht saure Böden.

Verwendung: Attraktives Blattschmuckgehölz, sollte wegen der großen Blätter windgeschützt stehen, exotisch-tropisches Flair.

Magnolia fraseri

Weitere Arten:

Magnolia campbellii Hook. f. et Thomson, Himalaja-Magnolie: Bis 30 m hoher Baum mit bis 23 cm langen elliptisch-eiförmigen Blättern, Blüten weiß bis karminrot oder rosarot, becher- oder schüsselförmig, aufrecht, zahlreich, im Februar–März; Himalaja bis China.

Magnolia fraseri Walter, Berg-Magnolie: 10–18 m hoher Baum mit breit offener Krone, oft mehrstämmig, Blätter dünn, an den Triebenden quirlartig gehäuft, 25–40 cm lang, verkehrt eiförmig, Basis tief herzförmig oder geöhrt, beiderseits hellgrün; Blüten rahmweiß, duftend, schalenförmig, 20–25 cm breit, 6–9 Tepalen, blüht im Juni; Heimat südöstliches Nordamerika.

Magnolia Gresham-Hybride

Magnolia Gresham-Hybriden: Kreuzungen aus *M. liliiflora* 'Nigra' × *M* × *soulangiana* 'Lennei Alba' und *M. veitchii*. Starkwüchsige, aufrechte, mittelgroße, ziemlich gut winterharte Bäume mit aufsteigenden oder ausladenden Ästen und großen, duftenden Blüten. Blütezeit überwiegend April–Mai. Dazu zählen Sorten wie 'Heaven Scent': Bis 12 cm große Blüten, tief purpurrot, Tepalen 9–12 sowie 'Royal Crown': Blüten bis 30 cm breit, dunkelrot bis violett, Tepalen 12, Ränder zur Vollblüte zurückgeschlagen.

Magnolia Pickard-Hybriden: Kreuzungen aus *Magnolia* × *soulangiana* 'Picture' × ?). Raschwüchsige, aufrechte Bäume mit duftenden, überwiegend tulpen- oder kelchförmigen Blüten, weiß bis rosa und weinrot, April–Mai.

Malus Apfel

Apfel; *engl.* Apple; *franz.* Pommier; *ital.* Melo; *span.* Manzano; *kroat.* Jabuka
Familie: Rosaceae, Rosengewächse

Sommergrüne, selten immergrüne, meist rundkronige, reich verzweigte Kleinbäume oder Großsträucher. Seitenzweige mitunter verdornend; Blätter wechselständig, einfach, gesägt, seltener fiedrig gelappt bis eingeschnitten. Blüten weiß bis rosa oder karmin, 1,5–5 cm, endständig an Kurztrieben in wenigblütigen Trugdolden. Apfelfrüchte meist kugelig, 0,5–10 cm dick, grün, gelb, oft rotbackig oder einfarbig rot, Fruchtfleisch saftig, Kerngehäuse pergamentartig. Etwa 35 Arten in der nördlichen Hemisphäre.

Malus sylvestris (L.) Mill.

Holz-Apfel, Wild-Apfel; *engl.* Apple, Wild crab; *franz.* Pommier sauvage; *ital.* Melo selvatico; *span.* Manzano silvestre europeo; *kroat.* Divlja jabuka

Habitus: Bis 10 m hoher Baum mit aufsteigenden oder abstehenden Ästen, Zweige oft weit überhängend, nicht blühende Seitenzweige oft in Dornen endend.

Rinde: Graubraun, längsrissig geschuppt, in unregelmäßigen Feldern abblätternd.

Blätter: Sommergrün, wechselständig, 6–9 cm lang, eiförmig zugespitzt, anfangs dicht behaart, oberseits verkahlend und glänzend.

Blüten: Weiß bis hell- oder dunkelrosa, 3–4 cm breit, im April–Mai.

Früchte: Kugelig, 2–4 cm dick, gelbgrün mit rötlicher Backe, sauer schmeckend, Fruchtreife September–Oktober.

Wurzel: Flach streichendes, reichverzweigtes Wurzelsystem.

Verbreitung und Standort: Westliches, Mittel-, Ost- und südöstliches Nordeuropa, in den Alpen bis 1100 m; in Auen-, Laubmisch- und feuchten Eichenwäldern, in Hecken und Gebüschen, auf tiefgründigen, nährstoff- und basenreichen, humosen Lehm- und Steinböden.

Ansprüche: Sonnig bis lichter Schatten, kühlfeuchte Lage, bevorzugt mäßig frische bis feuchte, humusreiche Lehmböden mit hohem Kalkgehalt.

Allgemeines: Der Holz-Apfel dürfte bereits in prähistorischer Zeit ein wichtiges Fruchtgehölz gewesen sein. War eine der wichtigsten Ausgangsformen für den Kultur-Apfel (*Malus domestica*), wahrscheinlich bereits seit der jüngeren Steinzeit Auslesen vorhanden.

Verwendung: Meist für Rekultivierungsmaßnahmen in der Landschaft, für Hecken, Gebüsche.

Nutzung: Das Holz hat einen weißen bis hellbraunen Splint und einen rötlich braunen Kern. Es ist hart, schwer und fest. Man verwendet es als Tischler- und Drechslerholz.

Weitere Arten:

Malus coronaria (L.) Mill, Kronen-Apfel. Bis 7 m hoher, breitkroniger Baum, Blätter 5–10 cm lang, länglich eiförmig, im Herbst scharlachrot, Blüten weißlich rosa, 3–4 cm breit, zu 4–6 in Büscheln. Früchte kugelig abgeflacht, bis 4 cm breit, an der Spitze gerippt, gelbgrün. Nordöstliches Nordamerika.

Malus floribunda Siebold ex van Houtte, Vielblütiger Apfel. 4–10 m hoher Baum mit dichter Krone, weit abstehenden Zweigen, Blätter 4–8 cm lang, elliptisch bis eiförmig, zugespitzt, ungelappt oder mit 2 flachen Lappen; Blüten in der Knospe tief karmin, aufgeblüht rosa, bald verblassend, 2,5–3 cm breit, Mai; Früchte kugelig, 6–8 mm dick, gelblich grün bis rot, mäßig schorfanfällig. Japan.

Malus floribunda

Malus floribunda

Malus × moerlandsii

Malus × purpurea

Malus × purpurea

Malus sargentii

Malus sargentii

Malus × moerlandsii Doorenbos, (*M.* 'Lemoine' × *M. sieboldii*). Bis 4 m hoher Strauch oder Kleinbaum, Blätter 7–11 cm lang, elliptisch bis eiförmig, im Austrieb kupferfarben bis Purpurn, später glänzend bronzegrün, an Langtrieben gelappt; Blüten wein- bis karminrot, 4–4,5 cm breit, Früchte kugelig, 1–1,5 cm dick, purpurn.

Malus × purpurea (Barbier), Rheder (M. *pumila* 'Niedzwetzkyana' × *M.* × *atrosanguinea*). Starkwüchsiger Baum oder Strauch, 6–8 m hoch, Zweige schwarzrot, Blätter 8–9 cm lang, eiförmig, spitz, an starken Langtrieben mitunter leicht gelappt, anfangs braunrot, später glänzend dunkelgrün; Blüten im Aufblühen purpurrot, bald verblassend, 3–4 cm breit, April–Mai; Früchte kugelig, 1,5–2,4 cm dick, purpurrot, lang gestielt, Kelch bleibend.

Malus sargentii Rheder, Sargents Apfel. Bis 2,5 m hoher dichtverzweigter Strauch oder kleiner Baum, Blätter 5–8 cm lang, eiförmig, zugespitzt, an Langtrieben meist 3-lappig, Herbstfärbung orangegelb, Blüten reinweiß, duftend, 2,5 cm breit, Mai. Früchte kugelig. 1 cm dick, dunkelrot, lang gestielt, oft bis zum Frühjahr haftend, wenig schorfanfällig. Nordjapan, Kurilen.

Malus sieboldii (Rheder) Fiala, Siebolds Apfel. Bis 4,5 m hoher, rundkroniger Baum mit 3–9 cm langen Blättern, diese sind eiförmig oder länglich, zugespitzt, an Langtrieben auch leicht gelappt. Blüten in der Knospe rot bis karminrot, aufgeblüht weiß, 3 cm breit, Kelch außen zottig behaart. Früchte kugelig, zahlreich, rot, 1,5 cm dick. Japan. Sorte 'Calocarpa' mit besonders lange haftenden Früchten.

Malus sieboldii 'Calocarpa'

Malus tschonoskii

Malus sieboldii 'Calocarpa'

Malus tschonoskii (Maxim.) C. K. Schneid., Woll-Apfel. Bis 12 m hoher, anfangs breit kegelförmiger Baum mit filzig behaarten Trieben. Blätter 7–12 cm lang, elliptisch bis eiförmig, anfangs filzig, später oberseits kahl und dunkelgrün, unterseits dünn filzig, Herbstfärbung intensiv orange, bis scharlachfarben. Blüten weiß, duftend, 3 cm breit, zu 2–5 in Büscheln, Mai. Früchte kugelig, 2–3 cm dick, gelblich grün mit rötlicher Backe, schorfresistent. Japan: Honshu.

Malus-Hybriden: Etwa 400 Sorten werden heute angeführt, hier einige Beispiele bekannter Sorten: Ballerina-Sorten: Säulenfömiger Baum bis 5 m, im Alter bis 3,5 m breit, Blüten in der Knospe reinweiß, geöffnet rosa. 'Evereste': 3–4 m hoher, breit kegelförmiger Baum, Blüte in der Knospe purpurrosa, später heller, Früchte kugelig bis leicht abgeflacht, 2–2,5 cm dick, orangegelb bis rot, bis spät in den Winter hinein haf-

Malus-Hybride Ballerina-Sorten

Malus-Hybride 'Evereste'

Malus-Hybride 'John Downie'

Malus-Hybride 'Professor Sprenger'

tend. 'Jown Downie': 4–5 m hoher, aufrechter, wüchsiger Baum, Knospen rosa, aufgeblüht weiß, 4 cm breit, Mai. Früchte zahlreich, auf gelbem Untergrund hell orangerot. September bis Anfang Oktober, besonders gut für die Kompottbereitung geeignet. 'Pomzai': Wuchs zwergig, bis 1,5 m hoch, sehr kompakt wachsend. Blüten hellrosa, im Verblühen weiß. Früchte gelb, mit orangefarbener Backe, 1–1,2 cm dick, lange haftend. 'Professor Sprenger': 5–6 m hoher Baum mit breit kegelförmiger Krone, Herbstfärbung goldgelb. Blüten sehr zahlreich, Knospe rosa, später reinweiß, 3 cm breit im Mai. Früchte 1,5 cm dick, kirschrot, bis Mitte Oktober haftend; sehr schorf- und mehltauresistent. 'Van Eseltine': 5–6 m hoher, aufrechter Baum, fast säulenförmig, zuletzt unregelmäßig trichterförmig, Blüten 3,5–4 cm breit, mit 13–19 Kronblättern halbgefüllt, kugelig, außen rosa mit dunkeln Schattierungen, innen weiß, im April–Mai, Früchte 1,5–1,8 cm dick, gelbgrün, wenig auffallend.

Malus-Hybride 'Pomzai'

Malus-Hybride 'Pomzai'

Malus-Hybride 'Van Eseltine'

Malus-Hybride 'Van Eseltine'

Mespilus Mispel

Mispel; *engl.* Medlar; *franz.* Néflier; *ital.* Nespolo; *span.* Níspero; *kroat.* Musmula
Familie: Rosaceae, Rosengewächse

Monotypische Gattung, war schon im antiken Griechenland als Obstbaum in Kultur.

Mespilus germanica L.

Echte Mispel; *engl.* Medlar; *franz.* Néflier commun; *ital.* Nespolo; *span.* Níspero; *kroat.* Obicna musmula, Mespula

Habitus: Breit aufrechter, sparriger Strauch oder kurzstämmiger kleiner Baum von 3–5 m Höhe; langsam wachsend.

Rinde: Zweige lange glatt bleibend, im Alter silbriggrau bis schwarzgrau, Wildform bedornt.

Blätter: Sommergrün, wechselständig, oval bis lanzettlich oder länglich eiförmig, 7–12 cm lang und 5 cm breit, oberseits stumpfgrün bis leicht glänzend, wenig behaart, unterseits hellgrün, bleibend behaart; Herbstfärbung rotbraun, gelegentlich auch leuchtend orangegelb.

Mespilus germanica

Mespilus germanica

Blüten: Weiß, einzeln am Ende kurzer Triebe stehend, 3–4 (–5) cm breit, im Mai–Juni.

Früchte: Birnenförmige bis kreiselförmige, 2–4 cm große, braune Frucht, Schale etwas filzig, korkig, Frucht essbar.

Verbreitung und Standort: Südeuropa, Kaukasus und Nordiran; in Mitteleuropa eingebürgert oder verwildert; in Gebüschen, Hecken, an sonnigen Waldrändern und an Wegen, in der Heimat im Unterwuchs der Wälder, oft gemeinsam mit Flaum-Eichen, Hopfenbuche, Kornelkirschen, etc. vorkommend; auf mäßig trockenen bis frischen, nährstoffreichen, lockeren, humosen, oft steinigen Lehmböden in sommerwarmer Lage.

Ansprüche: Sonnig bis Halbschattig, warme Lage; mäßig trockene bis mäßig feuchte, nährstoffreiche, tiefgründige Böden, kalkhaltige Lehmböden werden bevorzugt; ausreichend frosthart, verträgt sommerliche Hitzeperioden sehr gut, wärmeliebendes Gehölz, stadtklimafest.

Allgemeines: Die Früchte werden erst nach Frosteinwirkung teigig, weich und süß und können dann verzehrt oder verarbeitet werden (Marmelade, Obstwein). Aufgrund ihres Aussehens wurden sie früher auch Ledersäcke oder „Drecksäck" genannt.

Verwendung: Wertvoller, breit malerischer wachsender kleiner Blüten- und Fruchtbaum, für Einzelstellung in Gärten, Parkanlagen, Siedlungen und Bauerngärten.

Nutzung: Früher wurde das feste und zähe Holz für Drechslerarbeiten verwendet, es eignet sich auch gut für die Kunsttischlerei, für Intarsien, zudem wird es zur Herstellung von Holzkohle und als Brennholz verwendet. Blätter, Borke und unreife Früchte wurden wegen ihres hohen Tannin-Gehaltes zum Gerben genutzt. Außerdem setzte man sie dem Wein sowie dem Apfel- und Birnenmost zu, um die Trübung zu verringern.

Sorten: Mehrere Obstsorten.

Morus Maulbeerbaum

Maulbeerbaum; *engl.* Mulberry; *franz.* Mûrier; *ital.* Moro; *span.* Morera; *kroat.* Dud
Familie: Moraceae, Maulbeergewächse

Sommergrüne, milchsaftführende Bäume und Sträucher, Blätter wechselständig, ungeteilt, Blüten 1- oder 2-häusig, im Mai, Fruchtstände brombeerähnlich, 1–3 cm dick, weiß, rot, dunkelpurpurn oder schwarz gefärbt, sie bestehen aus 20–100 dicht gedrängten 1-samigen Steinfrüchten. 12 Arten von Nordamerika und Südeuropa bis Japan, südlich bis zum tropischen Afrika.

Morus alba (L.)

Weißer Maulbeerbaum; *engl.* Silkworm mulberry, White mulberry; *franz.* Mûrier blanc; *ital.* Moro, Gelso; *span.* Morera blanca, Moral blanco; *kroat.* Bijeli dud

Habitus: Sommergrüner, mittelgroßer Baum mit rundlicher, sparriger Krone, gelegentlich auch nur baumartiger Großstrauch, 8–10 (–15) m hoch und 4–6 (–8) m breit.

Rinde: Borke längsrissig, grau.

Blätter: Sommergrün, wechselständig, breit eiförmig, unterschiedlich gelappt, 8–20 cm lang, hellgrün, glänzend, Herbstfärbung gelb.

Blüten: Walzenförmige, grünliche, hängende Ähren, unscheinbar, Mai–Juni.

Früchte: Brombeerartige Frucht, 1,5–2,5 cm lang, sehr variabel in der Farbe, weiß bis rosa, auch rötlich bis schwarz, süß, aber fade im Geschmack.

Verbreitung und Standort: China, Mandschurei, Korea, auf mäßig nährstoffreichen, meist kalkhaltigen Böden.

Ansprüche: Sonnig, warme, geschützte Standorte, bevorzugt mäßig feuchte bis mäßig trockene, nicht zu nährstoffreiche Böden (bessere Ausreife, bedeutet bessere Frosthärte), Kalk liebend, insgesamt aber sehr anspruchslos. Als junge Pflanze frostempfindlich, wärmeliebend.

Allgemeines: In China, dem ersten Land, in dem Seidenraupen gezüchtet werden, ist der Weiße Maulbeerbaum bereits seit etwa 3000 Jahren als Futterlieferant für Seidenraupen von großer, wirtschaftlicher Bedeutung. Die Bäume werden dort strauchartig in Plantagen kultiviert. Die Blattmasse eines Hektars reichen aus, um 500 Kilogramm Seidenraupenkokons zu erzeugen.
In Japan sollen etwa 700 Maulbeer-Sorten in Kultur sein. Bereits um 550 vor Christi sollen der Legende nach die Griechen Seidenraupen aus Persien in ausgehöhlten Wanderstäben in ihre Heimat gebracht haben. Stellenweise dienen heute die Blätter noch als Futter für Ziegen und Schafe.

Verwendung: Interessanter, mitunter malerischer Einzelbaum für große Gärten und Parkanlagen, in manchen Regionen mit Weinbauklima auch als Straßenbaum in Verwendung.

Morus alba

Morus alba

Morus alba

Morus alba

Nutzung: Das Holz ist ringporig und leicht zu bearbeiten, der Kern ist gelbbraun. Früher wurde das Holz in Indien beim Bootbau, zur Erzeugung von Möbeln und zu Drechslerarbeiten genutzt. Die Stangenhölzer lieferten Wagendeichseln und Hockey-Schläger.
Sorten: 'Macrophylla': Blätter sehr groß, 15–20 cm breit, meist ungeteilt, Basis herzförmig, grob gesägt, Fruchtstände zur Reife hellrot. 'Nana': Wuchs zwergig, Krone kugelig, Blätter mittelgroß, regelmäßig gelappt, oft als Hochstammveredlung und somit als kleinkroniger Baum in Kultur. 'Pendula': Meist hochstämmig veredelte Hängeform, 3–3,5 m hoch, Äste und Zweige steif zum Boden herabwachsend.

Morus nigra (L.)

Schwarzer Maulbeerbaum; *engl.* Black mulberry; *franz.* Mûrier noir; *ital.* Gelso nero; *span.* Morera negro, Moral negro; *kroat.* Crni dud
Habitus: Sommergrüner, kleiner bis mittelgroßer Baum mit rundlich geschlossener, dichter und kurzzweigiger Krone, oft auch nur als Großstrauch oder Spalier gezogen, 6–15 (–20) m hoch und fast ebenso breit.
Rinde: Borke längsrissig, olivgrün.
Blätter: Sommergrün, wechselständig, herzförmig bis breit eiförmig, oft 2–5-lappig, mit deutlich herzförmigen Grund, 6–12 (–20) cm lang, Blattstiel 1,5–2,5 cm lang, dunkelgrün, unterseits heller, behaart.
Blüten: Walzenförmige, gestielte, grünliche, hängende Ähren, unscheinbar, Mai–Juni.
Früchte: Brombeerartige eilängliche Frucht, bis 3 cm lang, purpurschwarz bis dunkelviolett, Fruchtreife August, essbar, süß, sehr schmackhaft; stark färbend(!).
Wurzel: Herzwurzler.
Verbreitung und Standort: Orient, Vorderasien; ursprüngliches Verbreitungsgebiet nicht mehr bekannt, da die Schwarze Maulbeere als beliebtes Fruchtgehölz in allen wärmeren Ländern angepflanzt wurde.
Ansprüche: Sonnig, warme, geschützte Standorte, bevorzugt mäßig feuchte bis mäßig trockene, nicht zu nährstoffreiche Böden (bessere Ausreife, bedeutet bessere Frosthärte), Kalk liebend, insgesamt aber

sehr anspruchslos. Als junge Pflanze frostempfindlich, wärmeliebend; nur im sommerwarmen Weinbauklima ausreichend frosthart.

Allgemeines: Der Schwarze Maulbeerbaum ist eine uralte Kulturpflanze. Der Baum war den Griechen ein Symbol der Klugheit und dem Gott Pan geweiht.

Verwendung: Interessanter, malerischer Einzelbaum für große Gärten und Parkanlagen in Regionen mit Weinbauklima.

Nutzung: Die Früchte werden roh gegessen oder zu Marmelade, Gelee oder Maulbeerwein verarbeitet.

Sorten: Einige Obstsorten.

Morus alba 'Macrophylla'

Morus alba 'Pendula'

Morus nigra

Morus nigra

Nothofagus Scheinbuche

Scheinbuche, Südbuche; *engl.* Southern beech; *franz.* Hêtre austral; *ital.* Notofagus; *kroat.* Pabukva
Familie: Fagaceae, Buchengewächse

Sommergrüne oder immergrüne Bäume oder Sträucher; Rinde mit auffallenden Korkwarzen, Triebe dünn, Blätter wechselständig, 0,8–20 cm, Blüten 1-häusig, unscheinbar, Nussfrüchte in einer verholzenden Cupula geborgen. Etwa 40 Arten in der gemäßigten Zone der südlichen Hemisphäre.

Nothofagus antarctica (G. Forst.) Oerst.

Scheinbuche, Südbuche; *engl.* Antarctic beech; *franz.* Hêtre austral, Hêtre de Magellan; *ital.* Notofagus; *kroat.* Antarkticka pabukva

Habitus: Mehrstämmiger Großstrauch oder kleiner Baum mit eigenwilligem Wuchs, 6–10 (–15) m hoch, in der Heimat bis 35 m. Hauptäste oft knieförmig gebogen oder schräg aufwärts gewunden, Seitenäste horizontal ansetzend, häufig sich nach einer Seite hin ausbreitend, Verzweigung auffällig fischgrätenartig.

Rinde: Dunkelbraun bis schwarz mit hellen Lentizellen. Zweige graubraun, sehr dünn.

Blätter: Sommergrün, wechselständig, eiförmig, 1–3 cm lang, Herbstfärbung spät einsetzend, leuchtend goldgelb.

Nothofagus antarctica

Blüten: Unscheinbar, grünlich gelb, Mai.

Verbreitung und Standort: Feuerland bis Chile. Häufig in der andinen Region als Krummholz über der Baumgrenze auf sehr unterschiedlichen Böden, saure bis stark saure, gelegentlich grundwassernahe Kies-, Sand-, Lehm-, Moor- oder vulkanische Aschenböden mit einem durchschnittlichen pH-Wert von 4,5–6,3.

Ansprüche: Sonnige bis halbschattige Standorte, sehr anpassungsfähig an unterschiedliche Bodenverhältnisse von sauer bis neutral, bevorzugt frische bis feuchte, nahrhafte Böden; frosthart, aber nicht für Extremlagen, benötigt hohe Luftfeuchte(!), verträgt vorübergehend etwas Trockenheit, Nässe und grundwassernahe Standorte, in der Jugend empfindlich.

Allgemeines: Die Scheinbuche zählt zu den wenigen Gehölze aus der südlichen Hemisphäre, die bei uns in Mitteleuropa verwendet werden. Der Name Nothofagus leitet sich aus dem lateinischen „*nothus*" = falsch, unecht und dem Gattungsnamen der Buche „*Fagus*" ab.

Verwendung: Sehr eigenwillig-dekoratives Solitärgehölz für Garten und Park, Atriumgärten, auch für Kübel und Tröge, auf Hochbeeten. Mit zierlichen, kleinblättrigen Gehölzen oder feingliedrigen Stauden und Gräsern kombinieren.

Nothofagus antarctica

Nyssa Tupelobaum

Tupelobaum; *engl.* Tupelo; *franz.* Tupélo; *ital.* Tupelo; *kroat.* Rujnolist
Familie: Nyssaceae, Tupelogewächse

Sommergrüne, bis 30 m hohe Bäume mit wechselständigen Blättern, polygamen oder 2-häusig verteilten Blüten, 1-samigen Steinfrüchten. 5 Arten im Himalaja, Ostasien, Westmalaysia und im südöstlichen Nordamerika.

Nyssa sylvatica Marshall

Wald-Tupelobaum, Nymphenbaum; *engl.* Tupelo, Black gum, Sour gum; *franz.* Tupélo; *ital.* Tupelo; *kroat.* Sumski rujnolist

Habitus: Mittelhoher bis hoher Baum mit schmaler, kegelförmiger Krone, 10–20 (–30) m hoch und 5–12 (–15) m breit, Äste auffallend horizontal ansetzend, stark verzweigt, im äußeren Kronenbereich überhängend.

Rinde: Borke dunkelgrau oder dunkelbraun, tief längsgefurcht.

Blätter: Sommergrün, wechselständig, verkehrt eiförmig bis elliptisch, sehr vielgestaltig, glänzend grün, Herbstfärbung prachtvoll orangerot bis leuchtend scharlachrot, oft violett überlaufen.

Blüten: Grünlich, in kleinen, mehrblütigen Köpfchen, unscheinbar, im April nach dem Laubaustrieb.

Früchte: Eiförmige, 0,8–1,2 cm lange, schwarzblaue Steinfrüchte.

Wurzel: Tiefgehende Pfahlwurzel, empfindlich.

Verbreitung und Standort: Östliches Nordamerika; in Laub- und Nadelwäldern auf feuchten Böden, aber auch auf trockeneren Berghängen oder in kalten Bergsümpfen; wächst in ihren natürlichen Arealen oft zusammen mit *Nyssa aquatica* und *Taxodium distichum*.

Ansprüche: Sonniger bis halbschattiger Standort, bevorzugt tiefgründigen, frischen bis feuchten, nahrhaften, lockeren und sauren Boden, pH-Wert sollte zwischen 5,5–6,5 liegen, kalkfeindlich. Der Tupelobaum ist frosthart, nicht spätfrostempfindlich, aber wegen der Pfahlwurzel schwer zu verpflanzen, Frühjahrspflanzung empfehlenswert.

Allgemeines: *Nyssaceae* – „Nyssa“ ist der Name einer griechischen Wassernymphe.

Verwendung: Einer der prächtigsten herbstfärbenden Gehölze. Besonders am Rande von Gewässern, aber auch auf trockeneren Standorten, sofern diese sauer sind. Freistehende Einzelexemplare auf Rasenflächen, entlang von Bachläufen, oder vor dunklem Hintergrund. Besonders schön auch in Gesellschaft von gelbfärbenden Baumarten wie Tulpenbaum oder Amberbaum (rot färbend).

Nutzung: Das Holz wird zur Herstellung von Griffen für schwere Geräte genutzt, als Schwellen für die Geleise von Geländebahnen, als Joch für Zugtiere, als

Nyssa sylvatica

Nyssa sylvatica

Nyssa sylvatica

Rollen für Aufzugs-Seile, früher auch für landwirtschaftliche Geräte.

Auch werden aus dem Holz Dielen, Kisten und Verschläge, Möbel, Rollen und Gerüste gefertigt, in der Vergangenheit auch Ladestöcke, Schuhe und Zigarettenkisten.

Sorten: Var. *biflora* (Walter) Sarg., Sumpf-Tupelo: Bis 15 m hoher Baum, Stamm oft an der Basis geschwollen, Blätter bis 9 cm lang. Außerdem einige besonders schön färbende Sorten wie 'Gerhard Mahn', 'Jermyns Flame' und 'Sheffield Park'.

Weitere Art:

Nyssa aquatica L., Wasser-Tupelo. 20–30 m hoher Baum mit schmaler Krone und an der Basis geschwollenem Stamm, Blätter 16–20 cm lang, oberseits glänzend dunkelgrün, unterseits blaugrün, Herbstfärbung blaurot, Früchte 2–3 cm lang.

Olea Olivenbaum

Olivenbaum, Ölbaum; *engl.* Common olive, Olive tree; *franz.* Olivier; *ital.* Olivio; *span.* Olivo; *kroat.* Maslina
Familie: Oleaceae, Ölbaumgewächse

Langlebige, immergrüne Bäume und Sträucher aus den Tropen der warmtemperierten Zone der Alten Welt. Stämme glatt, dünne Zweiglein biegsam, einfache, gegenständige Blätter, unauffällige kleine Blüten, zwittrig oder 2-häusig; einsamige, erst grüne, bei der Reife blauschwarze Steinfrucht. Etwa 20 Arten.

Olea europaea L. var. europaea

Olivenbaum, Ölbaum; *engl.* Common olive, Olive tree; *franz.* Olivier; *ital.* Olivio; *span.* Olivo, Aceituno; *kroat.* Maslina

Habitus: Langsam wachsender, 5–10 m hoher, bis 10 m breiter, knorrig wachsender Baum, im Alter sehr pittoresk, oft dornige Bezweigung (Wildart). Bäume können 1000 Jahre alt werden.

Rinde: Glatte graue Rinde der Stämme und Zweige, Stamm im Alter sehr knorrig.

Blätter: Immergrün, gegenständig, eilänglich bis schmal elliptisch, 4–8 cm lang und 0,6–1,5 cm breit, glatt dunkel- bis graugrün, unterseits blasser, drüsig oder silberschuppig.

Blüten: Unauffällig, weißlich, in achselständigen Rispen, modriger Duft, Blütezeit Mai–Juni.

Früchte: Meist einsamige, zuerst grüne, bei der Reife blauschwarze Früchte.

Wurzel: Anfangs Pfahlwurzelsystem, welches etwa ab dem 10ten Jahr von einem kräftigen Lateralwurzelsystem abgelöst wird, etwa 60–70 cm tief, weit über die Kronentraufe hinaus ausgebreitet.

Verbreitung und Standort: Überall im Mittelmeerraum kultiviert.

Ansprüche: Vollsonniger Standort. Wächst auf allen Böden gut, auch auf steinigen und Kalkböden. Benötigt allerdings mildes Mittelmeerklima, ist in Mitteleuropa nicht winterhart.

Allgemeines: Der Ölbaum zählt zu den ältesten Kulturpflanzen und ist äußerst langlebig. Reich an mythologischer Bedeutung: die von Noah ausgesandte Taube kommt mit einem Olivenzweiglein zurück als Zeichen einer wieder bewohnbaren Erde. In den griechischen Göttergeschichten tauchen Olivenbäume ebenfalls immer wieder auf: in der Mythologie der Griechen sind Olivenbäume vor allem die Bäume der Pallas Athene, der Klaren, Hellen, die für das nötige Lampenlicht sorgt und Olea zuerst auf die Akropolis pflanzte. Der Olivenbaum wird als der Inbegriff der Weisheit, der Versöhnung und des Friedens verehrt. Die Olivenkultur lässt sich nördlich des Toten Meeres bereits seit 3700–3600 v.Chr. nachweisen. Den Römern war die Olive die „bacca minervae", die Beere der Minerva.

Verwendung: Zierbaum wie Obstbaum.

Nutzung: Bereits in der Antike erkannte man die schmerzlindernde und heilende Kraft des Olivenöls. Insbesondere wird aus den Oliven das bekannte Olivenöl hergestellt. Das schwere, sehr interessant gezeichnete Olivenholz wird für Parkettböden und Paneele verwendet, darüber hinaus zum Schnitzen von Skulpturen, auch von Drechslern und Kunsttischlern wird es gerne genutzt, verschiedene Gegenstände im Haushalt, besonders Schüsseln und Vorlegebestecke werden aus Olivenholz gefertigt.

Sorten: Zahlreiche Fruchtsorten und nichtfruchtende Ziersorten.

Olea europaea var. europaea

Olea europaea var. europaea

Ostrya Hopfenbuche

Hopfenbuche; *engl.* Hop hornbeam; *franz.* Ostryer; *ital.* Carpino nero; *span.* Ostria; *kroat.* Crnograb
Familie: Betulaceae, Birkengewächse

Sommergrüne, hainbuchenähnliche Bäume und Sträucher mit lange glatt bleibender Rinde, wechselständigen Blättern, 1-häusigen Blüten und nackt überwinternden männlichen Blütenkätzchen. Früchte in ährenähnlichen Ständen, 1-samige Nüsse von einer sackartigen Hülle umgeben. 9 Arten in Nordamerika, Europa sowie West- und Ostasien.

Ostrya carpinifolia Scop.

Gewöhnliche Hopfenbuche; *engl.* Europaean hop hornbeam; *franz.* Ostryer commun, Charme houblon; *ital.* Carpino nero; *span.* Ostria, Carpe negro, Falso carpe; *kroat.* Obicni crnograb

Habitus: Mittelhoher, 10–15 (–20) m hoher und 8–12 (–15) m breiter Baum, in der Jugend kegelförmig, im Alter mit gleichmäßiger, rundlicher Krone. Wird etwa 100 Jahre alt.

Rinde: Rinde braungrau bis schwarzgrau, anfangs glatt oder leicht querrissig, bald in schuppige Borke übergehend.

Knospen: Länglich eiförmig, schwach zugespitzt, mit 6–9 grünlichen, bräunlich berandeten Knospenschuppen.

Blätter: Sommergrün, wechselständig, an Carpinus erinnernd, aber spitz eilänglich, 4–10 (–12) cm lang, oberseits dunkelgrün, glatt, unterseits heller; Herbstfärbung gelb.

Blüten: In hängenden Kätzchen, schon im Winter vorhanden, etwa 4 cm lang, blühend bis 12 cm; weibliche Kätzchen unscheinbar. Windbestäubung.

Früchte: Fruchtstände 4–6 cm lang, an Hopfenfruchtstände erinnernd; Windverbreitung.

Verbreitung und Standort: Südeuropa, Kleinasien, Kaukasus, Hauptverbreitung im östlichen Mittelmeerraum. Wächst auf trockenen, sommerwarmen Berghängen, an sonnigen Waldrändern und in lockern Wäldern, in Hopfenbuchen-Flaum-Eichen- oder Hopfenbuchen-Manna-Eschen-Gesellschaften oder in Reinbeständen; auf steinigen, mäßig nährstoffreichen, eher kalkhaltigen Böden. In den Südalpen bis in eine Höhe von 1300 m ansteigend.

Ansprüche: Sonniger bis lichtschattiger, warmer, geschützter Standort; sehr anpassungsfähig, mäßig nährstoffreiche, sandig-lehmige, kalkhaltige Substrate, auch für sehr trockene und arme Böden, stadtklimaverträglich.

Ostrya carpinifolia

Ostrya carpinifolia

Ostrya japonica

Ostrya carpinifolia

Allgemeines: Der lateinische Name leitet sich vermutlich von „ostro-drys" = „knochenharter Baum" ab. Die Streitäxte der Indianer waren an einem langen *Ostrya*-Stiel befestigt. Hohes Ausschlagvermögen.

Verwendung: Einzelbaum für sonnige, warme Lagen in Gärten und Parks, besonders gut im Weinbauklima, auch als Straßenbaum in Erprobung.

Nutzung: Das Holz ist schwer und wird für Werkzeugteile, beim Maschinen- und Wagenbau, bei der Herstellung landwirtschaftlicher Geräte und zur Gewinnung von Holzkohle verwendet. Auch dort, wo hohe Festigkeitseigenschaften erforderlich sind, wird es gerne verwendet: gefräste, gedrechselte oder geschnitzte Möbelelemente, Stühle, Teile von Musikinstrumenten, Spulen, Walzen, Hämmer, Winkel, Spindeln oder Kugeln.

Weitere Arten:

Ostrya japonica Sarg., Japanische Hopfenbuche. Bis 25 m hoher, breitkroniger Baum, Blätter 8–15 cm lang, Früchte in 3–4 cm langen Ständen. Heimat Japan, China, Korea.

Ostrya virginiana (Mill.) K. Koch, Virginische Hopfenbuche, *engl.* American hop hornbeam. Bis 20 m hoher, kurzstämmiger Baum mit breitrundlicher Krone, Blätter 5–12 cm lang. Heimat östliches Nordamerika, Guatemala, Mexiko.

Parrotia Eisenholzbaum

Parrotie, Eisenholzbaum; *engl.* Irontree, Ironwood; *franz.* Parrotia; *ital.* Parrotia; *kroat.* Parocija
Familie: Hamamelidaceae, Zaubernussgewächse

Monotypische Gattung, malerischer Solitärstrauch oder -baum mit prächtiger Herbstfärbung.

Parrotia persica (DC.) C. A. Mey

Parrotie, Eisenholzbaum; *engl.* Irontree, Ironwood; *franz.* Parrotie de Perse; *ital.* Parrotia; *kroat.* Perzijska parocija

Habitus: Ausladender Großstrauch bis kleiner Baum, 6–10 (–12) m hoch und sehr breit (5–7 m), kurzer Stamm, in der Heimat im kaspischen Urwald bis 30 m.

Rinde: Bräunlich, im Alter oft vielfarbig (platanenartig) abblätternd, sehr dekorativ abblätternd.

Blätter: Sommergrün, wechselständig, verkehrt eiförmig, bis 10 cm lang und 6 cm breit, etwas ledrig, dunkelgrün, etwas glänzend, unterseits hellgrün, im Austrieb rot gerandet. Herbstfärbung gelb oder orangerot bis hin zum violett überlaufenen scharlachrot, Blätter oft mehrfarbig, sehr lange anhaltende Herbstfärbung.

Blüten: In kleinen Köpfchen, Staubgefäße leuchtend rot auf filzigen, sternförmigen Hochblättern, Blütenblätter fehlend, Blütezeit vor dem Austrieb im März.

Früchte: Unscheinbare, 2-klappige, 1–1,5 cm große, verholzende Kapseln.

Wurzel: Eher oberflächlich verlaufendes Wurzelsystem.

Verbreitung und Standort: Vorderasien, Nordiran, im kaspischen Urwald, Niederungswälder, kommt im Kaukasus an manchen Orten fast in Reinbeständen vor, im Unterwuchs wachsen Buchs, Stechpalmen, Kornelkische etc.

Ansprüche: Sonne bis lichter Schatten, wärmeliebend, frosthart, aber Jungpflanzen frostempfindlich, Stadtklima vertragend, mäßig trockene bis mäßig feuchte Böden, nicht zu arme, durchlässige, eher tiefgründige Böden leicht sauer bis neutral, leicht kalkhältige Böden vertragend, nicht krankheitsanfällig.

Allgemeines: Der Eisenholzbaum ist nach dem deutschen Arzt und Naturforscher F. W. Parrot, 1792–1841, benannt.

Verwendung: Wegen des malerischen Wuchsbildes sehr schönes Solitärgehölz, wirkungsvoll zur Herbstfärbung mit immergrüner Unterpflanzung.

Weitere Sorten: 'Vanessa': Baumförmig wachsend, eiförmige Krone, prächtige Herbstfärbung.

Parrotia persica

Parrotia persica

Parrotia persica

Paulownia Blauglocken-baum

Blauglockenbaum, Paulownie; *engl.* Foxglove tree; *franz.* Paulownia; *ital.* Paulownia; *span.* Paulownia; *kroat.* Paulownija
Familie: Scrophulariaceae, Braunwurzgewächse

Sommergrüne, starkästige, etwas steiftriebige Bäume, mit großen, gegenständigen Blätter und endständigen, rispenartigen Blütenständen, die im Herbst bereits weit vorgebildet werden. Fruchtkapsel schnabelartig zugespitzt. Etwa 17 Arten sind in Ostasien beheimatet.

Paulownia tomentosa (Thunb. ex Murray) Steud.

Chinesischer Blauglockenbaum, Kaiser-Paulownie, Paulownie; *engl.* Foxglove tree; *franz.* Paulownia impérial; *ital.* Paulownia; *span.* Paulownia imperial; *kroat.* Carska paulownija
(Syn.: *Paulownia imperialis*)

Habitus: Mittelhoher Baum, 12–15 m hoch und meist genauso breit, breite Krone und auffallend dicken, etwas steifen, dicken Trieben, in der Jugend sehr raschwüchsig.

Rinde: Graubraun, glatt, junge Triebe dick, anfangs weich behaart, gefächertes Mark.

Knospen: Ohne Endknospe. Blütenknospen in endständigen, aufrechten, bis 30 cm langen Rispen, kugelförmig.

Blätter: Sommergrün, gegenständig, sehr groß, an Langtrieben 3- bis 5-lappig und 30–40 (–50) cm lang, hell- bis mittelgrün, behaart, unten graufilzig, später Austrieb und später Laubfall, ohne Herbstfärbung.

Blüten: Vor den Blättern in etwa 30 cm langen, aufrechten, kegelförmigen Rispen, 5–6 cm lange Einzelblüte violett, innen gelb gestreift, trichterförmig mit 3-lappiger Oberlippe und 2-lappiger Unterlippe, duftend, im April–Mai.

Früchte: Graubraune, spitzeiförmige, 3–4 cm lange, verholzende Kapseln, klebrig, lange am Baum bleibend.

Wurzel: Hauptwurzeln tiefgehend, fleischig, empfindlich.

Verbreitung und Standort: China, in den Provinzen Hupeh, Kiangsi, Honan, nach Japan vor etwa 150 Jahren eingeführt, in südöstlichen Nordamerika verwildert.

Ansprüche: Sonniger, warmer und geschützter Standort. Sehr anspruchslos, gedeiht auf allen nicht zu armen, mäßig trockenen bis frischen, durchlässigen schwach sauren bis stark kalkhaltigen Böden, auf zu nährstoffreichen Böden schlechtes Ausreifen. Ist ausreichend frosthart, aber als junge Pflanze frostempfindlich, wärmeliebend, stadtklimaverträglich, sehr gut trockenheitsverträglich, in sehr strengen Wintern können die Blütenknospen erfrieren.

Allgemeines: Die Gattung ist nach Anna Pavlovna, der Tochter des russischen Zaren Paul (Pavel) I. benannt.

Verwendung: In den „gemäßigten" Gärten der einzige blau blühende Baum, besonders im Weinbauklima und im Stadtgebiet häufig angepflanzt. Braucht genügend großen Standraum.

Nutzung: Das hellbraune Holz ist in Japan das leichteste aller Nutzhölzer, es wird wegen seiner ausgezeichneten akustischen Eigenschaften im Instrumentenbau verwendet. Man fertigt daraus auch Möbel, Skulpturen und Haushaltsgegenstände wie Schalen, Tassen und Stäbchen und die bekannten japanischen Sandalen an. Zur Geburt einer Tochter pflanzte man früher eine Paulownie, die zur Hochzeit das Holz eines Kimonoschrankes lieferte. Aus Blättern, Blüten und Wurzeln werden heute verschiedene Arzneimittel her-

Paulownia tomentosa

Paulownia tomentosa

gestellt. In China wird es in größerem Umfang zur Holzgewinnung (ähnlich wie bei uns die Pappeln) für die Papierindustrie angepflanzt.

Weitere Art:

Paulownia fargesii Franch. Bis 12 m hoher Baum, Blätter 15–21 cm, Blüten violett oder lila, ist in Westchina heimisch.

Phellodendron Korkbaum

Korkbaum; *engl.* Corktree; *franz.* Arbre à liége; *kroat.* Plutasokor, Barhat
Familie: Rutaceae, Rautengewächse

Sommergrüne, aromatisch duftende, mittelgroße Bäume mit gewölbter oder schirmförmiger Krone, Borke oft dick und korkig. Blätter gegenständig, unpaarig gefiedert, 2-häusig, Blüten unscheinbar gelblich grün in endständigen Rispen, Steinfrüchte kugelig, etwa 1 cm dick, schwarz.

Phellodendron amurense Rupr.

Amur-Korkbaum; *engl.* Amur cork tree; *franz.* Phellodendron de l'Amur; *kroat.* Amurski plutasokor, Amurski barhat

Habitus: Mittelhoher, meist kurzstämmiger Baum von 10–12 (–15) m Höhe, mit breit ausladender Krone, oft auch vielstämmiger Baum, Krone anfangs trichterförmig, später sehr breit und abgeflacht, ohne durchgehenden Mitteltrieb, sehr malerisch. Wird etwa 300 Jahre alt.

Rinde: Auffallend hellgrauer Stamm, alte Borke dick und längsrissig.

Blätter: Sommergrün, gegenständig, unpaarig gefiedert, bis 35 cm lang, Blättchen zu 9–13, breit eiförmig bis lanzettlich, 5–10 cm lang, dunkelgrün, leicht glänzend, unterseits bläulich, goldgelbe Herbstfärbung.

Blüten: In etwa 12 cm langen, endständigen, behaarten Rispen, gelblich grün, unscheinbar, im Juni.

Früchte: Kugelige, etwa 1 cm große, schwarze Steinfrucht, nach Terpentin riechend.

Wurzel: Eher flaches, weitstreichendes Wurzelsystem.

Verbreitung und Standort: Auen- und Niederungswälder im nordöstlichen China, der Mandschurei und im Amurgebiet, auch in der montanen Zone Ostsibiriens und in Nordjapan. Begleitet wird der Korkbaum an seinen Naturstandorten von Tannen-, Lärchen-, Kiefern- und Fichten-Arten sowie von der Japanischen Eibe. Im Unterwuchs befinden sich der Feuer-Ahorn, Stechpalmen, Flieder, Schneebälle und zahlreiche bekannte Stauden.

Ansprüche: Sonniger Standort, anpassungsfähig an Boden, bevorzugt aber frische bis feuchte, nährstoffreiche, durchlässige Böden, sauer bis alkalisch, meidet schwere Böden.

Verwendung: Dekorativer Baum für Garten und Parkanlagen, wenig bekannt. benötigt Freiraum, damit die malerische Wuchsform zur Geltung kommen kann, Unterpflanzung mit Sträuchern und Stauden empfehlenswert.

Nutzung: Das goldgelbbraune Holz zählt zu den beliebtesten Hölzern Ostasiens. Es lässt sich leicht bearbeiten und gut polieren, es wird besonders zur Herstellung gebogener Möbeln, Schiern und Gewehrschäften benutzt. Die korkige Außenrinde wird zu Fischnetz-Schwimmern und zur Isolierung benutzt. Inhaltstoffe der Rinde wurden in China zur Bekämpfung der Ruhr verwendet.

Phellodendron amurense

Phellodendron amurense

Phellodendron amurense

Platanus Platane

Platane; *engl.* Plane; *franz.* Platane; *ital.* Platano; *span.* Plátano; *kroat.* Platana
Familie: Platanaceae, Platanengewächse

Sommergrüne, großkronige Bäume mit abblätternder Borke, wechselständigen Blättern, 1-häusigen Blüten; hängende, aus 1–6 Teilfruchtständen bestehende Fruchtstände, die den Winter über am Baum bleiben. 8 Arten in Nordamerika, je eine in Kleinasien und Indochina.

Platanus × hispanica Münchh.

Bastard-Platane, Gewöhnliche Platane; *engl.* London plane; *franz.* Platane á feuilles d'erable; *ital.* Platano commune; *span.* Plátano híbrido común, Plátano híbrido espanol, Plátano de Londres; *kroat.* Hibridna platana
(Syn.: *P.* × *acerifolia*, *P.* × *hybrida*)

Habitus: Großer, schnellwüchsiger Baum mit anfangs breit kegelförmiger, später breit ausladender, hochgewölbter Krone, 20–30 m hoch mit Kronendurchmesser von 15–25 (–40) m; wird mehrere hundert Jahre alt.

Rinde: Hellbraun, gelblich grün bis graubraun, alte Borke in großen, unregelmäßigen Platten ablösend, farblich sehr attraktiv.

Blätter: Sommergrün, wechselständig, ahornähnlich, 3- bis 5-lappig, Lappen mehr oder weniger 3-eckig, 12–25 cm breit, ledrig, mittelgrün, oberseits im Sommer verkahlend, spät austreibend, lange haftend, Herbstfärbung nur grünlich gelb.

Blüten: Gelblich grüne Köpfchen in langen, hängenden Ständen, erscheinen mit den Blättern, wenig auffallend.

Früchte: Kugelig, meist zu 2, seltener 3, 2,5 cm dick, borstig, in 15–20 cm langen hängenden Fruchtständen, bleiben oft bis zum Frühjahr am Baum hängen.

Wurzel: Herzwurzler, Hauptwurzeln tief, dicht verzweigt, hohe Wurzelenergie, flach liegende Hauptwurzeln heben Pflaster und Beläge, unempfindlich gegen Einschüttungen und Überfluten.

Verbreitung und Standort: Hybride zwischen *Platanus occidentalis* × *Platanus orientalis*. Am Heimatstandort kommt die Platane an Flussufern und auf feuchten Böden vor.

Ansprüche: Sonnig bis lichtschattige Standorte, robust und anspruchslos, sehr anpassungsfähig an verschiedene Bodenarten, gedeiht auch noch auf trockenen Böden, bevorzugt aber tiefgründige, genügend feuchte, durchlässige, leicht lehmige Substrate, die neutral bis stark alkalisch sind. Die Platane ist frosthart, wärmeliebend, rauchhart, stadtklimaverträglich.

Allgemeines: Leicht verpflanzbar, besitzt hohes Ausschlagvermögen, verträgt Schnitt ins alte Holz gut, auch Formschnitt möglich. Wird gelegentlich von einer Pilzkrankheit (während des Austriebes) und vom Platanenkrebs befallen.

Platanus × hispanica

Platanus × hispanica

Platanus × hispanica

Platanus occidentalis

Verwendung: Zur Einzelstellung, in Gruppen und als Straßenbaum, auch im städtischen Raum, wird auch in „Dachform" geschnitten als Schattenspender verwendet.

Nutzung: Das Holz, mit hellem Splint und rötlich bis dunkelbraunem Kern lässt sich gut bearbeiten und hat einen matten Glanz. Es wird zu Furnierholz und in der Drechslerei verarbeitet.

Sorten: 'Pyramidalis': Wuchs anfangs schmal kegelförmig, später breiter werdend, die unteren Äste waagrecht, die oberen aufstrebend. 'Suttneri': Blattspreite weiß punktiert und gesprenkelt.

Platanus orientalis

Weitere Arten:

Platanus occidentalis L., Nordamerikanische Platane. Bis 40 m hoher, breitkroniger Baum, Borke sich in kleinen Platten lösend, Blätter 10–22 cm breit, Lappen breiter als lang, Fruchtkugeln meist einzeln. Südöstliches Nordamerika.

Platanus orientalis L. Morgenländische Platane. Bis 30 m hoher Baum, Stamm meist bis zur Spitze durchgehend, Borke in größeren Platten ablösend, Blätter 15–30 cm breit, Lappen länger als die Basisbreite, Fruchtkugeln zu 3–6 in lockeren Ständen. Balkan, Kleinasien, Westasien bis zum östlichen Himalaja. 'Digitata': Blattlappen sehr schmal, fast bis zur Basis eingeschnitten.

Platanus orientalis

Populus Pappel

Pappel, Espe; *engl.* Poplar, Aspen; *franz.* Peuplier; *ital.* Pioppo; *span.* Àlamo; *kroat.* Topola
Familie: Salicaceae, Weidengewächse

Sommergrüne, meist raschwüchsige Bäume mit wechselständigem, eiförmig bis lanzettlichen oder 3-eckigen Blättern, Knospen mit oft harzigen Schuppen, Blüten 2-häusig, in hängenden Kätzchen vor dem Laubaustrieb, Fruchtkapseln sich 2-klappig öffnend, Samen mit einem Haarschopf am Grunde, Windverbreitung, raschwüchsige Pionierbaumarten. Etwa 35 Arten in den gemäßigten Zonen der nördlichen Hemisphäre.

Populus alba L.

Silber-Pappel; *engl.* White poplar; *franz.* Peuplier blanc; *ital.* Pioppo bianco; *span.* Àlamo blanco, Àlamo común, Chopo blanco; *kroat.* Bijela topola
Habitus: Großer Baum von 20–35 m Wuchshöhe und breitrundlicher, lockerer Krone von 15–18 m Breite, oft mit kurzem oder schiefem Stamm, Seitenäste unregelmäßig ansetzend, aufstrebend, im unteren Kronenbereich Äste überhängend, schnell wachsend. Mit 40 Jahren ist die endgültige Höhe erreicht, aber es gibt auch 400-jährige Exemplare mit Stammstärken bis 2,5 m.
Rinde: Weißgrau, im Alter längsrissig.
Blätter: Sommergrün, wechselständig, während des Austriebes weißfilzig, sehr variabel, 6–12 cm lang, oben dunkelgrün, kahl, unterseits kreideweiß, Blätter rundlich bis länglich elliptisch, Herbstfärbung gelblich.
Blüten: Pflanze ist 2-häusig, Blüten in gelbgrünen Kätzchen vor dem Laubaustrieb, März–April, windblütig.
Früchte: Fruchtkätzchen 8–10 cm lang.
Wurzel: Auf Standorten mit hohem Grundwasserstand flachwurzelnd, auf trockeneren Böden auch tiefergehend, auf nährstoffarmen Böden sehr ausgedehnt, auf nährstoffreichen Böden kaum über die Kronentraufe hinausgehend. Fähigkeit zur Ausbildung von Adventivwurzeln, Wurzelbrut und Ausläufer bildend.
Verbreitung und Standort: Südeuropa, Nordafrika, Kaukasus bis Mittelasien. In Auenwäldern teils fast

Populus alba

Populus alba

Populus alba

Populus alba 'Nivea'

Reinbestände bildend, sonst häufig, in Auwaldlichtungen, in nicht regelmäßig überschwemmten Bereichen der Hartholzaue, auf frischen, nährstoffreichen Lehm-, Ton-, Sand- oder Kiesböden. Die Silber-Pappel wächst gemeinsam mit Stiel-Eichen, Ulmen, Eschen und Erlen.

Ansprüche: Sonnig bis halbschattige Standorte, bevorzugt frische bis feuchte, nährstoffreiche Böden mit schwach saurer bis alkalischer Bodenreaktion, aber sehr anpassungsfähig, auch noch auf trockenen Böden gedeihend, auf sandigen Böden oft nur strauchig. Gut frosthart, Lichtholzart, industrie- und stadtklimafest, verträgt Hitze gut, auf trockenen Böden extrem weitstreichendes Wurzelsystem.

Verwendung: Einzelstand und in Gruppen, auch als Straßenbaum einsetzbar. Landschaft, Wind- und Küstenschutz, Pioniergehölz, für Rohböden, guter Bodenfestiger.

Nutzung: Das Holz ist ein wertvolles Nutzholz mit schmalem Splint und dickem, rötlich gelben bis gelbbraunen Kernanteil, es ist weich, gleichmäßig strukturiert, mäßig schwindend und zeichnet sich durch hohe Abnutzungsfestigkeit aus. Es findet Verwendung in der Möbeltischlerei und dient vor allem der Herstellung von Reißbrettern und Zigarrenkisten.

Sorten: 'Nivea': Vegetativ vermehrte Jugendform, junge Zweige, Blattstiele und Blattunterseiten sind schneeweißfilzig behaart. 'Pyramidalis': Großer Baum mit schmal säulenförmigen Wuchs. 'Raket': Wuchs schmal säulenförmig, dicht verzweigt, Äste straff aufwärts gerichtet, Blätter unterseits silbrig grau, windresistent.

Populus alba 'Pyramidalis'

Weitere Art:

Populus × canescens (Aiton) Sm., Grau-Pappel; *span.* Alamo caon, Chopo cano, Alamo gri. Hybride zwischen *Populus alba* und *Populus tremula*, bis 35 m hoher, rundkroniger Baum, Borke gelbgrau mit waagrechten Lentizellenbändern. Blätter an Langtrieben 6–12 cm lang, nur schwach gelappt, 3-eckig bis eiförmig, oberseits dunkelgrün, unterseits filzig behaart, an Kurztrieben rundlich bis eiförmig. Von Mittel- und Südosteuropa bis Westasien heimisch.

Populus × canescens

Populus balsamifera

Populus × berolinensis

Populus balsamifera L.

Balsam-Pappel; *engl.* Balsam poplar, Tacamahaca; *franz.* Peuplier baumier; *ital.* Pioppo; *kroat.* Balzamna topola

Habitus: Großer Baum mit durchgehendem Stamm, eher schmaler Krone, 18–25 m hoch und etwa 10 m breit, Äste regelmäßig ansteigend, in der Jugend sehr schnellwüchsig.

Rinde: Borke grau, stark rissig.

Knospen: Sehr groß, bis 25 mm lang, vor allem die Endknospen, relativ dick bis 8 mm, Knospenschuppen überzogen mit aromatischem, klebrigem Harz.

Blätter: Sommergrün, wechselständig, eiförmig bis breit eiförmig, zugespitzt, dunkelgrün, derb; Austrieb sehr früh, Herbstfärbung leuchtend gelb.

Blüten: Pflanze ist 2-häusig, männliche Kätzchen 5–9 cm lang, weibliche 5–14 cm, erscheinen vor dem Laubaustrieb, März–April, windbestäubt.

Früchte: Fruchtkätzchen, weißwollige Samen.

Wurzel: Kräftig, flach ausgebreitet, stark verzweigt.

Verbreitung und Standort: Nordamerika, Kanada; in Auenwälder, feuchten Tälern, Niederungen, an Fluss- und Seeufern, auf Sandbänken, an flachen Hängen, oft in Reinbeständen.

Ansprüche: Sonnig bis halbschattig, bevorzugt frische bis feuchte Standorte, ist aber sehr anpassungsfähig und anspruchslos, sauer bis alkalisch, frosthart.

Allgemeines: Pflanzen verströmen während des Laubaustriebes einen intensiven, süßlichen Duft, der weithin vernehmbar ist.

Verwendung: Schöner Parkbaum für Gruppen und Einzelstellung.

Nutzung: Holz wird zur Papierherstellung verwendet.

Populus × berolinensis (K. Koch) Dippel

Berliner-Pappel; *engl.* Berlion poplar; *franz.* Peuplier de Berlin; *ital.* Pioppo; *kroat.* Berlinska topola

Habitus: Großer Baum von 18–25 m Wuchshöhe, mit breit säulenförmiger Krone bis 10 m sowie durchgehendem Stamm, Seitenäste und Zeige dick, aufstrebend, anfangs sehr schnellwüchsig, wird maximal 80 Jahre alt.

Rinde: Alte Borke schwarzgrau, Zweige kantig.

Knospen: Grünlich und klebrig, spitz, schief, nach Balsam duftend.

Blätter: Sommergrün, wechselständig, eiförmig lang zugespitzt, 8–12 cm lang, oberseits frischgrün, unterseits weißlich grün; Austrieb besonders hellgrün, Mitte April, Herbstfärbung leuchtend gelb.

Blüten: Pflanze ist männlich, Blütenkätzchen grünlich(!), vor den Blättern erscheinend, März–April.

Früchte: Fruchtkätzchen, weißwollige Samen.

Wurzel: Kräftig, flach ausgebreitet, dicht verzweigt, Anlage zur Brettwurzelbildung; Wurzel geht kaum über Kronenbereich hinaus.

Verbreitung und Standort: Hybride zwischen *Populus laurifolia* und *Populus nigra* 'Italica'.

Ansprüche: Sonniger Standort, anspruchslos, gedeiht auf allen Bodenarten, bevorzugt frische bis feuchte, nährstoffreiche, grundwasserbeeinflusste Standorte mit nicht zu hohem Grundwasserspiegel, verträgt keine regelmäßigen Überschwemmungen, übersteht gut Trockenperioden. Frosthart, rauchhart, neigt zu Wurzelausläufern, kurzlebig, im Alter brüchig.

Allgemeines: Vor 1870 im Botanischen Garten Berlin entstanden.

Verwendung: Einzelstellung und Gruppen in Parkanlagen, bedingt als Straßenbaum.

Populus × canadensis Moench

Bastard-Schwarz-Pappel, Kanada-Pappel; *engl.* Canadian poplar; *franz.* Peuplier grisard, Peuplier hybride euaméricain; *ital.* Pioppo del Canada; *kroat.* Kanadska topola

Habitus: Großbaum, 30–35 m hoch, mit großer, schmal bis breit eiförmiger, 12–15 m breiter Krone.

Rinde: Grauschwarz, tiefrissig.

Blätter: Lang zugespitzt, 3-eckig, früher, bronzefarbener Austrieb im April, später glänzend dunkelgrün, Herbstfärbung gelegentlich gelb, meist graugrün abfallend.

Blüten: Etwa 7 cm lange Blütenkätzchen, männliche Sorte.

Früchte: Fruchtkätzchen, weißwollige Samen.

Wurzel: Flach streichendes Wurzelsystem, empfindlich gegen Bodenverdichtung.

Verbreitung und Standort: Kreuzung aus *Populus deltoides* × *Populus nigra*.

Ansprüche: Sonne, wärmeliebend, frosthart, stadtklimafest, im Alter brüchig.

Verwendung: Vorwiegend im Forst und gelegentlich als Straßenbaum in Verwendung. Zur Begrünung von Mülldeponien, Halden, Windschutzpflanzungen in nicht zu exponierter Lage.

Nutzung: Holz für Papierindustrie, gelegentlich als Straßenbaum im ländlichen Bereich.

Sorten: Zahlreiche Sorten, vorwiegend für die Aufforstung von Pappelkulturen für die Papierindustrie interessant, Wuchsformen von breit kegelförmig bis schmal säulenförmig.

Populus × canadensis

Populus lasiocarpa Oliv.

Großblatt-Pappel; *engl.* Chinese necklace poplar; *franz.* Peuplier á fruits velus; *ital.* Pioppo; *kroat.* Kineska velelisna topola

Habitus: Mittelgroßer Baum von 10–15 (–20) m Höhe und zunächst kegelförmiger oder rundlicher, geschlossener Krone und aufsteigenden, wenig verzweigten Ästen, im Alter mehr offene, schlanke Krone von 6–10 (–15) m Breite, Äste im unteren Bereich waagrecht bis hängend.

Rinde: Alte Borke grau, längsrissig, schuppig; Triebe auffallend dick.

Knospen: Sehr groß, Knospenschuppen grün, Ränder trocken braun mit einer klebrigen Wachsschicht, lang zottig behaart.

Blätter: Sommergrün, ungewöhnlich groß, herzeiförmig, 17–25 (–30) cm lang, oben mattglänzend, tiefgrün, unten graugrün, Blattstiele und Hauptadern sonnseits rhabarberrot, mattglänzend, schöner Kontrast zum Grün der Blätter.

Blüten: 2-häusig, Blütenkätzchen bis 10 cm lang.

Früchte: Fruchtkätzchen, weißwollige Samen.

Verbreitung und Standort: Mittel- und Westchina.

Ansprüche: Sonnig, wärmeliebend, mäßig frosthart, spätfrostgefährdet; für jeden normalen, kultivierten Boden, sauer bis alkalisch, bevorzugt frische, feuchte, nährstoffreiche Böden, versagt auf nassen Standorten.

Allgemeines: Durch das große Laub etwas exotisch wirkend.

Verwendung: Exquisites Gehölz für Einzelstand in Parkanlagen, lässt sich gut mit anderen großlaubigen Gehölzen und starkwüchsigen Stauden (*Polygonum, Ligularia, Rheum*) kombinieren.

Populus nigra L.

Schwarz-Pappel; *engl.* Black poplar; *franz.* Peuplier noir; *ital.* Pioppo nero; *span.* Àlamo negro, Chopo negro; *kroat.* Crna topola

Habitus: Großer, 20–25 (–30) m hoher Baum mit bis zu 20 m breiter, lockerer Krone und geradem, aber nicht durchgehendem Stamm, Äste unregelmäßig stehend und weit ausladend, schnellwüchsig. Kann 300 Jahre alt werden und Stammdurchmesser von 2 m erreichen.

Rinde: Borke schwärzlich, dick, längsgefurcht, tiefrissig.

Blätter: Sommergrün, wechselständig, rhombisch-eiförmig bis 3-eckig, frischgrün, Herbstfärbung gelb.

Populus nigra 'Italica'

Populus nigra 'Italica'

Blüten: Pflanze ist 2-häusig, männliche Kätzchen rötlich purpurn, 5–8 cm lang, hängend, blühende weibliche Kätzchen gelbgrün, bis 10 cm lang, Blütezeit März–April, windbestäubt.

Früchte: Samen weiß wollig ab Mai–Juni.

Wurzel: Flach, aber intensives Wurzelsystem, auf trockeneren Standorten tiefgehend und weitstreichend, Ausläufer bildend, verträgt Überschotterung, unempfindlich gegenüber periodischen Überschwemmungen.

Verbreitung und Standort: Mittel-, Süd- und Osteuropa, Teile Asiens, Persien, Nordwestafrika. In Mitteleuropa in den wärmeren Tälern der Donau, des Rheins, des Mains, etc. In Flussniederungen und Auenwäldern auf nassen, periodisch überschwemmten, lockeren, gut durchlässigen, tiefgründigen und nährstoffreichen Sand-, Kies- und Lehmböden.

Ansprüche: Sonnig bis halbschattig, sehr anpassungsfähig, wächst auch auf trockeneren Böden, optimaler Wuchs aber auf feuchten, tiefgründigen, nährstoffreichen Böden mit alkalischer Reaktion, kalkliebend, meidet saure, nasse Böden. Im Alter brüchig.

Verwendung: Stattlicher Baum für die freie Landschaft, als Einzelbaum und für Gruppenpflanzungen in Parkanlagen, Begrünungsmaßnahmen und Bodenbefestigungen an Böschungen, Ufern und Hängen.

Nutzung: Das Holz ist im Splint weißlich, im Kern hellbraun, es ist weich, mäßig schwindend und hat eine hohe Abnutzungsfestigkeit. Wird auch zu Möbeln, Prothesen, Holzschuhen verarbeitet und als Verpackungsmaterial verwendet.

Sorten: 'Italica', Säulen-Pappel, Pyramiden-Pappel: Großer Baum mit schmaler, säulenförmiger Krone und mehreren, bis zum Wipfel durchgehenden Hauptästen, oft auch nur ein Mittelstamm, Seitenäste straff aufrecht und dicht verzweigt, wird etwa 20–30 m hoch und 3–5 m breit. Männlicher Klon mit rötlichen Blütenkätzchen, dunkelgrauer Borke und rhombischen, wechselständigen Blättern. Kurzlebig, wird kaum 40 Jahre. 'Afghanica' (= *P. nigra* 'Thevestina'): Wuchs ähnlich wie *P. nigra* 'Italica', Stamm rundlich, Borke älterer Stämme auffällig grauweiß, von Kaschmir über die Türkei bis Nordafrika verbreitet.

Populus simonii Carriére.

Birken-Pappel; *engl.* Cottonwood; *franz.* Peuplier de Simon; *ital.* Pioppo; *kroat.* Simonijeva topola

Habitus: Mittelgroßer, 12–15 m hoher, schmalkroniger Baum, 6–8 (–10) m breit, Stamm meist durchgehend bis zum Wipfel, Äste verhältnismäßig dünn, aufstrebend, Seitenbezweigung birkenartig überhängend. Wird kaum 50 Jahre alt.

Rinde: Alte Borke graugrün, längsrissig.

Blätter: Sommergrün, wechselständig, treibt sehr früh frischgrün aus, Blätter verkehrt eiförmig bis löffelförmig, oberseits mittelgrün, unterseits heller,

Populus simonii

Populus simonii 'Fastigiata'

gelegentlich weißlich, Herbstfärbung unauffällig gelblich.
Blüten: Meist männliche Pflanzen, Kätzchen 2–3 cm lang.
Früchte: Samen weiß wollig ab Mai–Juni.
Verbreitung und Standort: Nordchina, sehr häufig um Peking.
Ansprüche: Sonnig, kein Schatten, keine besonderen Ansprüche, wächst auch auf trockeneren Standorten, bevorzugt frische bis feuchte, aber keine nassen Böden, schwach sauer bis alkalisch, gut frosthart, aber spätfrostempfindlich, stadtklimafest, gut hitzeverträglich, kurzlebig.
Verwendung: Malerischer Baum für Einzelstellung und in Gruppen in Parkanlagen, gelegentlich im ländlichen Raum auch Straßenbaum, Straßenbegleitgrün.
Sorte: 'Fastigiata': Breiter säulenförmiger Wuchs, Triebe dünn, Blätter kleiner als bei der Art.

Populus tremula L.

Zitter-Pappel, Espe; *engl.* Aspen; *franz.* Peuplier tremble; *ital.* Pioppo tremulo; *span.* Àlamo temblón, Vchopo temblón, Lamparilla; *kroat.* Europska treperava topola
Habitus: Mittelgroßer, 8–20 (–30) m hoher Baum mit lockerer, unregelmäßiger oft sehr malerischer Krone, 5–10 m breit, Stamm schlank, gerade, auf armen

Populus simonii 'Fastigiata'

Populus tremula

Populus tremula

Sandböden oder in Gebirgsgegenden auch mehrstämmig, strauchartig, oft Dickichte bildend; ist mit 40 Jahren ausgewachsen, kann etwa 100 Jahre alt werden und Stammdurchmesser von 50–100 cm erreichen.

Rinde: Borke lange glatt bleibend, gelb oder graugrün.

Knospen: Endknospen 7–9 mm lang, länglich eiförmig, zugespitzt, rotbraun; Blütenknospen oft sehr früh aufbrechend und die gestauchten Kätzchen freigebend.

Blätter: Sommergrün, wechselständig, eirund bis fast kreisrund, oberseits mattgrün, unterseits bläulich, Herbstfärbung gelb, aber auch leuchtend orangerot.

Blüten: Pflanze ist 2-häusig, Blütenkätzchen 4–10 cm lang, hängend.

Früchte: Junge Fruchtkätzchen grün, hängend, später weißwollig.

Wurzel: Flach- oder Herzwurzler, Boden wird intensiv durchwurzelt, Ausläuferbildung, Wurzelbrut bildend, nach Eingriffen verstärkte Ausläuferbildung.

Verbreitung und Standort: Europa, Nordafrika, Kleinasien, Sibirien. In Mitteleuropa allgemein verbreitet. Von der Ebene bis in Gebirgslagen, in den Alpen bis in 2000 m Höhe. In lichten Mischwäldern, an Waldrändern, in Hecken, auf Ödländereien, Felshängen, Feldrainen und Steinschutthalden; auf mäßig nährstoffreichen, schwach sauren bis kalkreichen, lockeren oder bindigen Sand-, Löss- und Lehmböden.

Ansprüche: Benötigt volle Sonne, toleriert alle Bodenarten, gedeiht selbst noch auf trockenen Sandböden und Moorstandorten, bevorzugt aber grundwasserbeeinflusste, mäßig nährstoffreiche Böden, sauer bis alkalisch; sehr frosthart, stadtklimafest, Laub wirkt bodenverbessernd, trocknet nasse Böden aus; wird nach etwa 40 Jahren brüchig.

Allgemeines: Das sprichwörtliche „Zittern des Espenlaubes“ ist durch die besondere Konstruktion des Blattstieles bedingt. Dieser ist abgeflacht, so wird bereits bei geringstem Lufthauch eine Bewegung ausgelöst. das lateinische Wort „tremula“ bedeutet „zitternd“.

Verwendung: Pionierpflanze auf Sandböden, Halden und Böschungen, schöner Parkbaum mit prächtiger Herbstfärbung, meist in Gruppen gepflanzt.

Nutzung: Trockenes Aspenholz ist leicht, zäh und biegsam. Es eignet sich gut als Blindholz für Möbel, als Sperrholz, Verpackungsmaterial für Lebensmittel, Salz und Mehl sowie zur Herstellung von Spankörben, Schachteln und Holzlöffeln.

Sorte: ‘Erecta’: Wuchs straff aufrecht, 10–15 m hoch, Krone schmal säulenförmig, dicht verzweigt, Äste straff aufrecht.

Prunus Kirsche

Kirsche, Traubenkirsche; *engl.* Cherry; *franz.* Merisier; *ital.* Ciliego; *span.* Cerezo; *kroat.* Prunika
Familie: Rosaceae, Rosengewächse

Meist sommergrüne, seltener immergrüne Bäume oder Sträucher. Blätter wechselständig, gestielt, einfach, meist gezähnt, oft 2 oder mehrere Drüsenhöcker, Blüten meist sehr auffällig weiß, seltener rosa oder rot, in Trauben, Dolden oder Trugdolden, meist an Kurztrieben oder vorjährigen Langtrieben, schüsselförmig bis glockig oder röhrig, doppelt 5-zählig; Steinfrüchte meist 1-samig, Fruchtfleisch oft dick, essbar. Etwa 430 Arten, meist in der gemäßigten Zone der nördlichen Hemisphäre. Zählen zu den bekanntesten und schönsten Zierbäumen.

Prunus avium L.

Vogel-Kirsche, Süß-Kirsche; *engl.* Gean, Mazzard, Wild cherry; *franz.* Cerisier des oiseaux, Merisier; *ital.* Ciliego; *span.* Cerezo silvestre, Cereszo de monte; *kroat.* Tresnjina prunika
Habitus: Mittelgroßer Baum von 15–20 (–25) m Wuchshöhe, mit eirundlicher Krone von 10–15 m Breite und geradem, weit in die Krone hineinreichendem Stamm, Äste quirlständig. Erreicht ein Alter von etwa 80–90 Jahren.
Rinde: Glänzende braunrote Ringelborke.
Blätter: Sommergrün, wechselständig, eilänglich, dunkelgrün, Stiel drüsig, Herbstfärbung prächtig orangegelb bis scharlachrot.
Blüten: Weiß, zu mehreren in sitzenden Dolden, Einzelblüte bis 2,5 cm breit, erscheinen kurz vor dem Laubaustrieb im April–Mai.

Prunus avium

Prunus avium

Prunus avium

Prunus avium 'Pendula'

Prunus avium 'Plena'

Früchte: Schwarzrote, bei Wildformen etwas bittersüße, etwa 1 cm große Kirschen, essbar.

Wurzel: Flaches Wurzelsystem, die Hauptseitenwurzeln sind sehr stark, vertikal ausgerichtete Wurzeln nur mäßig ausgebildet. Bei alten Bäumen etwa 60–100 cm tief reichend.

Verbreitung und Standort: Europa bis Kleinasien, Kaukasus, West-Sibirien. In Mitteleuropa sehr verbreitet, in den Alpen bis auf 1700 m, im Norden seltener, häufig verwildert. Wächst vorwiegend in krautreichen Laub- und Nadelmischwäldern, an Waldrändern, Bachufern, in Feldgehölzen und Hecken; auf tiefgründigen, nährstoffreichen, feuchten und kalkreichen Lehmböden.

Ansprüche: Sonnig bis halbschattiger Standort, sehr anspruchslos, bevorzugt aber tiefgründige, nährstoffreiche, frische bis mäßig feuchte Lehmböden, neutral bis alkalisch, kalkliebend; verträgt keine Staunässe und meidet sandige Standorte.

Allgemeines: Steinkerne von Vogel-Kirschen wurden in der Umgebung von neolithischen und bronzezeitlichen Siedlungen gefunden.

Verwendung: Sehr schöner Blütenbaum für Einzelstellung und Gruppenpflanzungen in größeren Gärten und Parkanlagen, Siedlungen und Dörfern. Auch bei der Ausgestaltung von Waldrändern und zur Böschungsbefestigung.

Nutzung: Das Holz der Vogel-Kirsche ist sehr wertvoll, der schmale Splint ist rötlich weiß, der Kern gelb bis rötlich braun und dunkelt nach. Es ist mäßig stark schwindend, hart, biegsam und schwer spaltbar. Furniere werden für Innenausbauten verwendet. Das Holz ist Ausgangsmaterial für Bürsten- und Messergriffe, kunstgewerbliche Gegenstände und Musikinstrumente. Schön gemasertes Holz wird für Intarsien und zur Drechslerei verwendet. Das Holz dient zur Herstellung exquisiter Möbel und für Fußböden.

Sorten: 'Pendula': Hängeform, hochstämmig veredelt, Zweige wachsen bogenförmig abwärts. 'Plena': 12–15 m hoher Baum mit anfangs regelmäßig breit kegelförmiger Krone, Blüten zahlreich, weiß, rosettenartig gefüllt, 3–3,5 cm breit, in hängenden Büscheln. Zahlreiche weitere Obstsorten.

Prunus cerasifera L.

Kirschpflaume, Myrobalane; *engl.* Cherry plum, Myrobalan plum; *franz.* Myrobolan, Prunier-cerise; *kroat.* Mirobalanina prunika

Habitus: Baumartiger Strauch oder Kleinbaum, 5–8 m hoch und 4–6 m breit, unregelmäßige, aufstrebende, später ausgebreiteter Krone, sparrig und dichtbuschig.

Rinde: Alte Borke schwärzlich, 1-jährige Triebe kahl.

Blätter: Sommergrün, elliptisch bis eiförmig, mittelgrün bis frischgrün.

Blüten: Weiß, meist einzeln stehend, 2–2,5 cm breit, lang gestielt, erscheinen vor oder mit den Blättern, Ende März bis Anfang April.

Prunus cerasifera

Prunus cerasifera

Prunus cerasifera 'Nigra'

Früchte: Kugelig bis leicht eiförmige, 2–3 cm dicke, süß und saftige Früchte, gelb, bläulich oder rot, etwas bereift. Der Steinkern löst sich nicht von Fruchtfleisch. Der Geschmack variiert von süß über herb bis unangenehm.
Wurzel: Kräftiges Wurzelsystem, Hauptwurzeln tief, Ausläufer treibend.
Verbreitung und Standort: Südeuropa bis Kleinasien, Kaukasus, auf der Krim, Persien und Südwestsibirien. In Europa seit etwa 400 Jahren angebaut und verwildert.
Ansprüche: Sonnig bis schattig, anspruchslos, für alle Bodenarten geeignet, bevorzugt aber mäßig trockene bis frische, nährstoffreiche, lehmige Substrate, neutral bis stark alkalisch.
Verwendung: Robuster, zur Blütezeit auffallender und zierender Kleinbaum, für Einzelstellung, Gruppen, Böschungen, Schutzpflanzungen und freiwachsende Hecken. War früher häufig Veredlungsunterlage für Zwetschken.
Nutzung: Vogelschutzgehölz, gute Bienenweide.
Sorten: 'Nigra', Blut-Kirschpflaume: Bis 7 m hoher Baum, Blätter im Austrieb rot, später den Sommer hindurch dunkel purpurrot, Blüten rosa, später weißlich, März–April. 'Pissardii', Blut-Pflaume: Bis 7 m hoher, früh austreibender Baum, Blätter hell bis dunkel purpurrot, später allmählich trübpurpurn werdend, Blüten sehr hell rosa, in Verblühen weiß, rasch abfallend, März–April. Früchte kugelig, purpurrot, 3 cm dick.

Prunus cerasus L.

Sauer-Kirsche, Weichsel; *engl.* Tree sour cherry; *franz.* Cerisier aigre; *ital.* Ciliego agerotte; *span.* Cerezo silvestre es el Guindo; *kroat.* Visnjina prunika
Habitus: Strauch oder 5–10 m hoher Baum mit rundlicher Krone und überhängenden, dünnen Zweigen.

Prunus cerasus

Prunus cerasus 'Rhexi'

Prunus mahaleb

Prunus × eminens 'Globosa'

Prunus mahaleb

Rinde: Grau.

Blätter: Elliptisch-eiförmig spitz, oft ohne Nektardrüsen.

Blüten: Weiß, bis 2,5 cm breit, zu 3–4 in dichten, sitzenden Dolden, April–Mai.

Früchte: Abgeflacht kugelig, 1,5–2 cm dick, dunkelrot, essbar, süßsauer.

Verbreitung und Standort: Südwestasien, in Europa eingebürgert.

Ansprüche: Sonnig bis lichter Schatten, mäßig feuchter bis mäßig trockener, neutraler bis stark kalkhaltiger Boden.

Verwendung: Fruchtbaum.

Sorte: 'Rhexi': Kleiner Baum mit regelmäßig rundlicher Krone, lang gestielten, dicht gefüllten Blüten, rahmweiß, 2,5–4 cm breit, im Zentrum grünlich mit gelben Staubgefäßen.

Weitere Art:

Prunus × eminens 'Globosa', Kugel-Steppen-Kirsche (= *P. fruticosa* 'Globosa'). Hochstämmig veredelter, 3–5 m hoher Kleinbaum mit dichter, kugelförmiger Krone, später abgeflacht kugelig, Krone 2–4 m breit, Blätter oberseits dunkelgrün glänzend, unterseits blaugrün, früh austreibend. Herbstfärbung gelborange bis bronzerot, Blüten rahmweiß, etwa 1,5 cm breit, zahlreich, aber wenig auffallend.

Prunus mahaleb L.

Felsen-Kirsche, Stein-Weichsel, Weichsel-Kirsche; *engl.* Mahaleb cherry, St. Lucie cherry; *franz.* Cerisier de Sainte Lucie; *ital.* Ciliego canino; *kroat.* Raseljkina prunika

Habitus: Großstrauch oder kleiner, unregelmäßig wachsender Kleinbaum, 4–6 (–10) m hoch und 3–5 m breit, oft auch mehrstämmig wachsend, breit ausladende, auch sparrige Krone, Zweige im Alter überhängend. In der Jugend raschwüchsig.

Rinde: Alte Borke längsrissig, sehr schmal gefeldert.

Blätter: Sommergrün, rundlich bis herzförmig, beidseitig glänzend grün, dick, keine Herbstfärbung.

Blüten: Weiß, bis 1,5 cm, in Doldentrauben, duftend, vor dem Laubaustrieb im April–Mai.

Früchte: 0,8–1 cm große, rundliche, dunkelrote, bei Vollreife schwarze Früchte, schmecken meist herbbitter, essbar.

Wurzel: Kräftig entwickeltes Wurzelsystem, sehr tief gehend, keine Ausläufer.

Verbreitung und Standort: Europa und Westasien, bevorzugt in wärmeren Regionen, Weinbaugebiete, an warmen, trockenen, heißen Südhängen, in lichten Mischwäldern, Trockenbuschgesellschaften, in Hecken, an sonnigen Waldrändern und auf Felshängen, meist auf kalkhältigen, mittel- bis tiefgründigen, aber auch flachgründigen Stein-, Lehm- oder Sandböden. Die Stein-Weichsel wächst in Gesellschaft von Flaum-Eichen, Französischem Ahorn, Schlehe, Elsbeere u.s.w.

Ansprüche: Vollsonnige Standorte, toleriert die meisten Bodenarten, wächst auch noch auf sehr trockenen, steinigen Substraten, neutral bis stark alkalisch, kalkliebend.

Allgemeines: Verschiedene prähistorische Funde belegen, dass die Stein-Weichsel schon in der Jungsteinzeit von den Menschen verzehrt wurde.

Verwendung: Baum für die freie Landschaft, zu Begrünung extremer, trockener Standorte, auch im innerstädtischen Raum.

Nutzung: Früher wurde die Stein-Weichsel in einigen Gebieten in kleinen Plantagen kultiviert, um das berühmte „Weichselrohr“ zu gewinnen, dies waren die mehrjährigen, nach starkem Rückschnitt gewachsenen Triebe. Aus dem Weichselrohr wurden Zigarrenspitzen, Spazierstöcke, Pfeifenröhren und Knöpfe gefertigt. Wird auch als Veredlungsunterlage für Kirschen genutzt. Das Holz ist feinfasrig, schwer spaltbar und lässt sich gut polieren, es wird für Tischler- und Drechslerarbeiten verwendet.

Prunus padus L.

Gewöhnliche Traubenkirsche; *engl.* European bird cherry; *franz.* Merisier à grappes; *ital.* Ciliego pado; *span.* Cerezo aliso, Cerezo de racimos, Cerezo pado; *kroat.* Stremzina prunika

Habitus: Meist mehrstämmiger Großstrauch bis kleiner Baum von 6–15 m Höhe und 4–8 m Breite, schmal

Prunus padus

Prunus padus 'Colorata'

Prunus padus 'Watereri'

eiförmige bis rundliche, geschlossene Krone, im Alter etwas unregelmäßig, Zweige im Alter überhängend, raschwüchsig. Wird etwa 60 Jahre alt.

Rinde: Borke schwarzgrau, die Rinde riecht bittermandelartig.

Blätter: Sommergrün, wechselständig, eilänglich elliptisch bis breit verkehrt eiförmig, dunkelgrün, matt, unterseits bläulich grün, oft sehr früh austreibend, Herbstfärbung gelb bis gelegentlich rötlich.

Blüten: Weiß, in 10–15 (–20) cm langen, lockeren, halb aufrecht bis hängenden Trauben, Blüten erscheinen nach den Blättern, starker Duft, April–Mai.

Früchte: Kugelige, etwa erbsengroße schwarze Kirschen, essbar, bitterer Geschmack, Verarbeitung zu Marmelade, Likör, etc.

Prunus serotina

Prunus virginiana 'Shubert'

Wurzel: Kräftig und dicht verzweigtes Wurzelsystem, sehr weit ausgebreitet, Stockausschläge und Wurzelbrut bildend.
Verbreitung und Standort: Europa, Nordasien bis Korea und Japan. In den Alpen bis 1500 m ansteigend. Wächst in feuchten Feldgehölzen, zwischen Wiesen, in Hecken, Weiden und Äckern, an Waldrändern, als Unterholz in Auenwäldern, Flachmooren, an Bächen und Flüssen; auf nährstoffreichen, humosen und tiefgründigen, oft kiesig-sandigen Lehm- und Tonböden.
Ansprüche: Sonnig bis halbschattige Standorte, auf allen Bodenarten, bevorzugt aber gleichbleibend feuchte, humose und nährstoffreiche Substrate, sauer bis kalkhältig. Die Traubenkirsche ist sehr frosthart, stadtklimaverträglich, verträgt zeitweilige Trockenheit.
Verwendung: Schönes Landschafts- und Parkgehölz, für Rekultivierungsmaßnahmen, Bodenbefestiger an Böschungen und in Uferbereichen.
Nutzung: Das mittelschwere, leicht spaltbare, weiche, elastische und dauerhafte Holz eignet sich für Drechsler- und Einlegearbeiten, Gerätestiele und Spazierstöcke. Die jungen, biegsamen Triebe verwendet man mancherorts als Fassreifen. In verschiedenen Regionen werden aus der Rinde und den Früchten Farbstoffe gewonnen. Diese nutzte man zum Beispiel in Norwegen zur Graufärbung von Wolle. Reife, mit Alaun gebeizte Früchte rufen violette und graue Farbtöne auf Wolle hervor. Die Früchte sind keineswegs wohlschmeckend, werden aber dennoch zu Saft, Mus und Mischmarmeladen verarbeitet. Auch die medizinische Nutzung als Diurethicum, Diaphoreticum wie auch als Mittel gegen Gicht, Rheuma und Syphilis ist seit langer Zeit bekannt.
Sorten: 'Colorata': Zweige dunkelpurpurn, Blätter im Austrieb kupferfarben-purpurn, im Sommer mattgrün mit purpurner Nervatur und Unterseite, Blüten hellrosa, 25–32 in 15 cm langen, schräg aufrechten Trauben, Ende April. 'Watereri': Bis 10 m hoher, raschwüchsiger, breit lockerkroniger Baum, Blüten reinweiß, in 18–20 cm langen Trauben, Ende April.

Weitere Arten:
Prunus serotina Ehrh., Spätblühende Traubenkirsche, *engl.* American bird cherry, *franz.* Cerisier tardif; *span.* Cerezo negro americano. Großstrauch bis Baum, 5–15 m hoch und 5–10 m breit, Blätter sommergrün, oberseits dunkelgrün, glänzend(!), Blüten weiß in bis zu 15 cm langen Trauben, nach dem Laubaustrieb, Mai; Früchte 1 cm dick, dunkelpurpurn, essbar, bitter. Wird oft für die Bepflanzung extremer Standorte verwendet, verträgt Salzluft, trockene Blätter sind für das Vieh giftig.
Prunus virginiana L. 'Shubert', Virginische Traubenkirsche. 5–8 m hoher Baum oder vielstämmiger Strauch, zahlreiche Wurzelausläufer, Krone breit eiförmig, später rundlich, Blätter im Austrieb hellgrün, sich allmählich dunkel purpurrot verfärbend, Blüten weiß, klein, in abstehenden Trauben im Mai, Früchte 8 mm dick, purpurrot bis fast schwarz.

Prunus sargentii Rhed.

Scharlach-Kirsche, Japanische Berg-Kirsche; *engl.* Sargent's cherry; *franz.* Cerisier de Sargent; *ital.* Ciliego; *kroat.* Tresnjina prunika
Habitus: Mehrstämmiger Großstrauch oder kleiner Baum, 6–10 (–15) m hoch und 5–8 m breit, Hauptäste trichterförmig aufwärts wachsend, im Alter lockere, breit ausladende Krone bildend, Zweige dünner als bei *P. avium*.
Rinde: Borke kastanienbraun.
Blätter: Sommergrün, im Austrieb bronzefarben, im Sommer grün, Herbstfärbung prächtig orange bis scharlachrot, oft schon im September einsetzend.
Blüten: Rosa, einfach, bis 4 cm breit, in 2- bis 4-blütigen Dolden, sehr zahlreich, April.
Früchte: Rundlich, 1 cm dicke, glänzend purpurschwarze, etwas bittere Kirschen.
Verbreitung und Standort: Nordjapan bis Sachalin.
Ansprüche: Sonnig, windgeschützt, bevorzugt nährstoffreiche, sandig-lehmige Substrate, neutral bis stark alkalisch, sonst anspruchslos, toleriert alle kultivierten Bodenarten, sehr frosthart, stadtklimafest.
Verwendung: Eine der sehr schönen Zier-Kirschen für Einzelstellung in Garten und Park, lässt sich gut mit Stauden kombinieren.
Sorte: 'Rancho': Wuchs säulenförmig, bis 8 m hoch und 3 m breit, im Austrieb bronzefarben, rosa Blüte, geringe Herbstfärbung.

Prunus sargentii

Prunus sargentii

Prunus serrula

Prunus serrula Franch.

Tibetische Kirsche, Mahagoni-Kirsche; *engl.* Birch bark cherry; *franz.* Cerisier du Tibet; *ital.* Ciliego; *kroat.* Glatkokora prunika

Habitus: Kleiner Baum oder vielstämmiger Großstrauch, 5–9 m hoch und 7 m breit, Hauptäste in der Jugend straff aufrecht, im Alter unregelmäßig, breit rundlich.

Rinde: Spiegelrinde glatt und mahagonibraun, glänzend, in schmalen Streifen abrollend.

Blätter: Sommergrün, spitz elliptisch, plötzlich lang zugespitzt, dunkelgrün, im Austrieb gelblich braun.

Blüten: Weiß, 2 cm breit, zu 1–4 in fast sitzenden Dolden, nickend, April–Mai.

Früchte: Eiförmig kugelig, 1–1,3 cm dick, rot.

Prunus sargentii

Prunus serrulata 'Amanogawa'

Prunus serrulata 'Kanzan'

Prunus serrulata 'Kanzan'

Prunus serrulata 'Pink Perfection'

Verbreitung und Standort: Gebirge in Westchina.
Ansprüche: Sonnig bis lichtschattig, bevorzugt nährstoffreiche, sandig-lehmige Substrate, neutral bis stark alkalisch, sonst anspruchslos, toleriert alle kultivierten Bodenarten, gut frosthart.
Verwendung: Als Einzelpflanzen in Park und Garten, sollte wegen der auffallenden Rinde in Sichtnähe zu Wegen, vor Gehölzgruppen und in Rabatten gepflanzt werden.

Weitere Arten mit ähnlichen Rindenbildern:
Prunus maackii Rupr. 'Amber Beauty', Amur-Traubenkirsche. Dekorativer Kleinbaum bis 12 m, 5–6 m breit, langsamwüchsig, Blüten in kugeligen Trauben, fast ballförmig, Blüten klein, weiß, Herbstfärbung rötlich gelb, besondere Zierde dieser Art ist die glatte, glänzend zimtrot bis goldbraune Rindenfärbung, schält sich quer in dünnen, papierartigen Streifen ab.
Prunus × schmittii Rhed. (*P. avium* × *P. canescens*), Schmitts Kirsche. Kleiner Baum, 5–8 (–12) m hoch und 2–3 m breit, mit schmal ovaler Krone, Äste aufstrebend, dicht und geschlossen, im Alter mehr breit eiförmig, relativ raschwüchsig; Herbstfärbung gelborange; einfache weiße Blüten, im April–Mai, mahagonibraune Spiegelrinde mit zahlreichen, querliegenden Lentizellenbändern.

Prunus serrulata 'Shimidsu-zakura'

Prunus subhirtella

Prunus serrulata Lindl.

Japanische Blüten-Kirsche; *engl.* Oriental cherry; *franz.* Cerisier de collines; *ital.* Ciliego; *kroat.* Japanska tresnja

Die Wildform stammt aus Japan, China und Korea, ist nicht im Handel, statt dessen eine Fülle prächtiger Ziersorten. Sie unterscheiden sich in Wuchs, Blütenform und Blütezeit.

Einige der am häufigsten verwendeten Sorten der „Sato-zakura-Gruppe" (Bärtels):

'Amanogawa', Säulen-Kirsche: Bis 4–7 m hoher und 1–2 m breiter Strauch oder Kleinbaum, oft hochstämmig veredelt, Äste straff säulenförmig aufrecht, dicktriebig, Blätter im Austrieb braungelb, im Sommer dunkelgrün, Blüte hellrosa, leicht gefüllt, Einzelblüten sehr zahlreich; Ende April–Anfang Mai.

'Kanzan', Nelken-Kirsche: Großstrauch oder kleiner Baum. 7–10 m hoch und 3–8 m breit, Krone breit trichterförmig mit steif aufrechten Hauptästen, im Alter breit ausladend, Zweige leicht überhängend; Blätter im Austrieb bronzefarben, Herbstfärbung gelborange; Blüten rosa, dicht gefüllt, außerordentlich reich blühend, Ende April–Anfang Mai.

'Kiku-shidare-zakura', Hängende Nelken-Kirsche: Kleiner, hochstämmig veredelter Baum mit überhängenden Ästen und Zweigen, 3–6 m hoch und 3–4 m breit; Blüte rosa, dicht gefüllt, sehr zahlreich; Ende April–Anfang Mai.

'Pink Perfection': Kleinbaum oder Großstrauch, bis 5 (–8) m hoch und 5 m breit, Krone trichterförmig aufrecht, Blätter im Austrieb bronzegrün, Herbstfärbung leuchtend orangerot, Blütenknospen tiefrosa, aufgeblüht rosa, mit gefransten Kronblättern gefüllt, sehr zahlreich. April–Mai.

'Shimidsu-zakura' (= 'Shogetsu'): Wuchs schwach schirmförmig, bis 5 m hoch, Krone abgeflacht halbkugelig, Blätter im Austrieb grün, zur Blütezeit voll entwickelt, Herbstfärbung gelblich; Blüte in der Knospe hellrosa, geöffnet reinweiß, mit ausgerandeten Kronblättern gefüllt, in lang gestielten, hängenden Büscheln, Anfang–Ende Mai.

'Shiro-fugen' (= 'Fugenzo'): Wuchs kräftig, bis 10 m, Krone abgeflacht trichterförmig, bis 8 m breit, Blätter im Austrieb kupferrot, zur Blütezeit rasch bronzegrün werdend; Blüten in der Knospe rosarot, mit Kronblättern gefüllt, duftend, in hängenden Büscheln, Ende April–Ende Mai.

'Shirotae': Wuchs breit schirmförmig, bis 5 m hoch, Krone 10–12 m breit, Äste waagrecht abstehend, Zweige leicht überhängend. Blätter groß, im Austrieb hellgrün; Blüte in der Knospe weiß, leicht rosa getönt, aufgeblüht reinweiß, nach Mandeln duftend, in hängenden Büscheln, sehr zahlreich, April–Mai.

Prunus subhirtella Miq.

Higan-Kirsche; *engl.* Autumn cherry, Winter flowering cherry; *franz.* Cerisier d'hivier; *ital.* Ciliego; *kroat.* Higan-prunika

Habitus: Reichverzweigter, 4–6 m hoher, dünnzweigiger Baum mit aufstrebenden Ästen, junge Triebe behaart.

Rinde: Grau.

Knospen: Blütenknospen oft sehr früh angetrieben, kugelig-eiförmig.

Blätter: Eiförmig bis länglich-eiförmig, spitz, oberseits frischgrün, Herbstfärbung gelborange.

Blüten: Blassrosa bis weiß, 1,8 cm breit, in Büscheln zu 2–5, April.

Früchte: Eiförmig kugelig, 0,8 cm dick, purpurschwarz.

Verbreitung und Standort: Herkunft unbekannt, in Japan schon seit langem in Kultur.

Ansprüche: Sonnig, windgeschützt, bevorzugt nährstoffreiche, sandig-lehmige Substrate, neutral bis stark alkalisch, sonst anspruchslos, toleriert alle kultivierten Bodenarten, sehr frosthart, stadtklimafest.

Allgemeines: Kann bei günstiger, warmer Witterung bereits im Spätherbst zu blühen beginnen.

Verwendung: Prächtiger Kleinbaum für Gärten und Parkanlagen, Siedlungsbereich.

Prunus subhirtella 'Fukubana'

Prunus 'Accolade'

Prunus subhirtella

Prunus subhirtella 'Autumnalis'

Prunus 'Accolade'

Prunus × yedoensis

Sorten: 'Autumnalis': Kleiner Baum bis 5 m mit breit aufrechter Krone, Zweige und Triebe sehr fein, dicht verzweigt und überhängend; Blüte weiß bis weißlich rosa, halbgefüllt, die ersten Blüten erscheinen bei milder Witterung oft schon im November–Dezember, Hauptblüte März–April. 'Plena': Kleiner, zierlicher Baum oder Großstrauch, 4–6 m hoch und 3–5 m breit; Blüte knospig rosa, aufgeblüht weißlich rosa, gefüllt, in Büscheln, sehr zahlreich, im April. 'Fukubana': Wie vorige, Knospe purpurrot, Blüte tiefrosa, leicht gefüllt, Kronblätter sehr tief eingeschnitten, Blüten sehr zahlreich, April.
Weitere Hybriden mit **P. subhirtella:** *Prunus* 'Accolade': Hybride mit *P. sargentii*, bis 8 m hoher Strauch oder kleiner Baum, Krone sehr breit trichterförmig, Zweige leicht überhängend, Blüten geöffnet hellrosa, halbgefüllt, in hängenden Büscheln, sehr zahlreich, April–Mai.

Prunus × yedoensis Matsum.

Tokyo-Kirsche, Yoshino-Kirsche; *engl.* Tokyo cherry; *franz.* Cerisier Yoshino; *ital.* Ciliego; *kroat.* Tokijska hibridna prunika
Habitus: Kleiner Baum bis Großstrauch, 5–8 m hoch und 4–7 m breit, Krone zunächst trichterförmig, später breit ausladend, Zweige und Triebe feingliedrig, leicht überhängend.
Rinde: Grau.
Knospen: Blütenknospen oft sehr früh angetrieben.
Blätter: Sommergrün, elliptisch, frischgrün, Herbstfärbung gelb bis gelborangerötlich.
Blüten: Knospig rosa, später weiß, einfach, schwach duftend, in behaarten Dolden, mit unscheinbaren Hochblättern, April.
Früchte: Kugelig, erbsengroß, schwarz.

Prunus × yedoensis

Verbreitung und Standort: Kreuzung aus *Prunus speciosa* × *Prunus subhirtella*, in Japan seit 1868 bekannt und dort in Massen gepflanzt.
Ansprüche: Sonnig, windgeschützt, bevorzugt nährstoffreiche, sandig-lehmige Substrate, neutral bis stark alkalisch, sonst anspruchslos, toleriert alle kultivierten Bodenarten.
Verwendung: Prächtiger Blütenbaum für Einzelstand in Garten und Park, Straßenbaum.

Pterocarya Flügelnuss

Flügelnuss; *engl.* Wingnut; *franz.* Ptérocaryer; *ital.* Noce ad ali; *span.* Pterocaria; *kroat.* Pterokarija
Familie: Juglandaceae, Walnussgewächse

Sommergrüne, großkronige Bäume, Zweige mit gekammertem Mark, Winterknospen nackt, Blätter wechselständig, unpaarig gefiedert; einsamige Nüsschen in 20–40 cm langen, hängenden Ähren. 10 Arten vom Kaukasus bis Ostasien.

Pterocarya fraxinifolia (Lam.) Spach

Kaukasische Flügelnuss; *engl.* Caucasian wingnut; *franz.* Ptérocaryer du Cuacase; *ital.* Noce ad ali; *span.* Pterocaria de hojas de fresno, Pterocaria del Cáucaso, Nogal alade común; *kroat.* Kavkaska pterokarija

Habitus: Meist mehrstämmiger großer Baum mit ausladender Krone, 15–20 (–25) m hoch und bis 15 m breit, vielstämmige Bäume noch viel breiter; viele Ausläufer bildend.

Rinde: Borke schwarzgrau mit auffallend hellen Längsfurchen.

Blätter: Sommergrün, gefiedert, 20–50 cm lang, dunkelgrün, Austrieb sehr spät, spätfrostgefährdet, leuchtendgelbe Herbstfärbung.

Pterocarya fraxinifolia

Blüten: 1-häusig, grün, in hängenden Kätzchen, männliche Blütenstände bis 20 cm lang, Mai.

Früchte: Halbkreisförmige, geflügelte Nüsschen, zu vielen wie aufgeschnürt an bis zu 40 cm langer, dünner Spindel.

Wurzel: Weit ausgebreitet, Hauptwurzeln sehr flach, stark verzweigt, brettartig, auf feuchten Standorten starke Ausläuferbildung bis über die Kronentraufe hinaus.

Verbreitung und Standort: Kaukasus bis Nordpersien, in feuchten Wäldern.

Ansprüche: Sonnige bis lichtschattige Standorte, sehr anpassungsfähig an Boden und Standort, kalkverträglich, optimale Entwicklung auf feuchten bis nassen, tiefgründigen, humosen Standorten, wächst aber auch auf normalen trockeneren Böden; etwas spätfrostgefährdet, stadtklimafest, hitzeverträglich, windresistent, erträgt längere Überschwemmungen problemlos.

Verwendung: Bildet schöne Kulissen, am besten in der Nähe von Wasserläufen an Teich- und Seeufern, in Rasenflächen, in Gruppen auf Parkwiesen, eventuell gemeinsam mit Silber-Ahorn, Eschen, Weiden etc.

Nutzung: Das weiche Holz lässt sich gut zum Schnitzen verwenden.

Weitere Art:

Pterocarya stenoptera C. DC., Chinesische Flügelnuss. Unterscheidet sich von der Kaukasischen Flügelnuss durch die Blätter sowie durch die 1,2–2 cm langen Früchte mit lanzettlichen, nach vorn gerichteten Flügeln. Diese Flügelnuss ist in China beheimatet.

Pterocarya fraxinifolia

Pterocarya fraxinifolia

Pterocarya fraxinifolia

Pyrus Birne

Birne; *engl.* Pear; *franz.* Poirier; *span.* Peral; *kroat.* Kruska
Familie: Rosaceae, Rosengewächse

Sommergrüne, selten halbimmergrüne Bäume oder Großsträucher, Kurztriebe manchmal verdornend, Blätter wechselständig, einfach, Blüten weiß, 2–4 cm breit, in mehrblütigen Dolden oder Trugdolden; Früchte (Kernäpfel) kugelig bis birnenförmig. Etwa 30 Arten von Europa bis Ostasien, südlich bis Nordafrika, Iran und Himalaja.

Pyrus calleryana Decne.

Chinesische Birne; *engl.* Pear; *franz.* Poirier; *kroat.* Kruska
Habitus: Kleiner Baum mit schmal kegelförmiger Krone, wird 8–12 m hoch und bis 5 m breit; raschwüchsig.
Rinde: Kahl, bräunlich, Zweige rotbraun bis olivgrün.
Blätter: Sommergrün, eiförmig bis rundlich, dunkelgrün glänzend, sehr früher Austrieb. Herbstfärbung gelb über orange bis scharlach und purpur, spät einsetzend, auf feuchten Böden bleibt das Laub oft lange am Baum.
Blüten: Weiß, in sehr zahlreichen Dolden, erscheinen vor oder mit dem Laubaustrieb, sehr schöner Blütenbaum, Ende April bis Anfang Mai.
Früchte: Kugelige bis länglich rundliche, etwa 1 cm dicke Birnen, grünlich braun, wenig auffällig.
Verbreitung und Standort: Stammt aus Zentral- und Südchina, wächst dort meist an Flussufern und in Wäldern.
Ansprüche: Vollsonniger Standort vorteilhaft wegen Herbstfärbung, sonst sehr anpassungsfähig, gedeiht auf durchlässigen Böden, toleriert auch trockene Standorte, bevorzugt aber etwas feuchtere, frischere, nicht zu nährstoffarme Böden, neutral bis alkalisch; im Alter ausreichend frosthart, früh austreibend, spätfrostgefährdet, unempfindlich gegenüber Luftverschmutzung, hitzeverträglich.
Allgemeines: Wird meist auf *Pyrus communis* veredelt. „Pirus" war die römische Bezeichnung für den Birnbaum.
Verwendung: Einzelstellung, Gruppen und für schmale Stadtstraßen.
Sorte: 'Chanticleer': Sorte mit schöner Blüte und schmal kegelförmigen Kronenaufbau.

Pyrus calleryana

Pyrus communis L.

Garten-Birnbaum, Kultur-Birne; *engl.* Common pear; *franz.* Poirier commun; *span.* Peral común; *kroat.* Pitoma kruska
Habitus: Etwa 15 (–20) m hoher Baum mit schmal kegelförmiger oder hochgewölbter Krone.
Rinde: Dunkelgraubraun, rechteckig gefeldert, Zweige zum Teil bedornt.
Blätter: Sommergrün, eiförmig bis elliptisch, 5–9 cm lang, glänzend grün; Herbstfärbung gelb bis orange oder rot bis purpurn.
Blüten: Weiß, seltener leicht rosa, etwa 3 cm breit, in Trugdolden, Staubblätter rot(!), April–Mai.
Früchte: Birnenförmig bis fast kugelig, über 5 cm lang, zuletzt gelbgrün, saftig, je nach Sorte herb säuerlich bis fruchtig, essbar.

Pyrus calleryana 'Chanticleer'

Verbreitung und Standort: Europa bis Kleinasien, vorwiegend Hybriden oder verwildert.

Ansprüche: Vollsonniger Standort vorteilhaft wegen Herbstfärbung, sehr anpassungsfähig, auf durchlässigen Böden, toleriert auch trockene Standorte, bevorzugt aber etwas feuchtere, frischere, nicht zu nährstoffarme Böden, neutral bis alkalisch; im Alter ausreichend frosthart, früh austreibend, unempfindlich gegenüber Luftverschmutzung, hitzeverträglich.

Allgemeines: Die Kultur-Birne ist schon seit langem mit mehr als 1500 Sorten in Kultur.

Verwendung: Kultursorten als Obstbäume, in manchen Regionen (z. B. Mostviertel, NÖ) sind Mostobstbäume landschaftsprägend, auch als Straßenbäume im Landschaftsbereich in Verwendung.

Nutzung: Das Holz ist kostbar, samtig rot und hart. Es wird für besonders edle Möbel verwendet, es ist eines der witterungs- und feuchtigkeitsbeständigsten Holzarten und sehr dauerhaft. Es lässt sich auch zu Fertigung von Fußböden und Tischen gut einsetzen. Darüber hinaus werden die wohlklingendsten Flöten aus Birnenholz hergestellt.

Sorten: 'Beech Hill': Mittelgroßer, 10 (–15) m hoher Baum mit schmal pyramidaler Krone; Straßen- und Parkbaum. Weitere Sorten siehe Obstsorten.

Pyrus pyraster Burgsd.

Wild-Birne, Wilder Birnbaum, Holz-Birne; *engl.* Wild pear; *franz.* Poirier sauvage; *ital.* Perastro; *span.* Peral silvestre; *kroat.* Divlija kruska

Habitus: Mittelgroßer Baum von 15–20 m Höhe mit breit kegelförmiger Krone; Äste abstehend bis aufsteigend.

Rinde: Dunkelgraubraun, rechteckig gefeldert, Zweige bedornt.

Blätter: Rundlich bis breit eiförmig, oberseits dunkelgrün glänzend, unterseits bläulich grün, Herbstfärbung gelb über orange bis rot.

Blüten: Etwa 3 cm breit zu 3–9 in Trugdolden, Staubblätter rot; April–Mai.

Früchte: Kugelig bis kurz birnenförmig, 1,5–3,5 cm lang, stumpfgelb, braun gefleckt, hart, roh herb und adstringierend, genießbar.

Verbreitung und Standort: Europa bis Westasien, meist an sonnigen, mäßig trockenen Standorten, Wäldern, Waldränder, Hecken und Gehölzsäume.

Ansprüche: Vollsonniger Standort vorteilhaft wegen Herbstfärbung, sonst sehr anpassungsfähig, gedeiht auf durchlässigen Böden, toleriert auch trockene Standorte, bevorzugt aber etwas feuchtere, frischere, nicht zu nährstoffarme Böden, neutral bis alkalisch.

Verwendung: Landschaftsgehölz.

Weitere Arten:

Pyrus nivalis Jaq., Schnee-Birne. Etwa 10 (–15) m hoher Baum ohne Zweigdornen, Blätter anfangs weißfilzig, später oberseits kahl, Herbstfärbung dunkelrot. Früchte rundlich bis birnenförmig, 3–5 cm lang, gelblich grün mit roten Punkten, spät reifend, sauer schmeckend und erst überreif essbar. Süd- und südliches Mitteleuropa.

Pyrus elaeagrifolia Pall., Ölweidenblättrige Birne. Kleiner Baum, ähnlich *Pyrus nivalis*, Zweige dornig, junge Triebe filzig, Blätter lanzettlich bis schmal elliptisch, beiderseits grau oder weiß behaart, Blüten 2,5–3 cm breit in filzig behaarten Trugdolden, Mai, Früchte kugelig bis kreiselförmig, etwa 2 cm dick, grün. Kleinasien.

Pyrus communis

Pyrus pyraster

Pyrus elaeagrifolia

Quercus Eiche

Eiche; *engl.* Oak; *franz.* Chene; *ital.* Quercia; *span.* Roble; *kroat.* Hrast
Familie: Fagaceae, Buchengewächse

Überwiegend sommergrüne, seltener immergrüne Bäume, gelegentlich Sträucher, Winterknospen an den Enden von Langtrieben gehäuft. Blätter wechselständig, kurz gestielt, fiedrig gelappt, seltener ganzrandig oder gezähnt, Blätter bei sommergrünen Arten oft den Winter über in braunem Zustand haftend. Blüten 1-häusig, unscheinbar, windblütig, männliche Blüten einzeln in büschelig gehäuften Kätzchen am Grunde von Jungtrieben, Früchte (Eicheln) kugelig oder eiförmig, länglich oder zylindrisch, 1–3,5 cm lang, zu einem Drittel bis zur Hälfte von einem runden, napf-, teller- oder becherförmigen Fruchtbecher umgeben. Samenreife meist im 1. Jahr. Eichen sind langlebige Garten- und Parkbäume mit dekorativem Laub und oftmals prachtvoller Herbstfärbung, einige Arten auch als Allee- und Straßenbäume gut geeignet. Auch große wirtschaftliche Bedeutung wegen der Holznutzung.
Etwa 600 Arten in Europa, Vorderasien, Westsibirien und Nordafrika, in Ost- und Südostasien, bis Indonesien, in Nord- und Mittelamerika bis Ecuador.

Quercus cerris L.

Zerr-Eiche; *engl.* Turkey oak; *franz.* Chene chevelu; *ital.* Quercia cerro; *span.* Roble cerris, Roble cabelludo, Roble de Turqua; *kroat.* Hrast cer

Habitus: Großer Baum von 20–30 m Höhe mit breit kegelförmiger bis breitrundlicher Krone von 10–15 (–20) m Breite. Meist durchgehender Hauptstamm, Seitenäste aufsteigend, oft auch waagrecht abstehend, im Alter ausladend und übergeneigt, langsamwüchsig.

Rinde: Schwärzlich bis dunkelgrau, dick, tief gefurcht.

Quercus cerris

Blätter: Sommergrün, im Umriss sehr variabel(!), buchtig gelappt oder fiederspaltig, ledrig, oberseits dunkelgrün glänzend, unterseits graugrün, Herbstfärbung gelbbraun.

Blüten: Männliche Kätzchen bis 8 cm lang, weibliche Blüten unscheinbar.

Früchte: Früchte im 2. Jahr reifend, Becher sehr stark von behaarten Schuppen umgeben, Eicheln zur Hälfte vom Becher umgeben; Eichel 3–4 cm lang und halb so breit, Fruchtreife September–Oktober.

Wurzel: Tiefwurzler, unempfindlich, verträgt Einpflastern.

Verbreitung und Standort: Süd- und Südosteuropa, in artenreichen Hopfen-Orient-Hainbuchen-Gesellschaften wie in Eichen-Hainbuchenwäldern und in Steppenwälder. Kommt im südlichen Verbreitungsgebiet bis in etwa 700 (–1200) m Seehöhe vor. Tritt oft gemeinsam mit Ungarischer Eiche, Silber-Linde und Speierling auf.

Ansprüche: Sonniger, warmer Standort, außerordentlich hitzeverträglich, wärmeliebend, mäßig frosthart, anspruchslos, stadtklimafest, gut winterhart; sehr anpassungsfähig an Boden und pH-Wert,

Quercus cerris

gedeiht noch vorzüglich auf trockenen, stark alkalischen bis schwach sauren Böden, kalkliebend.
Verwendung: Großer Einzelbaum und für Gruppenpflanzung in Parks, auch als Straßenbaum und für innerstädtische Schutzpflanzungen.
Nutzung: Das Holz ist sehr hart, schwindet aber und ist schlecht spaltbar. In Weidegebieten Südosteuropas wird die Zerr-Eiche zu Futterzwecken geschneitelt.
Sorte: 'Argenteovariegata': Blätter breit und unregelmäßig rahmweiß gerandet, die gelbe Panaschierung gelegentlich bis zur Mittelrippe reichend.

Quercus cerris 'Argenteovariegata'

Quercus coccinea Muenchh.

Scharlach-Eiche; *engl.* Scarlet oak, Red oak, Black oack; *franz.* Chene écarlate; *ital.* Quercia; *span.* Roble escarlata; *kroat.* Grimizini hrast
Habitus: Mittelgroßer Baum von 15–18 (–25) m Höhe, mit zunächst paramidaler, später mehr rundlicher, offener Krone von 9–12 m, oft mit waagrechten Astpartien. Stammdurchmesser bis 0,8 m, mittelstark wachsend.
Rinde: Borke im Alter feinrissig, grau.
Blätter: Sommergrün, im Umriss elliptisch, frischgrün, glänzend, Herbstfärbung leuchtend scharlachrot.
Blüten: 1-häusig, unscheinbar, männliche in hängenden Kätzchen.
Früchte: Einzeln, kurz gestielt, 1,5–2,5 cm lang, zu einem Drittel oder bis zur Hälfte vom Fruchtbecher umgeben.
Wurzel: Flaches Wurzelsystem, Hauptwurzeln oft dicht unter der Oberfläche streichend, empfindlich gegen Bodenverdichtung.
Verbreitung und Standort: Östliches Nordamerika, wächst dort mit anderen Eichen-Arten und in Mischwäldern gemeinsam mit Rot-Ahorn, Amerikanischer Edel-Kastanie, Hemlock und Weymouthkiefer; kann bis in 900 m Seehöhe vorkommen.
Ansprüche: Sonniger, freier Standort, wärmeliebend, frosthart, stadtklimaverträglich, windfest; toleriert viele Bodenarten, frisch bis feucht, wächst auch noch gut auf trockeneren, sandigen Böden, schwach sauer bis leicht alkalisch, kalkfliehend.
Verwendung: Dekorative Eiche mit schöner Herbstfärbung, für Parks und Gärten, gelegentlich auch als Straßenbaum in Verwendung.
Nutzung: Nur als Brennholz.

Quercus coccinea

Quercus coccinea

Quercus frainetto Ten.

Ungarische Eiche; *engl.* Hungarian oak; *franz.* Chene de Hongrie; *ital.* Farnetto; *span.* Roble de Hungría; *kroat.* Hrast sladun, Blagun
(Syn.: *Q. conferta, Q. pannonica*)
Habitus: Mittelgroßer, stattlicher Baum von 15–20 (–25) m Höhe und 10–15 m Breite, Krone gleichmäßig, oval bis rundlich geschlossen, Hauptäste oft im Winkel von 45° ansetzend und straff nach außen aufsteigend, Krone im Alter lockerer, mehr breit und etwas überhängend.
Rinde: Borke im Alter feinrissig, grau.
Blätter: Sommergrün, verkehrt eiförmig, mit annähernd symmetrischen Blattlappen und tiefen Buchten; gelblich braune Herbstfärbung.
Blüten: 1-häusig, unscheinbar, männliche in hängenden Kätzchen.

Quercus frainetto

Quercus ilex

Quercus ilex

Früchte: Eicheln eiländlich, 2–2,5 cm lang, ein Drittel oder mehr vom Becher umgeben.

Wurzel: Hauptwurzeln tiefgehend, unempfindlich gegen Einpflastern.

Verbreitung und Standort: Süd- und Südosteuropa, Balkan, Türkei, Süditalien; in sommerwarmer Lage auf trockenen Hügeln.

Ansprüche: Sonniger Standort, durchlässiger, nahrhafter Oberboden, mäßig trocken bis frisch, sauer bis stark alkalisch, kalkliebend, insgesamt anspruchslos, gedeiht auch noch auf trockenen Standorten, bevorzugt aber lehmige, nicht allzu schwere Böden.

Allgemeines: Eichenlaub verrottet allgemein sehr langsam.

Verwendung: Schöner Solitärbaum für Gärten und Parks, bedingt als Straßenbaum.

Nutzung: Wegen seiner Haltbarkeit wird das Holz der Ungarischen Eiche für Bereiche des Tiefbaus, in der Hydrotechnik und im Bergbau verwendet. Sowohl im Boden, als auch unter Wasser erreicht seine Dauerhaftigkeit das Doppelte des stiel- und Trauben-Eichenholzes. Früher wurde es zur Herstellung von Radspeichen genutzt.
Wird in der Heimat geschneitelt, Zweige und Blätter zur Viehfuttergewinnung geschnitten, ebenso werden die Eicheln von den Schweinen gerne verzehrt, früher wurden sie auch von den Menschen als Nahrung verwendet.

Quercus ilex L.

Stein-Eiche; *engl.* Evergreen oak, Holm oak; *franz.* Chene vert, Yeuse; *ital.* Leccio; *span.* Encina; *kroat.* Crni hrast, Crnika

Habitus: Mittelgroßer bis großer, 15–20 m hoher Baum mit rundlicher bis hochgewölbter Krone, Stamm ist kurz und dick, oft auch nur strauchförmig wachsend.

Rinde: Dunkelgrau, anfangs fast ganz glatt, im Alter kleinschuppig bis gefeldert.

Blätter: Immergrün, ledrig, sehr variabel, oberseits glänzend dunkelgrün, unterseits grau- bis bräunlich weiß und filzig behaart.

Blüten: Unscheinbar, in gelblich grünen, hängenden Kätzchen.

Früchte: Eicheln 2–3,5 cm lang, länglich eiförmig bis nahezu rundlich, zu 1–3, meist gestielt, zur Hälfte von Fruchtbecher umgeben.

Verbreitung und Standort: Mittelmeergebiet, oft in Reinbeständen, heute nur mehr wenige Waldstandorte, oft auf steinigen Kalkböden.

Ansprüche: Hitze- und trockenheitsresistent, anspruchslos on Boden, bevorzugt kalkhaltigen Boden, in Mitteleuropa nicht ausreichend frosthart.

Verwendung: Straßen- und Parkbaum in südlichen, mediterranen Regionen, wird in England als schöner, großer Parkbaum verwendet.

Nutzung: Stein-Eichenwälder werden in der Heimat zur Schweinemast genutzt.

Quercus macranthera Fisch. et C.A. Mey. nex Hohen.

Persische Eiche; *engl.* Caucasian oak, Persian oak; *franz.* Chene de Caucase; *ital.* Quercia; *span.* Roble del Cáucaso, Roble de Persia; *kroat.* Kavkaski hrast

Habitus: Mittelhoher Baum von 12–20 m Höhe und 8–12 m Breite, mit breiteiförmiger Krone und locker gestellten, aufrechten Ästen, im Alter weit ausgebreitet, schwach wachsend.

Rinde: Graubraun, dünn, in großen Platten abblätternd.

Blätter: Sommergrün, verkehrt eiförmig, mit rundlichen Blattlappen, oberseits dunkelgrün, unterseits graufilzig behaart, Herbstfärbung gelb bis gelbbraun.

Blüten: 1-häusig, männliche in hängenden Kätzchen, auffallend lang, in großer Fülle, Ende Mai bis Juni.

Früchte: Meist zu mehreren (1–4), etwa 2 cm lang, zur Hälfte vom Becher umgeben.

Wurzel: Tiefwurzler.

Verbreitung und Standort: Südostkaukasus, Armenien, Nordiran; in Bergregionen bis zur Baumgrenze.

Ansprüche: Sonniger, warmer Standort, hitzeresistent, Stadtklima gut vertragend, spätfrostgefährdet, mäßig frosthart; bodentolerant, bevorzugt auf kalkhaltigen Böden, bevorzugt mäßig trockene bis frische, nahrhafte Böden.

Verwendung: Schöner Solitärbaum für Parks und große Gärten.

Quercus macranthera

Quercus macranthera

Quercus palustris Muenchh.

Sumpf-Eiche; *engl.* Pin oak, Swamp oak, Spanish oak; *franz.* Chene de marais; *ital.* Quercia; *span.* Roble palustre americano, Roble de los pantanos; *kroat.* Camoliki hrast

Habitus: Mittelgroßer Baum von 15–20 m Höhe und 8–15 m Breite, mit kegelförmiger Krone und meist geradem, bis in den Wipfel durchgehenden Stamm, Äste horizontal gestellt und weit ausgebreitet, typisch ist die Bildung nestartiger, trockener Astpartien; langsam wachsend.

Rinde: Borke graubraun bis dunkelgrau, lange glatt bleibend.

Blätter: Sommergrün, im Umriss sehr variabel, 7–15 cm lang und fast genauso breit, beiderseits mit spitzen Lappen und glänzendgrün; ab September gelborange oder bronzerote Herbstfärbung.

Blüten: 1-häusig, unscheinbar, männliche in hängenden Kätzchen.

Früchte: Sitzend oder kurz gestielt, 1,5 cm lang, halbkugelig, zu einem Drittel im Becher.

Wurzel: Flachwurzler, mit Herzwurzel, verträgt Überschwemmungen, empfindlich gegen Einpflastern.

Verbreitung und Standort: Östliches Nordamerika, oft in Reinbeständen an feuchten, schlecht durchlässigen Standorten in der submontanen Stufe bis in Seehöhen von 300 m, im Auwaldbereich von Fluss- und Bachtälern, auch auf lehmigen Böden, wo das Wasser für mehrere Wochen stehen kann.

Quercus palustris

Quercus palustris

Quercus petraea

Ansprüche: Sonniger bis lichtschattiger Standort, hitzeverträglich, wärmeliebend, frosthart, aber etwas spätfrostgefährdet, anspruchslos und widerstandsfähig; Anpassungsfähig, gedeiht sowohl auf normalen, mäßig trockenen Standorten wie auch auf feuchten bis nassen Überschwemmungsböden, bevorzugt tiefgründige, nahrhafte Substrate, sauer bis schwach alkalisch, kalkfliehend.

Verwendung: Prachtvoller Solitärbaum für Garten und Parkanlagen, auch in Kombination mit anderen herbstfärbenden Gehölzen, auch als Allee- und Straßenbaum.

Nutzung: Weniger wertvoll als das Holz der Rot-Eiche, wird gelegentlich als Möbelholz verwendet, für die Verwendung als Eisenbahnschwellen muss es imprägniert werden.

Quercus petraea (Matt) Lieb.

Trauben-Eiche, Winter-Eiche; *engl.* Durmast oak, Sessile oak; *franz.* Chene rouvre, Chene noir, Chene sessile; *ital.* Quercia commune, Rovere; *span.* Roble albar, Roble del invierno; *kroat.* Hrast kitnjak, beljik

Habitus: Großer Baum von 20–30 (–40) m Höhe, mit breiter, geschlossener, hochgewölbter Krone von 15–20 (–25) m Breite, mit durchgehendem Stamm. Trauben-Eichen sind mit 100–200 Jahren meist ausgewachsen, können aber 500–800 Jahre alt werden.

Rinde: Alte Borke graubraun, gleichmäßig, längsrissig.

Blätter: Sommergrün, verkehrt eiförmig bis verkehrt länglich oval, beiderseits mit regelmäßigen Lappen, dunkelgrün, glänzend, unterseits hellgrün; Herbstfärbung gelblich bis braun, Laub besonders an jungen Bäumen oft lange haftend.

Blüten: 1-häusig, unscheinbar, männliche in hängenden Kätzchen, Mai–Juni.

Früchte: Eicheln zu mehreren, sehr kurz gestielt, bis zu einem Viertel vom Fruchtbecher umschlossen.

Wurzel: Anfangs ausgeprägte Pfahlwurzel, die etwa 1,5 m tief eindringt. Ab dem 30. Lebensjahr bildet die Trauben-Eiche sehr starke Seitenwurzeln, aus denen schwächere Senker entspringen. In der Altersphase zeigt sich ein echtes Herz-Senkwurzelsystem. Geringer Feinwurzelanteil.

Verbreitung und Standort: Europa bis Kleinasien, in Deutschland allgemein verbreitet. In waldartigen Beständen, auf nährstoffreichen bis -armen, mittelgründigen, sauren bis kalkhältigen, mäßig trockenen bis frischen, sandig-lehmigen, steinigen oder Lehmböden, bevorzugt in luftfeuchter, wintermilder und mäßig sommertrockener Klimalage, in Gebirgslagen bis 700 m, gelegentlich auch höher, in den Südalpen bis 1500 m.

Ansprüche: Sonnig bis halbschattig, bevorzugt luftfeuchtere Lagen als *Q. robur*, frosthart, spätfrostempfindlich, wärmeliebend, übersteht sommerliche Dürre gut, stadtklimafest, hohes Ausschlagvermögen. Stellt nur geringe Ansprüche an den Boden, wächst auch auf leichteren Böden noch gut, bevorzugt mäßig trockene bis frische, anlehmige, saure Sandböden, toleriert auch alkalische Substrate, wächst gut auf Kalkböden, meidet hohes Grundwasser und Staunässe.

Allgemeines: Das lateinische Wort „petraeus" bedeutet Felsen(-Eiche).

Verwendung: Parkbaum, Alleebaum und Straßenbaum in der Stadt, Nutzbaum für die freie Landschaft, Windschutzpflanzungen, Bodenfestiger, Hofbaum, Waldbaum.

Nutzung: Das harte Holz wird für Furniere, im Wasserbau, für Treppenstufen und als Parkett verwendet, Bau- und Konstruktionsholz im Hoch- und Tiefbau, zur Herstellung von Holzpfählen. Im Garten- und Landschaftsbau werden Zäune, Holzpflaster, Pergolen, Gartenmöbel, etc. hergestellt. Weitere Einsatzbereiche sind der Boots- und Containerbau, die Herstellung von Kübeln und Fässern (Wein- und Kognakfässer) sowie von Schwellen (Weichenschwellen). Auch wird das Holz im Möbelbau und Innenausbau, insbesondere für Wand- und Deckenverkleidungen verwendet, aber auch massiv im Möbelbau, für Fenster und Türen etc.

Große Bedeutung hatte die Trauben-Eiche in der Lohengerberei. Eichenrinde, insbesondere die glatte, noch nicht verborkte Rinde junger Bäume, die so genannte Spiegelrinde, ist reich an Gerbstoffen. Eicheln waren früher ein wichtiges Viehfutter zur Schweinemast. Der Spruch „Auf den Eichen wachsen die besten Schinken" besagt, dass die Mast der Schweine mit den stärkereichen aber fettarmen Eicheln einen sehr viel besseren Schinken erbrachte als jene mit den sehr ölhaltigen Bucheckern. Die aus der Rinde gewonnene Droge Cortex Querci findet heute noch bei chronischen hautleiden Verwendung. Aus den Ei-

Quercus petraea

Quercus pubescens

Quercus pubescens

Quercus pubescens

cheln kann durch Rösten ein Kaffeesurrogat, der Eichelkaffee, hergestellt werden.

Sorten: 'Columna', Säulen-Trauben-Eiche: Wuchs anfangs säulenförmig, später eher schief rautenförmig. 'Mespilifolia': Wüchsiger, dicht belaubter Baum, Zweige dünn, hängend, Blätter an Frühjahrstrieben schmal lanzettlich, wenig gebuchtet, an Johannistrieben entwickelt sich eher die normale Blattform.

Quercus pubescens Wildl.

Flaum-Eiche; *engl.* Downy oak, Pubescent oak; *franz.* Chene pubescent; *ital.* Quercia lanuginosa, Roverella; *span.* Roble pubescente; *kroat.* Hrast
(Syn.: *Q. lanuginosa*)

Habitus: Mittelgroßer Baum, 15–20 m hoch oder nur reich verzweigter Strauch. Stammdurchmesser von 50–60 cm werden erreicht, die Flaum-Eiche kann bis 500 Jahre alt werden.

Rinde: Dunkelgrau, gefelderte Borke.

Blätter: Sommergrün, sehr variabel, meist verkehrt eiförmig bis elliptisch, abgerundet, insgesamt dem Blatt der Trauben-Eiche sehr ähnlich. Spreite zunächst beidseitig flaumig behaart, oberseits verkahlend, dunkelgrün, unterseits graugrün filzig behaart, sich weich anfühlend.

Blüten: Blüten in eingeschlechtlichen Ständen, männliche Kätzchen lockerblütig, 4–6 cm lang.

Früchte: Eicheln 1,5–2 cm, eiförmig, zu 1–4, sitzend oder kurz gestielt, zu einem Drittel bis knapp die untere Hälfte von einem halbkugeligen Becher umgeben.

Wurzel: Flachwurzler mit Senkwurzeln.

Verbreitung und Standort: West-, Mittel, Süd- und Südosteuropa sowie Kaukasus und Kleinasien. Wichtiger Bestandteil der ursprünglichen Eichenwälder und Eichen-Laubmischwälder, gehört dem submediterranen Florenelement an. Oft vergesellschaftet mit Hopfenbuche und Blumen-Esche, Stein-Weichsel, Perückenstrauch und Kornelkirsche. Kann an südlichen Naturstandorten bis in Seehöhen von 1500 m wachsen.

Ansprüche: Warme, sonnige Standorte, mäßig trockener bis mäßig feuchter, gut durchlässiger, lockerer, mittelschwerer Standort, wächst noch gut auf trockenen, heißen Standorten, kalkliebend.

Allgemeines: Die Flaum-Eiche ist in Mitteleuropa als Eiszeitrelikt anzusehen, die an so genannten Reliktstandorten während einer früheren Warmzeit, etwa 5000–2500 v. Chr., weit verbreitet war.

Verwendung: Zur Begrünung trockener, steiniger Kalkhänge, Parkbaum.

Nutzung: In manchen Regionen Holzgewinnung im Niederwaldbetrieb.

Quercus robur L.

Stiel-Eiche, Sommer-Eiche; *engl.* English oak, Pedunculate oak, Oak; *franz.* Chene commun, Chene pédonculé; *ital.* Farnia; *span.* Roble carvallo, Roble fresnal; *kroat.* Hrast luznjak, Gorun
(Syn.: *Quercus pedunculata*)

Habitus: Mächtiger, 25–30 (–40) m hoher, starkästiger Baum mit 15–20 (–25) m breiter, hochgewölbter, lockerer und lichter Krone, Stamm kurz, nicht durchgehend, Äste weit ausladend, im Alter knorrig und malerisch aussehend. Der Höhenwuchs ist mit 120–150 Jahren beendet, die Stiel-Eiche kann aber 500 bis

Quercus robur

Quercus robur

800 (bis 1000) Jahre alt werden; ausgewachsene Bäume können einen Stammdurchmesser von mehr als 2 m erreichen.

Rinde: Alte Borke dunkelgrau bis schwärzlich, tief gefurcht.

Blätter: Sommergrün, verkehrt eiförmig, beiderseits mit rundlichen Buchten und breiten Lappen, etwas ledrig, fast sitzend, Herbstfärbung gelb bis bräunlich, Laub bleibt häufig bis zum Frühjahr am Baum.

Blüten: 1-häusig, gelblich grüne männliche Kätzchen 2–4 cm lang, weibliche Blüten in langgestielten Ähren.

Früchte: Eicheln 2–3,5 cm lang und etwa halb so dick, im unteren Drittel von einem Fruchtbecher umhüllt, Stiel 5–12 cm.

Wurzel: Tiefwurzler, im Alter Herzwurzelsystem, Boden wird intensiv auch in der Tiefe durchwurzelt.

Verbreitung und Standort: Europa bis nördliches Kleinasien; waldbildend, vor allem im Flachland, im Gebirge bis 1000 m hoch gehend; die Stiel-Eiche liebt als Baum des Flachlandes Standorte in Auen und Niederungen und wächst bevorzugt in artenreichen Laubmischwäldern, sie wächst auf tiefgründigen, nährstoffreichen, lockeren, kalkhaltigen bis mäßig sauren Lehmböden, lockeren Stein- und humosen Sandböden, meidet Staunässe.

Ansprüche: Sonnig bis halbschattige Standorte, wärmeliebend, frosthart, stadtklimafest, windresistent, trocken bis feucht, allgemein bodentolerant, anspruchslos und robust; am optimalsten entwickeln sie sich auf mineralkräftigen, tiefgründigen, frischen bis feuchten Böden, Schlickböden in Überschwemmungsgebieten großer Flussläufe und Bruchhumusböden, vertragen Stauwasser und Überschwemmungen bis zu 3 Monaten, sind aber empfindlich gegenüber Grundwasserabsenkungen; auch auf normalen Böden gedeihend, sauer bis alkalisch, mehltauanfällig, alte Bäume sind blitzgefährdet.

Allgemeines: Ringporige Baumart; mit Hilfe der Dendrochronologie, welche auf die bestimmte Aufeinanderfolge der Jahresringbreiten beruht, lassen sich alte Plastiken und römische Schiffsreste exakt datieren. Die Eiche wuchs in der mittleren Warmzeit, dem so genannten „Atlantikum", die auch als „Eichenzeit" bekannt ist (5000–2500 v. Chr.), in geschlossenen Beständen in Mitteleuropa.

Verwendung: Mächtige und eindrucksvolle Bäume im Freistand, alte Exemplare sind von besonderer

Quercus robur 'Fastigiata'

Quercus robur 'Pectinata'

Schönheit, landschaftsprägende Wirkung. Die Stiel-Eiche ist auch ein bewährter Allee- und Straßenbaum, auch in Stadtgebieten, wichtig für Schutzpflanzungen in Industriebereichen, zur Bodenfestigung, in der Landschaft als Sturmbrecher, Landschaftshecken, Gehöfteingrünung.

Nutzung: Das Holz hat einen gelblich weißen Splint und einen dunkleren Kern; es zeichnet sich durch

Quercus rubra

Quercus rubra

große Festigkeit und Elastizität aus, die von keiner anderen Holzart übertroffen wird. Nach Bearbeitung ist es matt glänzend, gut polierfähig. Gute Stämme werden für Furniere, Treppenstufen, Parkett und Fußböden verwendet. Wegen der guten Haltbarkeit im Freien, insbesondere auch unter Wasser, wird es im Brückenbau, als Eisenbahnschwellen und im Schiffsbau verwendet, auch der Fassbinderei liefert es ein vorzügliches Holz. Aber auch beim Bau von Fachwerkhäusern spielt Eichenholz eine tragende Rolle.

Sorten: 'Concordia', Gold-Eiche: Wuchs schwach, 10–15 m hoch, Blätter goldgelb, im Sommer wenig vergrünend. 'Fastigiata', Säulen-Eiche: Wuchs geschlossen säulenförmig bis schmal kegelig, 15–20 m hoch, bei guten Auslesen 3–4 m breit. 'Fastigiata Koster': Wie vorige, jedoch schlank säulenförmig, straff aufrecht wachsend, im Alter nicht auseinanderfallend. 'Pectinata', Kamm-Eiche: Sehr schwachwüchsige Form. 'Purpurascens': Wuchs mittelstark, in 15 Jahren etwa 10 m hoch, Blätter anfangs purpurbraun, später mehr bräunlich grün.

Quercus rubra L.

Rot-Eiche; *engl.* American red oak, Northern red oak, Red oak; *franz.* Chene rouge d'Amerique; *ital.* Quercia rossa; *span.* Roble boreal rojo americano, Roble rojo del Norte; *kroat.* Crveni hrast
(Syn.: *Quercus borealis*)

Habitus: Starkwüchsiger, 20–25 m hoher Baum mit rundlicher, 12–18 m breiter Krone, Stamm häufig bis zum Wipfel durchgehend, Äste oft horizontal ansetzend, breit ausladend.

Rinde: Alte Borke dunkelgrau bis schwärzlich, lange glatt bleibend, im Alter schuppig gefurcht.

Blätter: Sommergrün, im Umriss verkehrt eiförmig bis länglich, beiderseits mit Lappen, die breiter als die Buchtung sind, oberseits stumpf dunkelgrün, kahl, unterseits hellgrün; Herbstfärbung prachtvoll orangerot bis glühend scharlachrot, Blätter oft braun am Baum überwinternd.

Blüten: 1-häusig, unscheinbar, in gelblich grünen, hängenden Kätzchen.

Früchte: Eicheln bis 2,5 cm lang, nur ein Drittel vom flachen, kurzgestielten Becher umgeben.

Verbreitung und Standort: Östliches Nordamerika; oft in Reinbeständen in Laubmischwäldern der montanen Stufe (1000–1500 m); auf sehr verschiedenartigen Bodenarten, auf feuchten, lehmigen, sandigen, felsigen und tonigen Standorten. In der Heimat ist die Rot-Eiche vergesellschaftet mit Silber-Ahorn, Rot-Ahorn, Amerikanischer Esche, Zucker-Birke und Gelb-Birke, Robinie und Felsenbirne.

Ansprüche: Sonnige Standorte, Rot-Eichen sind sehr anpassungsfähig und allgemein anspruchslos gegenüber Bodenverhältnissen; sie gedeihen noch gut auf sandigen, mäßig trockenen Standorten, bevorzugen aber frische bis feuchte, gut durchlässige Lehmböden, meiden aber stark kalkhaltige Böden(!); die Rot-Eiche ist frosthart, industriefest, übersteht sommerliche Hitzeperioden gut, ist stadtklimafest.

Allgemeines: Die Rot-Eiche ist seit über 200 Jahren in Europa eingebürgert und wird auch forstlich angepflanzt.

Verwendung: Die Rot-Eiche ist einer der raschwüchsigsten, leicht verpflanzbaren, im Stadtklima gut verwendbaren Baumarten, die auch sehr kälteresistent ist; schöner Baum für Einzelstand, Herbstfärber für Garten und Parkanlagen, auch Allee- und Straßenbaum bei genügend Standraum, Schutzpflanzungen in Industriebereichen.

Nutzung: Eine der wichtigsten Nutzholzarten in der Heimat, wird für Fußböden, Möbel (Stühle, Sessel), für Eisenbahnschwellen, als Holz in Bergbau, für Zaunpfähle, Masten und als Brennholz verwendet; früher wurde es auch zu Bodenfliesen, Eisschränken, Trockenfässern, Telegrafenarmen, schweren Wagenachsen und Radfelgen verarbeitet.

Sorte: 'Aurea': Wuchs schwächer als die Art, Blätter sind im Austrieb lebhaft gelb, später gelbgrün, zuletzt grün.

Weitere häufiger verwendete Arten:

Quercus × hispanica Lam., Spanische Eiche, *engl.* Spanish oak; *franz.* Chene de Lucombe, (*Q. cerris* × *Q. suber*). Halb immergrüner, bis 30 m hoher Baum, gelegentlich nur strauchig wachsend, Borke weniger korkig als bei der Kork-Eiche, Blätter derb, oberseits dunkelgrün, unterseits dicht gelblich weißfilzig behaart. Früchte 3–4 cm lang, länglich eiförmig, zur Hälfte von einem halbkugeligen bis eiförmigen, außen filzig behaarten Becher umgeben. Heimat Portugal, Südfrankreich bis Italien, Balkan. Mit mehreren Sorten wie 'Ambrozyana' und 'Lucombeana'.

Quercus imbricaria Michx., Schindel-Eiche, *engl.* Shingle oak; *franz.* Chene à feuilles de laurier. Bis 25 m hoher Baum mit geradem Stamm und kegelförmig bis rundlicher Krone, im Alter flach und unregelmäßig rissiger Borke. Blätter von dünner Textur, ganzrandig(!), Rand wellig, oberseits glänzend dunkelgrün, unterseits blassgrün und weich filzig behaart.

Quercus libani Olivier, Libanon-Eiche, *engl.* Lebanon oak; *franz.* Chene du Liban. Sommergrüner, selten wintergrüner, bis 10 m hoher, zierlicher, offenkroniger Baum, Borke lange glatt bleibend, im Alter rau und flach längsfurchig, schmale Wülste bildend. Blätter länglich lanzettlich, Rand leicht wellig, gezähnt, oberseits dunkelgrün und kahl, unterseits hellgrün – erinnert ein wenig an die Blätter der Zerr-Eiche. Früchte etwa 2,5 cm dick, zu zwei Drittel von einem dicht beschuppten, glockigen oder flachen Becher umgeben. Heimat Syrien, Nordirak, Türkei.

Quercus macrocarpa Michx., Großfrüchtige Eiche, *engl.* Burr oak, Mossy cup oak. Bis 30 (–50) m hoher Baum mit geradem, hohen Stamm und rundlicher Krone, Borke hell graubraun, rau, sich in unregelmäßigen Platten lösend. Blätter in Form und Größe sehr variabel, 10–45 cm lang, oberseits dunkelgrün, kahl, unterseits heller, bläulich oder weißfilzig behaart; Früchte 2,5–4 cm lang, zur Hälfte von einem halbkugeligen Becher umgeben. Heimat mittleres und nordöstliches Nordamerika, südöstliches Kanada.

Quercus phellos L., Weiden-Eiche, *engl.* Willow oak; *franz.* Chene à feuilles de saule. 15–25 (–40) m hoher Baum mit kegelförmiger bis gewölbter Krone, dicht verzweigt, in Mitteleuropa oft auch nur strauchig wachsend, Borke grau, rotbraun getönt, lange glatt bleibend; Blätter schmal lanzettlich, ganzrandig, Rand oft gewellt, oberseits dunkelgrün, unterseits heller, beiderseits kahl. Herbstfärbung hellgelb. Früchte 1 cm lang, halbkugelig, einem flachen Becher aufsitzend. Südöstliches Nordamerika.

Quercus pontica K. Koch, Pontische Eiche, *engl.* Armenain oak, Pontine oak; *franz.* Chene d'Arménie. Bis 6 m hoher, wenig verzweigter, oft mehrstämmiger Baum oder Strauch, Krone anfangs breit kegelförmig, später rundlich, Borke an älteren Bäumen in unregelmäßigen, flachen Leisten. Blätter verkehrt eiförmig bis elliptisch, oberseits lebhaft grün und glänzend, unterseits blaugrün; Blätter erinnern ein wenig an jene der Edel-Kastanie. Herbstfärbung lederbraun bis goldgelb. Früchte 2 cm lang, eiförmig, fast sitzend, zur Hälfte vom Becher umgeben. Nordosttürkei, Kaukasus.

Quercus imbricaria

Quercus phellos

Quercus pontica

Quercus suber L., Kork-Eiche, *engl.* Cork oak; *franz.* Chene-liège; *span.* Alcornoque medierraneo. Immergrüner, 6–10 m, selten 15–20 m hoher, rundkroniger Baum. Borke bis 15 cm dick, korkig, tief gefurcht. Blätter eiförmig länglich bis eiförmig lanzettlich, oberseits dunkelgrün und kahl, unterseits heller und graufilzig. Früchte 1,5–4 cm lang, eiförmig bis elliptisch, zur Hälfte von einem halbrunden Becher umge-

Quercus pontica

Quercus suber

Quercus suber

Quercus × turneri 'Pseudoturneri'

Quercus variabilis

Quercus variabilis

ben. Heimat Nordafrika bis westliches, mediterranes Südeuropa, hauptsächlich Portugal und südwestliches Spanien. Die Kork-Eiche ist bereits seit alter Zeit zur Gewinnung von Kork in Kultur. Die Stämme zeigen im Jahr nach dem Schälen eine typische blutrote Färbung, danach wird allmählich wieder neuer Kork gebildet, der nach etwa 10 Jahren wieder geerntet werden kann.

Quercus × turneri Willd,. Wintergrüne Eiche, (*Q. ilex* × *Q. robur*). Halbimmergrüner, meist nur 6–8 m, seltener bis 15 m hoher, meist kurzstämmiger Baum mit ovaler bis rundlicher Krone. Borke dünn, graubraun, klein gefeldert. Blätter ledrig, oberseits glänzend dunkelgrün und zuletzt kahl, unterseits heller. Blüten meist steril, Früchte 2 cm lang, eiförmig, zu 3–7, zur Hälfte von einem halbkugeligen, filzigen Becher umgeben. 'Pseudoturneri': Sorte mit etwas längeren, 7–10 cm langen, schmalen Blättern, den Winter hindurch grün bleibend.

Quercus variabilis Blume, Chinesische Kork-Eiche, *engl.* Oriental corkoak. In Mitteleuropa bis 15 m hoher, in der Heimat bis 30 m hoher Baum mit bis zu 10 cm dicker, korkiger, hellgrauer Borke. Blätter länglich oder schmal elliptisch, oberseits glänzend dunkelgrün, unterseits hell silbergraufilzig. Früchte 1,5–2 cm lang, eiförmig bis nahezu rundlich, fast ganz vom Becher umgeben. Heimat Japan, Korea.

Quercus velutina Lam., Färber-Eiche. Bis 30 m hoher Baum mit schmaler, lockerer Krone, Borke im Alter dick, fast schwarz, sehr rau und regelmäßig tief gefurcht. Terminalknospen stark weiß wollig. Blätter derb, schmal eiförmig bis verkehrt eiförmig, oberseits glänzend dunkelgrün, kahl, unterseits blassgrün, anfangs dicht filzig behaart. Früchte 1,5–2 cm lang, eiförmig bis fast rundlich, zu 1–2, kurz gestielt, zur Hälfte vom Fruchtbecher umgeben. Heimat Östliches Nordamerika.

Essigbaum

Essigbaum, Sumach; *engl.* Sumac, Sumach; *franz.* Sumac; *kroat.* Ruj
Familie: Anacardiaceae, Sumachgewächse

Bei uns ausschließlich sommergrüne aufrechte Bäume oder Sträucher, Blätter wechselständig, unpaarig gefiedert, prächtige Herbstfärbung, Blüten 2-häusig, unscheinbar, klein, Steinfrüchte klein. Etwa 200 Arten in den Tropen, Subtropen und gemäßigten Zonen der Erde.

Rhus typhina L.

Essigbaum, Hirschkolben-Sumach; *engl.* Stag's horn sumach; *franz.* Sumac amarante, Sumac de Virginie; *kroat.* Kiseli ruj

Habitus: Bis 4 (–10) m hoher, wenig verzweigter, dickästiger Strauch oder kleiner, meist kurzstämmiger Baum, im Alter Schirmkrone, oft ausläufertreibend und dickichtartige Bestände bildend. Äste und Zweige geweihartig aufsteigend, dick, dicht samtig behaart, raschwüchsig.

Rinde: Dunkelbraun, dünn, milchsaftführend; Zweige orange- bis rotbraun.

Blätter: Blätter gefiedert, Blättchen länglich lanzettlich, oberseits sattgrün, unterseits hell graugrün, Herbstfärbung leuchtend gelborange bis scharlachrot.

Blüten: Blüten grünlich, in dichten, stark behaarten, 15–20 cm langen endständigen Rispen, Juni–Juli.

Früchte: Scharlachrot, dicht behaart, in kolbenartigen Ständen, den Winter über am Baum bleibend.

Wurzel: Fleischig, flach, zahlreiche oberflächennahe Wurzelausläufer treibend, nach Wurzelverletzung verstärkte Ausläuferbildung, sehr weitstreichend.

Verbreitung und Standort: Östliches Nordamerika. An Waldrändern, auf Ödland, an Straßenrändern und Böschungen, vorzugsweise auf sandigen, trockenen und sterilen Böden.

Ansprüche: Sehr anspruchslos, sonnige Standorte, Gehölz mit großer Standortamplitude, toleriert beinahe alle durchlässigen Böden, auf trockenen wie auf feuchten Standorten, sauer bis alkalisch, gut frosthart, verträgt warme, trockene Luft, stadtklimafest, industriefest.

Allgemeines: „Rhus" = griechisch, hängt mit dem griech. „rhein" = fließen zusammen, was sich auf den reichlich austretenden Milchsaft bezieht. Der Milchsaft verschiedener Sumachgewächse wurde zum Gerben und Färben verwendet, daher stammt die Bezeichnung Gerber- oder Färberbaum.

Verwendung: Dekoratives, anspruchsloses Solitärgehölz für Garten und Park, prächtiger Herbstfärber.

Nutzung: In Amerika diente dieser Sumach zur Gewinnung von Tannin. Die amerikanischen Indianer nutzen die Früchte dieser Pflanze ebenfalls, um daraus ein erfrischendes Getränk zu bereiten, die Früchte können auch als Gewürz verwendet werden.

Rhus glabra

Rhus typhina

Rhus typhina ‘Dissecta’

Sorte: ‘Dissecta’. Im Wuchs etwas schwächer als die Art, oft viel breiter als hoch, Blättchen fast farnartig fein zerteilt, Blütenstand und Herbstfärbung wie bei der Art.

Weitere Art:
Rhus glabra, Scharlach-Sumach. Ähnlich wie *R. typhina*, aber Zweige kahl und mehr oder minder bereift, Herbstfärbung scharlach- bis weinrot. Nordöstliches Nordamerika.

Robinia Robinie

Robinie, Scheinakazie; *engl.* False acacia, Locust; *franz.* Faux-acacia, Robinier; *ital.* Falsa acacia; *span.* Robinia; *kroat.* Bagrem
Familie: Fabaceae, Schmetterlingsblütler

Sommergrüne Bäume oder Sträucher, oft ausläuferbildend, Zweige oft etwas kantig, glatt, borstig oder klebrig, Endknospen fehlend, Winterknospen nackt, ganz in den Blattnarben verborgen. Blätter wechselständig, unpaarig gefiedert, Nebenblätter oft zu Dornen umgewandelt. Blüten weiß bis lila oder purpurrosa, in hängenden Trauben. Fruchthülsen stark abgeflacht, schmal länglich oder riemenförmig, 5–10 cm lang, mehrsamig, sehr lange an den Pflanzen haftend. Etwa 200 Arten in Nordamerika, südlich bis Mexiko.

Robinia pseudoacacia L.

Gewöhnliche Robinie, Scheinakazie; *engl.* Acacia, Black locust, Robinia; *franz.* Faux acacia, Robinier; *ital.* Falsa acacia; *span.* Robinia, Falsa acacia; *kroat.* Obicni bagrem

Habitus: Mittelgroßer, 20–25 m hoher Baum mit 12–15 m breiter, lockerer Krone, Äste unregelmäßig, waagrecht ansetzend, oft drehwüchsig, aufrecht oder weit ausladend, Krone im Alter malerisch schirmförmig, in der Jugend sehr raschwüchsig.

Rinde: Alte Borke dunkelbraun bis dunkelgrau, tief netzfurchig; Triebe rotbraun, kantig, stark dornig, Dornen (Nebenblattdornen) bis etwa 3 cm lang.

Knospen: Knospen unter den Blattnarben verborgen, ohne Endknospen, Seitenknospen mit Beiknospen.

Blätter: Sommergrün, unpaarig gefiedert, 20–30 cm lang, Blättchen elliptisch, dunkelgrün bis blaugrün, unterseits hellgrün, spät austreibend, Herbstfärbung gelblich.

Blüten: Weiß, in 10–25 cm langen, hängenden Trauben an jungen Trieben, stark süßlich duftend, Ende Mai–Anfang Juni.

Früchte: Braune, 4–10-samige Hülsen, oft den Winter über am Baum, giftig.

Wurzel: In der Jugend Pfahlwurzel, die nach 15–20 Jahren rübenartig verholzen, dann Ausbildung eines Senkerwurzelsystems mit sehr flach im Oberboden verlaufenden Hauptseitenwurzeln, die eine sehr große Reichweite haben. Wurzelbrut und Stockausschläge bildend, reichliche Bildung von Wurzelknöllchen, die Luftstickstoff bindende Bakterien enthalten.

Verbreitung und Standort: Östliches Nordamerika. In Laubmischwäldern, auf aufgelassenen Feldern, Ödländereien, auf mäßig nährstoffreichen, feuchten bis trockenen, lockeren Sand-, Lehm- und Steinböden. Ist in Europa eingebürgert und verwildert.

Ansprüche: Benötigt vollsonnige Standorte, anspruchslos an den Boden, optimal auf mäßig nährstoffreichen, frischen bis mäßig trockenen, lockeren Lehmböden, gedeiht aber gut auf armen, trockenen Sand- und Kiesböden; schwach sauer bis alkalisch,

Robinia pseudoacacia

meidet ausgesprochene Kalkböden, versagt auf schweren, undurchlässigen, nassen und sauerstoffarmen Böden. Frosthart, in ungünstigen Lagen leiden Jungbäume gelegentlich unter Früh- und Spätfrösten, wärmeliebend, hitze- und dürreresistent, für das Stadtklima sehr gut geeignet; industriefest, salzresistent, lichthungrig.

Allgemeines: Robinien zählen zu den nektar- und zuckerreichsten Insektenfutterpflanzen, Rinde und Laub ist für Pferde giftig, für Kühe und Ziegen gutes Futter. Blätter, Früchte, Samen und Rinde sind für Menschen giftig.

Verwendung: Einzelbaum, Gruppengehölz in Parkanlagen, im Siedlungsgrün und im Straßenbegleitgrün, Pionier auf Sand-, Kies – und Steinböden, Halden- und Böschungsbefestigung, für innerstädtische Extremstandorte, Windschutzstreifen. In Ostösterreich und in Ungarn auch als Waldbaum in Verwendung.

Nutzung: Das Holz ist sehr fest und dauerhaft, hält auch ohne Imprägnierung extrem lange im Boden, es wird als Konstruktionsholz im Schiff-, Erd- und Wasserbau verwendet, für Eisenbahnschwellen, im Brückenbau, zur Herstellung von Ruderstangen und Leitersprossen, Radspeichen, Turngeräten, Rebpfählen und Grubenholz. Es eignet sich auch besonders als Pfahl, Pfosten und Masten wegen der hohen Widerstandsfestigkeit gegenüber Holzfäule. Im Sulfat-Verfahren lässt sich aus Robinienholz Zellstoff gewin-

Robinia pseudoacacia 'Frisia'

Robinia pseudoacacia 'Pyramidalis'

Robinia pseudoacacia 'Frisia'

Robinia pseudoacacia 'Umbraculifera'

nen. Die Herstellung von wetterbeständigem Sperrholz ist ebenfalls möglich. Früher wurden aus dem Holz auch Nägel und Schrauben gefertigt. In zahlreichen Ländern wird die Robinie als Brennholzlieferant im Plantagenbetrieb angebaut. Ihre Holzkohle ist von vorzüglicher Qualität. Die wirtschaftlich wichtigste Nebennutzung ist die Gewinnung von Honig. In der Volksmedizin fanden Robinienblüten (Flores Pseud'Acaciae) als krampflösendes Mittel, als Hustentee und, in Alkohol gelöst, gegen Gicht Verwendung.

Sorten: 'Bessoniana': Mittelgroßer Baum von 15–25 m Höhe mit breit kegelförmiger, dichter Krone und meist durchgehendem Hauptstamm, im Alter lockerer, kaum blühend. 'Frisia', Gold-Robinie: Kleiner bis mittelgroßer, 8–10 m hoher Baum mit locker aufstrebenden Ästen, in der Jugend starkwüchsig, Triebe hellbraun mit weinroten Dornen, Austrieb schön orangegelb, im Sommer und Herbst goldgelb. 'Pyramidalis', Säulen-Robinie: Mittelgroßer Baum bis 15 m Höhe, Krone in der Jugend spitzkegelig, später säulenförmig, 3–5 m breit. 'Sandraudiga': Mittelgroßer, 20–25 m hoher, sehr starkwachsender Baum mit 12–18 m breiter, breit pyramidaler, auffallend lockerer Krone, Blüte weiß, zartrosa überlaufen, Blütezeit Juli. 'Tortuosa', Korkenzieher-Robinie: Mittelgroßer Baum bis 12 m mit aufrecht gewundenen Ästen und korkenzieherartig gedrehten Zweigen und Trieben, im Alter malerische Krone, selten blühend. 'Umbraculifera', Kugel-Robinie: Kleiner, 5–6 m hoher Baum, Hochstammveredlung, mit dichter, kugelrunder, feintriebiger Krone, im Alter mehr flachrund, langsam

Robinia pseudoacacia 'Unifoliola'

wachsend. 'Unifoliola', Einblättrige Robinie: Mittelgroßer, 15–18 m hoher Baum mit unregelmäßiger, 8–14 m breiter, kegelförmiger Krone, Hauptäste schlank aufrecht, wenig verzweigt, im Alter sehr lockere, transparente Krone, Triebe unbewehrt, Blätter unpaarig gefiedert, sehr unregelmäßig, Fiederblätter stark reduziert.

Weitere Art:

Robinia margaretta Ashe (*R. hispida* × *R. pseudoacacia*) 'Casque Rouge'. Kleiner 6 (–10) m hoher Baum, schon als junge Pflanze reich blühend, Krone offen, unregelmäßig, windbruchgefährdet. Blüten 2–3 cm lang, violettrot, in 15 cm langen Trauben, Fahne hellgelb gefleckt, Mai–Juni.

Robinia margaretta 'Casque Rouge'

Salix Weide

Weide; *engl.* Willow, Sallow; *franz.* Saule; *ital.* Salice; *span.* Sauce; *kroat.* Vrba
Familie: Salicaceae, Weidengewächse

Sommergrüne Bäume, Sträucher und Zwergsträucher mit wechselständigen, ungeteilten Blättern, 2-häusigen Blüten in seitenständigen Kätzchen. Knospen kapuzenartig von einer Knospenschuppe umgeben. Samen mit seidigem Haarschopf, Windverbreitung. Meist handelt es sich bei den Weiden lichtbedürftige, konkurrenzschwache Pionierpflanzen. Werden vielfach für ingenieurbiologische Zwecke verwendet. Etwa 500 Arten, überwiegend in den gemäßigten und kühleren Zonen der nördlichen Halbkugel.

Salix alba L.

Silber-Weide; *engl.* White willow; *franz.* Saule blanc; *ital.* Salice bianco; *span.* Sauce lanco; *span.* Sauce blanco, Salguero; *kroat.* Bijela vrba

Habitus: Großer, stattlicher Baum mit 15–20 (–25) m Wuchshöhe und hochgewölbter, lockerer, breit ausladender Krone mit 10–15 (–20) m Breite, raschwüchsig. Können 80–200 Jahre alt werden und bis zu 1 m dicke Stämme bilden.

Rinde: Alte Stämme grau, längsrissig.

Blätter: Sommergrün, lanzettlich, oberseits grau bis dunkelgrüngrau, matt oder schwach glänzend, unten bläulich, beidseitig silbrig behaart, keine Herbstfärbung.

Blüten: Gelbe Kätzchen während des Blattaustriebs, April–Mai.

Verbreitung und Standort: Europa, West- und Nordasien. Charakteristische Standorte sind Bachufer, Flüsse, See, in Auenwäldern mit Pappeln, Erlen und anderen Weiden-Arten; auf frischen bis nassen, periodisch überschwemmten, nährstoffreichen und meist kalkhaltigen Auenböden, auch auf reinen Schlick- oder Tonböden.

Ansprüche: Benötigt vollsonnige Standorte; hitzeverträglich, frosthart, stadtklimaverträglich, windfest; verträgt längere Überschwemmungsperioden, gegenüber Staunässe und verdichteten Böden sehr empfindlich. Bevorzugt feuchte, nährstoffreiche, alkalische Böden, ist aber insgesamt sehr anpassungsfähig.

Allgemeines: „Salix" ist die römische Bezeichnung für die Weide.

Salix alba

Salix alba

Verwendung: Großer Baum für Parkanlagen, an Wasserläufen, Teichen und feuchten Wiesen, für Schutzpflanzungen, zur Begrünung von Böschungen und Hängen, Uferschutz, Bachbegleitung und Kopfweiden.

Nutzung: Zur Gewinnung von Ruten wurden die Weiden früher alle 2–3 Jahre geschnitten, sodass die alten Bäume ein kopfähnliches Aussehen bekamen, es entstehen die so genannten „Kopfweiden". Die Ruten eigen sich zum Binden von Weinreben und zum Flechten von Zäunen, Kranz- und Fassreifen sowie Körben. 4-jährige Triebe werden als Stiele für Geräte verwendet. Starke Silber-Weidenstämme sind als Bau- und Furnierholz verwertbar. Weidenschälholz ist zur Sperrholzproduktion geeignet. Blindholz für Möbel sowie Span- und Faserplatten, Herstellung von Paletten, Spielwaren und Zündhölzern.

Sorte: 'Liempde': Großer, schmal kegelförmiger Baum mit geradem, bis zum Wipfel durchgehendem Stamm, rasch wachsend.

Weitere Arten:

S. alba var. **vittelina** (L.) Stokes, Dotter-Weide; *engl.* Golden Willow. Unterscheidet sich von der Art durch hellgelbe bis rötliche Zweige, lebhaft grüne Blätter und einen mehr hängenden Wuchs.

Salix × sepulcralis Simonk. (*S. babylonica × S. chrysocoma*) (= *S. alba* 'Tristis'), Hänge-Weide, Trauer-Weide; *engl.* Weeping willow. Mittelgroßer, malerischer Baum, 15–20 m hoch, mit weit ausladenden, starken Ästen und senkrecht bis zum Boden herabhängenden Zweigen, 10–15 m breit, raschwüchsig.

Salix alba var. vittelina

Salix × sepulcralis

Salix caprea

Salix caprea L.

Sal-Weide; *engl.* Goat willow, Pussy willow, Common willow, Sallow; *franz.* Saule Marsault; *ital.* Salice, Salicone; *span.* Sauce cabruno, Zargatillo; *kroat.* Vrba iva

Habitus: Großer Strauch oder kleiner Baum, 5–8 m hoch, 3–6 m breit, Hauptäste breit aufrecht, etwas sparrig, untere Zweige hängend.

Rinde: Rinde graugrün, im Alter grau, netzartig.

Blätter: Sommergrün, länglich elliptisch bis breit oval, mattgrün, runzelig, unterseits weißgrau filzig behaart.

Blüten: 2-häusig; Kätzchen fast sitzend, weibliche Kätzchen grün, zuletzt bis 7 cm lang, männliche Kätzchen bis 4,5 cm lang, sehr dick, Staubbeutel goldgelb, vor den Blättern im März–April.

Verbreitung und Standort: Europa, Kaukasus bis Sibirien, Nordasien. An Waldrändern und Wegen, in Hecken, Kiesgruben, Böschungen, Ödländereien, Steinbrüchen, lichten Wäldern und am Rande von Gewässern. Auf frischen bis trockenen, nährstoffeichen, schwach sauren bis alkalischen Lehmböden. Vom Tiefland bis in 2000 m Höhe in den Alpen.

Ansprüche: Sonnige bis lichtschattige Standorte, wärmeliebend, etwas frosthart, windfest; mäßig trocken bis nass, anspruchslos, sauer bis schwach alkalisch, gedeiht auch noch auf trockenen Sandböden.

Allgemeines: Raschwüchsiges, kurzlebiges Pioniergehölz. Der Name „Sal-Weide" geht auf das althochdeutsche „salewida" zurück.

Verwendung: Vorfrühlingsgehölz in Park und Garten, wichtiges Pioniergehölz in der freien Landschaft, zur Sicherung von Böschungen, Windschutzpflanzungen, Begrünung von Sand- und Kiesgruben.

Nutzung: Wichtiges Bienengehölz; in katholischen Gegenden werden Zweige der Sal-Weide („Palmbuschen") am Palmsonntag geweiht, zur Osterzeit sind die Zweige als Blumenschmuck beliebt.

Salix caprea 'Pendula'

Salix daphnoides

Sorten: 'Mas', Kätzchen-Weide: Männliche Sorte mit großen, goldgelben Kätzchen, die bis 5 cm lang werden, außerordentlich reichblühend, zart duftend. 'Pendula', Hänge-Kätzchen-Weide: Je nach Veredlungshöhe 1,8–2,5 m hoch, Zweige schleppenartig bis zum Boden herabhängend, männliche Sorte mit goldgelben Kätzchen. 'Silberglanz': Große Kätzchen, silbrig bis gelb, blüht von Dezember bis März–April.

Salix daphnoides Vill.

Reif-Weide; *engl.* Violet willow; *franz.* Saule faux-daphné, Saule noir; *ital.* Salice noir; *span.* Sauce dafnoide; *kroat.* Rana vrba

Habitus: Großer Strauch oder Baum bis 10 (–15) m mit meist gradem, schlankem, glattem Stamm, Krone 3–4 m breit.

Rinde: Triebe dunkelrot, blauweiß bereift(!), Innenrinde zitronengelb.

Knospen: Deutlich zwischen großen, bis 2 cm langen Blütenknospen (dick walzig, zugespitzt, schwarzbraun) und den bis 8 mm langen flachen, am Zweig anliegenden weinroten Blattknospen differenziert.

Blätter: Sommergrün, länglich bis lanzettlich, oberseits glänzend dunkelgrün, kahl, unterseits blaugrün.

Blüten: 2-häusig, Kätzchen klein, bis 3 cm lang; März, erste blühende Kätzchen-Weide im Vorfrühling.

Wurzel: Flach, weitstreichend und dicht, unempfindlich gegen Überschwemmungen und Einschüttungen.

Verbreitung und Standort: Nord- und Gebirge Mittel- und Südosteuropas, bis Mittelasien und Ostsibirien.

Ansprüche: Sonniger Standort, anspruchslos, frosthart, verträgt längere Überschwemmungen, hohes Ausschlagvermögen, gedeiht auf allen mäßig frischen bis mäßig trockenen Böden, neutral bis stark alkalisch, bevorzugt nährstoffreiche, kalkhaltige, lehmig-tonige Kies- und Sandböden.

Verwendung: Wertvolle Weide für ingenieurbiologische Bauweisen, Befestigung von Sandflächen, Dünen, Böschungen und Hängen.

Nutzung: Beliebte reichblühende Kätzchen-Weide für Erwerbsgärtner.

Sorten: 'Praecox': Männliche Sorte, kleiner, locker rundkroniger Baum, Hauptäste zunächst straff aufrecht, später ausladend und bogig überhängend, raschwüchsig, Kätzchen sehr früh, silbrig, später gelb, 6–9 cm lang, Februar–April, verträgt keine Überschwemmungen. *S. daphnoides* var. *pomeranica* (Wildl.) Koch, Reif-Weide, Schimmel-Weide: Bis 6 m hoch und 4 m breit, dünntriebig, wenig verzweigt, raschwüchsig, Blütenkätzchen silbrigweiß, bis 8 cm lang, außerordentlich zahlreich, März–April. Die Schimmelweide verträgt keine Überschwemmungen, benötigt hohe Luftfeuchte.

Salix viminalis L.

Hanf-Weide, Korb-Weide; *engl.* Common Osier, Osier; *franz.* Osier des vanniers vert; *ital.* Salice; *span.* Mimbrera; *kroat.* Kosaracka vrba

Habitus: Kleiner Baum oder großer breiter Strauch, 3–8 (–10) m hoch und 3–6 (–8) m breit, raschwüchsig.

Rinde: Grau.

Blätter: Sommergrün, schmal lanzettlich, Blattrand deutlich nach unten eingerollt(!), oberseits mattgrün, unterseits dicht seidig behaart.

Salix fragilis

Salix matsudana 'Tortuosa'

Blüten: 2-häusig, goldgelbe, bis 5 cm lange Kätzchen vor dem Laubaustrieb, April–Mai.
Wurzel: Flach ausgebreitet, dicht verzweigt, gegen Überflutung unempfindlich.
Verbreitung und Standort: Europa bis Nordasien und Himalaja, China. Charakterbaum der Niederungen, an Fluss- und Bachufern, in Auenwäldern, Feuchtwiesen, an Gräben und in Küstenmarschen; auf sickerfeuchten, nassen, periodisch überschwemmten, nähstoffreichen, meist kalkreichen, schlickigen, tonigen oder sandigen Böden; steigt bis zu einer Höhe von 800 m an.
Ansprüche: Vollsonniger Standort, frosthart, etwas wärmeliebend, verträgt Überschwemmungen, trockenheitsempfindlich; anspruchslos an den Boden, gedeiht auf allen feuchten und bis nassen, nährstoffreichen Böden, kalkliebend.
Verwendung: Pioniergehölz an Bach-, Fluss- und Stromläufen, zur Sicherung von Ufern und Böschungen, Windschutz, auch Straßenbegleitgrün, Einzel- und Gruppenstrauch; wichtige Weide für ingenieurbiologische Maßnahmen (Steckhölzer). Kopfweiden als landschaftsprägende Elemente.
Nutzung: Bekanntes und altes Nutzgehölz: Triebe eignen sich für Binde- und Flechtarbeiten, 3-jährige Triebe werden für Fassreifen verwendet, häufig auch für Kopfweidenbewirtschaftung.

Weitere Arten:
Salix fragilis L., Knack-Weide, Bruch-Weide; *engl.* Crack-willow; *franz.* Saule fragile; *ital.* Salice fragile; *span.* Mimbrera fragil; *kroat.* Krhka vrba. Hoher Strauch oder Baum bis 15 m Wuchshöhe, Krone eher rundlich, die 1- bis 3-jährigen Triebe bei leichtem Druck meist glatt abknackend(!), Blätter länglich lanzettlich, oben glänzend dunkelgrün, unten hellgrün oder bläulich, anfangs seidig behaart, bald ganz kahl(!), vermutlich aus dem Orient mit Kulturmaßnahmen eingeführt.

Salix × erythroflexuosa

Salix matsudana Koidz. 'Tortuosa', Korkenzieher-Weide, *engl.* Peking-willow, *franz.* Saule de Matsuda. Bis 13 m hoher Baum, in der Jugend straff aufrecht, Krone anfangs eiförmig, unregelmäßig aufgelockert, zuletzt breiter werdend, Äste und Zweige stark korkenzieherartig gedreht, Blätter länglich lanzettlich, oberseits frischgrün, unterseits bläulich bis weißlich, anfangs locker seidig behaart, bald kahl. Die Art stammt aus Korea, China und Ostsibirien.
Salix × erythroflexuosa (*Salix × sepulcralix* 'Erythroflexuosa'). Ähnlich S. matsudana 'Tortuosa', jedoch zierlicher und schwachwüchsiger.

Sambucus Holunder

Holunder, Attich; *engl.* Elder; *franz.* Sureau; *ital.* Sambuco; *span.* Saúco; *kroat.* Bazga
Familie: Caprifoliaceae, Geißblattgewächse

Sommergrüne Sträucher oder kleine Bäume, seltener krautige Pflanzen. Zweige dick, mit Lentizellen und vollem Mark. Blätter gegenständig, unpaarig gefiedert, gesägt. Blüten weiß oder gelblich weiß, streng riechend, in vielblumigen, endständigen flachen Trugdolden oder Rispen, 5-zählig. Steinfrüchte kugelig, saftreich, beerenähnlich. Etwa 25 Arten im tropischen Afrika, Südamerika, Ostaustralien und Tasmanien, 3 Arten in Europa.

Sambucus nigra L.

Schwarzer Holunder; *engl.* Common elder, Elderberry, Black elder; *franz.* Sureau commun, Sureau noir; *ital.* Sambuco; *span.* Saúco negro; *kroat.* Crna bazga
Habitus: Großstrauch oder kleiner Baum, 5–7 (–10) m hoch, mit breit ausladender Krone und überhängenden Zweigen, 3–5 m breit.
Rinde: Borke tief gefurcht, grauweiß, korkig; Zweige mit zahlreichen großen Korkwarzen.
Knospen: Knospenschuppen bei der Laubentfaltung nicht abfallend, sondern am Zweig verwitternd.
Blätter: Sommergrün, unpaarig gefiedert, mit eiförmigen bis elliptischen, zerrieben unangenehm rie-

Sambucus nigra

Sambucus nigra

Sambucus nigra 'Variegata'

chenden Fiederblättchen, Blätter oberseits tiefgrün, kahl, unterseits heller grün.

Blüten: Reichblühende, 10–15 cm breite Schirmrispen, weiß bis gelblich weiß, Juni.

Früchte: Steinfrüchte 5–6 mm groß, fast schwarz und glänzend, saftreich, herb-aromatischer Geschmack, Fruchtreife August–September.

Wurzel: Unempfindlicher Flachwurzler, weitstreichend, verträgt Einschüttungen und Überschwemmungen.

Verbreitung und Standort: Europa bis zum Kaukasus, nördliches Kleinasien, von der Ebene bis in 1500 m in den Alpen ansteigend.

Ansprüche: Sonne bis Halbschatten, frosthart, stadtklimafest, windresistent; mäßig trocken bis feucht, auf allen Substraten, bevorzugt stickstoffreiche, kalkhältige, lehmige Böden, salzverträglich. Der Schwarze Holunder ist ein Stickstoffzeiger, tritt oft vergesellschaftet mit der Robinie auf.

Allgemeines: „Sambucus" war der Name des Holunders bei den Römern. Das Wort „Holunder" leitet sich von althochdeutschen „holuntar" ab. Auch die Namen Holler, Holder und die Bezeichnung „Flieder" sind gelegentlich in Verwendung. Steinzeitmenschen haben mit Holunderholz Löcher in ihre Steinbeile, Äxte und sonstige Gerätschaften gebohrt. Zu diesem Zweck wurden die Hölzer vom Mark befreit und mit scharfem Quarzsand gefüllt. Durch schnelles Drehen und leichten Druck fraß sich der nachfließende Quarzsand in das Gestein.

Verwendung: Alte Kulturpflanze in Bauerngärten. Wertvoller, anspruchsloser Strauch oder Baum für Schutzpflanzungen in der Stadt und in Industriegebieten, Bepflanzung von Rohböden, Halden, Böschungen.

Nutzung: Wird als Obstbaum in Beerenobstanlagern plantagenmäßig kultiviert. Holunderblütentee wird erfolgreich gegen Erkältungen und Fieber eingesetzt, er dient als schweißtreibendes Mittel. Blüten und Früchte enthalten Sanubugrin, ein Mandelnitrilglucosid. Der Fruchtsaft verdankt sein Aussehen den Anthocyanfarbstoffen Sambucin und Chrysanthemin. Holundersaft dient als Färbemittel für Lebensmittel. Man verwendet die Früchte zur Saftgewinnung, verarbeitet sie zu Marmeladen, Likör und Schnaps. Auch Leder wurde mit früher mit Holunder gefärbt.

Sorten: Es gibt zahlreiche Fruchtsorten sowie weißpanaschierte ('Variegata'), rotlaubige ('Purpurea') und geschlitztblättrige ('Laciniata') Sorten.

Sassafras Fieberbaum

Fieberbaum; *engl.* Sassafras; *franz.* Sassafras; *ital.* Sassafras; *kroat.* Sasafras
Familie: Lauraceae, Lorbeergewächse

Sommergrüne, aromatische Bäume mit tief gefurchter Borke, wechselständigen, einfachen bis 3-lappigen Blättern, zwittrigen bis eingeschlechtlichen Blüten, eiförmigen Steinfrüchten. Je eine Art in China, Taiwan und Nordamerika.

Sassafras albidum (Nutt.) Nees

Fieberbaum; *engl.* Silky sassafras; *franz.* Sassafras; *ital.* Sassafras; *kroat.* Sasafras
Habitus: Mittelgroßer, 12–15 (–20) m hoher Baum mit schmaler Krone, ausläuferbildend.
Rinde: Graubraun, dick und tief gefurcht.
Blätter: Sommergrün, elliptisch, oberseits glänzend grün, unterseits heller und oft behaart, leuchtend gelbe, orange oder tiefrote Herbstfärbung.

Sassafras albidum

Blüten: Gelblich grüne, eher unscheinbare Blüten.
Früchte: Eiförmige, 1–1,5 cm lange, blauschwarz bereifte, 1-samige Steinfrüchte.
Verbreitung und Standort: Östliches Nordamerika, bis in 1500 m Höhe in den Appalachen; meist auf feuchten, sandigen Böden der Berge und Täler, oft auf aufgelassene Feldern, auf offenen Waldflächen und -lichtungen.
Ansprüche: Benötigt sonnige bis halbschattige Standorte, mäßig feuchte, gut dränierte, tiefgründige Böden, sauer bis neutrale, kalkfliehend(!), eher anspruchsvolle Standorte.
Allgemeines: „Sassafras“ ist der Name, den die amerikanischen Indianer für diesen Baum verwendeten.
Verwendung: Schöner, anspruchsvoller Baum für Einzelstand in Garten und Parkanlagen.
Nutzung: Aus den Wurzeln und die Rinde der Wurzeln wird ein Öl gewonnen, dass zum Parfümieren von Seife und Tee sowie zum Würzen des Wurzelbieres und anderer Getränke verwendet wird. Die nach Fenchel duftende Wurzelrinde wurde von den Indianern häufig gekaut und als Tabakersatz verwendet. Wichtig war die Rinde vor allem als Heilmittel zur Blutreinigung, gegen Fieber, Rheuma, Gicht, Wassersucht, Blasensteine, Hautkrankheiten, Syphilis und als Gegengift bei Vergiftungen durch Schlangenbisse oder Nachtschattengewächse. Aus Knospen und Blättern wurde ein „Schönheitstee“ hergestellt.

Sophora Pagodenbaum

Pagodenbaum, Schnurbaum; *engl.* Sophora; *franz.* Sophora ; *ital.* Sophora; *span.* Sofor; *kroat.* Sofora
Familie: Fabaceae (Leguminosae), Schmetterlingsblütler

Sommergrüne oder immergrüne Bäume und Sträucher, Rinde lange grün bleibend, Blätter wechselständig, unpaarig gefiedert, mehr als doppelt so lang wie breit, Blüten weiß, gelb oder violettblau, in endständigen Trauben oder Rispen, zygomorph oder röhrig-glockig. Fruchthülsen 3–8 cm lang, zwischen den Samen eingeschnürt, ledrig-fleischig.

Sophora japonica L.

Pagodenbaum, Japanischer Schnurbaum, Perlschnurbaum; *engl.* Japanese pagoda tree; *franz.* Sophora du japon; *ital.* Sophora; *span.* Sofor, Àrbol de la miel, Àrbol de las pagodas, Falsa acacia del Japón; *kroat.* Japanska sofora

Habitus: Mittelgroßer Baum, 15–20 (–25) m, mit rundlicher, später breit gewölbter 12–18 m breiter, sehr lockerer und lichtdurchlässiger Krone. Der Stamm ist meist kurz, Hauptäste unregelmäßig schräg aufsteigend, untere Astpartien beinahe waagrecht, breit auseinanderstrebend. Anfangs langsam, später mittelstark wachsend, wird 100–150 Jahre alt.

Rinde: Borke grau, längsrissig.

Blätter: Sommergrün, unpaarig gefiedert, Blättchen elliptisch bis eiförmig, schwach glänzend oder matt, unterseits graugrün, spät austreibend.

Blüten: Gelblich weiße 1–1,5 cm große Schmetterlingsblüten in endständigen, lockeren, bis zu 20 cm langen Rispen, Ende Juli bis Ende August, blüht erst als älterer Baum.

Früchte: Hängende, rundwandige Hülsen, 5–8 cm lang, perlschnurartig, werden nur in warmen Sommern ausgebildet.

Wurzel: Weit ausgebreitetes, stark verzweigtes Wurzelsystem; verträgt Einpflastern, etwas Überfüllen.

Verbreitung und Standort: China und Korea, in Japan eingebürgert.

Ansprüche: Sonnige Standorte, hitzeresistent, frosthart, nur in der Jugend etwas frostempfindlich, wärmeliebend; benötigt gut durchlässige, trockene bis frische Böden, schwach sauer bis stark alkalisch, ist anspruchslos und gedeiht auch noch auf sehr trockenen, armen Standorten.

Allgemeines: Die Hängeform des Schnurbaums ist nahezu in jedem chinesischen Tempel- oder Pagodengarten anzutreffen.

Verwendung: Wichtiger Straßenbaum, besonders für innerstädtische Pflanzsituationen, schöner Blütenbaum für Einzelstellung in Garten, Park und Kuranlagen, auch für Gruppenpflanzungen, gemeinsam mit Seidenbaum, Robina, Götterbaum, Gelbholzbaum.

Nutzung: Das Holz wird in der Heimat für Geräte aller Art verwendet. Die Chinesen stellen aus getrockneten und gerösteten Knospen und Blüten einen wichtigen Farbstoff (Rutin) her. Gute Bienenweide.

Sophora japonica

Sophora japonica

Sophora japonica 'Pendula'

Sorten: 'Regent': Mittelgroßer Baum mit kräftigem, geradem Stamm und raschem Jugendwachstum. 'Pendula', Hänge-Schnurbaum: Etwas bizarrer Kleinbaum von 4–6 (–8) m Höhe und Breite, Äste und Zweige stark überhängend und fast zum Boden wachsend, geschlossene Krone, langsamwüchsig, kaum blühend.

Sorbus Eberesche

Eberesche, Elsbeere, Mehlbeere, Speierling, Vogelbeere; *engl.* Mountain ash, Whitebeam, Service tree; *franz.* Alisier, Alouchier, Cormier, Sorbier; *ital.* Sorbo; *span.* Serbal; *kroat.* Mukinja, Brekinja
Familie: Rosaceae, Rosengewächse

Sommergrüne Bäume und Sträucher mit einfachen, fiedrig gelappten oder unpaarig gefiederten Blättern und weißblütigen, seltener rosafarbenen Trugdolden (Schirmrispen). Apfelfrüchte elliptisch oder fast kugelig, 0,6–3 cm lang, rot, gelb, bräunlich oder weiß gefärbt, Fruchtfleisch mehlig-fleischig. Meist sehr hitze- und trockenheitsresistent, zur Bepflanzung innerstädtischer Räume gut geeignet. Etwa 80 Arten in der nördlichen gemäßigten Zone der Alten und Neuen Welt.

Sorbus aria (L.) Crantz

Mehlbeere, Gewöhnliche Mehlbeere; *engl.* Whitebeam; *franz.* Alisier blanc, Alouchier; *ital.* Sorbo montano, Farinaccio; *span.* Serbal blanco, Mostellar; *kroat.* Obicna mukinja

Habitus: Kleiner Baum von 6–12 (–18) m Höhe, mit gleichmäßig aufgebauter, breit kegelförmiger oder kugeliger Krone und meist kurzem Stamm, 4–7 (–12) m breit, im Alter breiter und lockerer, langsamwüchsig. Kann bis 200 Jahre alt werden.

Rinde: Alte Borke grau, längsrissig; Triebe zunächst weißgraufilzig, später olivbraun, kahl, sonnseits rötlich überlaufen.

Blätter: Sommergrün, breit elliptisch bis breit eiförmig, Austrieb weißfilzig, später dunkelgrün, schwach glänzend, unterseits weißfilzig, derb, Herbstfärbung gelblich, lange haftend, auch grün abfallend.

Sorbus aria

Blüten: Weiß, in 5–8 cm breiten, filzigen Trugdolden nach dem Laubaustrieb im Mai.

Früchte: Orange bis rot, 1–1,2 cm dick, mehlig, roh genießbar, da parasorbinfrei.

Verbreitung und Standort: Mittel- und Südeuropa, in den Alpen bis auf 2000 m ansteigend. In sonnigen Laubmischwäldern, an lichten Wald- und Gehölzrändern, südexponierten Kalkhängen, auf trocken-heißen Felsstandorten, in Hecken und Trockengebüschen. Auf trockenen bis mäßig feuchten Standorten, vorzugsweise kalkreichen bis schwach alkalischen, flach- bis mittelgründigen, sandigen Lehm- und Steinböden. Vergesellschaftet mit Hainbuche, Trauben-Eiche, Flaum-Eiche, Elsbeere, Burgen-Ahorn, Hasel, Wolligem Schneeball etc.

Ansprüche: Sonnige bis halbschattige Standorte, ausgesprochen wärmeliebend, Hitze und Sommertrockenheit gut ertragend, stadtklimafest, windfest; insgesamt anspruchslos und anpassungsfähig, auf allen trockenen bis mäßig feuchten, frischen, durchlässigen Böden, schwach sauer bis stark alkalisch, kalkliebend.

Allgemeines: „Aria" hieß der Baum bei Theophrast.

Verwendung: Wertvoller Kleinbaum für trockenheiße, innerstädtische Pflanzsituationen, Hänge, Schutzgrüngürtel, Verkehrsbegleitgrün, Allee- und Straßenbaum, in der freien Landschaft, Einzelbaum und Gruppenpflanze in Garten und Park.

Nutzung: Das Holz hat einen gelblich weißen Splint und einen rotbraunen Kern, es ist oft schön gemasert. Man verwendet es in der Tischlerei und Drechslerei. Die Früchte wurden früher auch geerntet und in Brot eingebacken oder zu Mus verarbeitet. Aus der Schweiz ist bekannt, dass sie zu Notzeiten dem Mehl beigemengt wurden. Diese Mischung soll ein süßes und wohlschmeckendes Brot (Hutzelbrot) ergeben haben. Auch gedörrt sollen sie schmackhaft sein. In der Volksmedizin bestimmter Alpenregionen wird der Aufguss getrockneter Früchte als Mittel gegen Husten, Katarrh und Durchfall verabreicht. Unter empfohlenem Zusatz von Zitronen oder Äpfeln können Mehlbeeren zu Säften, Gelee und Marmelade verar-

Sorbus aria 'Magnifica'

Sorbus aucuparia

beitet werden. Durch Zugabe von Zucker kann auch Essig, Wein oder Branntwein gewonnen werden. Bier soll aus vergorenen Früchten zu gewinnen sein. In den Alpen wurde *S. aria* zuweilen als Futter für Kleinvieh geschneitelt. Zu Boden gefallene Früchte dienten der Schweinemast. Einen schwarzen Farbstoff zum Färben erhält man aus den im Herbst geernteten Zweigen.

Sorten: 'Lutescens': 8–12 m hoher Baum, junge Triebe graufilzig, Blätter im Austrieb beiderseits auffällig weißfilzig, oberseits später stumpf graugrün, unterseits silbrig filzig bleibend. 'Magnifica': 8–12 m hoher Baum, Krone anfangs schmal kegelförmig, die Blätter sind groß, dick, steif und ledrig, oberseits glänzend dunkelgrün, unterseits schneeweiß filzig.

Sorbus aucuparia L. subsp. aucuparia

Eberesche, Gewöhnliche Eberesche, Vogelbeere; *engl.* Mountain ash, Rowan, Rowan tree; *franz.* Sorbier des oiseleurs; *ital.* Sorbo selvatico; *span.* Serbal de los cazadores, Azarollo; *kroat.* Jarebikina mukinja

Habitus: Kleiner bis mittelgroßer Baum, 6–12 (–20) m hoch und 4–6 m breit, später mehr oder weniger rundlicher Krone; oft auch mehrstämmig wachsend, in der Jugend raschwüchsig. Sie erreichen ein Alter von 80–100 Jahren, wobei Stammdurchmesser von 30 cm erreicht werden.

Rinde: Stamm lange glatt bleibend, später mit längsrissig schwarzgrauer Borke; Zweige mit hellbraunen Korkwarzen.

Blätter: Sommergrün, unpaarig gefiedert, Blättchen länglich lanzettlich, oben frischgrün, unten graugrün. Leuchtend gelborange bis lebhaft rote Herbstfärbung.

Blüten: Weiß, in bis zu 15 cm breiten verzweigten Trugdolden, Mai.

Früchte: Rundlich, erbsengroß, etwa 0,8 cm dick, leuchtend rot, in großer Fülle, Fruchtstände herabhängend, ab Ende August bis Oktober, roh ungenießbar, enthalten die giftige Parasorbinsäure, die beim Erhitzen zerstört wird.

Wurzel: Senkerwurzelsystem, bis 2 m tief, Seitenwurzeln flachstreichend, Wurzeln von Mykorrhiza umgeben, empfindlich gegen Bodenverdichtung und Einpflastern.

Sorbus aucuparia

Verbreitung und Standort: Fast ganz Europa, Kaukasus, in den Alpen bis zu 2000 m hoch ansteigend. In lichten Laub- und Nadelmischwäldern, auf Lichtungen und Kahlschlägen, in Gebüschen und an Waldrändern, auf Weiden und an Wiesenrainen. In den Mittelgebirgen oft die Baumgrenze bildend. Auf sauren bis kalkhaltigen, humosen, nährstoffreichen, wechselfeuchten Lehm- und Steinböden. Begleiter sind Trauben-Holunder, Sal-Weide, Zitter-Pappel und Hänge-Birke.

Ansprüche: Sonniger bis halbschattiger Standort, kühle- und feuchtigkeitsliebend, gut frosthart, reagiert auf sommerliche Trockenheit empfindlich, hohes Ausschlagvermögen, unempfindlich gegen Staunässe, auf schlechten Böden frühe Vergreisung; optimales Wachstum auf frischen bis feuchten, nicht zu nährstoffarmen, lockeren, leicht sauren Humusböden, insgesamt aber sehr anpassungsfähig und bodentolerant.

Sorbus aucuparia 'Fastigiata'

Sorbus aucuparia subsp. moravica

Allgemeines: Der Artname „aucuparia" leitet sich von lat. „aucupium" = „Vogelstellerei" an, einer Zusammenziehung der Worte „avis" für Vogel und „cupis" für fangen. Die Früchte wurden zum Vogelfang benutzt. Die Eberesche genießt seit alters her bei den nordgermanischen, slavischen und finnisch-ugrischen Völkern hohes Ansehen. Im finnischen Nationalepos, der Kelevala, ist es der Eberesche vorbehalten, die Nymphe Philajatar zu beherbergen. Auf Island galt sie als heiliger Baum. Ebereschenzweige in Gräbern der älteren Bronzezeit weisen auf Amulette eines Abwehrzaubers hin. Besonders in Schottland und Irland, aber auch in Skandinavien ist noch heute der Glaube an die Unheil fernhaltende Wirkung der Eberesche gegenwärtig. So sollen z. B. epiphytisch wachsende Ebereschen, insbesondere die an Himmelfahrt geschnittenen, das Eindringen von Hexen verhindern. Auch in der germanischen Göttersage Edda taucht *S. aucuparia* an hervorragender Stelle auf. Es wird berichtet, dass sie dem blitzeschleudernden Gott Thor das Leben rettete. In einigen Gegenden Deutschlands hat sich der Glaube erhalten, dass die Vogelbeere den Blitz abhält. Dazu werden die reifen Früchte in Kränzen oder Büscheln vor die Fenster oder auf die Dächer gehängt.

Verwendung: Wegen des schönen Habitus und der Früchte eines der schönsten Gehölze für Park und Garten, Solitärbaum, Gruppengehölz, Straßenbegleitgrün, Straßenbaum nur im Außenbereich der Städte und auf unbefestigten Flächen, Böschungen, Windschutzpflanzungen, Lawinenschutz.

Nutzung: Das Holz ist im Splint hellgelb bis schwach rötlich, im Kern hell- bis rötlich braun. Es ist mittelhart, elastisch, feinfasrig, sehr schön gemasert und eignet sich für Drechsler- und Schnitzarbeiten, wird aber auch als Tischlerholz verarbeitet. Das Holz wird für Spazierstöcke, Werkzeugstiele, Fassdauben und Musikinstrumente (Flöten) verwendet. Triebe werden als Flechtwerk für Körbe genutzt. In den Alpen werden die Ebereschen geschneitelt und die jungen Zweige verfüttert. In den nordischen Ländern werden die Früchte, die leicht bitter schmecken, zu Marmelade verarbeitet. Auch Schnaps wird daraus gebrannt. In der Naturheilkunde werden Extrakte als Heilmittel gegen Heiserkeit und Husten, bei mangelnder Nierentätigkeit, Gicht, Rheumatismus und ungekocht als Abführmittel benutzt.

Sorten: 'Fastigiata', Säulen-Eberesche: Kleiner, 5–8 m hoher und 1–1,5 m breiter, schmal säulenförmiger Baum mit auffallend dicken Trieben, großen Blütenrispen und leuchtend roten Beeren. 'Pendula', Hänge-Eberesche: Meist hochstämmig veredelt, Äste in weitem Bogen abstehend, Zweige hängend.

Weitere Art:

S. aucuparia subsp. **moravica** (Zengerl) A. Löve (Syn.: *S. aucuparia* var. *edulis* Dieck), Süße Eberesche, Mährische Eberesche. Unterscheidet sich von der Art durch bis zu 20 cm breiten, flacher ausgebreiteten Blütenrispen und vor allem durch die bitterstofffreien Früchte. Die Früchte sind etwas größer, etwa 1,3 cm dick, korallenrot, süß-säuerlich, nicht bitter schmeckend(!). Sie enthalten neben viel Vitamin C (60–100 mg/100 g) auch viele Organische Säuren und Sorbit (8,5 %), einen hochwertigen Zuckerersatzstoff für Diabetiker. Die Früchte sind roh essbar, werden zu Säften und Marmelade verarbeitet, getrocknet schmecken sie ausgezeichnet. Es entsteht durch Abspaltung von Wasser das mannigfach verwendete Konservierungsmittel Sorbinsäure. Vor allem die Sorten 'Rosina' und 'Rossica Major' werden kultiviert.

Sorbus domestica L.

Speierling; *engl.* Service tree; *franz.* Cormier; *ital.* Sorbo; *span.* Serbal común, Sorbo; *kroat.* Oskorusina mukinja

Habitus: Prächtiger mittelgroßer Baum, 10–15 (–20) m hoch und 8–10 m breit, Krone breit kegelförmig, später eiförmig bis rund, oft kurzstämmig; langsamwüchsig. Er kann 150 Jahre alt werden und Stammstärken von 50–60 (–100) cm erreichen.

Rinde: Borke graubraun, kleinschuppig (wie beim Birnbaum).

Knospen: Winterknospen klebrig(!), Endknospen groß, etwa 15 cm lang, zylindrisch.

Blätter: Sommergrün, gefiedert, Blättchen schmal länglich, unten flockig filzig behaart, Herbstfärbung gelb bis orange.

Blüten: Einzelblüten in 6–10 cm breiten, breit kegelförmigen, filzigen Trugdolden, unangenehm riechend, Mai–Juni.

Früchte: Apfel- oder birnenförmige Früchte, bis 3,5 cm lang, gelbgrün bis bräunlich, sonnenseits gerötet, herb sauer schmeckend.

Verbreitung und Standort: Mittel- und Südeuropa bis Kleinasien; an Waldrändern, Gebüschen, häufig angepflanzt. In sommerwarmen trockenen Eichen-Hainbuchen-Wäldern und Flaum-Eichen-Wäldern, vergesellschaftet mit Kornelkirsche, Wolligem Schneeball, Elsbeere und Mehlbeere. Der Speierling ist ein typischer Vertreter des submediterranen Florenelements.

Ansprüche: Sonniger bis lichtschattiger Standort, wärmeliebend, (Weinbauklima), nährstoff- und basenreiche Böden, bevorzugt kalkhaltige Lehm- und Tonböden.

Allgemeines: Der Speierling ist seit über 1000 Jahren als Obstbaum in Kultur.

Verwendung: Prächtiger Einzelbaum in Garten und Parkanlagen, Hofbaum, Obstbaum, auch forstlich genutzt.

Nutzung: Im Mittelalter war der Speierling ein wichtiger Fruchtbaum. Essbar sind die Früchte nur überreif, wenn sie bereits eine teigige Konsistenz aufweisen. Sie werden vor allem dem Apfelwein zur Geschmacksbereicherung und zwecks besserer Haltbarkeit zugesetzt. Das Holz des Speierlings ist feinfasrig, schwer, mittelhart, biegsam, dauerhaft und nur wenig schwindend. Es findet in der Tischlerei, Drechslerei und Holzbildhauerei Verwendung. Schrauben und Spindeln von Weinpressen wurden oft aus Speierlingsholz gefertigt. Die Früchte waren früher ein Volksheilmittel gegen Magen- und Darmerkrankungen.

Sorten: Fo. *pomifera* mit apfelförmigen Früchten und fo. *pyriformis* mit birnenförmigen Früchten.

Sorbus intermedia (Ehrh.) Pers.

Schwedische Mehlbeere, Oxelbeere; *engl.* Swedish Whitebeam; *franz.* Alisierde Suède; *ital.* Sorbo; *span.* Serbal de Suecia; *kroat.* Baltica mukinja
(Syn. *S. suecica*, *S. scandica*)

Habitus: Mittelgroßer Baum, 10–15 m (–18) m hoch und 4–6 m breit, meist kurzstämmig, Krone kegelförmig, später oval und im Alter rundlich, Hauptäste regelmäßig, aufrecht, dicht verzweigt, langsam wachsend.

Rinde: Borke lange glatt bleibend, grau bis schwärzlichgrau.

Sorbus domestica

Sorbus intermedia

Blätter: Sommergrün, im Umriss eiförmig mit Seitenlappen, derb ledrig, dunkelgrün, oberseits schwach glänzend, unterseits weißlich filzig, Herbstfärbung orangegelb, oft wenig ausgeprägt.

Blüten: In weißen, 8–10 cm breiten endständigen Schirmrispen, Mai–Juni.

Früchte: Eiförmig bis kugelig, 1–1,3 cm dick, orangerot bis scharlachrot, Fruchtfleisch ohne Steinzellen, gelb, essbar, Fruchtreife September–Oktober, lange haftend.

Wurzel: Tiefreichendes Wurzelsystem, Herzwurzler, unempfindlich gegen Einschüttung und Einpflastern.

Verbreitung und Standort: Südschweden, Seeland, Bornholm, bis Lettland, in Deutschland eingebürgert. Auf nährstoffreichen, gleichmäßig feuchten, nicht nassen, kalkhaltigen bis schwach sauren Böden.

Ansprüche: Sonniger Standort bis lichter Schatten, wärmeverträglich, frosthart, stadtklimaverträglich, extrem windresistent, sehr anpassungsfähig; bevorzugt gleichmäßig feuchte, aber nicht zu nasse, durchlässige, gut mit Nährstoffen versorgte Böden. Die Schwedische Mehlbeere gedeiht aber auch noch auf trockenen, sauren Sandböden.

Allgemeines: Die Schwedische Mehlbeere gehört innerhalb der Gattung zur Gruppe der apomiktischen Sippen. Diese produzieren zwar sterilen Pollen, die Samen sind aber dennoch keimfähig. Solche Sippen sind meist hybridogenen Ursprungs. Soll gegen Feuerbrand weitgehend resistent sein.

Verwendung: Wichtiger, anspruchsloser Kleinbaum für den städtischen Raum, Straßenbaum, Alleebaum, Windschutzpflanzungen, Straßenbegleitgrün. Auch dekorativer Einzelbaum für Garten und Park.

Sorte: 'Brouwers': Kleiner bis mittelgroßer Baum mit breit pyramidaler Krone und durchgehendem Leittrieb, 8–12 m hoch und 4–7 m breit.

Sorbus torminalis

Sorbus torminalis

Sorbus americana

Sorbus torminalis (L.) Crantz

Elsbeere; *engl.* Wild service tree; *franz.* Alisier terminal; *ital.* Ciavardello, Baccarello; *span.* Serbal silvesrtre, Sorbo silvestre, Mostajo; *kroat.* Brekinjina mukinja

Habitus: Mittelgroßer Baum, 10–15 (–20) m hoch und 7–12 m breit, mit eirundlicher Krone, oft auch nur strauchartig wachsend, raschwüchsig. Bäume werden etwa 100 Jahre alt.

Rinde: Borke dunkel graubraun, kleinschuppig.

Blätter: Sommergrün, breit eiförmig, tief und spitz gelappt, oberseits mittelgrün, matt glänzend, unterseits hellgraugrün, anfangs weich behaart, später kahl, Herbstfärbung prächtig gelborange, rot bis gelbbraun.

Blüten: Weiß, in 7–12 cm breiten, filzig behaarten Schirmrispen, Mai–Juni.

Früchte: Eiförmig, gelbbraun bis lederbraun, bis 1,5 cm lang, roh bei Reife teigig-mehlig; essbar, Fruchtreife Oktober.

Wurzel: Tiefwurzler. Wurzeltiefen von 1–2 m können erreicht werden, die seitliche Ausbreitung kann mehrere Meter betragen; gegen Einpflastern empfindlich.

Verbreitung und Standort: Europa, Kleinasien, Nordafrika und Kaukasus. In den Alpen bis 900 m ansteigend. Vorkommen in warmen Eichen- und Hainbuchenwäldern, im Buchsbaum-Flaum-Eichen-Buschwald, aber auch im bodensauren Trauben-Eichenwald; auf trockenheißen Südhängen, an Waldrändern, auf nährstoffreichen, sowohl kalkhaltigen als auch sauren Gesteinsböden in wintermilder Klimalage. Vergesellschaftet mit Burgen-Ahorn, Hasel, Trauben- und Flaum-Eiche, Wolligem Schneeball und Mehlbeere.

Ansprüche: Sonnig bis halbschattiger Standort, hitze- und trockenheitsverträglich, wärmeliebend, frosthart, windfest; auf trockenen bis frischen, nährstoffreichen, kalkhaltigen, gut durchlässigen Böden, auch noch für leichte saure Böden geeignet, versagt auf für nassen Böden und Sandböden.

Allgemeines: Der Artname enthält das lateinische Wort „tormina" = Ruhr; schon bei den Römern wurden die Elsbeeren „sorba torminalia" genannt, da man sie als Mittel gegen die Ruhr verwendete. Im Mittelalter war die Elsbeere sehr häufig in Klostergärten und an Straßen anzutreffen. Die Früchte wurden von den „armen Leuten" gegessen oder zu einem alkoholischen Getränk verarbeitet.

Verwendung: Für Einzelstellung und in Gruppen, bedingt als Straßenbaum in trockenwarmen Gebieten, bei Rekultivierungsmaßnahmen in der freien Landschaft, geeignet für die Verwendung an Wegen, Gehölz- und Waldrändern (lichtbedürftig!).

Nutzung: Das Holz ist im Kern rötlich und dunkelt nach. Es ist schwer, hart, zäh, dicht und sehr elastisch. Wird im Möbelbau, zum Drechseln, für Bildhauerei und früher auch in der Wagnerei verwendet. Aus Elsbeerenholz fertigte man Flöten, Maßstäbe, wissenschaftliche Instrumente und Vitrinen. Die reifen, teigigen Früchte wurden früher aufgrund ihres hohen Gerbstoffgehaltes als Volksheilmittel gegen Ruhr und Durchfall verwendet. Sie werden auch dem Apfelwein zur Geschmacksverbesserung beigesetzt und zur Essigbereitung verwendet.

Weitere Arten:

Sorbus americana Marschall, Amerikanische Eberesche. Bis 10 m hoher kurzstämmiger Baum oder Strauch mit rundlich abgeflachter Krone, goldgelber Herbstfärbung, weißen Blüten in etwa 14 cm breiten kahlen Trugdolden im Mai–Juni und scharlachroten, 4–6 mm dicken, sehr dicht gedrängten Früchten. Heimat Mittleres und östliches Nordamerika.

Sorbus × arnoldiana Rheder (*S. aucuparia* × *S. discolor*), Arnolds Eberesche. Kleiner Baum, ähnlich der Eberesche. Früchte je nach Sorte rosa oder weißlich rosa. Zahlreiche Sorten, z. B. 'Golden Wonder', 'Kirsten Pink', 'Red Tip', etc.

Sorbus cashmiriana

Sorbus commixta

Sorbus decora

Sorbus thuringiaca

Sorbus thuringiaca 'Fastigiata'

Sorbus cashmiriana Hedl., Himalaja-Eberesche. Lockerkroniger, 5–8 m hoher Baum, Blüten in der Knospe dunkelrosa, aufgeblüht rosaweiß, in 18 cm breiten, kahlen Trugdolden, Mai. Früchte rundlich-eiförmig, bis 1,8 cm dick, weiß. Heimat Kaschmir.

Sorbus commixta Hedl, Japanische Eberesche. Bis 7 m hoher, oft mehrstämmiger Baum mit rundlicher Krone. Blätter früh und bräunlich austreibend, später oberseits hellgrün, unterseits bläulich, Herbstfärbung leuchtend gelb und rot. Blüten weiß, in 8–12 cm breiten, kahlen, lockeren Trugdolden. Früchte kugelig, etwa 7 mm dick, scharlachrot. Heimat Korea, Japan, Kurilen, Sachalin.

Sorbus decora (Sarg.) C. K. Schneid., Labrador-Eberesche. Mittelgroßer, 8–12 m hoher Baum oder Strauch, Krone breit kegelförmig bis rundlich, oberseits dunkel blaugrau, unterseits heller. Blüten weiß, in 5–10 cm breiten, ziemlich lockeren Trugdolden, Mai. Früchte fast kugelig, 0,7–1 cm dick, lebhaft rot. Heimat nordöstliches Nordamerika.

Sorbus × hybrida L (*S. aucuparia* × *S. intermedia*), Bastard-Mehlbeere. Mittelgroßer, 10–12 m hoher Baum, anfangs schmal aufrechter Wuchs, später breitkroniger Baum. Blätter oberseits dunkelgrün, unterseits graufilzig, zuletzt derb ledrig. Blüten weiß, in 6–10 cm] breiten, filzigen Trugdolden, Mai–Juni. Früchte fast kugelig, 1–1,2 cm dick, rot, spärlich punktiert. Vorkommen Südwest-Finnland bis Mittel- und Südnorwegen.

Sorbus latifolia (Lam.) Pers., Breitblättrige Mehlbeere, engl. Service tree of Fontainbleau. Bis 15 m hoher Baum mit breit kegelförmiger Krone. Blätter oberseits dunkelgrün, matt glänzend, unterseits graugelblich filzig behaart. Blüten rahmweiß bis gelblich, in 7–10 cm breiten, lockeren, filzigen Trugdolden, Mai. Früchte kugelig, 1–1,4 cm dick, gelb- bis rotbraun, punktiert. Portugal bis M-Deutschland.

Sorbus thuringiaca (Ilse) Fritsch (*S. aria* × *S. aucuparia*) 'Fastigiata', Säulenförmige Thüringer Mehlbeere. Relativ kleiner, langsam wachsender Baum, etwa 5–8 m hoch, Krone dicht mit steil aufsteigenden Ästen; Blätter derb ledrig, oberseits matt dunkelgrün, unterseits graufilzig. Blüten 1,2 cm breit. Früchte etwa 0,8–1 cm dick, dunkelrot, zahlreich. Vorkommen Frankreich, Deutschland, Österreich, Schweiz, Tschechien.

Scheinkamelie

Scheinkamelie; *engl.* False camellia; *franz.* Faux-camélia, Stuartia; *kroat.* Parakamelia
Familie: Theaceae, Teestrauchgewächse

Sommergrüne Bäume oder Sträucher, Borke oft abblätternd, Blätter wechselständig, einfach, ganzrandig oder gesägt. Blüten groß, meist einzeln, selten 2–3, schalenförmig, blattachselständig an vorjährigen Zweigen, mit 1–2 Hochblättern unter dem Kelch, Kronblätter weiß, außen seidig behaart. Kapselfrüchte 1–1,2 cm lang, deutlich 5-kantig, verholzend, sich 5-klappig öffnend. 9 Arten in Ostasien und im östlichen Nordamerika.

Stewartia pseudocamellia Maxim.

Japanische Scheinkamelie; *engl.* Japanese stewartia; *franz.* Faux-camélia, Stuartia; *kroat.* Japanska parakamelia

Habitus: 4–6 (–18) m hoher, anfangs straff aufrechter Strauch oder Baum, Krone im Alter unregelmäßig ausgebreitet.

Rinde: Rötlich, sich in großen Platten ablösend, dann mehrfarbig von grau, zimtrot, olivfarben bis gelb.

Blätter: Sommergrün, wechselständig, 3–8 cm lang, elliptisch oder verkehrt eiförmig-elliptisch, oberseits frischgrün, unterseits heller. Herbstfärbung prächtig orange- bis dunkelrot.

Blüten: Einzelne, aber zahlreiche breit schalenförmige Blüten, 5–6 cm breit, Staubfäden weiß, Staubbeutel leuchtend orange. Juli–August, sehr lange Blühdauer.

Wurzel: Feines, oberflächennah ausgebreitetes Wurzelsystem, empfindlich, Wurzelbereich abdecken.

Verbreitung und Standort: Japan, die var. *koreana* Korea.

Ansprüche: Sonne bis Halbschatten, wärmeliebend bis kühlfeucht, mäßig frosthart, windgeschützt, gleichbleibend frischer bis feuchter, saurer bis neutraler, sandig- bis lehmig-humoser Boden, trockenheits- und nässeempfindlich, sehr langsamwüchsig.

Allgemeines: Die Scheinkamelie ist nach John Stuart, Earl von Butte, 1713–92, britischer Politiker und Förderer der Wissenschaften, benannt.

Verwendung: Ausgefallene Kostbarkeit für den Gehölzliebhaber, Solitärgehölz, schöner Winteraspekt.

Sorte: Var. koreana (Nakai ex Rehder) Sealy: Triebe leicht hin- und hergebogen. Blüten 6–7 cm breit.

Stewartia pseudocamellia

Stewartia pseudocamellia var. Koreana

Styrax Storaxbaum

Storaxbaum; *engl.* Snowbell, Storax; *franz.* Aliboufier, Styrax; *kroat.* Diviza
Familie: Styracaceae, Storaxbaumgewächse

Sommer- oder immergrüne Bäume oder Sträucher, Zweige anfangs sternhaarig. Blätter wechselständig, einfach, kurz gestielt, ganzrandig oder gesägt, meist sternhaarig. Blüten weiß, in Trauben oder Büscheln an kurzen Seitenzweigen, Kelch glockig oder becherförmig, Krone tief 5-lappig. Steinfrüchte rundlich-eiförmig, bis 2 cm dick, Fruchthülle dünn, trocken oder fleischig, Steinkern 1–1,2 cm, hartschalig. Etwa 100 Arten in tropischen und warmtemperierten Zonen von Asien, Europa und Amerika.

Styrax japonicum Siebold et Zucc.

Japanischer Storaxbaum; *engl.* Japanese snowbell; *franz.* Aliboufier, Styrax; *kroat.* Japanska diviza

Habitus: 5–7 (–10) m hoher, kurzstämmiger Baum oder Strauch. Krone reich verzeigt, aufrecht, Äste weit abstehend.

Rinde: Zweige dünn, ausgebreitet, sternhaarig

Blätter: Sommergrün, breitelliptisch bis länglich elliptisch, oberseits glänzend dunkelgrün, unterseits anfangs sternhaarig.

Blüten: Breit glockenförmig, weiß, zu 3–6 in Büscheln in großer Fülle, duftend, an dünnen Stielen hängend. Blütezeit Juni bis Juli.

Verbreitung und Standort: China, Südkorea und Japan, in Gebirgswäldern.

Ansprüche: Anspruchsvolles Gehölz, junge Pflanzen benötigen Winterschutz, geschützter Standort, sonnig bis lichter Schatten, frischer, nährstoffreicher, humoser, gut durchlässiger, schwach saurer Boden.

Allgemeines: Der Japanische Storaxbaum wurde 1862 von Richard Oldham nach Europa eingeführt.

Verwendung: Besonders attraktiver Strauch oder kleiner Baum für den exquisiten Garten, Solitärgehölz für Gehölzliebhaber.

Sorte: 'Fargesii': Wuchs kräftig, baumförmig. Blätter etwas größer als bei der Art.

Styrax japonicum

Tetradium Stinkesche

Stinkesche; *engl.* Tetradium, Evodia; *franz.* Frene puant; *kroat.* Medarica
Familie: Rutaceae, Rautengewächse

Sommer- oder immergrüne Bäume oder Sträucher mit nackten Winterknospen, Blätter gegenständig, unpaarig gefiedert, Blättchen ganzrandig, bei Berührung unangenehm riechend, Blüten 1-häusig, klein, in endständigen, reich verzweigten Rispen, 5-zählig. Früchte aus 4–5 Balgfrüchten zusammengesetzt, diese 2–8 mm lang, zur Reife sternförmig ausgebreitet. Etwa 9 Arten in Süd-, Ost- und Westmalaysia.

Tetradium daniellii

Tetradium daniellii

Tetradium daniellii (Benn.) Hartley

Samthaarige Stinkesche, Bienenbaum; *engl.* Tetradium, Evodia; *franz.* Frene puant; *kroat.* Daniellova medarica
(Syn.: *Euodia hupehensis*)

Habitus: Mittelgroßer Baum bis 20 m Höhe, oft nur strauchförmig wachsend, Krone breit kegelförmig, zuletzt abgeflacht rundlich bis fast schirmförmig.

Rinde: Glatt, grau, buchenähnlich.

Blätter: Sommergrün, unpaarig gefiedert, Blättchen unterseits hellgrün, Mittelrippe mit langen, zottigen Haaren; Herbstfärbung fahlgelb.

Blüten: Weiß, in 10–15 cm breiten Trugdolden, Juli–August.

Verbreitung und Standort: Südwestchina und Korea.

Ansprüche: Sonnig, sehr wärmeliebend, in der Jugend frostempfindlich, im Weinbauklima ausreichend winterhart, tiefgründige, gut durchlässige Böden, schwach sauer bis stark alkalisch.

Allgemeines: Wird wegen seiner Blüte im Sommer sehr zahlreich von Bienen besucht und wird deshalb auch oft als „Bienenbaum" bezeichnet.

Verwendung: Einzelstand oder in kleinen Gruppen in Parks, Siedlungsgrün, in Ungarn auch als Straßenbegleitgrün im Dorfbereich.

Tilia Linde

Linde; *engl.* Lime, Linden; *franz.* Tilleul; *ital.* Tiglio; *span.* Tilo; *kroat.* Lipa
Familie: Tiliaceae, Lindengewächse

Große, sommergrüne Bäume mit anfangs glatter, silbergrauer Borke, die später dunkler und flach gefurcht ist. Triebe glänzend, meist sternhaarig. Winterknospen eiförmig, mit 2–3 klebrigen Knospenschuppen, Endknospe fehlend. Blätter wechselständig, 2-zeilig stehend, lang gestielt, einfach, Basis herzförmig bis asymmetrisch, fein bis grob gesägt, unterseits mit oder ohne Achselbärte. Blüten zwittrig, in hängenden, lang gestielten Zymen, Blütenstandsachsen mehr oder minder bis zur Mitte mit einem geflügelten, trockenhäutigen, abspreizenden Hochblatt verwachsen. Blütenhülle doppelt 5-zählig. Früchte als 1-fächrige, 1–2-samige, 0,5–1,5 cm lange Nuss ausgebildet, Schale glatt oder gerippt, zerbrechlich oder holzig, geschlossen bleibend. Seit Jahrhunderten als Großbäume im dörflichen und städtischen Siedlungsbereich, als Hof-, Park-, Straßen- und Alleebäume in Verwendung. Etwa 45 Arten in der nördlich gemäßigten Zone, südlich bis Indochina und Mexiko.

Tilia americana L.

Amerikanische Linde; *engl.* American basswood, American lime; *franz.* Tilleul d'Amerique; *ital.* Tiglio americana; *kroat.* America lipa

Habitus: Großer Baum, 18–30 m hoch und bis 20 m breit, mit kegelförmiger, später hochgewölbter, eiförmiger bis rundlicher Krone, sehr dicht verzweigt, Stamm weit in die Krone reichend, Äste im oberen Bereich aufstrebend, in der unteren Kronenhälfte waagrecht bis hängend, mittelstark wachsend.

Rinde: Borke lange glatt und grau bleibend.

Blätter: Sommergrün, auffallend groß, breit eiförmig, bis 15 (–20) cm lang, oben dunkelgrün, unten hellgrün, Herbstfärbung gelegentlich hellgelb.

Blüten: Hellgelb, zu 5–15 in hängenden, kahlen Zymen, großes Tragblatt, duftend, Juni–Juli.

Wurzel: Herzwurzelsystem, Oberboden meist dicht durchwurzelt, empfindlich gegen Einpflastern und Überschüttung.

Verbreitung und Standort: Östliches Nordamerika. In Mischwäldern auf feuchten Talböden und Hügeln, gelegentlich auch auf steinig-felsigen Böden, bis auf 970 m Höhe ansteigend.

Ansprüche: Sonnig bis halbschattig, wärmeverträglich bis kühl, empfindlich gegen Hitze und Trockenheit, bevorzugt tiefgründige, nahrhafte, frische bis feuchte Böden, schwach sauer bis alkalisch, sonst anpassungsfähig, doch insgesamt etwas anspruchsvoll, empfindlich gegenüber Luftverunreinigung.

Verwendung: Schöner Großbaum mit dekorativer Belaubung für Parkanlagen, Siedlungsgrün und Straßenbaum bei ausreichend offenem Wurzelraum.

Nutzung: Das weiche, leichte Holz wird für die Produktion von Holzkisten, Maßstäben und Möbeln sowie als Brennholz verwendet. Die Indianer machten Seile und webten Matten aus dem stark fibrösen inneren Bast. Lindenhonig ist ein weiteres beliebtes Produkt.

Sorte: 'Nova': Raschwüchsige, schöne Auslese der Amerikanischen Linde.

Tilia cordata Mill.

Winter-Linde; *engl.* Little leaf linden; *franz.* Tilleul à petites feuilles; *ital.* Tiglio selvatico; *span.* Tilo silvestre, Tilo de hoja pequena; *kroat.* Kasna lipa, pozna lipa (Syn. *T. parviflora*)

Tilia americana

Tilia americana

Tilia cordata

Tilia cordata

Habitus: Großer Baum von 18–30 (–40) m Höhe, in der Jugend kegelförmige, im Alter hochgewölbte Krone von 10–15 (–20) m Breite, Stamm im Freistand kurz, oft mit knolligen Wucherungen, Krone tief ansetzend, Äste bogig aufrecht wachsend, im Außenbereich der Krone auch überhängend, relativ dichttriebig, mittel bis stark wachsend. Winter-Linden sind mit etwa 200 Jahren ausgewachsen, können aber bis etwa 1000 Jahre alt und 2 m dick werden.

Rinde: Stamm bis ins hohe Alter glatt, erst dann längs gefurcht.

Blätter: Sommergrün, rundlich eiförmig bis herzförmig, oben dunkelgrün, unterseits blaugrün, mit rotbraunen Achselbärten(!), Herbstfärbung gelb.

Blüten: Gelblich weiß, stark duftend, in der 1. Juli-Hälfte, zu 5–11 in hängenden Trugdolden.

Wurzel: Anfangs Pfahlwurzel, später kräftiges Herzwurzelsystem mit hohem Feinanteil, empfindlich gegenüber Bodenverdichtung und Einpflastern.

Verbreitung und Standort: Europa, vom Flachland bis in 1500 m Höhe in den Alpen aufsteigend. Vielfach wurde die Winter-Linde angepflanzt und ist heute in Gebieten, wo sie ursprünglich nicht heimisch war, naturalisiert. Wächst in lichten, sommerwarmen Laubmischwäldern, aber auch in Auwäldern sowie in trockenen Weichen-Hainbuchen-Wäldern und in Ahorn. Eschen-Linden-Hangwäldern. Auf mäßig trockenen bis frischen, lockeren, nahrhaften, flach bis tiefgründigen Böden mit sauerer bis alkalischer Bodenreaktion.

Ansprüche: Sonnige bis halbschattige Standorte, hitzeverträglich, wärmeliebend, frosthart, mäßig stadtklimaverträglich; Mäßig trockene bis mäßig frische, gut mit Nährstoffen versorgte, schwach saure bis kalkhaltige Böden. Die Winter-Linde ist gut anpassungsfähig und verträgt mehr Trockenheit als die Sommer-Linde.

Allgemeines: Die Linde ist seit jeher mit dem Leben der Menschen verbunden, ob als Dorf- oder Hofbaum, als Gerichtslinde, Tanzlinde oder Orte der Ratsversammlung und der Rechtssprechung. Sie kommt in Märchen, Gedichten und Liedern oft vor, zahlreiche Familien und mehr als tausend Ortsnamen im deutschsprachigen Raum stehen in Beziehung zur Linde. Den Slawen und Germanen war die Linde heilig und deren Fruchtbarkeitsgöttin Freya geweiht. Linden werden oft auch von Blattläusen befallen, die Winter-Linde allerdings in geringerem Ausmaß als die Sommer-Linde. Bei Hitze und Lufttrockenheit werden sie bald von Spinnmilben (Rote Spinne) befallen und werfen frühzeitig das Laub ab.

Verwendung: Schöner, stattlicher Großbaum für die Einzelstellung in Parkanlagen, im Siedlungsgrün, Dorf-, Hof-, Straßen- und Alleebaum, auch für freiwachsende und geschnittene Hecken, Baumwände, als Gehölz großer Baumgruppen sowie als Formgehölz (Dach- und Kastenformen), insbesondere in historischen Gartenanlagen.

Nutzung: Das Holz der Winter-Linde ist dicht, fest, biegsam und schwindet stark. Es lässt sich für Schnitzer- und Drechslerarbeiten verwenden. Viele berühmte gotische und barocke Altäre sowie Heiligenstatuen sind aus diesem Holz geschnitzt. Auch Zeichenbretter und Bilderrahmen werden daraus hergestellt. Weiche Lindenholzkohle wird als gute Zeichenkohle geschätzt. Lindenbast spielte vor der Verdrängung durch Raphiabast (Palmenbast) in der Gärtnerei eine wichtige Rolle. Den Imkern sind Linden wichtige Bienenpflanzen, sie standen deshalb im Mittelalter unter Schutz und durften nicht gefällt werden. Neben dem Nektar (der abendlich abgesonderte Nektar hat einen Zuckergehalt von 50–80 %) wird von den Bienen auch der Honigtau, eine Ausscheidung der Blattläuse und Zikaden, gesammelt.

Tilia × euchlora

Tilia × euchlora

Sorten: 'Erecta': Mittelgroßer Baum mit regelmäßiger, schmal bis breit eiförmiger, dicht verzweigter Krone, mittelstark wachsend. 'Greenspire', Stadt-Linde: Mittelgroßer Baum bis 20 m Höhe mit regelmäßiger, breit ovaler, dicht geschlossener, 10–12 m breiter Krone, Stamm bis in die Krone durchgehend, rasch wachsend. Verträgt Hitze und trockene Luft besser als die Art, stadtklimafest. 'Rancho', Kleinkronige Winter-Linde: Mittelgroßer, 8–12 (–15) m hoher und 4–6 (–8) m breiter Baum mit kegelförmiger bis eiförmiger, sehr dicht verzweigter Krone und auffällig aufrechten Ästen; die Blätter sind dunkelgrün glänzend, derb.

Tilia × euchlora K. Koch

Krim-Linde; *engl.* Crimean Lime; *franz.* Tilleul de Crimée; *ital.* Tiglio; *kroat.* Svjezezelena lipa

Habitus: Mittelgroßer Baum von 15–20 m Höhe und 10–12 m Breite, mit anfangs kegelförmiger, später

Tilia platyphyllos

hochgewölbter Krone, bis in die Krone durchgehendem Stamm, Äste nur mäßig stark, im oberen Bereich ansteigend bis waagrecht, im unteren Bereich schleppenartig, im Freistand mitunter bis zum Boden durchhängend; mittelstark bis rasch wachsend.

Rinde: Borke hellgrau bis schwärzlich.

Blätter: Sommergrün, wechselständig, breit eiförmig, oberseits auffällig glänzend, dunkelgrün, kahl, unterseits heller, mit bräunlichen Achselbärten, Herbstfärbung leuchtend hellgelb.

Blüten: Zu 3–7 in hängenden, kahlen, 5–9 cm breiten Zymen, Juli.

Wurzel: Herzwurzelsystem mit hoch angesetztem Wurzelanlauf, Oberboden intensiv durchwurzelt, empfindlich gegen Bodenverdichtung.

Verbreitung und Standort: Wahrscheinlich eine Kreuzung aus *T. cordata* × *T. dasystyla*.

Ansprüche: Sonnige bis halbschattige Standorte, wärmeliebend, frosthart, stadtklimaverträglich. Mäßig trockene bis mäßig frische, gut mit Nährstoffen versorgte, schwach saure bis kalkhaltige Böden. Die Krim-Linde ist gut hitze- und trockenheitsverträglich, ist unter diesen Umständen jedoch kurzlebig.

Verwendung: Idealer Parkbaum für Alleen und geschnittene Formen, auch als malerischer Einzelbaum oder Gruppengehölz in städtischen Freiräumen, für das Straßenbegleitgrün. Als Alleebaum im Straßenbereich sind die stark hängenden Äste von Nachteil.

Tilia platyphyllos L.

Sommer-Linde; *engl.* Large leafed lime, Broadleaved limetree; *franz.* Tilleul á grandes feuilles, Tilleul de Hollande; *ital.* Tiglio a foglie grandi; *span.* Tilo común, Tilo de hoja grande; *kroat.* Velelisna lipa

Habitus: Mächtiger Großbaum, 30–35 (–40) m hoch und 18–25 m breit, mit anfangs kegeliger bis breit eiförmiger, später mehr rundlicher, hochgewölbter Krone und im Freistand kurzem Stamm, Äste tief ansetzend, Hauptäste aufrecht strebend, Zweige bogig aufrecht bis waagrecht, im unteren Bereich locker überhängend. In der Jugendphase rasch wachsend, wird mächtiger und größer als die Winter-Linde.

Rinde: Borke grau- bis schwarzbraun, längsrissig, dicht gerippt.

Blätter: Sommergrün, rundlich herz- bis eiförmig, mitunter schief eiförmig, oben lebhaft grün, unten weich behaart mit geraden, abstehenden weißen Haaren(!) in den Aderwinkeln, Herbstfärbung gelb.

Blüten: Gelblich, in 3–5-blütigen hängenden Trugdolden, süßlich duftend, Ende Juni–Juli.

Wurzel: Anfangs Pfahlwurzel, später kräftiges Herzwurzelsystem mit hohem Feinanteil, empfindlich gegenüber Bodenverdichtung und Einpflastern.

Verbreitung und Standort: West-, Mittel-, Süd- und Südosteuropa. In Buchen-Linden-Bergwäldern, Linden-Ahorn-Wäldern und Ahorn-Eschen-Ulmen-Berg- und Hangwälder; auf Geröllhängen auch bestandsbildend. In den Alpen bis 1000 m ansteigend. Oft auf

Tilia platyphyllos

Tilia platyphyllos

Tilia tomentosa

Tilia platyphyllos

frischen, nährstoffreichen und basenreichen, oft kalkhaltigen bis mäßig sauren, steinigen Lehmböden.

Ansprüche: Sonnig bis halbschattig, in kühlfeuchter Lage, ist in ihren Feuchtigkeitsansprüchen der Buche vergleichbar. Die Bodenansprüche sind höher als jene der Winter-Linde, sie benötigt gleichmäßig frische, nährstoffreiche, tiefgründige, alkalische bis schwach saure Böden, kalkliebend. Empfindlich gegen Luftverschmutzung, salzempfindlich, anfällig für Rote Spinne bei Boden- und Lufttrockenheit.

Allgemeines: Bereits Vergil und Columella nannte die Linde Tilia. Der Artname „*platyphyllos*" enthält die griechischen Worte „platys" = breit und „phyllon" Blatt. Aus dem althochdeutschen „linta" wurde im Mittelhochdeutschen „linde". Lindenlaub verrottet leicht, gut schnittverträglich, hohes Ausschlagvermögen. Siehe auch *T. cordata*.

Verwendung: Schöner großer Baum für großräumige Situationen, Parkanlagen, Siedlungsgrün, Dorfbegrünung, Hofbaum Dorfbaum, Allee- und Straßenbaum im Außenbereiche der Städte und auf Landstraßen, freiwachsende und geschnittene Hecken und Baumwände.

Nutzung: Das Holz der Sommer-Linde hat einen gelblich weißen, breiten Splint und einen dunkler getönten Kern. Es ist noch leichter als das Holz der Winter-Linde und hat eine gleichmäßige Textur, ist weich, dichtfasrig, zäh, elastisch, leicht spaltbar, trocknet rasch und schwindet mäßig. Es hat einen leichten Seidenglanz und lässt sich sehr gut bearbeiten. Lindenholz wird in der Tischlerei, Bildhauerei und Drechslerei verwendet. Spielsachen, Zigarrenkisten, Zündhölzer sowie Bleistifte Bilderrahmen und Zeichenbretter werden daraus gefertigt. Man verarbeitet es auch zu Holzwolle und Zellulose. Die Blütenstände der Linden enthalten die wertvolle Droge „Flores Tiliae", welche für Lindenblütentee verwendet wird, sie enthalten viel Schleimstoffe, Zucker und das ätherische Öl Farnesol. Lindenblüten wirken blutreinigend und schweißtreibend.

Sorte: 'Rubra': Großer Baum, gleichmäßig breit aufrecht wachsend, etwas schmäler als die Art, die Zweige sind im Winter auffällig korallenrot gefärbt, raschwüchsig.

Tilia tomentosa Moench

Silber-Linde, Ungarische Linde; *engl.* Silver lime; *franz.* Tilleul argenté, Tilleul de Hongrie; *ital.* Tiglio argenteo; *span.* Tilo plateado, Tilo húngaro; *kroat.* Srebrnasta lipa

Habitus: Großer Baum, 25–30 m hoch und 15–20 m breit, mit regelmäßiger, anfangs breit kegelförmiger, später geschlossener, eiförmiger hochgewölbter bis rundlicher Krone. Hauptäste spitzwinkelig ansetzend, straff aufrecht, Neigung zu Gabelwuchs oder wirteliger Aststellung, raschwüchsig.

Rinde: Längsrissige, flachrippige, silbergraue Borke.

Blätter: Sommergrün, herzförmig, dunkelgrün, unterseits durch Sternhaare silbern weißfilzig, keine Achselbärte(!), Herbstfärbung gelb.

Blüten: Gelblich, zu 5–10 in hängenden, sternhaarigen, 5–10 cm breiten Zymen, Juli–Anfang August.

Wurzel: Anfangs Pfahlwurzel, später kräftiges Herzwurzelsystem mit hohem Feinanteil, empfindlich gegenüber Bodenverdichtung und Einpflastern.

Verbreitung und Standort: Südosteuropa bis zum nördlichen Kleinasien, nördliche Balkan-Halbinsel von Griechenland, Bulgarien, Rumänien bis nach Nordungarn, östlich bis zur West-Ukraine. Meist in Hopfenbuchen-Orient-Hainbuchen-Mischwäldern, Eichen-Manna-Eschen- und Ess-Kastanienwäldern, auf nährstoff- und basenreichen, oft kalkhaltigen, mittel- bis tiefgründigen, steinigen oder sandigen Lehmböden.

Ansprüche: Sonniger Standort, frosthart, wärmeliebend, verträgt sommerliche Luft- und Bodentrockenheit gut, besser als andere Linden, stadtklimafest, bedingt rauchhart, widerstandsfähig gegen Krankheiten und Insekten; benötigt mäßig trockenen bis mäßig feuchten Boden, schwach sauer bis alkalisch, optimal auf frischen, lehmigen Böden.

Allgemeines: Entgegen der früheren Ansicht enthält der Nektar der Linden keine für Bienen und Hummeln toxisch wirkende Zucker, das gilt auch für die Silber-Linde. Das Massensterben von Hummeln unter spät blühenden Linden im urbanen Bereich wird nach neueren Untersuchungen durch den zu dieser Zeit herrschenden Nahrungsmangel erklärt. Die Hummeln werden durch den starken Geruch der Lindenblüten angelockt und unterliegen unter dem Baum einem tödlichen Energiedefizit.

Verwendung: Auffälliger Einzelbaum, Gruppen, Allee- und Straßenbaum, städtisches Siedlungsgrün.

Tilia × vulgaris 'Pallida'

Tilia × vulgaris

Tilia × vulgaris

Nutzung: Waldbauliche Bedeutung in der Heimat, das Holz wird für Schnitzereien und für die Möbelherstellung verwendet.

Sorten: 'Brabant', Brabanter Silber-Linde: Starkwüchsige Selektion, 20–30 m hoch, mit durchgehendem Stamm und sehr regelmäßig aufgebauter Krone, anfangs kompakt kegelförmig, später breit kegelförmig bis hochgewölbt, bis 15 m breit, Zweige straff aufrecht. 'Petiolaris', Hänge-Silber-Linde: Wurde früher als eigene Art geführt, bis 25 m hoher Baum mit unregelmäßiger Krone, abgerundetem Wipfel, Blätter an 5–10 cm langem Stiel hängend(!).

Tilia × vulgaris L.

Holländische Linde; *engl.* Common lime, European linden; *franz.* Tilleul commun, Tilleul de Hollande; *ital.* Tiglio olandse; *kroat.* Obicna hibridna lipa (Syn.: *T. europea* auct. non L., *T.* × *intermedia*)

Habitus: Großer Baum von 25–35 (–40) m Höhe und 12–15 m Breite, mit gleichmäßig aufgebauter kegelförmiger Krone, im Alter stumpfkegelig, hochgewölbt, Äste im unteren Kronenbereich leicht hängend, schnellwüchsig.

Rinde: Stamm bis ins hohe Alter glatt, erst dann längs gefurcht.

Blätter: Sommergrün, wechselständig, breit eiförmig, oberseits dunkelgrün, kahl, unterseits graugrün; Herbstfärbung gelb.

Blüten: Gelblich weiß, zu 5–9 in 7–8 cm langen, hängenden Zymen, Ende Juni bis Anfang Juli.

Wurzel: Anfangs Pfahlwurzel, später kräftiges Herzwurzelsystem mit hohem Feinanteil, empfindlich gegenüber Bodenverdichtung und Einpflastern.

Verbreitung und Standort: Entstanden aus einer Kreuzung von *T. cordata* × *T. platyphyllos*.

Ansprüche: Sonniger Standort, frosthart, wärmeliebend, verträgt zeitweise Trockenheit des Bodens, stadtklimaverträglich, hohes Ausschlagvermögen, optimal tiefgründiger, nahrhafter, frischer bis feuchter Boden, mäßig trockene Böden möglich, schwach sauer bis alkalisch.

Allgemeines: Die Holländische Linde liegt in ihren Merkmalen zwischen der Sommer- und der Winter-Linde, ist aber anpassungsfähiger als die Ausgangsformen.

Verwendung: Guter Stadtbaum, Alleen, Straßenbaum, Einzelstellung und Gruppen.

Sorte: 'Pallida', Kaiser-Linde: Prächtiger Großbaum mit kegelförmiger Krone, geradem Stamm und durchgehendem Leittrieb, rasch wachsend, Blätter größer als bei der Art, frischgrün, leicht glänzend, früher Austrieb, Herbstfärbung gelb, wenig anfällig für Krankheiten und Schadinsekten; besonders gut für den Straßenraum geeignet.

Weitere Art:

Tilia × **flavescens** 'Glenleven'. Selektion aus *T. americana* × *T. cordata*; Großer, 18–25 m hoher Baum mit breit kegelförmigen bis eiförmiger, mittelstark verzweigter, 12–15 m breiter Krone, starkwüchsig, aufrecht, mit kräftigem, durchgehendem Stamm. Blätter rundlich–herzförmig, dunkelgrün, glänzend und lange grün bleibend. Ansprüche ähnlich der Winter-Linde.

Toona Surenbaum

Surenbaum; *engl.* Toon; *franz.* Cedre batard, Cedrella; *kroat.* Pajasenak
(Syn. *Cedrela* P. Browne)
Familie: Meliaceae, Zederachgewächse

Sommergrüne oder immergrüne Bäume mit wechselständigen, paarig gefiederten Blättern. Blüten zwittrig, grünlich oder weißlich, klein, in großen, endständigen Rispen, 4–5-zählig. Fruchtkapseln 2–3,5 cm lang, sich 5-klappig öffnend, je Fach 1–3 längliche, 1–1,2 cm lange, oberseits geflügelte Samen. 6 Arten, überwiegend im tropischen Ostasien bis Australien.

Toona sinensis (A. Juss.) M. Roem.

Chinesischer Surenbaum; *engl.* Red toon, Chinese toon; *franz.* Cedre batard, Cedrella; *kroat.* Kineski pajasenak
(Syn.: *Cedrela sinensis*)

Habitus: Im Aussehen an den Götterbaum erinnernder, raschwüchsiger Baum, 12–15 (–20) m hoch, Krone im Alter breit, locker.

Rinde: Borke stark rissig, sich in langen Streifen lösend.

Blätter: Sommergrün, paarig gefiedert, 25–60 cm lang, Blättchen länglich bis länglich-lanzettlich, oberseits hellgrün, unterseits bleichgrün. Herbstfärbung buttergelb.

Blüten: Weiß bis grünlich weiß, duftend, 5 mm lang, in 30–40 cm langen, hängenden Rispen, Mai–Juni.

Verbreitung und Standort: China, Japan, Korea.

Ansprüche: Nur im sommerwarmen Weinbauklima ausreichend frosthart, gut durchlässiger, nahrhafter, schwach saurer bis alkalischer Boden, kalktolerant.

Allgemeines: Der Surenbaum ist der einzige ausreichend frostharte Vertreter der *Meliaceae* in Mitteleuropa.

Verwendung: Einzelbaum in Garten und Park.

Nutzung: Das gelbe, von braunen Streifen durchzogene Holz wird als „Chinesisches Mahagoni“ bezeichnet. In China werden die jungen, vitaminreichen Triebe und Blätter des Baumes frisch als Salat oder gebraten bzw. gedünstet als Gemüse gegessen. Triebspitzen gelten als Heilmittel mit blut- und schmerzstillender sowie antibakterieller Wirkung.

Toona sinensis

Ulmus Ulme

Ulme, Rüster; *engl.* Elm; *franz.* Orme; *ital.* Olmo; *span.* Olmo; *kroat.* Brijest
Familie: Ulmaceae, Ulmengewächse

Große, sommergrüne Bäume, seltener Sträucher, mit oft tief gefurchter Borke, wechselständigen, meist doppelt gesägten Blättern, Basis meist asymmetrisch. Blüten einzeln oder in keinen büscheligen Trugdolden, der Achsel von Knospenschuppen entspringend, meist vor der Laubentfaltung blühend. Früchte als ringsum geflügelte, breit eiförmige bis rundliche Nuss ausgebildet. Etwa 45 Arten in der nördlichen gemäßigten Zone, in tropischen Gebirgen südlich bis zum Himalaja, nach Indochina und Mexiko.
Die Ulmen stellen hohe Ansprüche an die Wasser- und Nährstoffversorgung des Bodens. Bis zum Auftreten der Ulmenkrankheit, die 1919 erstmals auftrat und sich dann in Schüben ausbreitete, waren Ulmen häufig als Park-, Hof-, Allee- und Straßenbäume in Verwendung. Durch gezielte Kreuzungen weniger anfälliger Arten ist es gelungen, gegen das Ulmensterben weitgehend resistente Klone zu schaffen.

Ulmus glabra Huds.

Berg-Ulme, Weiß-Rüster; *engl.* Scotch elm, Wych elm, Elm; *franz.* Orme blanc, Orme de montagne; *ital.* Olmo montano; *span.* Olmo montano, Olmo de monte; *kroat.* Gorski brijest
(Syn:. *U.montana*, *U. scabra*)

Habitus: Großer, rundkroniger Baum, 25–35 (–40) m hoch und bis 20 m breit, mit rundlicher bis breit ausladender Krone, oft mit 2–3 Hauptstämmen ansteigend-ausgebreitet, Stamm gerade und weit in die Krone hineinreichend, Äste im unteren Bereich hängend, raschwüchsig. Die Berg-Ulme kann bis zu 400 Jahre alt werden und dabei Stammdurchmesser von 2 m erreichen.

Rinde: Borke lange glatt bleibend, graubraun, später längsrissig.

Blätter: Sommergrün, breit eiförmig, relativ groß, stark asymmetrisch, oberseits dunkelgrün, sehr rau; Herbstfärbung gelb.

Blüten: In dichten Büscheln an sehr kurzen Stielen, Staubblätter dunkelviolett, vor dem Laubaustrieb, März–April.

Wurzel: Tiefwurzler, Senkwurzeln reichen bis 1,5 m in den Boden, bildet Stockausschläge, aber keine Ausläufer(!).

Verbreitung und Standort: Nord- und Mitteleuropa sowie Westasien. Vom Tiefland bis auf 1400 m in den Alpen ansteigend. Wächst in Schlucht- und schattigen Hangwäldern, vor allem in der Hügel- und Gebirgsstufe mit luftfeuchtem Klima; auf nährstoff- und basenreichen, humosen, feuchten, mild bis mäßig sauren Stein- Lehm- und Tonböden.

Ansprüche: Sonnig bis halbschattig, anfangs auch den Schatten größerer Bäume ertragend, frosthart, stellt geringe Ansprüche an Lufttemperatur, weniger lichtbedürftig als andere Ulmen, verträgt kurzzeitige Überflutungen, Laub verrottet gut; die Berg-Ulme ist anspruchsvoll, stellt hohe Ansprüche an die Nähr-

Ulmus laevis, U. pumila, U. glabra

Ulmus glabra

Ulmus glabra 'Pendula'

Ulmus glabra

stoff- und Wasserversorgung, benötigt tiefgründige, sehr nährstoffreiche, schwach saure bis stark alkalische Böden, kalkliebend.

Allgemeines: Die Ulme wurde bereits bei Vergil und Plinius „Ulmus" genannt. Das „Ulmensterben" wird von dem Pilz *Ceratocystis ulmi* verursacht, übertragen wird er durch den Kleinen und den Großen Ulmensplintkäfer.

Verwendung: Schöner, mächtiger Großbaum für Einzelstellung in Parkanlagen und in der Landschaft, Windschutzgehölz, Straßenbaum in ländlichen Gebieten, Befestigung von Ufern und Hängen, wegen der Ulmen-Krankheit besser nur als Einzelbaum pflanzen.

Nutzung: Das Holz hat einen hellen, gelblich weißen Splint und einen gelbbraunen bis leicht rötlichen Kern, der ein wesentlich dauerhafteres Holz liefert als der Splint. Das Holz ist zäh, besonders stoß- und druckfest und hat gute mechanische Eigenschaften. Früher fertigte man stark beanspruchte Geräte aus Ulme an: Räder, Teile von Karren und Kutschen, Glockenstühle, Geschirre für Zugtiere, Waffen. Gegenstände, die dem Wasser ausgesetzt sind, wurden oft aus dem Holz der Ulme hergestellt, weil es unter Wasser besonders dauerhaft ist. Nach sehr sorgfältiger Trocknung lässt es sich gut bearbeiten. Es wird zu dekorativen Furnieren, für den Innenausbau und zu Möbeln verarbeitet. Außerdem eignet es sich sehr gut als Parkett und Holzpflaster. Wurzelholz verwendet man wegen der schönen Maserung für Drechsler- und Schnitzarbeiten.

Das Schneiteln von Futterbäumen war bis weit in das 20. Jahrhundert hinein übliche bäuerliche Praxis. Ziegen, Schafe Rinder und Schweine wurden mit dem Laub gefüttert. In Mitteleuropa wurde Ulmenlaub zu einer Art Sauerkraut für die menschliche Ernährung vergoren. Frische Blätter und grüne Früchte („Zapperlsalat") wurden als Salat gegessen. Die Samen der Berg-Ulme haben einen angenehmen, haselnussähnlichen Geschmack.

Sorten: 'Exoniensis' (*U. glabra* 'Fastigiata'), Exeter-Ulme: 12–15 m hoher Baum mit anfangs schmal säulenförmiger, später breiter werdender, 4–6 m breiter Krone, Blätter tiefgrün. Ist gegen das Ulmensterben sehr widerstandsfähig. 'Pendula' (= 'Horizontalis'), Hänge-Ulme: Meist hochstämmig veredelter, kleiner, 5–6 (–10) m hoher Baum mit dicht verzweigter dachartiger Hängekrone, Äste flach schirmartig ausgebreitet, 5–6 m breit, Zweige und Triebspitzen im äußeren Kronenbereich bogig überhängend, abwärts

Ulmus × hollandica 'Dampieri'

wachsend und oft bis zum Boden reichend. Einzelbaum für schattige Sitzplätze, in Kurgärten, Promenaden. 'Camperdownii', Lauben-Ulme: Kleiner Baum mit beinahe halbkugeliger Krone, Äste bogig überhängend.

Ulmus × hollandica Mill.

Bastard-Ulme, Holländische Ulme; *engl.* Dutch elm; *franz.* Orme de Hollande; *ital.* Olmo; *span.* Olmos híbridos de Holanda; *kroat.* Nizozemski hibridni brijest

Habitus: Gruppe von Hybriden mit intermediären Merkmalen. Bis 40 m hohe Bäume, teils Wurzelbrut bildend, Äste oft überhängend. Wird etwa 300–400 Jahre alt.

Rinde: Borke tiefrissig.

Blätter: Sommergrün, eiförmig elliptisch bis breit elliptisch, oberseits dunkelgrün und fast glatt, unterseits behaart.

Blüten: Ähnlich *U. minor*, meist zu 4.

Wurzel: Kräftiges Wurzelsystem, Hauptwurzeln weit und tiefgehend, dicht verzweigt, teils Ausläufer bildend.

Verbreitung und Standort: Hybride aus *U. glabra* × *U. minor.*

Ansprüche: Sonnig bis halbschattig, mäßig trockene bis mäßig feuchte, lockere, tiefgründige und nahrhafte Böden, schwach sauer bis stark alkalisch.

Allgemeines: Einige Sorten der Holländischen Ulme sind relativ widerstandsfähig gegen die Ulmenkrankheit.

Verwendung: Einzelstellung, lockere Gruppen, Stadtgrün, Schutzgrün in Industriebereichen, Windschutz, Sorten bedingt als Straßenbaum.

Nutzung: Das Holz hat einen gelblich weißen bis grauen Splint und einen sehr dauerhaften braunen Kern, ist mäßig schwindend, hart, druck- und stoßfest. Es wird für Sitzmöbel, Sportgräte und Parkett verwendet.

Sorten: 'Bea Schwarz': Sorte mit breit aufrechtem Wuchs und überhängenden Zweigen. Blätter oberseits tiefgrün, unterseits etwas heller. 'Commelin': Mittelgroßer, 12–15 (–20) m hoher Baum mit anfangs kompakt kegelförmiger, später eiförmiger, geschlossener Krone und straff aufrechten Ästen. Blätter eiförmig. Windfest, aber anfällig für Ulmenkrankheit. 'Dampieri': 12–15 m hoher, langsam wachsender Baum mit anfangs schmal säulen- bis kegelförmiger, später breiter werdender, unregelmäßig trichterförmiger Krone. Stamm meist durchgehend, Äste straff aufrecht, Blätter eiförmig, gedreht und wellig, tiefgrün, etwas rau. 'Dampieri Aurea' (= *U. minor* 'Wredei', *U. carpinifolia* 'Wredei', U. × *hollandica* 'Wredei'), Gold-Ulme: 5–8 (–10) m hoher, langsamwüchsiger Baum, Habitus und Belaubung wie 'Dampieri', jedoch Blätter im Austrieb leuchtend gelb, später gelb bis gelbgrün, Herbstfärbung gelb.

Ulmus × hollandica

Ulmus × hollandica 'Dampieri Aurea'

Ulmus minor

Ulmus minor

Ulmus minor

Ulmus laevis Pall.

Flatter-Ulme, Weiß-Rüster; *engl.* Russian elm, White elm; *franz.* Orme diffus; *ital.* Olmo levis; *span.* Olmo temblón, Olmo pedunculado; *kroat.* brijest vez

Habitus: Großer, 10–35 m hoher Baum mit 10–20 m breiter, eirundlicher, lockerer Krone, relativ rasch wachsend. Mit etwa 50–75 Jahren wird die endgültige Höhe erreicht, aber etwa 250 Jahre alt werdend.

Rinde: Borke älterer Bäume graubraun, in dünnen, gekrümelten Schuppen ablösend.

Blätter: Sommergrün, fast kreisrund bis eiförmig, an der Basis ungleich, derb, oberseits schwach glänzendgrün, glatt, unterseits weichhaarig, Herbstfärbung gelb.

Blüten: Rötlich violett bis grünlich violett, in kurz gestielten(!) Büscheln, vor dem Laubaustrieb, März–April.

Wurzel: Tiefwurzler mit Bildung von Wurzelbrut und Ausläufern, oft mit ausgeprägten Brettwurzeln.

Verbreitung und Standort: Mitteleuropa bis Osteuropa, in den Auenwäldern entlang der großen Stromtäler, Bruch- und Auenwälder; auf frischen bis nassen, oft länger überschwemmten, sandigen oder nassen Lehm- und Tonböden, seltener auf mäßig trocknen, tiefgründigen Schwarzerdeböden; häufig auch in Wäldern, Hecken und an Wegen.

Ansprüche: Sonnig bis halbschattig, frosthart, wärmeliebend, verträgt Überflutungen, bildet Wurzelbrut, Ausläufer, anspruchsvoll, benötigt frische bis nasse, lockere, nährstoffreiche Böden, wächst aber auch noch auf mäßig trockenen, tiefgründigen und anmoorigen Substraten, schwach sauer bis alkalisch.

Verwendung: Charakteristische Baumart der heimischen Auenwälder, Windschutzpflanzungen in der Landschaft, auf feuchten Standorten in Parkanlagen (nicht resistent gegen die Ulmenkrankheit!).

Ulmus minor Mill.

Feld-Ulme, Feld-Rüster; *engl.* European elm, Smoth-leaved elm; *franz.* Orme champetre, Orme commun, Ormeau; *ital.* Olmo comune; *span.* Olmo de Lock; *kroat.* Brijest

(Syn.: *U. carpinifolia* Gled., *U. campestris* auct.)

Habitus: Großer Baum, 20–35 (–40) m, mit hochgewölbter, dichter Krone, 18–25 m breit, meist kurzem Stamm und aufrechten Ästen, im Alter breit ausladend, raschwüchsig, Ausläufer treibend; kann etwa 400 Jahre alt werden und Stammdurchmesser von 1 m erreichen.

Rinde: Borke grau bis graubraun, gefeldert längsrissig; junge Triebe oft etwas hängend; Verzweigung fächerartig, hin- und hergebogen, bei einzelnen Exemplaren starke Korkleistenbildung(!).

Blätter: Sommergrün, 2-zeilig angeordnet, länglich eiförmig bis länglich elliptisch, sehr variabel, oberseits meist glatt und glänzend, dunkelgrün, Herbstfärbung gelb.

Blüten: Bereits ab Februar–März in kleinen, rötlich braunen, kurz gestielten bis fast sitzenden Büscheln.

Früchte: Geflügelte Früchte mit 1-samigen Nüsschen, werden in großen Mengen schon vor dem Laubaustrieb (Scheibenflieger) gebildet.

Wurzel: Kräftiges tiefreichendes Pfahlwurzelsystem. Insgesamt dichtes Wurzelwerk mit Bildung von reichlich Wurzelbrut und Ausläufern, wuchert.

Verbreitung und Standort: Europa bis zum Mittelmeer, Nordafrika, Kaukasus und Westasien. Wächst vor allem im Bereich der großen Fluss- und Stromtäler, in der Hartholzaue, in sonnigen Hangwäldern. Auf nährstoffreichen, wechselfeuchten, lockeren und humosen Lehm- und Tonböden, oft auf kalkhaltigem Untergrund. Bis etwa 500 m Seehöhe, im Süden des Areals bis 1000 m ansteigend, in den südlichen und östlichen Arealteilen auch bestandsbildend.

Ansprüche: Sonnig bis halbschattig, frosthart, sehr wärmeliebend, hitzeverträglich, verträgt 1–2 m hohe Überflutungen auch längere Zeit, sehr windresistent, stellt höhere Ansprüche an den Boden, mäßig trocken bis feucht, locker und tiefgründig, nährstoffreich, schwach sauer bis stark alkalisch, kalkliebend, Lichtholzart.

Allgemeines: Bereits im Mittelalter hat man Ulmen als schnellwüchsige Straßen- und Schattenbäume verwendet. Neben Linden gehörten auch die Ulmen noch vor wenigen Jahrzehnten zu den bekanntesten und verbreitetsten Großbaumarten. Ulmenwälder prägten einst den Charakter ganzer Landschaften. Durch das Auftreten des Ulmensterbens (Holländische Ulmenkrankheit), das erstmals 1919 festgestellt wurde und sich dann in weiteren Schüben wiederholte, ist diese sehr schöne Baumart aus der Landschaft und dem Straßenbild fast ganz verschwunden. Die Feld-Ulme gehört zu den vorrangig befallenen Arten.

Durch intensive Resistenzzüchtung stehen heute einige Klone, bzw. mehrere Hybriden zur Verfügung, die gegen das Ulmensterben weitgehend resistent sind.

Verwendung: Einzelbaum, Gruppenpflanzungen (nur geringe Stückzahl, da Übertragungsgefahr der Ulmenkrankheit), Windschutzpflanzungen im Küstenbereich, Böschungsbegrünung, zur Hang- und Uferbefestigung geeignet wegen der Bildung von Wurzelbrut.

Nutzung: Das Holz hat einen gelblich weißen bis grauen Splint und einen sehr dauerhaften braunen Kern, ist mäßig schwindend, hart, druck- und stoßfest. Es lässt sich leicht bearbeiten und eignet sich vorzüglich für die Möbelherstellung, auch Sitzmöbel, Sportgräte und Parkettböden werden daraus hergestellt. Aufgrund der hohen Elastizität und der geringen Neigung zum Reißen wurde es früher beim Wagenbau, insbesondere für die Herstellung von Radnaben und Speichen eingesetzt. In früheren Zeiten wurde Ulmenholz auch für militärische Zwecke verwendet, man nutzte es neben dem Holz der Eibe zur Herstellung von Bögen, später produzierte man daraus Gewehrschäfte.

Wegen seiner Dauerhaftigkeit wird es auch beim Verbau unter Wasser verwendet, zum Beispiel für Brückenpfosten und Schiffsteile, die Pfeiler der Rialto-Brücke in Venedig bestehen aus Ulmenholz. Im 17. und 18. Jahrhundert baute man in einigen englischen Städten Wasserleitungen aus Ulmenholz. Im prähistorische Europa nutzte man Ulmenzweige mit Blättern als Viehfutter. In Notzeiten wurde mit Sägemehl aus Ulmenholz Brot gebacken. Die Bastfasern der Ulme lassen sich zu Textilien verarbeiten.

Ulmus minor 'Umbraculifera'

Sorten: 'Argenteovariegata': Großer Baum, Blätter grün, silbergrau und weiß gesprenkelt und gestreift. 'Reverti' (ungarische Auslese aus *U. minor*): Bis 20 m hoher, rasch wachsender Baum mit relativ lockerer Krone, aufrechter Verzweigung, sehr unterschiedlich großen Blättern. Resistent gegen die Ulmenkrankheit. 'Umbraculifera', Kugel-Feld-Ulme: Kleiner, 4–5 m hoher Baum mit dicht verzweigter, kugeliger Krone.

Weitere Arten und Hybriden:

Ulmus pumila L., Sibirische Ulme; *engl.* Sibirian elm; *franz.* Orme de Sibérie. Mittelgroßer, 10–20 m hoher Baum, auf trockenen Standorten oft nur strauchig, mit rundlicher bis gewölbter Krone. Borke grob, tiefrissig. Blätter einfach, elliptisch bis eiförmig lanzettlich, oberseits tiefgrün, unterseits hellgrün. Blüten kurz gestielt, Staubbeutel violett, April. Sie wird etwa 200 Jahre alt. In Mitteleuropa gelegentlich in Windschutzpflanzungen und an Autobahnböschungen in Verwendung. Verbreitung Ostsibirien, Nordchina, Turkestan.

Die Sibirische Ulme ist eine dürreresistente und anspruchlose, lichtbedürftige Baumart. Sie überlebt bei Temperaturen von −48° C bis +40° C und gedeiht noch bei Jahresniederschlägen von 200 mm. Die Ulmenkrankheit scheint bei dieser Ulme kein Problem zu sein, sie wurde deshalb auch mehrfach in die resistenten Sorten eingekreuzt.

Ulmus procera Salisb., Englische Ulme; *engl.* English elm; *franz.* Orme anglais. Aufrechter, starkwüchsiger Baum, bis 30 m hoch, mit wenigen, aber dicken, steifen Ästen im unteren Teil der Krone, diese ist unregelmäßig und dicht. Bildet Wurzelbrut und Stockausschläge. Borke tief zerrissen und klein gefeldert. Blät-

Ulmus 'Recerta'

Ulmus 'Sapporo Autumn Gold'

ter breit elliptisch bis eiförmig, oberseits dunkelgrün, rau. Verbreitung Süd- und Westeuropa.

Ulmus 'Dodens'. Mittelgroßer Baum, 12–15 m hoch und 5–6 m breit, zunächst mit lockerer, schlank aufrecht, später breit kegelförmiger, trichterförmiger Krone, Äste dünntriebig, leicht überhängend. Widerstandsfähig gegen die Ulmenkrankheit (auf eigener Wurzel!)

Ulmus 'Lobel', Schmalkronige Stadt-Ulme. Mittelgroßer, 12–15 m hoher, straff aufrecht wachsender Baum, Krone in der Jugend schmal säulenförmig, später mehr kegelförmig bis breit kegelförmig, geschlossen, 4–5 m breit, Stamm durchgehend bis zum Wipfel, Äste straff schräg aufsteigend, Triebe kurz und dicht stehend. Anspruchsvoll, gilt als relativ widerstandsfähig gegen die Ulmenkrankheit.

Ulmus 'New Horizon' (*U. japonica* × *U. pumila*). Bis 25 m hoher, rasch wachsender Baum mit kegelförmiger, dicht verzweigter Krone und geradem, bis in die Krone reichendem Stamm. Blätter verkehrt eiförmig, oberseits dunkelgrün, seidig glänzend. Resistent gegen die Ulmenkrankheit, tolerant gegenüber der *Verticillium-dahliae*-Welke.

Ulmus 'Plantijn'. Mittelgroßer Baum, bis 15 m hoch und 6–8 m breit, Krone anfangs schmal kegelförmig bis breit oval, Stamm mehr oder weniger durchgehend, Äste spitzwinkelig ansteigend, dicht verzweigt. Graugrüne eiförmige Blätter, Herbstfärbung gelb. Anspruchsvoll. Relativ widerstandsfähig gegen das Ulmensterben. Schnellwüchsigste Sorte innerhalb der „resistenten" Ulmen-Hybriden.

Ulmus 'Recerta' (*U. pumila* × ?). Rasch wachsender Baum mit dicht verzweigter, unregelmäßiger Krone, breit ausladenden Ästen. Blätter elliptisch bis eiförmig, hell- bis mittelgrün. Resistent gegen das Ulmensterben, aber unschöner Habitus.

Ulmus 'Regal' ((*U.* × *hollandica* 'Vegeta' × *U. minor*) × (*U. pumila* × *U. minor* 'Hoersholmiensis')). Langsam wachsender Baum mit aufrechter Verzweigung, anfangs schlank aufrechter, später unregelmäßiger und aufgelockerter Krone. Stamm gerade, kräftig, bis in den Wipfel reichend, Äste schräg aufsteigend. Blätter verkehrt eiförmig, dunkelgrün, im Herbst lange haftend. Resistent gegen die Ulmenkrankheit.

Ulmus 'Sapporo Autumn Gold' (*U. pumila* × *U. japonica*). 15–10 m hoher, mäßig rasch wachsender Baum mit breit ausladender, unregelmäßiger Krone, kaum Leittriebbildung, Blätter breit elliptisch, hell- bis mittelgrün, Herbstfärbung goldgelb. Resistent gegen die Ulmenkrankheit.

Zelkova Zelkove

Zelkove, Zelkowe; *engl.* Zelkova; *franz.* Faux-orme de Sibérie, Zelkova; *ital.* Azad; *span.* Zelkova; *kroat.* Zelkova
Familie: Ulmaceae, Ulmengewächse

Sommergrüne Bäume mit lange glatt bleibender, später meist schuppig abblätternder Borke. Blätter wechselständig, einfach, grob gesägt, fiedernervig, an der Basis kaum schief, Blüten zwittrig oder eingeschlechtig und 1-häusig verteilt, Steinfrüchte 4–5 mm lang. 5 Arten im östlichen Mittelmeergebiet, im Kaukasus und in Ostasien.

Zelkova serrata (Thunb. ex Murray) Makino

Japanische Zelkove; *engl.* Japanese zelkova, Sawleaf zelkova; *franz.* Faux-orme de Sibérie, Zelkova; *ital.* Azad; *kroat.* Japanska zelkova
(Syn. *Z. keaki*, *Z. acuminata*)
Habitus: Prächtiger, mittelgroßer Baum, meist 15–20 m, seltener bis 35 m hoch, oft mehrstämmig, meist mit kurzem Stamm und schräg ansteigenden bis weit ausladenden Ästen, breit aufrechter bis rundlicher Krone, im Alter sehr ausgebreitet bis fast schirmförmig.
Rinde: Stamm anfangs buchenartig, grauweiß, später in flachen Schuppen abblätternd, gelblich bis orangebraunes Plattenmuster.
Blätter: Sommergrün, eiförmig-elliptisch, zugespitzt, oberseits dunkelgrün, kahl, rau, unterseits hellgrün. Herbstfärbung gelb bis auffallend orangerot oder ziegel- bis weinrot.
Verbreitung und Standort: Japan, Korea, Taiwan und Ostchina.

Zelkova serrata

Zelkova serrata

Zelkova carpinifolia

Zelkova serrata

Zelkova carpinifolia

Ansprüche: Sonne bis lichter Schatten, wärmeliebend, meist frosthart, gelegentlich spätfrostempfindlich, widerstandsfähig gegen Stadtklima, bevorzugt mäßig trockene bis frische, saure bis alkalische, sandige Lehmböden.

Verwendung: Schöner Parkbaum für Einzelstellung, in der Heimat als Straßenbaum in Verwendung.

Nutzung: Das Holz findet in der Heimat insbesondere im Tempelbau Verwendung, auch wichtige Nutzholzart.

Sorten: Mehrere, bei uns jedoch kaum verwendete Sorten.

Weitere Art:

Zelkova carpinifolia (Pall.) K. Koch, Kaukasische Zelkove; *span.* Zelkova del Caucaso. Etwa 20–30 m hoher, oft mehrstämmiger Baum mit straff aufrechten Hauptästen, geschlossener, eiförmiger bis ellipsoider Krone, buchenartiger grauer Borke, im Alter sich in Platten lösend. Blätter elliptisch-länglich, oberseits dunkelgrün. Herbstfärbung hell- bis orangebraun. Früchte 8 mm dick, Heimat Kaukasus.

Abies Tanne

Tanne; *engl.* Fir, Silver fir; *franz.* Sapin; *ital.* Abete; *span.* Abete; *kroat.* Jela
Familie: Pinaceae, Kieferngewächse

Tannen sind hohe, immergrüne Bäume mit scheinquirlig stehenden Ästen. Das Sprosssystem ist nicht in Lang- und Kurztriebe untergliedert. Die Nadeln sind schraubig angeordnet, haben keine Blattkissen und hinterlassen beim Laubfall glatte kreisrunde Blattnarben. Die Spaltöffnungsstreifen befinden sich vorwiegend auf den Nadelunterseiten. Tannen sind 1-häusig, die Blüten eingeschlechtlich. Der Pollen ist mit 2 Luftsäcken versehen. Die Zapfen stehen aufrecht, reifen im 1. Jahr und zerfallen anschließend bis auf die stark verholzende Zapfenspindel. Samen sind geflügelt, die sich dachziegelartig deckenden Samenschuppen tragen je 2 Samenanlagen. Tannen stellen hohe Ansprüche an den Standort und erreichen ihre volle Schönheit nur im Freistand. Das Verbreitungsareal erstreckt sich über die kühlen und gemäßigten Zonen der Nordhalbkugel, die Gattung umfasst etwa 40 Arten.

Abies alba Mill.

Weiß-Tanne; *engl.* European silver fir; *franz.* Sapin commun; *ital.* Abete bianco; *span.* Abete blanco; *kroat.* Obicna jela

Habitus: 30–50 (–60) m hoher Baum mit kegelförmiger, regelmäßiger Krone, bildet im Alter so genannte „Storchennest-Krone", im Freistand bis zum Grunde beastet, sonst langschäftig. Äste scheinquirlig in Etagen angeordnet, in einer Ebene verzweigt. Wird 400 (–600) Jahre alt, Stammdurchmesser von 3,8 m wurden gemessen.

Rinde: Borke lange glatt, grau bis grauweiß, an sehr alten Stämmen kleinschuppig.

Blätter: Nadelförmig, 15–30 mm lang, an Schattenzweigen in einer Ebene, sonst kamm- oder v-förmig gescheitelt, oberseits dunkelgrün glänzend, unterseits mit 2 silberweißen Spaltöffnungs-Streifen. Lebensdauer der Nadeln 8–10 Jahre.

Blüten: Blüten 1-häusig, im Spitzenbereich der Krone an vorjährigen Zweigen, männliche Blüten walzenförmig, 2–2,5 cm lang, gelb, weibliche Blütenstände zylindrisch, 2,5–3 cm lang; Mai–Juni. Blühalter 30–60 Jahre.

Früchte: Reife Zapfen 8–15 cm lang, aufrecht stehend, nach der Reife zerfallend.

Wurzel: Pfahl- und Herzwurzel, Ectomycorrhiza.

Verbreitung und Standort: Gebirge in Mittel- und Südeuropa, meist 400–1000 m, gemeinsam mit Buche und Fichte und Wald-Kiefer; in luftfeuchter, spätfrostgeschützter Lage. In den Nordalpen bis 1500 m, in den Pyrenäen bis 2000 m.

Ansprüche: Nährstoffreiche, mittel- bis tiefgründige, humose und gut durchlüftete, kühle Lehm- und Tonböden, basisch bis mäßig sauer, luftfeucht und niederschlagsreich, sommerwarm und spätfrostgeschützt, sehr anspruchsvoll.

Allgemeines: „Abies" = alter röm. Name für Tanne, der lateinische Artname „alba" nimmt auf Rinde und Holz Bezug.

Abies alba

Abies alba

Abies cephalonica

Abies concolor

Abies concolor

Verwendung: Forstgehölz, anspruchsvoller Baum für Gärten Parkanlagen.

Nutzung: Das Holz der Weiß-Tanne ist gelblich bis grauweiß, weich, elastisch, trocknet schnell ohne stark zu schwinden und ist witterungsfest. Es wird als Bau- und Konstruktionsholz verwendet, aber auch als Resonanzholz für Musikinstrumente (Orgelpfeifen) genutzt. In den Vogesen wurde früher durch Anschneiden der Rinde eine Mischung aus Harz und ätherischen Ölen gewonnen, das als „Straßburger Terpentin“ im Handel war.

Abies cephalonica Loudon

Griechische Tanne; *engl.* Graecian fir, Greek fir; *franz.* Sapin de Grèce; *ital.* Abete greco; *span.* Abete griego, Abete de Cefalonia; *kroat.* Grcka jela

Habitus: 20–30 (–40) m hoher Baum mit anfangs eiförmiger, später breit kegelförmiger Krone, im Alter mit breitem, flachen Gipfel. Stamm 0,5–1 m dick.

Rinde: Borke tiefbraun, rissig und gefeldert, in kleinen Platten abspringend.

Blätter: Nadeln 3 cm lang, steif, ledrig, stechend zugespitzt, oberseits glänzend dunkelgrün, unterseits mit 2 schmalen weißen Streifen.

Blüten: 1-häusig; männliche Blüten an den Zweigenden gehäuft, 1,2–1,8 cm lang, purpurrot, weibliche Blütenstände grünlich gelb, etwa 2,5 cm lang.

Früchte: Zapfen zylindrisch, bis 15 cm lang und 5 cm breit, dick, harzig, braun, Deckschuppen zurückgeschlagen.

Wurzel: Pfahl- und Herzwurzel, Ectomycorrhiza.

Verbreitung und Standort: Griechenland, in Höhenlagen von 750 bis etwa 2000 m, in Kephalonia bis 1500 m ansteigend. Meist auf mittel- bis tiefgründigen, nährstoffreichen und feuchten Böden, vorwiegend auf kalkhaltigem Untergrund wachsend, aber auch auf mäßig saurem Gestein gedeihend.

Ansprüche: Sonniger Standort, auch Hitze und etwas Trockenheit ertragend. Tiefgründige, nährstoffreiche und humose, feuchte Böden, kalkhaltiger Untergrund.

Allgemeines: Der lateinische Name leitet sich von „Kephalonia“, einer griechischen Insel ab.

Verwendung: Parkbaum, für große Gärten, als Einzelbaum oder in Gruppen.

Abies concolor (Gordon et Glend.) Lindl. ex Hildebr.

Colorado-Tanne; *engl.* Colorado fir, White fir; *franz.* Sapin du Colorado; *ital.* Abete concolore; *span.* Abete del Colorado; *kroat.* Koloradska jela

Habitus: Hoher raschwüchsiger Baum von 20–25 (–40) m Höhe, 6–9 m Breite, mit streng symmetrischer, kegelförmiger Krone, etagenförmige, waagrecht abstehende Beastung, Hauptäste kurz, Nebenäste lang; im Freistand bis zum Boden beastet, raschwüchsig. Werden bis 500 Jahre alt.

Abies grandis

Abies grandis

Rinde: Grauweiße Rinde lange glatt bleibend, zahlreiche Harzblasen, im Alter dick und korkig, längsgefurcht.

Blätter: Sehr große Nadeln von unterschiedlicher Länge, 4–6 (–8) cm lang und bis 2,5 mm breit, beiderseits grau- bis bläulich grün, leicht sichelförmig, aufwärts(!) gebogen; kammförmig gescheitelt. Lebensdauer 8–10 Jahre.

Blüten: 1-häusig, männliche Blüten zylindrisch, 3–4 cm lang, rot; weibliche Blütenstände nur im Spitzenbereich der Krone, etwa 3,5 cm lang, gelbgrün; Mai.

Früchte: Zapfen zylindrisch, an den Enden abgerundet, 8–15 cm lang, anfangs grün oder purpurn überlaufen, später hellbraun.

Wurzel: Tief gehend, aber je nach Bodenverhältnissen auch flach ausgebreitet.

Verbreitung und Standort: Pazifisches Nordamerika, in 650–3400 m Seehöhe in den Rocky Mountains mit Kiefern- und Eichen-Arten vergesellschaftet, im pazifischen Nordamerika von Oregon und Idaho bis Nordmexiko, häufig mit der Douglasie gemeinsam vorkommend.

Ansprüche: Sonnig bis halbschattig, hitzeverträglich bis frosthart, verträgt Trockenheit mäßig gut; sauer bis schwach alkalisch, durchlässige, tiefgründige, sandig-kiesige Böden; keine schweren Tonböden, keine verdichteten Böden, stadtklimaverträglich, immissionsempfindlich.

Allgemeines: „Concolor" = lat. gleichfarbig, bezieht sich auf die Gleichfarbigkeit der Nadelober- und Unterseite. Die Colorado-Tanne wurde 1872 nach Europa eingeführt.

Verwendung: Parks und große Gärten. Eine der wichtigsten Tannen-Arten für den Pflanzenverwender, wächst auch auf Standorten, wo Boden und Klima für die heimische Tanne nicht mehr geeignet sind.

Sorte: 'Violcaea': Nadeln auffallend blauweiß gefärbt. *A. concolor* Lowiana-Gruppe, Pazifische Weiß-Tanne. Wird höher als Art, ist mit Dreh- und Zucker-Kiefer sowie mit Riesen- und Edel-Tanne vergesellschaftet, wächst in den Gebirgen der Pazifikküste.

Abies grandis (Douglas ex D. Don) Lindl.

Küsten-Tanne, Große Küstentanne, Riesen-Tanne; *engl.* Giant fir, Grand fir; *franz.* Sapin de Vancouver; *ital.* Abete bianco americano; *span.* Abete grande, Abete de Vancouver; *kroat.* Gorostasna jela
(Syn.: *A. excelsior* Franco)

Habitus: 30–50 (–60) m hoher, raschwüchsiger Baum mit schlank kegelförmiger Krone, Äste in regelmäßigen Scheinquirlen, Stamm 1,2–1,5 m im Durchmesser. Wird etwa 300 Jahre alt.

Rinde: Rinde junger Bäume glatt mit Harzbeulen, später dunkelgrau bis rotbraun, bis 5 cm dick, mit tiefgefurchter, kleinschuppiger Borke.

Blätter: Nadeln schraubig angeordnet, aber streng horizontal gescheitelt, die oberen kürzer als die der unteren Nadelreihe, 2,5–6 cm lang, oberseits glänzend frischgrün, unterseits mit 2 weißen Spaltöffnungsbändern.

Blüten: 1-häusig, männliche Blüten 1,5–1,8 cm lang, gelb, die weiblichen Blütenstände sind gelbgrün, 2–3 cm lang, nur im oberen Bereich älterer Bäume; April–Mai.

Früchte: Zapfen zylindrisch, 6–12 cm lang, rötlich braun, mit weißen Harzflecken.

Wurzel: Hauptwurzel tief gehend.

Verbreitung und Standort: Pazifisches Nordamerika, von Küstenstandorten auf Meeresniveau bis ins Gebirge in Höhenlagen zwischen 500 und 1500 m, in günstigen, geschützten Lagen auf 2300 m ansteigend. Häufig an Seen und entlang der Bäche und Flüsse. Gemeinsam mit Douglasie, Sitka-Fichte, Gelb-Kiefer, Nuttall-Hartriegel, Westlicher Hemlock und Riesen-Lebensbaum, an der kalifornischen Küste mit dem Küsten-Mammutbaum vorkommend.

Ansprüche: Sonnige bis halbschattige, luftfeuchte Lagen bevorzugend; gut frosthart. Optimal sind nährstoffreiche, feuchte und tiefgründige, gut drainierte, schwach saure bis leicht alkalische Böden, kalkverträglich.

Allgemeines: Der Artname „grandis" = lateinisch, bedeutet groß. Sie ist die größte Tannen-Art, 1973 wurde im Olympic National Park in Washington ein Exemplar von 70,40 m Höhe und 2 m Stammdicke vermessen.

Verwendung: Sehr schöne, regelmäßig gewachsene, raschwüchsige Tannen-Art wirkt als Solitärbaum in großen Gärten, Parkanlagen und Friedhofsanlagen, auch Forst- und Weihnachtsbaum.

Abies homolepis Siebold et zucc.

Nikko-Tanne; *engl.* Nikko fir; *franz.* Sapin; *ital.* Abete; *kroat.* Japanska jela

(Syn.: *A. brachyphylla*)

Habitus: Hoher, kegelförmiger Großbaum von 20–25 (–30) m Höhe und 6–8 m Breite, Äste etagenförmig, regelmäßig steif abstehend, Etagen deutlich sichtbar, gleichmäßiger Aufbau, im Freistand bis unten beastet.

Rinde: Borke grau, schuppig.

Abies koreana

Blätter: Nadeln steif, schräg aufwärts gerichtet, dicht stehend, 2–3 cm lang, frischgrün, unterseits auffällig kreideweiß.

Blüten: 1-häusig, weibliche Blüten nur im oberen Kronenbereich.

Früchte: Zapfen zylindrisch, bis 10 cm lang und 4 cm dick, grünviolett, später braun.

Verbreitung und Standort: Bergwälder Japans, wächst dort gemeinsam mit der Japanischen Lärche, Japanischen Buche, Scheinzypressen und weiteren Tannen-Arten sowie mit Fächer-Ahornen, *Deutzia*-, *Pieris*-, *Hydrangea*- und *Rhododendron*-Wildarten vor, bis auf 1800 m ansteigend.

Ansprüche: Anspruchsvoll, in der Jugend schattige, später sonnige bis halbschattige Standorte in kühlfeuchten Lagen, hitzeempfindlich; nur reife, nahrhafte, frische bis feuchte Böden, sauer bis neutral, etwas kalkempfindlich.

Allgemeines: Der lat. Artname „homolepis" bedeutet einheitlich beschuppt.

Verwendung: Raschwüchsige, zuverlässige und widerstandsfähige Tannen-Art für Einzelstellung in Parkanlagen.

Abies koreana E. H. Wilson

Koreanische Tanne; *engl.* Korean fir; *franz.* Sapin; *ital.* Abete; *span.* Abete de Corea; *kroat.* Korejska jela

Habitus: Kleiner bis mittelgroßer, 10–12 m hoher und 3–4,5 m breiter kegelförmiger Baum, Äste regelmäßig etagenförmig abstehend, leicht aufwärts gerichtet, bereits als junge Pflanze zahlreiche violette Zapfen bildend, langsamwachsend.

Rinde: Borke hellgrau, tiefrissig, innen meist rotbraun.

Blätter: Nadeln dicht bürstenartig stehend, 1,5–2 cm lang, oberseits dunkelgrün, glänzend, Unterseite auffällig weiß bis auf die grüne Mittelrippe.

Blüten: 1-häusig, männliche Blüten kugelig, 5 mm groß, rot, später weißlich rosa bis blasspurpurn, weibliche Blütenstände 2–5 cm lang.

Früchte: Zapfen zylindrisch, 5–7 cm lang, unreif violettbraun, zur Reife braun, mit Harzflecken. Auffallend und sehr zierend ist der reichliche Zapfenbesatz an den noch jungen Pflanzen.

Wurzel: Flach bis tief gehend.

Verbreitung und Standort: Korea, bevorzugt in Höhenlagen von 900–1850 m, meist auf humusarmen Granit- und Gneisverwitterungsböden, vergesellschaftet mit Fichten, der Korea-Kiefer und zahlreichen Laubgehölzen.

Ansprüche: Sonniger bis halbschattiger Standort, sehr anpassungsfähig, frosthart, bevorzugt kühlfeuchte Lagen, sauer bis schwach alkalisch, nicht zu trockene Böden, sandig-lehmige bis lehmige Substrate, empfindlich gegen Oberflächenverdichtung, windgeschützter Standort, widerstandsfähig gegen Luftverschmutzung.

Abies koreana

Abies nordmanniana

Allgemeines: Der Artname „koreana“ bedeutet aus Korea stammend, die Art wurde 1905 von dem Missionar E. Taquet entdeckt.
Verwendung: Wegen des schwachen Wuchses, des reichlichen Zapfenbesatzes und der guten Anpassungsfähigkeit ist die Korea-Tanne eine der beliebten Nadelbäume für Hausgarten und Parkanlagen, auch im städtischen Bereich. Interessantes Gehölz für große Steingärten, Staudenrabatten und Gehölzpflanzungen.
Sorten: Zahlreiche Sorten mit abweichender Wuchsform, meist schwachwüchsige bis strauchförmig wachsende Sorten.

Abies nordmanniana (Steven) Spach

Nordmanns-Tanne, Kaukasus-Tanne; engl. Caucasian fir, Christmas tree; *franz.* Sapin; *ital.* Abete; *span.* Abete de Nordmann, Abete del Cáucaso; *kroat.* Kavkaska jela
Habitus: Großer, 25–30 (–40) m hoher und 7–10 m breiter Baum mit regelmäßig breit kegelförmigen Habitus, Äste in regelmäßigen Quirlen angeordnet, weit ausgebreitet und herabhängend, auch im Alter bis zum Boden reichend. In der Jugend langsam, später raschwüchsig. Kann in der Heimat bis 60 m hoch und 500 Jahre alt werden.
Rinde: Anfangs glatte, im Alter graubraune bis schwarzgraue Plattenborke.
Blätter: Nadeln 2–3,5 cm lang, schraubig angeordnet, dicht bürstenförmig nach vorn, bzw. schräg nach oben stehend, nicht gescheitelt, starr aber nicht stechend, später Austrieb, frischgrün, lackartig glänzend dunkelgrün, unterseits mit 2 weißen Spaltöffnungsbändern.
Blüten: 1-häusig, männliche Blüten fast kugelig, 1 cm dick, zahlreich; weibliche Blütenstände gelbgrün, etwa 3 cm lang, Mai.
Früchte: Zapfen zylindrisch, oben etwas schmäler, 12–20 cm lang, mit Harztropfen, lange grün bleibend, zur Reifezeit braun.
Verbreitung und Standort: Kaukasus, Südosteuropa, Westasien. Auf tiefgründigen, gut drainierten Lehmböden, in Höhenlagen von 900–2200 m, vorwiegend zwischen 1000 und 1800 m, in Reinbeständen oder vergesellschaftet mit Kaukasus-Fichte, Wald-Kiefer, Eibe und Orient-Buche.
Ansprüche: Sonne bis Schatten, immissions- und hitzeempfindlich, aber wärmeliebend, frosthart; treibt spät aus, bevorzugt luftfeuchte Lagen und bodenfrische bis feuchte Standorte, nährstoffreiche, lehmige Böden, sauer bis alkalisch, gedeiht auch auf ärmeren Standorten, allgemein anpassungsfähig, aber empfindlich gegen Bodenverdichtung.
Allgemeines: Die Nordmanns-Tanne wurde 1836 von dem finnischen Botaniker A. Nordmann im Kaukasus entdeckt.
Verwendung: Dekorative Tannen-Art für Solitärstellung in Park und großen Gärten sowie in Friedhöfen. Bei den „Dänischen Tannen“ der Christbaumkulturen handelt es sich ebenfalls um die Kaukasus- oder Nordmanns-Tanne.

Abies pinsapo Boiss.

Spanische Tanne; *engl.* Hedgehog fir, Spanish fir; *franz.* Sapin d'Espagne; *ital.* Abete di Spagna; *span.* Pinsapo, Abete espanol; *kroat.* Spanjolska jela
Habitus: 15–20 (–30) m hoher Baum mit anfangs schmaler, später breit pyramidaler, 5–9 m breiter Krone, Äste regelmäßig, quirlständig, die oberen etwas aufsteigend, die unteren hängend, Stamm bis 1,5 m dick, mittelstark wachsend.
Rinde: Schwarzgraue Schuppenborke.
Blätter: Nadeln 1–2,5 cm lang, stumpf endend, starr aber nicht stechend, schraubig und dicht stehend, radial abstehend, blaugrün.
Blüten: 1-häusig, männliche Blüten 7 mm lang, rot überlaufen; weibliche Blütenstände ca. 2 cm lang, schmal zylindrisch, grünlich; April–Mai.
Früchte: Zapfen zylindrisch, 10–15 cm lang, unreif purpurn, reif braun.
Verbreitung und Standort: Südspanien, natürliche Bestände sind weitgehend vernichtet.
Ansprüche: Sonnig bis lichter Schatten, mäßig trockene bis frische, nahrhafte, tiefgründige, kalkhaltige Böden, schwach sauer bis stark alkalisch, gedeiht auch noch auf trockenen Böden, verträgt Sommer-Trockenheit, bedingt stadtfest.
Allgemeines: Der Artname leitet sich aus den beiden spanischen Wörtern „pino“ = Fichte und „sapino“ bedeutet Tanne, ab. Die Spanische oder Andalusische Tanne wurde im Mai 1837 von dem Genfer Botaniker E. Boissier in der Sierra Bermeja, Provinz Malaga, entdeckt.

Abies pinsapo

Abies procera

Verwendung: Sehr dekorative Tanne für Einzelstellung oder in lockeren Gruppen in Garten und Parkanlagen.

Sorte: 'Kelleris', Spanische Blau-Tanne: Selektion mit schönem Habitus und auffallend blaugrüner Benadelung.

Abies procera Rheder

Edel-Tanne; *engl.* Noble fir; *franz.* Sapin noble d'Amerique; *ital.* Abete bianco americano; *span.* Abete noble, Abete prócer, Abete azul de Oregón; *kroat.* Plemenita jela
(Syn.: *A. nobilis* (Douglas ex D. Don) Lindl.)

Habitus: Mittelgroßer bis großer Baum, 15–20 (–35) m hoch und 6–8 m breit, Wuchs unregelmäßig, locker schmal bis breit kegelförmig, oft auch mehrtriebig, Äste kräftig, waagrecht angeordnet, Zweige starr; in Europa langsam wachsend. In der Heimat 50–80 m hoch, Stammdurchmesser bis 2,5 m, bzw. Stammumfang bis 8,6 m. Kann etwa 600–700 Jahre alt werden.

Rinde: Rinde junger Bäume mit Harzblasen, Borke älterer Bäume 2–5 cm dick, silbergraue bis rotbraune Schuppenborke.

Blätter: Nadeln 2,5–3,5 cm lang, spiralig, dicht bürstenförmig stehend, meist auffällig blauweiß.

Blüten: 1-häusig, männliche Blüten graurot, 2,0–3,5 cm lang; weibliche Blütenstände im Wipfelbereich, hellgrün, etwa 3 cm lang, aufrecht; Mai–Juni.

Früchte: Zapfen auffallend groß, 18–25 cm lang und 7–8 cm dick, anfangs grün, später purpurbraun, mit langen, umgeschlagenen Deckschuppen.

Verbreitung und Standort: Pazifisches Nordamerika, Kaskadengebirge. Auf tiefgründigen, nährstoffreichen, kalkfreien Böden in feuchter Klimalage; in Höhen von 900–2200 m, meist zwischen 100 und 1700 m. Selten in Reinbeständen, oft vergesellschaftet mit Douglasie, Westlicher Hemlock, Berg-Hemlock, Purpur-Tanne und Westlicher Weymouths-Kiefer.

Ansprüche: Sonniger Standort, lichter Schatten in der Jugend vorteilhaft, anspruchsvolle Tanne für kalkfreie Böden(!) in feuchter Klimalage, benötigt tiefgründige, humose Böden, verträgt keine stagnierende Staunässe und ist nicht stadtklimafest, treibt spät aus.

Allgemeines: Der Artname „procera" stammt aus dem lateinischen und bedeutet schlank, hochragend. Die Edel-Tanne wurde 1825 von David Douglas entdeckt und 1830 nach Europa eingeführt.

Verwendung: Wegen der auffallend blauweißen Nadeln eine der kostbarsten Tannen-Arten zur Einzelstellung in Garten und Parkanlagen, lässt sich mit grau- und silberlaubigen Stauden- und Gehölzpflanzungen gut kombinieren, ebenso Rosen- und Heidepflanzungen.

Nutzung: Schmuckreisig.

Sorte: 'Glauca': Sorte mit besonders prachtvollen, blauweißen Nadeln und etwas kompakterem Wuchs.

Weitere Art:

Abies veitchii Lindl., Veitchs Tanne, Japan-Tanne, *engl.* Veitchs silver fir; *span.* Abeto de Veitch. Mittelhoher, 15–20 m und 5–6 m breiter Baum, mit schmal kegelförmiger, im Alter mehr säulenförmiger Krone, Nadeln gehäuft, oben bürstenartig nach vorn gerichtet, oben glänzend grün, unten mit 2 auffallend kalkweißen Stomabändern. Anspruchsvolle Tanne für saure bis neutrale Standorte. Heimat Japan, auf nährstoffreichen, tiefgründigen, kalkarmen Böden in Gebirgslagen zwischen 1300 und 2500 m.

Araucaria Araukarie

Araukarie, Schmucktanne; *engl.* Monkey puzzle; *franz.* Araukaria; *span.* Araucaria de Chile; *kroat.* Araukarija
Familie: Araucariaceae, Araukariengewächse

Araukarien sind immergrüne, hohe Bäume, deren Äste in regelmäßigen Scheinquirlen angeordnet sind; sie haben starre, steife Blätter. Die Pflanzen sind meist 2-häusig, die etwa kopfgroßen Zapfen reifen im 2. oder 3. Jahr und zerfallen wie bei der Tanne. Bei den Araukariengewächsen handelt es sich um eine ursprüngliche Familie mit 2 Gattungen und etwa 35 Arten, die auf der Südhalbkugel beheimatet sind.

Araucaria araucana

Araucaria araucana

Araucaria araucana (Molina) K. Koch

Andentanne, Chilenische Araukarie, Chilenische Schmucktanne; *engl.* Chile pine, Monkey puzzle; *franz.* Araucaria du Chili, Pin du Chili, Bourreau des singes; *ital.* Pino de Cile; *span.* Araucaria de Chile, Pchúen; *kroat.* Cileanska auraukarija

Habitus: Bizarr wirkender, immergrüner Baum von 30–35 m, in der Heimat bis 50 m Höhe, mit kegelförmiger, im Alter mehr rundlicher bis schirmförmiger Krone; dicke walzenförmige Äste wenig verzweigt, in regelmäßigen Quirlen angeordnet, waagrecht abspreizend, im unteren Bereich oft bis zum Boden herabhängend. Stamm gerade, 0,3–1,0 (–1,7) m dick.

Rinde: Dicke, graubraune Schuppenborke, schuppenförmige Blattbasen bleiben sehr lange sichtbar; Zweige völlig von Blättern umhüllt.

Blätter: Schraubig angeordnet und dicht stehend, ledrig, starr, 3-eckig bis eiförmig lanzettlich, mit steifer, scharfer Spitze, am Grunde stark verbreitert und an der Sprossachse herablaufend, 2,5–5 cm lang und 1,2–2,5 cm breit, beidseitig glänzend dunkelgrün. Lebensdauer der Blätter 10–15 Jahre.

Blüten: Männliche Blüten zylindrisch, 7,5–12 cm lang; weibliche Blütenstände am Ende der Zweige, walnussgroß, kugelig, gelbgrün.

Früchte: Zapfen aufrecht stehend, kugelig, 10–18 cm dick, braun. Zur Reife zerfallend, Spindel stehenbleibend. Samen im 2. oder 3. Jahr reifend.

Verbreitung und Standort: Chile und Südwestargentinien; an den Westhängen der Anden in Höhenlagen von 600–1800 m, lichte Reinbestände bildend oder vergesellschaftet mit Südbuchen-Arten. Auf nährstoffreichen, feuchten, aber durchlässigen, tiefgründigen Lehmböden in niederschlagsreicher und luftfeuchter Klimalage.

Ansprüche: Sonnige, vor Wintersonne geschützte Standorte. Bevorzugt tiefgründige, gut durchlässige, lockere und nicht zu kalkhaltige Böden in luftfeuchter und wintermilder Lage. Nicht zuverlässig frosthart, hitzeverträglich.

Allgemeines: Die Andentanne ist die einzige in Mitteleuropa winterharte Art der Gattung. Im Mesozoikum kamen die Araukarien auch in Mitteleuropa vor.

Verwendung: Wegen ihres bizarren Wuchses hat die Andentanne einen besonderen Reiz. Als Jungpflanze braucht sie unbedingt Winterschutz, ältere Exemplare sind mäßig frosthart und können sich in luftfeuchter Lage in wintermilden Gebieten zufriedenstellend entwickeln.

Nutzung: Die Samen werden von den Araucana-Indianern gegessen. Sie schmecken ähnlich wie Pinienkerne und sind sehr stärkehaltig, man isst sie roh oder geröstet.

Calocedrus Flusszeder

Flusszeder; *engl.* Incense cedar; *franz.* Cèdre à encens; *span.* Libocedro de California; *kroat.* Kalocedar
Familie: Cupressaceae, Zypressengewächse

Die Rauch- oder Flusszeder wächst in Höhenlagen von 900 bis 2500 m in feuchten Tälern und an Berghängen. Der hohe, säulenförmige bis schmal pyramidale Baum bildet Stämme von 1–2 m Dicke mit dunkelbrauner, unregelmäßig längsfurchiger Borke aus. Seine Zweige sind stark abgeflacht; die Nadeln schuppenförmig, den Zweigen eng anliegend und in 4-zähligen Quirlen angeordnet. Die Blüten sind 1-häusig, die aus 6 Schuppen bestehenden Zapfen sind verholzt, länglich eiförmig und zur Reife weit klaffend gespreizt. Die Gattung ist mit 3 Arten im pazifischen Nordamerika, Taiwan und von Südwestchina bis Burma beheimatet.

Calocedrus decurrens

Calocedrus decurrens (Torr.) Florin

Kalifornische Flusszeder, Weihrauch-Zeder; *engl.* Incense cedar; *franz.* Cèdre à encens; *span.* Libocedro de California; Cedro de incenso de California; *kroat.* Kalifornijski kalocedar

(Syn.: *Libocedrus decurrens*)

Habitus: Mittelgroßer bis großer, 15–30 m hoher Baum mit säulenförmiger bis schmal pyramidaler Krone, Äste kurz, waagrecht abstehend, Stamm 1–2 m dick. Raschwüchsig. Wird 500–1000 Jahre alt.

Rinde: Im Alter unregelmäßig längsgefurchte, sich in Streifen oder dünnen Platten ablösende, dunkel- bis rotbraune Borke.

Blätter: Schuppenförmig, den Zweigen eng anliegend, in 4-zähligen Quirlen, kahl, dunkel- bis graugrün, schwach glänzend.

Blüten: 1-häusig; männliche Blüten elliptisch, 3–5 mm lang, goldgelb; weibliche Blütenstände eiförmig bis länglich eiförmig; April–Mai.

Früchte: Zapfen verholzt, mit 6 Schuppen, 1,5–2,5 cm lang, länglich eiförmig, hängend, hellbraun, zur Reife weit spreizend.

Verbreitung und Standort: Pazifisches Nordamerika, Oregon und Kalifornien, an den Westhängen des Kaskaden-Gebirges und der Sierra Nevada, nördliches Niederkalifornien bis zum Mt. San Pedro. In Tälern oder an Berghängen in Höhenlagen von 900–2500 m. Auf nährstoffreichen, frischen, tiefgründigen, feuchten aber gut drainierten, sandigen oder reinen Lehmböden. Vergesellschaftet mit Gelb-Kiefer, Colorado-Tanne, Douglasie und Gebirgs-Mammutbaum.

Ansprüche: Sonnig bis lichter Schatten, frosthart, verträgt Hitze und Lufttrockenheit; mäßig trockene bis frische, nährstoffreiche und gut durchlässige Böden; anpassungsfähig, verträgt Kalk und Trockenheit, aber keine Staunässe.

Allgemeines: Die Weihrauch-Zeder wurde 1846 von J. C. Frémont entdeckt und 1853 nach Europa eingeführt. Der Gattungsname leitet sich von „kalos" = schön (griech.) und „cedrus" = Zeder (lat.) ab. Sie war bereits vor den Eiszeiten in unseren Braunkohlewäldern vertreten.

Verwendung: Schöner säulenförmiger Nadelbaum für Einzelstellung oder in kleinen Gruppen in Park und Garten, gelegentlich auch als Forstbaum in Verwendung.

Nutzung: Das Holz ist leicht und hat einen hellen bis rötlich braunen Kern. Es wird in der Kunsttischlerei, für den Innenausbau, für Fensterrahmen sowie für Schindeln verwendet. Es dient auch zur Herstellung von Bleistiften.

Weitere Sorte: 'Aureovariegata': Goldgelbe Zweige sind unregelmäßig über den ganzen Kronenbereich verstreut.

Cedrus Zeder

Zeder; *engl.* Cedar; *franz.* Cèdre; *ital.* Cedro; *span.* Cedro; *kroat.* Cedar
Familie: Pinaceae, Kieferngewächse

Zedern sind immergrüne, meist höhere Bäume, sie sind mit den Lärchen verwandt. Die Krone ist oft bizarr und unregelmäßig entwickelt, das Zweigsystem in Lang- und Kurztriebe untergliedert. Charakteristisch sind auch die immergrünen, in Büscheln angeordneten Nadeln, die 3–6 Jahre lang ihre Funktion erfüllen. Im Gegensatz zu anderen Nadelnbäumen blühen Zedern vom Spätsommer bis zum Herbst; die tonnenförmigen, aufrecht stehenden Zapfen zerfallen nach der Reife im 2. oder 3. Jahr. Die Verbreitung der Gattung erstreckt sich von den nordafrikanischen Gebirgen bis nach Zypern, den Nahen Osten sowie bis in das westliche Himalaja-Gebiet mit insgesamt 4 Arten.

Cedrus atlantica (Endl.) Manetti ex Carrière

Atlas-Zeder; *engl.* Atlas cedar; *franz.* Cèdre de l'Atlas, Cèdre d'Afrique; *ital.* Cedro dell'Atlante; *span.* Cedro del Atlas, Cedro plateado, Cedro atlántico; *kroat.* Atlaski cedar

Habitus: Locker aufgebauter, eindrucksvoller Großbaum, 15–25 (–40) m hoch und 6–10 (–25) m breit; in der Jugend breit kegelförmig, dann zunehmend unregelmäßig und ausladend, Gipfeltrieb gerade oder seitwärts geneigt, Äste schräg ansteigend, Zweige überhängend, Lang- und Kurztriebe, anfangs langsam, später mittelstark wachsend. Zedern können bis 900 Jahre alt werden, Stammdicken bei alten Individuen können bis 6 m erreichen.

Rinde: Dunkelgraue, flache längsrissige Platten- oder Schuppenborke.

Blätter: In dichten, rosettenähnlichen Büscheln an Kurztrieben, spiralig an Langtrieben, 2–2,5 cm lang, grünlich blau bis silbrig blau, etwas stechend.

Blüten: 1-häusig; männliche Blüten 3–4 cm lange, aufrechte blassgelbe Zäpfchen; weibliche Blütenstände ebenfalls aufrechte, 1–2 cm große Zäpfchen, unscheinbar grün bis rötlich; September–Oktober.

Früchte: Zapfen aufrecht stehend, zylindrisch eiförmig, 5–8 cm lang, 4 cm breit, Reife im 2. Jahr, danach im Herbst bis Frühjahr zerfallend wie bei der Tanne.

Wurzel: Kräftig tief und ausgebreitet über die Kronentraufe hinausgehend.

Verbreitung und Standort: Atlas-Gebirge in Nordafrika, 1500–2000 m, waldbildend, an sommertrockenen, winterfeuchten Standorten.

Ansprüche: Sonniger Standort, geschützte Lage günstig (Weinbauklima); hitzeliebend, Jungpflanzen frostempfindlich, benötigt Winterniederschläge, mäßig trocken bis frisch, schwach sauer bis alkalisch, kalkliebend; stadtklimafest, keine schweren und staunassen Böden. Nadeln können in extremen Wintern erfrieren, treiben wieder durch. Windbruchgefährdet.

Cedrus atlantica

Cedrus atlantica

Cedrus atlantica 'Glauca Pendula'

Cedrus deodara

Allgemeines: Der Name leitet sich vom griechischen „kedros" (= griechischer Name der Zeder) ab.

Verwendung: Malerischer Solitärbaum mit bizarrer Krone, Einzelstand in Park und großen Gärten. Lässt sich gut mit Rosen-, Stauden- und Gräserpflanzungen kombinieren, insbesondere graulaubige Arten bieten sich an.

Nutzung: Das Holz hat einen hellen Splint und einen dunkelbraunen Kern, duftet angenehm aromatisch und ist widerstandsfähig gegen Fäulnis, Zedernöl wird für die Kosmetik-Industrie destilliert; Zedernholz wurde bereits beim Schiffsbau bei den alten Ägyptern verwendet.

Sorten: 'Glauca', Blaue Atlas-Zeder: Nadeln prächtig graublau gefärbt. 'Glauca Pendula', Hänge-Blau-Zeder: Hängeform der Atlas-Zeder mit bogig überhängenden Ästen, Seitenbezweigung senkrecht herabhängend, langsam wachsend, 4,5–6 m hoch, oft niedriger.

Cedrus deodara (Roxb.) G. Don

Himalaja-Zeder; *engl.* Deodar, Indian cedar; *franz.* Cèdre de l'Himalaya, Cèdre déodar; *ital.* Cedro deodara; *span.* Cedro del Himalya, Cedro deodar, Cedro de la India; *kroat.* Himalajski cedar

Habitus: Mittelgroßer bis großer Baum 10–15 (–20) m, in der Heimat bis 60 m hoch, Stammdurchmesser bis 3 m, 6–10 m breit, Stamm gerade, doch Gipfeltrieb peitschenförmig überhängend, Wuchs anfangs kegelförmig, später unregelmäßig. Äste waagerecht abstehend mit elegant überhängenden Zweigspitzen, bis zum Boden beastet, Zweige biegsam.

Rinde: Graubraun bis schwarzbraun, rau und rissig, junge Triebe behaart.

Blätter: Frischgrün bis graugrün, 3–5 cm lang, weicher als bei *C. atlantica*, zu etwa 30 in Büscheln. Lebensdauer der Nadeln etwa 2–3 Jahre.

Blüten: 1-häusig; Blüten aufrecht an den Kurztrieben im oberen Kronenbereich. Männliche Blüten zahlreich, walzen- bis zapfenförmig, 4,5–7,5 cm lang, gelblich; weibliche Blütenstände 2–2,5 cm lang, hellgrün, unscheinbar, September–Oktober.

Früchte: Ei- bis tonnenförmig, 8–10 cm lang, anfangs grün, blau bereift, zur Reife im 2. Jahr braun bis rotbraun.

Wurzel: Kräftig tief und ausgebreitet über die Kronentraufe hinausgehend.

Verbreitung und Standort: Westlicher Himalaja, von Ostafghanistan, Kaschmir, nördlicher Punjab bis Westnepal. Im Himalaja zwischen 1000 und 4000 m Höhe, waldbildend in Höhenlagen von 2000 m, teils vergesellschaftet mit der Tränen-Kiefer und Himalaja-Fichte. Wächst auf gut drainierten, tiefgründigen, nährstoffreichen, vorwiegend sauren, aber auch auf basischen Böden und Kalk ertragend.

Ansprüche: Sonnig bis halbschattig, geschützt gegen Wintersonne und kalten Ostwinden; tiefgründige, nährstoffreiche, mäßig trockene bis feuchte, gut durchlässige, saure bis neutrale Böden, anspruchsvoller als *C. atlantica*, braucht mehr Feuchte und ist nicht gut kalkverträglich.

Allgemeines: „Deodara" = Hindi Name für die Himalaja-Zeder. Seit 1822 in Europa eingeführt.

Verwendung: Eines der schönsten Solitär-Nadelgehölze für Garten und Parkanlagen.

Sorte: 'Golden Horizon': Gelbnadelige, flach und gedrungen wachsende Form.

Cedrus libani subsp. **libani** (Endl.) Manetti ex Carrière

Libanon-Zeder; *engl.* Libanon cedar; *franz.* Cèdre de l'Lebanon; *ital.* Cedro del Libano; *span.* Cedro del Libano, Cedro de Salomón; *kroat.* Libanoski cedar

Habitus: Immergrüner, großer Baum mit zunächst breit pyramidaler, im Alter weit ausladend, schirmartige Krone bildend. Äste anfangs schwach aufsteigend, später fast waagerecht, etagenartig übereinander stehend. Wird 20–30 m, in der Heimat bis 40 m hoch und 15–20 m breit. Gipfeltrieb seitwärts gebogen, Sprosssystem in Lang- und Kurztriebe untergliedert. Stammstärken von 1–2,5 m, bei alten Exemplaren bis 3,5 m.

Rinde: Borke längsrissig, zuletzt dunkel- bis schwarzgrau, schuppig abblätternd.

Blätter: Nadelförmig, zugespitzt, an Langtrieben schraubig stehend, an Kurztrieben in rosettenartigen Büschen zusammenstehend, 1,5–3,5 cm lang, dunkelgrün, Lebensdauer 2–5 Jahre.

Blüten: 1-häusig; Blüten aufrecht an 4–5-jährigen Trieben. Männliche Blüten zahlreich, auffällig, 3–8 cm lang, zylindrisch, blassgelb. Weibliche Blütenstände unscheinbar, 1 cm lang, hellgrün bis rötlich, September–Oktober.

Früchte: Zapfen aufrecht, 7,5–10 cm lang, fassförmig, schwach harzig. Im 2. oder 3. Jahr reifend, nach der Reife zerfallend.

Verbreitung und Standort: Klein- und Westasien, Libanon-Gebirge und in der Türkei, in Höhenlagen zwischen 900 und 2100 m; in lichten Reinbeständen oft die Waldgrenze bildend, oder vergesellschaftet mit Kilikischer Tanne und Schwarz-Kiefer, in tieferen Lagen auch mit immergrünen Eichen. Auf mittel- bis tiefgründigen, gut drainierten, karbonatreichen bis schwach sauren, mäßig nährstoffreichen Lehmböden. Licht- und wärmebedürftig.

Ansprüche: Sonniger, freier Stand. Mäßig trockene bis mäßig frische, nährstoffreiche, gut durchlässige, kalkhältige bis schwach saure Böden. Benötigt Winterniederschläge, hohes Wärmebedürfnis.

Allgemeines: „Kedros" = griechischer Name der Zeder. Durch Übernutzung durch die Jahrtausende (Schiffsbau, Bauholz, Brennholz) fast ausgerottet. Die Libanon-Zeder ist das Staatswappen des Libanon.

Cedrus libani subsp. libani

Verwendung: Prächtiges Solitärgehölz für Freistand in Rasenflächen oder vor Gehölzkulissen.

Nutzung: Das Holz ist zäh und dauerhaft, im Splint hellgelb, im Kern braunrot gefärbt. Sehr harzreich, duftet noch nach Jahrzehnten. Vorzügliches Bau- und Möbelholz, jedoch nicht mehr im Handel. König Salomo ließ seinen berühmten Tempel aus Zedernholz anfertigen. Zedernholz wurde für Särge der Mumien bei den Ägyptern, das Harz zum Einbalsamieren der Leichen verwendet. Große Mengen Zedernholz wurden früher für den Schiffsbau genutzt.

Cephalotaxus Kopfeibe

Kopfeibe; *engl.* Plum yew; *franz.* If-à-prunes; *kroat.* Patisa
Familie: Cephalotaxaceae, Kopfeibengewächse

Immergrüne Sträucher oder kleine Bäume mit 2-reihig abstehenden, schmal linealischen Blättern, ähnlich wie bei Taxus. Die Pflanzen sind 2-häusig, die männlichen zu mehreren in rundlichen Blütenständen achselständig, die weiblichen zu wenigen in den Achseln von kleinen Schuppenblättern am Grunde ganz kurzer, später austreibender Zweige. Die Samen sind groß, steinfruchtartig; die zur Reife grüne bis braune Schale ist außen fleischig, fruchtig, harzig und duftend. Es gibt 6 Arten in Ostasien und dem Himalaja.

Cephalotaxus harringtonia (Knight ex J. Forbes) K. Koch

Harringtons Kopfeibe; *engl.* Japanese plum yew; *franz.* If-à-prunes; *kroat.* Harringtonova patisa

Habitus: Immergrüner, meist mehrstämmiger Strauch oder Baum bis 5 (–10) m, mit breit kegelförmiger Krone, Äste in Scheinquirlen angeordnet, waagrecht abstehend oder überhängend.

Rinde: Junge Zweige glänzend grün, gefurcht, grau- bis rotbraune Borke löst sich in schmalen Streifen.

Blätter: Nadelförmig, mittelgrün, 3–5 cm lang; nicht stechend, oberseits glänzend dunkelgrün, unterseits 2 breite, graue Spaltöffnungsstreifen.

Cephalotaxus harringtonia

Blüten: Männliche Blüten zahlreich, an vorjährigen Seitenzweigen, einzeln, blattachselständig; weibliche Blütenstände bis 1,8 cm lang gestielt, am Grunde junger Triebe klein und unscheinbar, zu 1–3; April–Mai.

Früchte: Länglich elliptische steinfruchtartige Samen, 2–3 cm lang und 1,5 cm breit, grün, zur Reife purpurn überlaufen; äußere Samenschale fleischig, fruchtig-harzig duftend, trocknet nach der Reife ein.

Verbreitung und Standort: Japan, Korea, Mittelchina; in Laubwäldern von 500–1000 m Höhe (Buchenwaldstufe), meist in feuchter, wintermilder Klimalage. Auf lockeren, humosen, nährstoffreichen, aber gut wasserdurchlässigen Böden.

Ansprüche: Halbschattig, geschützter Standort, in wintermilder, feuchter, Lage; lockerer, humoser Boden, feucht, jedoch wasserdurchlässig.

Allgemeines: Der Name „Cephalotaxus“ leitet sich aus dem griechischen „kephale“ = Kopf und „Taxus“, dem lateinischen Namen für die Eibe ab. Wurde 1829 von Ph. F. v. Siebold nach Belgien eingeführt.

Verwendung: Dekorativer Zierstrauch in Parks, Liebhaberpflanze.

Sorten: Var. *drupacea*, Japanische Kopfeibe: Härter als var. *harringtonia*, meist strauchig. 'Fastigiata' Säulenförmige Kopfeibe: Schwachwüchsige, etwa 2–3 m hohe und 1,2–2 m breite, säulenförmig wachsende Sorte. Nadeln spiralig stehend.

Weitere Art:

Cephalotaxus fortunei, Chinesische Kopfeibe. Chinesische Form der Kopfeibe, strauchig, 2-zeilige Nadelstellung, Nadeln 5–8 cm lang.

Chamaecyparis Scheinzypresse

Scheinzypresse; *engl.* False cypress; *franz.* Faux-cyprès; *ital.* Cipresso; *span.* Camecíparis; *kroat.* Pacempres
Familie: Cupressaceae, Zypressengewächse

Immergrüne, meist kegelförmig wachsende, mittelgroße bis große Bäume mit durchgehenden Stämmen, überhängender Triebspitze und schuppenförmigen, gegenständig und dicht anliegend Nadeln. Die Rinde ist schuppenartig oder längsfasrig; die etwa 1 cm großen Zapfen sind rundlich, oft bereift, später verholzt, sie reifen im gleichen Jahr. Gärtner und Liebhaber haben unzählige Farb- und Formvarianten ausgelesen. Die Gattung ist mit 6 Arten in Nordamerika, China, Japan und Formosa beheimatet, etwa 4 davon werden in unseren Gärten kultiviert.

Chamaecyparis lawsoniana (A. Murray) Parl.

Lawsons Scheinzypresse; *engl.* Lawson's cypress; *franz.* Cyprès de Lawson; *ital.* Cipresso di Lawson; *span.* Camecíparis de Lawson, Falso ciprés de Lawson, "Cedro" de Oregón, "Cedro" de Puerto Oxford; *kroat.* Lawsonov pacempres

Habitus: Schmal kegelförmiger, mittelgroßer Baum, 10–15 m hoch und 3–4 m breit, Gipfeltrieb und Seitenbezweigung leicht überhängend, Zweige dicht, flach, kurz, bis unten beastet; mäßig schnellwüchsig. In der Heimat 40–50 m hoch, Stamm bis 2 m dick. Scheinzypressen sollen ein Alter von 500–600 Jahren erreichen. Das größte, 1972 vermessene Exemplar hatte eine Höhe von 66,75 m, eine 12 m breite Krone und einen Stammdurchmesser von 3,65 m.

Rinde: Rötlich braun, längsrissig, sich mit rundlich-schuppigen Platten ablösend.

Blätter: Schuppenförmig, gegenständig in 4 Längsreihen, dicht anliegend, oberseits dunkel- bis graugrün, matt glänzend, unterseits heller. Kanten- und Flächenblätter mit Harzdrüsen.

Blüten: 1 häusig; männliche Blüten zahlreich, Staubblätter dunkel violettbraun, weiß berandet, zur Blütezeit karminrot; weibliche Blütenstände unscheinbar, stahlblau, 1,5–2 mm lang, knospig überwinternd, zur Blüte etwa 5 mm lang.

Früchte: Zapfen kugelig, anfangs grün, zur Reife dunkel rotbraun, 7–10 mm groß, verholzt.

Verbreitung und Standort: Pazifisches Nordamerika, von küstennahen Standorten bis zu 1700 m ansteigend, in einem etwa 200 km langen und 65 km breiten Streifen von Südoregon bis Nordwestkalifornien. Vergesellschaftet mit Sitka-Fichte, Riesen-Lebensbaum, Riesen-Tanne, Westlicher Hemlock und Douglasie oder in Reinbeständen. Auf feuchten, aber gut wasserdurchlässigen, nährstoffreichen Lehmböden in luftfeuchter, milder Klimalage.

Ansprüche: Sonnige bis halbschattige Standorte, windgeschützt, entwickelt sich optimal auf frischen bis feuchten, nährstoffreichen, sandig-lehmigen Substraten, sauer bis alkalisch, Kalk vertragend, anpassungsfähig.

Chamaecyparis lawsoniana

Chamaecyparis lawsoniana

Chamaecyparis lawsoniana 'Stewartii'

Allgemeines: Die Lawson-Scheinzypresse ist sehr variabel und formenreich.

Verwendung: Schöne Pflanze für Einzelstand und Gruppenpflanzungen in Gärten und Parks. Als Formelement und farblicher Akzentsetzer, dekorativer Raumbildner, Hecken, Abpflanzungen sowie Forstbaum.

Nutzung: Das gelbliche Holz ist dauerhaft, feinfasrig, harzfrei und gut zu bearbeiten, es riecht nach Rosen und Ingwer. Zweige werden als Bindematerial verwendet.

Sorten: Zahlreiche Sorten, hier werden nur die wichtigsten angeführt. 'Alumii': Sorte mit schön blau bereiften, später graublauen Schuppenblättern. 'Columnaris', Blaue Säulenzypresse: In der Jugend straff säulenförmig, im Alter schmal kegelförmig wachsend, 5–8 m hoch und 1–2 m breit, blaugraue Schuppenblätter. 'Golden Wonder': Breit kegelförmig wachsender, bis 7 m hoher und 3 m breiter Baum, Schuppenblätter im Austrieb goldgelb, später hellgelb. 'Stewartii': Kleiner, schmal kegelförmig wachsender Baum mit lockerer, aufsteigender, später horizontaler Beastung, Gipfeltrieb und Zweigspitzen leicht überhängend, 8–10 m hoch und bis 3,5 m breit, Schuppenblätter dicht anliegend, lebhaft goldgelb.

Chamaecyparis nootkatensis (D. Don) Spach

Nutka-Scheinzypresse; *engl.* Alaska cedar, Yellow cedar; *franz.* Cyprès de Nootka, Cyprès pleureur de l'Alaska; *ital.* Cipresso; *span.* Camecíparis de Nootka, Falso ciprés de Nootka, Falso ciprés de Alaska; *kroat.* Nutkanski pacempres

Habitus: Mittelgroßer, aufrechter Baum mit regelmäßig geformter, kegelförmiger Krone,15–20 (–30) m Höhe und bis 7 m Breite. Dicker, gerader, 0,75–1,5 m dicker Stamm, kräftige Äste, aufsteigend bis ausgebreitet, dicht; Gipfeltrieb und Seitenzweige leicht überhängend. Stamm im Freistand bis zum Boden beastet. Am heimatlichen Standort kann die Nutka-Scheinzypresse bis 1000 Jahre alt werden.

Rinde: Borke 1–2 cm dick, flach längsrissig, sich in dünnen Platten ablösend, orange, purpur- und graubraun.

Blätter: Schuppenblätter kreuzgegenständig, anliegend, stachelspitzig, dunkel blaugrün. Lebensdauer der Blätter 2–3 Jahre.

Blüten: 1-häusig; männliche Blüten eiförmig, 2–3 mm lang, gelb; weibliche Blütenstände unscheinbar, schieferblau.

Früchte: Zapfen kugelig, graubraun, aus 4–6 Schuppen bestehend; Samenreife im 2. Jahr.

Verbreitung und Standort: Pazifisches Nordamerika, Südwestalaska, bis Oregon. Vorwiegend in Höhenlagen von 650–2500 m, selten in Reinbeständen, vergesellschaftet mit Sitka-Fichte, Riesen-Lebensbaum, Riesen-Tanne. Auf tiefgründigen, feuchten, vorwiegend sauren Böden in feuchtkühler Klimalage.

Ansprüche: Sonnig bis halbschattig, benötigt genügend Boden- und Luftfeuchtigkeit, meidet Kalkböden.

Allgemeines: A. Douglas entdeckte die Nutka-Scheinzypresse 1793 am Nootka Sound bzw. auf den Nootka-Inseln.

Verwendung: Malerischer Baum, kommt besonders im Freistand zur Geltung, für Gärten und Parkanlagen. Für Vorgärten, Rasenflächen, niedrige Stauden- und Gehölzrabatten, auch zur Begrünung von Innenhöfen.

Nutzung: Das Holz der Nutka-Zypresse ist dauerhaft und harzreich. Die Indianer fertigten daraus Boote und Paddel, aus den Stämmen wurden Zeremonienmasken hergestellt. Heute wird es im Bootsbau, für Möbel und für Dachschindeln verwendet.

Sorten: 'Aurea', Goldgelbe Nutka-Zypresse: Mittelgroßer Baum, Schuppenblätter im Austrieb hellgelb, später hellgrün. 'Glauca', Blaue Nutka-Scheinzypresse: Mittelgroßer Baum mit kegelförmiger Krone, Schuppenblätter ausgeprägt blaugrün, rau und stechend. 'Pendula', Hänge-Nutka-Scheinzypresse: Aufrecht wachsende Hängeform mit geradem, bis zur Spitze durchgehendem Mitteltrieb, 10–15 m hoch und 3,5–5 m breit, Hauptäste locker und unregelmäßig, waagrecht ausgebreitet, im Alter mehr durchhängend, Seitenbezweigung mähnenartig senkrecht herabhängend; anfangs langsam, später rasch wachsend.

Chamaecyparis pisifera (Siebold et Zucc.) Endl.

Erbsenfrüchtige Scheinzypresse; *engl.* Sawara cypress; *franz.* Cyprès de porte-pois; *ital.* Cipresso; *span.* Camecíparis Samara, Falso ciprés Samara, Ciprés de

Chamaecyparis nootkatensis 'Pendula'

Chamaecyparis pisifera 'Filifera'

Chamaecyparis pisifera 'Filifera'

Chamaecyparis pisifera 'Squarrosa'

Hondo, Ciprés pisifero, Ciprés de guisantes; *kroat.* Pjegavi pacempres

Habitus: Mittelgroßer bis großer, kegelförmiger Baum, 15–20 m hoch und 5–8 m breit, locker verzweigte Krone, Stamm gerade und langschäftig. In der Heimat bis 50 m hoch, Stämme 1–1,5 m dick. Äste anfangs aufsteigend, später fast waagrecht abstehend oder hängend, Zweige horizontal abgeflacht, fächerförmig ausgebreitet.

Rinde: Borke dünn, glatt, rotbraun gefärbt, längsrissig, sich in schmalen Streifen ablösend.

Blätter: Schuppenblätter gegenständig, mit unscheinbaren Drüsen, Oberseite der Sprosse dunkelgrün, matt glänzend, Unterseite graugrün.

Blüten: 1-häusig; Blüten beider Geschlechter dicht beieinander, bereits im Herbst ausgebildet; männliche Blüten als schwarzbraune, 1 mm große, ungeschützte Knospen überwinternd, sich zur Blütezeit streckend, blassbraun; weibliche Blütenstände 1,5–2 mm groß überwinternd, zur Blütezeit etwa 5 mm groß, violettbraun.

Früchte: Zapfen kugelig, anfangs grün, zur Reife braun, erbsengroß, im 1. Jahr reifend.

Wurzel: Herzwurzler, gegen Bodenverdichtung empfindlich.

Verbreitung und Standort: Japan, in Hondo und Kyushu, in Bergwäldern zusammen mit zahlreichen anderen Koniferen wie Sicheltanne, Mädchen-Kiefer, Schirmtanne und Hiba-Lebensbaum sowie zahlreichen immergrünen Laubgehölzen im Unterwuchs. Auf mittel- bis tiefgründigen, nährstoffreichen Böden, auf saurem oder basischem Gestein in niederschlagsreicher und luftfeuchter Gebirgslage.

Ansprüche: Sonne bis lichter Schatten, wärmeverträglich, frosthart, empfindlich gegen Hitze und Trockenheit, bevorzugt kühlfeuchte Standorte; frische bis feuchte Böden, sauer bis schwach alkalisch, durchlässige Substrate.

Allgemeines: Die Erbsenfrüchtige Scheinzypresse wurde 1859 von Ph. F. v. Siebold nach Leiden/Niederlande eingeführt.

Verwendung: Einzelstellung, Gehölzrabatten, Heidegärten, Dachgärten, Friedhöfe, auch wertvolles Schnittgrün.

Nutzung: Holznutzung in der Heimat.

Sorten: Sehr viele Sorten, die 3 wichtigsten Gruppen werden hier genannt. 'Plumosa'-Formen: Baumförmig oder strauchförmig wachsend, die Blätter sind pfriemlich und spreizend, die Fächersprosse mehr oder weniger muschelförmig gerundet. 'Filifera'-Formen: Mehr strauchförmig wachsend, mit schuppen- und pfriemförmigen Blättern, die an fädigen, locker verzweigten Sprossen stehen, auch gelblaubige Sorten. 'Squarrosa'-Formen: Breitaufrecht strauchförmig wachsend, gelegentlich Bäume bis 10 (–20) m Höhe bildend, Blätter nadelförmig, dichtstehend, moosartig kraus und weich, oben blaugrün, unten silberweiß.

Cryptomeria Sicheltanne

Sicheltanne; *engl.* Japanese cedar; *franz.* Cèdre du Japon; *span.* Criptomeria; *kroat.* Kriptomerija
Familie: Taxodiaceae, Sumpfzypressengewächse

In der Heimat bis 40 m hoher, immergrüner Baum mit schmal pyramidaler Krone, 1–2 m dickem Stamm und einer dunkel- bis rotbraunen, in langen, schmalen Streifen ablösenden Borke. Die schraubig gestellten Nadeln sind deutlich sichelförmig einwärts gekrümmt (Name!); die Sicheltanne ist 1-häusig, ihre kugeligen Zapfen werden bis zu 1,5 cm groß. Es ist die wichtigste Nadelholzart in Japan und bildet dort ausgedehnte Wälder und Aufforstungen. Die zahlreichen Gartenformen sind nur für wintermilde Lagen geeignet. Die Gattung ist mit je 1 Art in Japan und China vertreten.

Cryptomeria japonica D. Don

Japanische Sicheltanne; *engl.* Japanese cedar; *franz.* Cryptoméria du Japon, Cèdre du Japon; *span.* Criptomeria japonesa, Sugi; *kroat.* Japanska kriptomerija
Habitus: Kleiner bis mittelgroßer Baum, 10–15 (–25) m hoch und 5–7 m breit, in der Jugend schlank, kegelförmig, im Ater breit pyramidal, zuletzt mit unregelmäßiger Krone. In der Heimat bis 50 m hoch, bildet dort 1–2 (–4) m dicke Stämme. Raschwüchsig.
Rinde: Dick, weich, fasrig, dunkel- bis rotbraun, sich in langen, schmalen Steifen ablösend.
Blätter: Immergrün, Nadeln schraubig stehend, schwach bis deutlich sichelförmig, 0,5–3 cm lang, dunkelgrün, bereift, nicht stechend. Lebensdauer 4–5 Jahre, mit den Zweigen abfallend.
Blüten: 1-häusig; Blüten schon im Herbst angelegt, an vorjährigen Zweigen; männliche achselständig an den Zweigenden gehäuft, 6–8 mm lang, blassgelb; weibliche Blütenstände einzeln, kugelig, endständig an kurzen Zweigen sitzend; Februar–März.
Früchte: Zapfen kugelig, 1,5–3 cm dick, dunkel- bis rotbraun, im 1. Jahr reifend.
Verbreitung und Standort: Südchina und Japan, das ursprüngliche Areal in Japan heute nicht mehr feststellbar, da seit langem forstlich angebaut (bilden beinahe 50 % der Forstfläche). Kommen in Höhen von 500–1200 (–1500) m vor, in luftfeuchten, regenreichen, wintermilden Gebirgsgegenden; in Reinbeständen oder vergesellschaftet mit Tannen, Hemlock, Schirmtanne, Hiba-Lebensbaum und Japanischer Nusseibe. Auf tiefgründigen, lockeren, feuchten, nährstoffreichen, meist sauren Böden.
Ansprüche: Sonnig bis halbsonnig, geschützter Standort, Jungpflanzen durch Wintersonne gefährdet; bevorzugt wintermilde, luftfeuchte, niederschlagsreiche Lagen. Frische bis feuchte, tiefgründige, bevorzugt saure, lehmige Böden.
Allgemeines: Wird in Japan „Sugi“ genannt. Wurde 1692 von E. Kaempfer in Japan entdeckt, 1842 kam die ersten Samen aus China nach England. 1897 gelangten Samen aus japanischen Beständen nach Europa.

Cryptomeria japonica

Cryptomeria japonica

Verwendung: Forstbaum in Japan und anderen Ländern. Schattenbaum in Teeplantagen. Interessante Nadelgehölz, das als Einzelbaum oder in Gesellschaft von exquisiten Sträuchern und Stauden gut zur Geltung kommt, besonders für gut etablierte Gärten und Parkanlagen.
Nutzung: Das Holz hat einen blassgelben Splint und einen rotbraunen Kern. Es ist harzfrei, feinfasrig, elastisch, fest und dauerhaft. Es wird zur Möbelherstellung und als Bauholz, insbesondere für den Bau von Tempeln, verwendet. Die Borke wird zum teil als Dachdeckungsmaterial genutzt.
Sorten: Zahlreiche Zierformen, die meist nur strauchartig wachsen.

Cunninghamia Spießtanne

Spießtanne; *engl.* China fir; *franz.* Sapin chinois; *kroat.* Kuningamija
Familie: Taxodiaceae, Sumpfzypressengewächse

In der Heimat bis 40 m hoher, immergrüner Baum mit kegelförmiger Krone und dicken Stämmen. Die relativ großen, ledrigen, lanzettlichen, lang zugespitzten und stechenden Nadeln sind schraubig angeordnet und dicht stehend. Spießtannen sind 1-häusig, ihre kugeligen Zapfen etwa 3–4,5 cm groß. Es sind anspruchvolle, außergewöhnliche Gehölze für feuchte, wintermilde Lagen. Es gibt 3 Arten in Mittel- und Südostchina.

Cunninghamia lanceolata

Cunninghamia lanceolata

Cunninghamia lanceolata (Lamb.) Hook.

Chinesische Spießtanne; *engl.* China fir; *franz.* Sapin chinois; *kroat.* Kineska kuningamija

Habitus: Mittelgroßer bis großer Baum mit kegelförmiger oder säulenförmiger Krone, 10–15 m, in der Heimat 30–50 m hoch, mit geradem Stamm, 0,5–1,5 m dick, Krone im Alter abgerundet, Äste in regelmäßigen Scheinquirlen.

Rinde: Borke kastanienbraun; junge Zweige völlig von Blättern berindet.

Blätter: Schraubig und dicht stehend, lanzettlich, 3–7 cm lang und 4–5 mm breit, glänzend frisch- bis dunkelgrün, stechend, oberseits mit 2 schmalen, unterseits mit 2 breiten grauweißen Spaltöffnungsstreifen. Lebensdauer der Nadeln 4–5 Jahre.

Blüten: 1-häusig, endständig; männliche Blüten zu 3–15, walzenförmig, 8–10 mm lang; weibliche Blütenstände zu 1–3, etwa 1 mm groß, gelbgrün; April–Mai.

Früchte: Zapfen 3–4,5 cm dick, kugelig, Zapfenschuppen zugespitzt, braun.

Verbreitung und Standort: Mittel- und Südostchina, in halbschattigen, windgeschützten Bergtälern und an Hängen von 800–1300 m Höhe in feuchter Klimalage. Auf mittel- bis tiefgründigen, feuchten bis frischen, basischen oder sauren, nährstoffreichen Böden.

Ansprüche: Die Spießtanne ist nur in milden Klimagebieten Mitteleuropas winterhart. Bevorzugt halbschattige Standorte in luftfeuchter, wintermilder Klimalage.

Allgemeines: Die Spießtanne wurde von W. Kerr, einem englischen Pflanzensammler, nach Europa eingeführt. Sie wurde nach J. Cunningham, einem englischen Arzt und Naturforscher, der die Art auf der Insel Chusan entdeckte, benannt.

Verwendung: Exquisites Einzelgehölz in Gärten wintermilder Lagen.

× Cupressocyparis Bastard-Zypresse

Bastard-Zypresse, Leylandzypresse; *engl.* Leyland cypress; *franz.* Cyprès batard, Cyprès de Leyland; *kroat.* Cemprika
Familie: Cupressaceae, Zypressengewächse

Mittelgroße bis große, raschwüchsige Bäume, die aus einer Kreuzung zwischen *Cupressus macrocarpa* und *Chamaecyparis nootkatensis* zufällig in Gartenkultur entstanden sind. Diese Hybriden sind etwas uneinheitlich, jedoch winterhärter als die in Mitteleuropa nicht winterharten Zypressen.

× **Cupressocyparis leylandii** Dallim. et A. B. Jacks.

Bastard-Zypresse, Leylandzypresse; *engl.* Leyland cypress; *franz.* Cyprès batard, Cyprès de Leyland; *kroat.* Leylandova cemprika

Habitus: Schnellwüchsiger, mittelgroßer bis großer Baum, 15–20 (–30) m hoch und 3–5 m breit, mit schlank kegelförmiger bis säulenförmigem Wuchs und gleichmäßigem, dichten Kronenaufbau, bis zum Boden beastet. Sehr rasches Jugendwachstum.

Blätter: Schuppenförmig, dunkelgrün bis graugrün, aromatisch duftend, dichtstehend, Zweiglein feiner, länger und schlanker als bei *Chamaecyparis*.

Früchte: Zapfen 2 cm dick.

Verbreitung und Standort: Hybride aus *Cupressus macrocarpa* × *Chamaecyparis nootkatensis*.

Ansprüche: Sonnig, wärmeliebend, Hitze bei hoher Luftfeuchtigkeit gut vertragend, frosthart, stadtklimaverträglich; standort- und bodentolerant, bevorzugt auf nährstoffreichen, frischen, sauren bis alkalischen Böden.

Allgemeines: Alle Formen der Leyland-Zypresse sind in England in Gartenkultur zufällig entstanden.

Verwendung: Dekorative, raschwüchsiger großer Nadelbaum für Einzelstellung, Gruppenpflanzungen und Sichtschutz in Parkanlagen und großen Gärten; gut schnittverträglich, deshalb auch für Hecken geeignet.

Sorte: 'Castlewellan Gold': Wächst schwächer als die Art, 7–12 m hoch und 2–3 m breit, schmal säulenförmige Krone, im Alter mehr kegelförmig, Nadeln schuppenförmig, goldgelb, im Winter bronzegelb; ist etwas empfindlicher als die grüne Form.

× Cupressocyparis leylandii

Cupressus Zypresse

Zypresse; *engl.* Cypress; *franz.* Cyprès; *ital.* Cipresso; *span.* Ciprés comun; *kroat.*
Familie: Cupressaceae, Zypressengewächse

Immergrüne, aromatisch duftende Bäume, die meist in der warmtemperierten bis tropischen Zone der nördlichen Halbkugel beheimatet sind. Ihre Kronen sind meist schmal säulenförmig bis kegelförmig, im Alter mitunter malerisch ausgebreitet. Zapfen rundlich, 2–3 cm groß, mit 4–14 stark verholzten Zapfenschuppen. Echte Zypressen haben nur geringe Bedeutung in Mitteleuropa, da sie sehr wärmeliebend und frostempfindlich sind.

Cupressus sempervirens fo. horizontalis

Cupressus sempervirens fo. horizontalis

Cupressus sempervirens L. fo. **horizontalis**

Echte Zypresse, Italienische Zypresse, Mittelmeer-Zypresse; *engl.* Italien cypress; *franz.* Cyprès commun; *ital.* Cipresso; *span.* Ciprés común, Ciprés mediterráneo; *kroat.* Obicni cempres

Habitus: Immergrüner, etwa 15–20 (–30) m hoher Baum mit etwas unregelmäßig ausgebreiteten Ästen (zedernähnlich). Kann bis 400 Jahre alt werden.

Rinde: Dünn, graubraun, längsrissig, sich breitfasrig ablösend, Jungtriebe 4-kantig.

Blätter: Schuppenförmig, kreuzweise gegenständig, dicht dachziegelig angedrückt, dunkelgrün.

Blüten: 1-häusig; männliche und weibliche Blüten dicht benachbart an vorjährigen Sprossen, endständig, bereits im Herbst angelegt; März–April.

Früchte: Zapfen eiförmig oder kugelig, 2–4 cm groß, an kurzen Zweigen hängend.

Verbreitung und Standort: Östliches Mittelmeergebiet bis Nordiran, Kleinasien, in Südanatolien in Höhenlagen von 200–1200 m; vergesellschaftet mit Brutia-Kiefer, Kilikischer Tanne und Libanon-Zeder, auf Kreta in Gebirgslagen von 300–1300 m zum Teil in Reinbeständen. Auf mittel- bis tiefgründigen, feuchten aber gut wasserdurchlässigen, mäßig nährstoffreichen, basischen oder schwach sauren Böden in vollsonniger Lage.

Ansprüche: Vollsonniger Standorte, wärmebedürftig, in Mitteleuropa nicht ausreichend winterhart (bis –15 °C). Benötigt durchlässige, mäßig feuchte, kalkreiche Standorte.

Allgemeines: Die Mittelmeer-Zypresse ist neben dem Ölbaum und der Pinie das charakteristische Gehölz des Mittelmeerraumes. Wird bereits seit Jahrhunderten weit über das natürliche Verbreitungsareal hinaus angeopflanzt, insbesondere die so genannte Säulen-Zypresse (*C. sempervirens* var. *sempervirens* = 'Stricta'). Die kretischen Zypressen wurden bereits seit Jahrtausenden genutzt und bis nach Ägypten exportiert. Das Haus des Odysseus soll aus Zypressenholz erbaut worden sein.

Verwendung: Landschaftsprägendes Gehölz in einigen Regionen des Mittelmeerraumes, für Garten, Parks und Friedhöfe (die Säulen-Zypresse gilt als Symbol der Trauer).

Cupressus sempervirens 'Stricta'

Cupressus sempervirens 'Stricta'

Cupressus arizonica 'Glauca'

Nutzung: Das Holz der Zypresse ist im Splint gelblich, im Kern rötlich braun. Es ist sehr dauerhaft und hat viele weitere gute Eigenschaften. Das Holz lässt sich im Schiffsbau, für Möbel, Fenster, Türen und Sarkophage verwenden.

Sorte: 'Stricta' (Syn.: *C. sempervirens* var. *sempervirens*), Säulen-Zypresse: Wuchs straff aufrecht, säulenförmig oder schmal kegelförmig.

Weitere Art:

Cupressus arizonica 'Glauca' Greene, Arizona-Zypresse; *engl.* Arizona cypress. Schmal säulenförmiger Baum, etwa 6–8 m hoch, Äste waagrecht abstehend, Rinde rötlich braun, in langen Streifen ablösend, Zweiglein dick, nach allen Seiten abstehend, Schuppenblätter dick, gekielt, spitz, mit deutlicher Drüse, bläulich grün bis intensiv silbergrau. Arizona, bis 200 m hoch ansteigend, im Weinbauklima ausreichend winterhart.

Ginkgo

Ginkgo, Mädchenhaarbaum; *engl.* Ginkgo, Maidenhair tree; *franz.* Arbre aux quarante écus, Ginkgo; *ital.* Ginco; *span.* Ginkgo; *kroat.* Ginko
Familie: Ginkgoaceae, Ginkgogewächse

Der Ginkgo nimmt im Pflanzenreich eine Sonderstellung ein, weil er weder zu den Koniferen, noch zu den Laubgehölzen zählt. Es handelt sich bei dieser Baumart um das berühmteste „lebende Fossil“ da sie noch im späten Tertiär vor etwa 30 Millionen Jahren auch bei uns in Mitteleuropa heimisch war. Es sind sommergrüne Bäume mit Lang- und Kurztrieben sowie laubartigen, fächerförmigen Blättern mit gabeligen Blattnerven. Die Blüten sind 2-häusig, die männlichen Blütenstände kätzchenartig. Sie entwickeln große Samen, deren fleischiger Mantel bei Zersetzung unangenehm ranzig nach Buttersäure riecht; der Embryo entwickelt sich erst 6–8 Wochen nach dem Abfallen der Samen. Es ist eine monotypische Gattung mit nur einer einzigen Art, die in China beheimatet ist. Zur Hauptentfaltungszeit vom Jura bis zur Unterkreide waren die Ginkgogewächse mit 17 Arten vertreten.

Ginkgo biloba L.

Ginkgo, Mädchenhaarbaum; *engl.* Ginkgo, Maidenhair tree; *franz.* Arbre aux quarante écus, Ginkgo; *ital.* Ginco; *span.* Ginkgo; *kroat.* Dvolapi ginko

Habitus: Unregelmäßig bis sparrig wachsender großer Baum, 15–25 (–30) m hoch und 10–15 m breit, in der Jugend straff aufrecht bis kegelförmig, später breit ausladend; Krone meist in mehrere unregelmäßige, etwas steif ausladende, wenig verzweigte Äste gegliedert, Zweige waagrecht, im unteren Kronenbereich überhängend, stets in Lang- und Kurztriebe gegliedert. In der Jugend oft langsamwüchsig.

Blätter: Fächerförmig, 2–9 cm lang gestielt, Spreite fächerförmig, 7–10 cm lang und 6–12 cm breit, mattgrün, derbledrig, mit parallel- bis gabelförmiger Nervatur, später Austrieb, oft erst Ende Mai, ab November leuchtend goldgelbe Herbstfärbung.

Blüten: 2-häusig, an Kurztrieben; weibliche unscheinbar, einzeln, langgestielt; männliche 3–5 cm lang, kätzchenförmig; windblütig; mit dem Laubaustrieb im April–Mai.

Früchte: Mirabellenähnlich, gelb, bis 2,5 cm, ab Oktober; außen fleischig, mit zunehmender Reife unangenehm nach ranziger Butter riechend bis stinkend. Befruchtung im September, erst an den abgefallenen Früchten beginnt die Entwicklung des Embryos.

Wurzel: Herzwurzler, Hauptwurzel tief, gegen Bodenverdichtung empfindlich, fleischige Wurzeln, schwer verpflanzbar.

Verbreitung und Standort: Südostchina, Reliktpflanze, wächst in Immergrünen Eichen-Nadelgehölz-Mischwälder in einem etwa 25 km² großen Areal, auf nährstoffreichen, tiefgründigen, sauren bis alkalischen Böden. Tempelbaum in Japan.

Ansprüche: Sonne, hitzeverträglich, sehr standorttolerant, mäßig trocken bis feucht, sauer bis alkalisch, Kalk vertragend, auf allen nährstoffreichen (außer schweren) Böden, stadtklimaresistent, nicht salztolerant.

Allgemeines: Der Ginkgo war vor 30 Millionen Jahren (Tertiär) in Europa heimisch; Reliktbaum; der Name leitet sich von „gin“ = Silber und „kyo“ = Aprikose ab. Tschi tschi-Bildungen an der Unterseite starker Äste, Funktion ungeklärt. Befruchtung durch frei bewegliche Spermatozoide (vgl. Cycas, Algen, Moose). Samen

Ginkgo biloba

Ginkgo biloba 'Fastigiata'

Ginkgo biloba

Ginkgo biloba

kamen erstmals 1730 nach Utrecht, 1768 nach Wien! Der Ginkgo ist das berühmteste „Lebende Fossil".

Verwendung: Prächtiger Einzelbaum für Parkanlagen, Gärten und Innenhöfe (männliche Pflanzen), Straße (männliche Sorten).

Nutzung: Verwendung in der Pharma- und Kosmetik-Industrie, in Amerika Erwerbsanbau für medizinische Zwecke, größte Plantage ist 500 ha groß. Die Kerne sind essbar, in Japan werden sie geröstet und ähnlich den Maroni verspeist.

Sorten: 'Autumn Gold': Mittelgroßer Baum mit breit kegelförmiger Krone, schöne Herbstfärbung, krankheitsfrei, bildet keine Früchte aus. 'Fastigiata': Sammelbezeichnung für eine Reihe schmalkroniger Selektionen. Mittelgroßer Baum, Krone schlank säulenförmig, Äste steif, wenig verzweigt. Männliche Form. 'Princeton Sentry': Mittelgroßer Baum, Krone in der Jugend besonders schmal säulenförmig, gleichmäßig aufgebaut, alle Äste aufwärts gerichtet, etwas steif. Männliche Form. 'Tremonia': Schmal aufrechte, säulenförmige Krone, in 40 Jahren etwa 12 m hoch und 80 cm breit.

Juniperus Wacholder

Wacholder; *engl.* Juniper; *franz.* Genévrier; *ital.* Ginepro; *span.* Enebro
Familie: Cupressaceae, Zypressengewächse

Die meisten Arten entwickeln sich zu kleinen, manchmal auch mittelgroßen, oft mehrstämmigen, reichverzweigten Bäumen, viele bleiben aber auch strauchförmig. Die immergrünen Blätter sind nadel- oder schuppenförmig und kreuzweise gegenständig oder 3-wirtelig angeordnet. Die Blüten sind eingeschlechtlich und meist 2-häusig verteilt. Im Gegensatz zu den anderen Gattungen aus der Familie der Zypressengewächse bilden *Juniperus*-Arten fleischige, kugelige, oft blaubereifte Beerenzapfen aus, die als Wacholderbeeren bezeichnet werden, sie reifen im 1. oder 2. Jahr. Die Wuchsformen der Gartenformen sind sehr variabel, von straff aufrechten Säulen über breit ausladenden Wuchsformen bis hin zu flachwachsenden und teppichbildenden Kleinsträuchern ist alles vorhanden. Alle Arten sind sehr lichtbedürftig und vertragen schattige Standorte nicht. Es gibt etwa 60 Arten von der Polarzone bis hin zu den tropischen Gebirgen.

Juniperus chinensis 'Keteleeri'

Juniperus chinensis 'Keteleeri'

Juniperus chinensis L.

Chinesischer Wacholder; *engl.* Chinese juniper; *franz.* Genévrier de Chine; *ital.* Ginepro; *kroat.* Kineska borovica

Habitus: Vielgestaltiger, 10 (–20) m hoher und 2–3 m breiter Baum oder nur strauchförmig wachsend, dann 2–3 m hoch. Bäume mit kegelförmiger oder rundlicher, reichverzweigter Krone, Stämme in der Heimat bis 60 cm dick.

Rinde: Dunkel- bis graubraune, längsrissige Borke, die sich in Streifen ablöst.

Blätter: Gegenständig oder in 3-zähligen Wirteln, zerrieben aromatisch riechend; Jugendblätter nadelförmig, 6–10 mm lang, stechend, Altersblätter schuppenförmig, sich dachziegelartig überdeckend, 3–5 mm lang, stumpf oder zugespitzt. Lebensdauer der Nadeln 1–3 Jahre, später zusammen mit der Rinde, bzw. mit den Zweigen abfallend.

Blüten: Männliche Blüten 2–4 mm lang, überwinternd, gelb; weibliche Blütenstände unscheinbar; März–April.

Früchte: Beerenzapfen anfangs blaugrün, zur Reife fast kugelig, 5–8 mm groß, mehlig-fleischig, bräunlich, blau bereift; Samen reifen im 2. Jahr.

Wurzel: Herzwurzler, dicht verzweigt, robust.

Verbreitung und Standort: China, Mongolei, Japan und Korea. Auf mittel- bis tiefgründigen, mäßig nährstoffeichen, basischen oder schwach sauren, feuchten, gut drainierten Böden.

Ansprüche: Sonne bis lichter Schatten, hitzeverträglich, frosthart, stadtklimaresistent, auf allen trockenen bis frischen, mäßig nährstoffreichen, mäßig sauren bis stark alkalischen Böden.

Allgemeines: Der Chinesische Wacholder wurde 1767 von W. Kerr nach England eingeführt.

Verwendung: Anspruchsloses Gehölz für Einzelstellung in Park und Gärten, Raumbildner, auch für formale Gestaltungen.

Juniperus communis

Juniperus communis 'Hibernica'

Weitere Sorten: Es werden hier nur die baumförmig wachsenden Sorten angeführt. 'Keteleeri': Seit 1910 in Kultur. Schlanke, breit säulenförmige Form mit dichtem, geschlossenen Habitus, bis 10 m hoch und 1,5 m breit, schuppenförmigen, spitzen Nadeln, grün, leicht bläulich bereift, weibliche Pflanze, dicht mit kugeligen, 12–15 mm dicken bläulich bereiften Beerenzapfen besetzt. 'Obelisk': Breitaufrecht wachsender Kleinbaum bis 7 m Höhe und 4,5 m Breite, mit blaugrüner Benadelung. 'Kaizuka', Hollywood Juniper: Strauchform oder kleiner Baum, 4–6 (–8) m hoch und bis 3,5 m breit, breit aufrecht, locker beastet, Äste aufsteigend bis waagrecht ausgebreitet und unregelmäßig mit kurzen, oft gehäuft stehenden Seitenzweigen besetzt. Die Schuppenblätter sind mittel- bis dunkelgrün.

Juniperus communis L.

Gewöhnlicher Wacholder; *engl.* Common juniper, Juniper; *franz.* Genévrier commun; *ital.* Ginepro; *span.* Enebro; *kroat.* Obicna borovica

Habitus: Vielgestaltiger, meist von Grund an dicht verzweigter Strauch oder kleiner Baum von 5–6 m, mitunter 12–15 m hoch wachsend, Krone säulenförmig, kegelförmig oder breit gerundet; langsam wachsend.

Rinde: Anfangs glatt, später graubraun, längsstreifig, in kleinen papierartigen Fetzen ablösend.

Blätter: Nadelförmig, linealisch bis lanzettlich, in 3-zähligen Wirteln, 1–2 cm lang, 1–2 mm breit, stachelspitzig, stechend; graugrün, mit breitem, grauweißem, grün gesäumten Band, unterseits gekielt; zerriebene Blätter aromatisch duftend. Lebensdauer 3–4 Jahre.

Blüten: Männliche Blüten elliptisch, 4–5 mm lang, gelblich; weibliche Blütenstände aufrecht, unscheinbar, grün; April–Juni.

Früchte: Beerenzapfen oval bis kugelig (Wacholderbeeren), anfangs grün, zur Reife schwarzblau, bereift, 4–9 mm dick; Samenreife im 2. oder 3. Jahr.

Verbreitung und Standort: In weiten Teilen der nördlichen Halbkugel, von Europa bis Vorder- und Zentralasien, Nordamerika und Nordafrika, in den nördlichen Alpen bis 1600 m ansteigend. Häufig auf Muschelkalkhängen, Magerweiden, in Zwergstrauchheiden, auf Sandfluren. Meist auf mäßig trockenen, leicht sauren bis alkalischen, meist nährstoffarmen Lehm-, Sand-, oder Torfböden.

Ansprüche: Sonnige Standorte, wächst auf jedem trockenen bis feuchten, nährstoffarmen, sauren bis alkalischen Boden, verträgt keine Vernässung, sehr frosthart, hohe Standortsamplitude, toleriert auch lichten Schatten.

Allgemeines: Der Wacholder gehört zu den wichtigen Gehölzen im Volksglauben. In vielen Gegenden war er heilig und durfte nicht geschlagen werden. Seine Zweige sollten den Teufel und Krankheiten abwehren und die Fruchtbarkeit der Tiere fördern. In Bayern und Teilen Österreichs heißt der Gewöhnliche Wacholder „Kranawitt", „Kranewit" oder „Granawitter".

Verwendung: Einzelstellung oder für Gruppenpflanzungen in Heide-, Stein- und Naturgärten, auch zu Wildstauden- und Gräserpflanzungen sowie für Innenhöfe, Dachgärten und Friedhofspflanzungen.

Nutzung: Das Holz ist zäh, fest und dauerhaft, es war früher ein begehrtes Holz für Drechslerarbeiten. Die Beerenzapfen sind ungiftig bzw. allenfalls leicht giftig. Wacholderbeeren können auch vergoren werden. Das ätherische Öl geht beim Brennen in das Destillat über und verleiht dem Gin oder Steinhäger ihren charakteristischen, unverwechselbaren Geschmack.

Sorten: 'Hibernica', Irischer Säulenwacholder: Schmale, dicht verzweigte Säulenform, Triebspitzen steif aufrecht, 3–5 m hoch und 1–1,2 m breit. 'Suecica', Schwedischer Säulenwacholder: Straff aufrechte,

Juniperus communis

Juniperus virginiana 'Skyrocket'

dicht geschlossene Säulenform mit nickenden Zweigspitzen, 3–5 m hoch und 1–1,5 m breit. Zahlreiche weitere Sorten und unterschiedliche Wuchsformen.

Juniperus virginiana L.

Virginischer Wacholder; *engl.* Eastern red cedar, Red juniper; *franz.* Bois à encens, Genévrier de Virginie; *ital.* Ginepro; *kroat.* Virginijska borovica

Habitus: Schlanker, später breit kegelförmiger Baum mit gerundeter Krone, 6–10 m, in der Heimat 20–30 m hoch, 2–3 m breit, Zweige kurz und dicht gedrängt, mit überhängenden Triebspitzen.

Rinde: Grau- bis rötlich braune Borke, löst sich in schmalen Streifen ab.

Blätter: Schuppenblätter, gegenständig, sich dachziegelartig überdeckend, 3–5 mm lang, graugrün bis tiefgrün, mit länglicher Drüse; es gibt auch Nadelblätter, diese in 3-zähligen Wirteln an jungen und alten Bäumen auftretend, 5–9 mm lang, drüsenlos, alle Blätter zerreiben aromatisch duftend.

Blüten: Blüten endständig; männliche Blüten 2,5–3 mm lang, elliptisch; weibliche Blütenstände unscheinbar, 1,5 mm lang; März–Mai.

Früchte: Beerenzapfen oval bis kugelig, 3–7 mm groß, blau, bereift, fleischig, im 1. Jahr reifend.

Verbreitung und Standort: Atlantisches und mittleres Nordamerika, südlich bis Texas und dem westlichen Florida. Meist auf flachgründigen, trockenen, nährstoffarmen Kalkfelsböden oder nassen bis sumpfigen, tiefgründigen Standorten. Häufig als Pioniergehölz, vergesellschaftet mit Fichten, Kiefern und Eichen-Arten, selten zerstreute Reinbestände bildend.

Ansprüche: Sonniger Standort, toleriert alle Bodenarten, sehr anpassungsfähig, gedeiht auch auf nährstoffarmen, kiesigen oder lehmigen, sauren und stark kalkhaltigen Böden, bevorzugt aber tiefgründige, durchlässige Böden in offener, sonniger Lage.

Allgemeines: Der Virginische Wacholder ist der größte aller Wacholder-Arten. Er gelangte bereits 1664 nach Europa.

Verwendung: Schönes Nadelgehölz mit malerischem Wuchs. Für Einzelstellung und Gruppenpflanzungen, auch als Raumbildner verwendbar, lässt sich gut mit flachwachsenden, polsterartigen Bodendeckern, Rosen, Stauden und Gräsern kombinieren.

Sorten: 'Canaertii': Schlank und dicht aufstrebender Strauch, 6–8 m hoch und 2–3 m breit, tiefgrüne Färbung der Schuppen- und pfriemlichen Nadelblätter. 'Glauca', Virginischer Blau-Wacholder: Säulenförmig, geschlossen aufrecht, im Alter unregelmäßig aufrecht wachsender Großstrauch, 6–10 m hoch und 2–5 m breit, Blätter intensiv stahlblau. 'Skyrocket', Raketen-Wacholder: Straff aufrecht wachsende, extrem schmale Säulenform mit senkrecht aufsteigenden Ästen und dichter, seitlich anliegender Bezweigung, etwa 6–8 m hoch und 0,8–1 m breit, Nadeln blaugrau.

Weitere Art:

Juniperus scopulorum Sarg., Felsengebirgs-Wacholder; *engl.* Colorado juniper, Rocky Mountains juniper; *franz.* Genévrier de Montagnes Rocheuses. Kleiner bis mittelgroßer, 10–13 m hoher Baum, oft vom Grunde an mehrstämmig, Krone unregelmäßig rundlich, Nadeln schuppenförmig, gegenständig, fest angedrückt, dunkel-, hell- oder blaugrün, mit Drüse. Beerenzapfen rundlich, 6 mm dick, dunkelblau, blau bereift, Fleisch süßlich. Heimat westliches Nordamerika, auf trockenen Felsrücken; von Texas und Oregon bis British Kolumbien. Zahlreiche Gartenformen in Kultur.

Larix Lärche

Lärche; *engl.* Larch; *franz.* Mélèze; *ital.* Larice; *span.* Alerce; *kroat.* Aris
Familie: Pinaceae, Kieferngewächse

Sommergrüne, meist bis 40 m hohe, schnellwachsende Bäume, deren Zweigsystem in Lang- und Kurztriebe untergliedert ist. Die Nadeln sind zu 30–40 in Büscheln an Kurztrieben gehäuft. Lärchen sind 1-häusig und windblütig. Als Lichtbaumart kommt sie oft gemeinsam mit Fichten und Zirben in den subalpinen Lagen der nemoralen Zone vor, es gibt auch Hochgebirgsvorkommen in den Alpen. Lärchen sind mit etwa 10 Arten in den kälteren Regionen (bzw. Gebirge) der nördlichen Halbkugel vertreten.

Larix decidua Mill.

Europäische Lärche; *engl.* European larch; *franz.* Mélèze commun; *ital.* Larice; *span.* Alerce europeo, Lárice; *kroat.* Europski aris
(Syn.: *L. europaea*)
Habitus: Sommergrüner, großer, starkwüchsiger Baum, anfangs schlank kegelförmig, 25–35 (–45) m hoch und 8–15 m breit, Äste etagenförmig und fast waagrecht abstehend bis bogig ansteigend, Zweige dünn, zierlich herabhängend, gelblich, Lang- und Kurztriebe; raschwüchsig. Lärchen werden 200–400 Jahre alt, Einzelpflanzen können aber ein Alter von maximal 800 Jahren erreichen.
Rinde: Grau- bis rötlich braune, bis 10 cm dicke Schuppenborke.
Knospen: Etwa 2 mm groß, gerundet.
Blätter: Sommergrün, hellgrün, in Büscheln zu 30–40 an den Kurztrieben, 1–3 cm lang, zart, hellgrün, im Herbst leuchtend goldgelb abfallend.
Blüten: 1-häusig; weibliche in Zapfenform, eiförmig, rosa bis purpurrot, 1–1,5 cm lang; männliche Blüten walzen- bis eiförmig, 0,5–1 cm lang, schwefelgelb; April–Mai.

Larix decidua

Larix decidua

Larix decidua

Larix kaempferi

Früchte: 2,5–4 cm kleine, eiförmige braune Zapfen, mehrere Jahre am Baum verbleibend; mit kurzen Trieben abfallend.

Wurzel: Herzwurzler, Hauptwurzeln tief und weitstreichend, die Europ. Lärche verträgt Einschütten mit Lockermaterial.

Verbreitung und Standort: Gebirge Mitteleuropas, Alpen, Sudeten, Karpaten; mit Zirbe, Fichte oder Tanne und Buche vergesellschaftet. Sowohl auf Kalk- als auch auf Urgestein in der hochmontanen und subalpinen Nadelwaldstufe der Alpen, bis auf 2400 m emporsteigend, meist mit Zirben vergesellschaftet.

Ansprüche: Sonnig, braucht Freistand, frosthart, mäßig trockener bis frischer, tiefgründiger Boden, sowohl auf Kalk- als auch auf Urgesteinsböden wachsend; nicht für heiße, trockene Lagen geeignet; windresistent; salzempfindlich, nicht im innerstädtischen Raum.

Allgemeines: „Larix" = röm. Name der Lärche, decidua = hinfällig, abfallend und bezieht sich auf die Nadeln.

Verwendung: Freie Landschaft, Park, große Gärten verträgt Heckenschnitt, nach Beendigung des Austriebes.

Nutzung: Das Holz hat einen 1–3 cm dicken gelblichen bis rötlich weißen Splint und einen rotbraunen Kern. Es trocknet schnell, schwindet mäßig, ist harzreich, schwer, zäh und elastisch. Es ist das härteste und dauerhafteste unserer Nadelbäume, außerordentlich widerstandsfähig gegen Nässe, auch für die Verwendung unter Wasser. Man verwendet es für Wand- und Deckenverkleidungen, Fußböden, Fenster sowie im Schiffs- und Wasserbau.

Sorte: 'Pendula' Hängeform. Zweige stark überhängend.

Weitere Art:

Larix kaempferi (Lamb.) Carr., Japanische Lärche; *engl.* Japanese larch, *franz.* Mèléze du Japon; *ital.* Larice giapponese, (Syn: *L. leptolepis*). Unterscheidet sich von der Europäischen Lärche durch die breit ausladende Krone mit auffallend waagrecht abstehenden Ästen, die rötlich braunen, gefurchten und oft bereiften Jungtriebe und die 20–35 mm langen, weichen, beiderseits blaugrünen Nadeln. Die Zapfen unterscheiden sich durch die stark zurückgerollten, nach außen gebogenen, rosettenartig wirkenden Samenschuppen.

Metasequoia Urwelt-mammutbaum

Urweltmammutbaum; *engl.* Redwood; *franz.* Métaséquoia; *ital.* Metasquoia; *span.* Metasecoya; *kroat.* Metasekvoja
Familie: Taxodiaceae, Sumpfzypressengewächse

Sommergrüner, bis 35 m hoher Nadelbaum mit kegelförmiger, lockerer Krone. Das Sprosssystem ist in Lang- und Kurztriebe gegliedert, Kurztriebe und Knospen sind gegenständig angeordnet. Die 2-zeilig gestellten Nadeln fallen im Herbst mit Kurztrieben ab. Die Blüten sind 1-häusig; die verholzten Zapfen breit eiförmig bis kugelig und bis 2,5 cm, lang gestielt. Dieses interessante, laubabwerfende Nadelgehölz war schon längere Zeit als fossile Art aus Tertiärablagerungen bekannt und wurde erst 1941 als lebender Baum entdeckt, es handelt sich hier um ein so genanntes „Lebendes Fossil". Mittlerweile wird der Urweltmammutbaum häufig in Gärten und Parkanlagen verwendet, da er sehr robust und leicht vermehrbar ist. Es gibt nur eine in China heimische Art.

Metasequoia glyptostroboides Hu et W. C. Cheng

Urweltmammutbaum, Chinesisches Rotholz; *engl.* Dawn redwood; *franz.* Métaséquoia; *ital.* Metasequoia; *span.* Metasecoya; *kroat.* Kineska metasekvoja

Habitus: Sommergrüner, raschwüchsiger Baum 25–35 (–40) m hoch und 7–10 m breit, mit gleichmäßiger, kegelförmiger, dicht beasteter Krone, geradem, durchgehendem Stamm, an der Basis auffällig verbreitert und sich nach oben stark verjüngend. Äste in der Jugend schräg aufsteigend, später waagrecht ausgerichtet, im unteren Bereich leicht hängend. Unterhalb der Äste markante Stammkehlungen. Sprosssystem in Lang- und Kurztriebe gegliedert. Kurztriebe gegenständig, 6–15 cm lang, kaum verholzend, im Herbst abfallend.

Rinde: Borke rotbraun bis graubraun, sich in langen Streifen ablösend.

Knospen: Eiförmig bis elliptisch, 3–4,5 mm lang, auffallend.

Blätter: Sommergrün, fast gegenständig, nadelförmig, 1–2,5 cm lang, auffallend frischgrün, Herbstfärbung kupfern bis rötlich, im Herbst gemeinsam mit den Kurztrieben abfallend.

Blüten: 1-häusig; männliche Blüten in hängenden, 5–10 cm langen kätzchenartigen Ähren am Ende vorjähriger Langtriebe, schon im Herbst ausgebildet; weibliche Blütenstände endständig an jungen, beblätterten Kurztrieben, 5–6 mm lang, gelblich grün; Mai.

Früchte: Zapfen an langen Stielen hängend, breit eiförmig bis kugelig, 2–2,5 cm lang, Schuppen gegenständig, zur Reife auseinanderklaffend, starr verholzt.

Wurzel: Flaches Wurzelsystem, sehr weitstreichend, Hauptwurzeln unmittelbar unter der Oberfläche.

Verbreitung und Standort: China, Ostszechuan und Westhupeh. Vorwiegend in feuchten, schattigen Gebirgslagen zwischen 700 und 1350 m Höhe; vergesellschaftet mit Laub- und Nadelgehölzen in artenreichen Mischwäldern, mit Spießtanne, Amberbaum, Kopfeibe und Ess-Kastanie. Wächst auf tiefgründigen, feuchten, nährstoffreichen, gut drainierten sauren oder basischen Lehmböden.

Metasequoia glyptostroboides

Metasequoia glyptostroboides

Metasequoia glyptostroboides

Ansprüche: Sonnig bis lichtschattiger Standort, ist zuverlässig frosthart, bodentolerant, stadtklimafest, verträgt Überflutung; bevorzugt frische bis feuchte, nährstoffreiche, saure bis alkalische Böden.

Allgemeines: Der Urweltmammutbaum wurde erst 1944 entdeckt, bzw. beschrieben. Kurz zuvor hatte der japanische Wissenschaftler Miki in Ususawa Reste einer bislang unbekannten Konifere gefunden, die er Metasquoia benannte. Es stellte sich heraus, dass die neu entdeckte Pflanzenart in China derselben Gattung angehörte. Es handelt sich hier also tatsächlich um ein so genanntes „Lebendes Fossil". Bereits 1947 wurde Saatgut dieser neu entdeckten Baumart nach Deutschland geschickt.

Verwendung: Interessantes, raschwüchsiges Nadelgehölz für Einzelstand in Garten und Park. Lässt sich auch in schönen Gruppen vor Gehölzrändern, auf Rasenflächen oder in Wassernähe verwenden. Im Außenbereich der Städte auf nicht versiegelten Flächen auch als Straßenbaum und Siedlungsgrün geeignet. Wird auch forstlich angepflanzt.

Picea Fichte

Fichte; *engl.* Spruce; *franz.* Epicéa; *ital.* Picea; *span.* Picea; *kroat.* Smreka
Familie: Pinaceae, Kieferngewächse

Fichten sind immergrüne, etwa 30–50 m hohe Bäume mit kegelförmiger Krone und gerade durchlaufendem Stamm, die Äste sind in Scheinquirlen angeordnet, die Hauptäste in der Jugend an den Spitzen aufgerichtet, später mehr oder weniger waagrecht stehend. Die 1-häusigen Blüten werden an den vorjährigen Zweigen gebildet; männliche Blüten vor dem Aufblühen oft purpurrot, später gelb gefärbt, die weiblichen stehen meist aufrecht und sind oft rot oder purpurn gefärbt; das Blühalter liegt bei etwa 40 Jahren. Hängende Zapfen fallen als Ganzes ab. Die Nadeln sind meist 4-kantig oder flach, spitz und sitzen mit Nadelpolster an den Zweigen, diese bleiben nach dem Abfallen der Nadeln erhalten und sind für die raspelartige Struktur der Zweige verantwortlich. Fichten sind relativ anspruchslos, für sonnige bis halbschattige Standorte; auf feuchten bis nassen, basenreichen bis stark sauren Böden in luftfeuchten und kühlen, winterkalten Lagen. Es sind Bäume der humiden bis borealen Zone. Etwa 40 Arten sind in den gemäßigten und kühlen Zonen der nördlichen Halbkugel verbreitet.

Picea abies (L.) H. Karst.

Europäische Fichte, Gewöhnliche Fichte, Rotfichte; *engl.* Christmas tree, Common spruce, Norway spruce; *franz.* Epicéa commun, Sapin de Norvège; *ital.* Picea comune, Abete rosso; *span.* Picea común, Picea de Noruega, Picea europea, „Abete" falso, „Abete" rojo; *kroat.* Obicna smreka

Habitus: Starkwüchsiger, kegelförmiger Großbaum, 20–25 (–50) m hoch und 6–8 m breit, mit regelmäßig kegelförmiger, mehr oder weniger spitzer Krone, etagenförmigem Astaufbau, Äste in gleichmäßigen Quirlen, bogig ansteigend, Zweige hängend, im Freistand bis zum Boden beastet. Wird etwa 200–600 Jahre alt.

Rinde: Schuppig, grau bis rötlich braun, sich in dünnen Schuppen ablösend.

Knospen: Spitz eiförmig oder kegelförmig, die Schuppen später teilweise als „Mütze" abfallend.

Blätter: Immergrün, nadelförmig,1–2 cm lang, 4-kantig, dunkelgrün. Lebensdauer der Nadeln 5–7, in Höhenlagen 10–12 Jahre.

Blüten: 1-häusig, Blüten an vorjährigen Zweigen nur im oberen Wipfelbereich. Männliche Blüten 1,5–2 cm lang, einzeln, geschlossen purpurrot, beim Erblühen

Picea abies

Picea abies

Picea abies 'Virgata'

Picea abies 'Inversa'

gelb; weibliche Blütenstände aufrecht, 5–6 cm lang, hellrot oder gelbgrün; Mai–Juni.

Früchte: Zapfen zylindrisch, hängend, 10–15 (–18) cm lang, im 1. Jahr reifend.

Wurzel: Flach, weitstreichend und dicht verzweigt, auf schweren, nassen Böden tellerförmig, auf gut durchlüfteten Böden unregelmäßig, auch tiefergehend; empfindlich gegen Überfüllen und Bodenverdichtung.

Verbreitung und Standort: Mitteleuropa bis zum Ural, in Österreich 70 % der Wälder, in Lagen über 700 m, vergesellschaftet mit Weiß-Tanne, Rot-Buche und Wald-Kiefer. In Höhenlagen oberhalb von 800–900 m oft in Reinbeständen, in den Alpen bis 1500 m ansteigend, in der Schweiz bis 2200 m. Baum mit großer ökologischer Amplitude. Auf frischen, lockeren, mittel- bis tiefgründigen, feuchten bis nassen, modrigtorfigen bis steinig-sandigen, basenreichen bis sauren Lehm- und Tonböden in luftfeuchter Klimalage.

Ansprüche: Sonne bis Halbschatten, kühl und luftfeucht, Boden frisch bis feucht, alle durchlässigen, nicht zu feuchte Bodenarten, saure bis neutrale und kalkhaltige Böden; länger andauernde Hitze und Trockenheit werden schlecht ertragen.

Allgemeines: Alter römischer Name „picea" von lat. „pix" = Pech abgeleitet.

Verwendung: Einzelstellung und Gruppenpflanzungen in Garten und Parkanlagen, heimisches Gehölz für die freie Landschaft, Forstbaum, Sorten für Park und Hausgärten, gut schnittverträglich, deshalb auch als Hecke verwendbar.

Nutzung: Fichtenholz ist einheitlich weiß bis gelblich gefärbt, harzreich, weich, leicht, mäßig schwindend, jedoch nur mäßig witterungsbeständig und wenig dauerhaft. Das Holz wird als Bau- und Konstruktionsholz, für Tischlerarbeiten und in der Papierindustrie verwendet; es dient auch zur Herstellung von Musikinstrumenten (Resonanz- oder Klangholz für Klavier, Orgel, Gitarre). Das Stangenholz wird u. a. für Masten, Pfosten oder Leitern verwendet. Die Rinde ist ein wichtiges Rohmaterial für die Gewinnung technisch genutzten Gerbstoffs. Die Fichte ist die wirtschaftlich wichtigste Baumart Europas.

Sorten: Es werden mehr als 100 Gartenformen kultiviert. 'Cupressina': Spitz säulenförmiger Wuchs, bis 20 m. 'Inversa', Hänge-Fichte: Bizarrer Kleinbaum, 5–8 m hoch, Stamm im oberen Bereich überhängend, Zweige schlaff schleppenartig. 'Virgata', Schlangen-Fichte: Unregelmäßiger, lockerer Wuchs, Zweige 2. Ordnung dick und hängend, radial benadelt, sehr lange Nadeln.

Picea breweriana S. Watson

Siskiyou-Fichte; *engl.* Brewer's weeping spruce; *franz.* Epicéa de Brewer; *kroat.* Zalosna smreka

Habitus: Mittelgroßer Baum, 7–10 (–15) m, in der Heimat 25–35 m hoch und 5–6 m breit kegelförmig, Äste waagrecht bis leicht bogig ansteigend, malerisch, Seitenzweige locker hängend, senkrecht bis peitschenförmig, mähnenartig schlaff herabhängend; langsamwüchsig.

Rinde: Hellbraun, dünn; junge Zweige rötlich braun behaart, zottig.

Knospen: Kegelförmig, kastanienbraun.

Picea breweriana

Picea omorika

Blätter: Immergrün, nadelartig, meist locker radial um den Zweig stehend, 2–2,5 cm lang, oberseits glänzend dunkelgrün, unterseits mit 2 weißen Streifen.

Früchte: Zapfen zylindrisch, 8–10 cm lang.

Wurzel: Flach, empfindlich.

Verbreitung und Standort: Berg- und Schluchtwälder des pazifischen Nordamerika, auf trockenen, felsigen Hängen des Siskiyou-Gebirges in Höhen zwischen 1000 und 2280 m.

Ansprüche: Sonniger, kühlfeuchter Standort wichtig, empfindlich gegen Hitze, Luft- und Bodentrockenheit, sauer bis neutral, gleichmäßig feucht, auf durchlässigen, etwas nährstoffreichen Substraten, etwas kalkverträglich; frosthart, empfindlich gegenüber Immissionen.

Allgemeines: Die Siskiyou-Fichte wurde 1891 nach England eingeführt.

Verwendung: Prächtiger Solitärbaum für Parks und Gärten, die schönste aller Fichten, auf Rasenflächen, vor Koniferengruppen, auch mit Rosen und Rhododendren gut kombinierbar, auch für inneralpine Gebiete.

Picea omorika (Pancic) Purk.

Omorika-Fichte, Serbische Fichte; *engl.* Serbian spruce; *franz.* Sapin de Serbie, Epicéa de Serbie; *ital.* Picea di Serbia, Abete rosso della Serbia; *span.* Picea de Serbia; *kroat.* Panciceva smreka

Habitus: Schlankwüchsiger mittelgroßer bis großer Baum, 15–25(–30) m hoch und 2–4 m breit, schmal kegelförmig bis säulenförmig, Äste bogenförmig durchhängend, Spitzen deutlich ansteigend. Stamm 30–70 cm dick.

Rinde: Dünne, dunkelbraune, sich in Schuppen ablösende Borke, junge Triebe hellbraun, gefurcht, kurz und dicht braun behaart, nicht verkahlend.

Blätter: Immergrün, flache Nadeln, 1,2–1,8 cm lang, oberseits glänzendgrün, unterseits 2 auffällige Wachsstreifen, insgesamt blaugrün wirkend, weiche Nadeln. Lebensdauer der Nadeln 10–12 Jahre.

Blüten: Schon als junge Pflanze blühend und fruchtend; männliche Blüten sehr zahlreich, hellrötlich gelb; weibliche Blütenstände zierlich, länglich-eiförmig, aufrecht purpurrot; Mai.

Früchte: Zapfen sitzend oder kurz gestielt, 4,5–6 cm lang, hängend, unreif blauviolett, später zimtbraun, harzig, schon an jungen Pflanzen zahlreich.

Wurzel: Flachstreichend, gegen Bodenverdichtung empfindlich.

Verbreitung und Standort: Südost-Europa, Drina-Gebiet; Grenzbereich zwischen Bosnien und Serbien, kleine Areale. Wächst in Höhenlagen zwischen 700 und 1500 m, vorwiegend aber zwischen 900 und 1000 m an steilen Kalkfelswänden und in Schluchten, meist nord- oder nordostexponiert in sommerkühler, luftfeuchter und schneereicher Klimalage. In Mischwäldern oder kleinen Gruppen, vergesellschaftet mit Gewöhnlicher Fichte, Weiß-Tanne, Buche und Berg-Ahorn.

Ansprüche: Sonnig, luftfeuchte Standorte bevorzugend, wärmeverträglich, anspruchslos und robust; auch mäßig trocken, kalkliebend, verträgt aber weder verdichtete Böden noch Staunässe, stadtklimaverträglich.

Picea orientalis

Picea orientalis

Allgemeines: „Omorica" = bosnischer Volksname für die Fichte dieser Art, sie wurde 1877 von Prof. Pancic entdeckt.

Verwendung: Schmalkronige, elegante Fichte für Einzelstand Park, Gärten, Vorgärten sowie Friedhöfen, auch in kleinen malerischen Gruppen gut verwendbar.

Nutzung: In Bosnien wird das Holz hauptsächlich als Bauholz verwendet, daneben auch für Schindeln und zur Herstellung hölzerner Gefäße.

Sorte: 'Pendula': Hängeform mit aufrechtem Mitteltrieb, Äste und Zweige stark hängend, dicht verzweigt, langsam wachsend.

Picea orientalis (L.) Link

Kaukasus-Fichte, Orient-Fichte; *engl.* Oriental spruce, Caucasian spruce; *franz.* Epicéa d'Orient, Sapin du Caucase; *ital.* Abete rosso d'Oriente, Picea orientale; *span.* Picea oriental, Picea del Cáucaso, Picea de Asia Menor; *kroat.* Kavkaska smreka

Habitus: Breit kegelförmiger Großbaum, 20–25 (–35) m hoch und 4–6 (–10) m breit, Äste regelmäßig etagenförmig angeordnet, im Freistand bis zum Boden beastet, dicht und regelmäßig verzweigt. Stamm 0,75–1,5 m dick.

Rinde: Dunkelbraune, dünne Schuppenborke; junge Zweige hellbraun, gefurcht, fein und kurz behaart.

Knospen: Eiförmig, 2–3 mm lang, harzlos.

Blätter: Immergrün, nadelförmig, Nadeln kurz, dicht stehend, dunkelgrün und glänzend. Lebensdauer 10–12 Jahre.

Blüten: 1-häusig, Blüten nur im obersten Kronenteil. Männliche Blütenknospen dunkelrot, aufgeblüht gelb; weibliche Blütenstände grün, purpurn überlaufen, 2–2,5 cm lang; Mai.

Früchte: Zapfen zylindrisch eiförmig, 5–8 cm lang, unreif violett, reif braun.

Wurzel: Flachwurzler.

Verbreitung und Standort: Kaukasusgebiet, Südosteuropa, Westasien; im Gebirge in Höhenlagen von 600–2100 m, vergesellschaftet mit Wald-Kiefer, Nordmanns-Tanne und Orient-Buche.

Ansprüche: Sonnig bis halbschattig, stellt geringe Bodenansprüche, bevorzugt frische bis feuchte, nährstoffreiche, saure bis alkalische Böden; hitzeverträglich und stadtklimafest.

Verwendung: Großer Solitärbaum für Parkanlagen und große Gärten.

Nutzung: Das Holz wird für die Herstellung von Zellstoff und Papier verwendet. Es spielt auch eine wichtige Rolle als Bauholz, auch Möbel werden daraus gefertigt.

Sorte: 'Aurea', Orientalische Gold-Fichte: Schwächer im Wuchs (8–12 m), Austrieb goldgelb, später vergrünend, bleibt insgesamt heller (mittelgrün).

Picea pungens Engelm.

Blau-Fichte, Stech-Fichte; *engl.* Blue spruce, Colorado spruce; *franz.* Epicéa du Colorado; *ital.* Abete de Colorado; *span.* Picea de Colorado; *kroat.* Bodlijkava smreka

Habitus: Mittelhoher bis hoher Baum, 15–20 m, in der Heimat bis 40 m hoch und 6–8 m breit, Äste regelmäßig etagenförmig, waagrecht angeordnet, breit kegelförmig, später schmal aufrecht bis breit pyramidale Krone. Stech-Fichten können 300 (–800) Jahre alt werden.

Rinde: Graubraune bis schwarzgraue, tief gefurchte Schuppenborke, junge Zweige kahl, hell- bis orangebraun.

Knospen: Eiförmig, zugespitzt, 6–9 mm lang.

Blätter: Immergrün, nadelartig, stechend, radial stehend, starr, 2–3 cm lang, nach dem Austrieb auffällig blaugrün gefärbt, im Sommer blaugrau.

Blüten: 1-häusig, Blüten nur im oberen Kronenbereich. Männliche Blütenknospen rot getönt, Blüten zylindrisch, gelb; weibliche Blütenstände rosa, aufrecht, stehend.

Früchte: Zapfen länglich zylindrisch, 6–10 cm lang, harzig, unreif grün, später hellbraun.

Wurzel: Flachwurzler.

Verbreitung und Standort: Westliches Nordamerika; In Gebirgslagen der Rocky Mountains in Höhenlagen von 1800–3300 m; selten in größeren Reinbeständen, meist in kleinen Gruppen oder Einzeln an Flussufern und Gebirgshängen, vergesellschaftet mit Douglasie, Engelmanns Fichte, Gelb- und Dreh-Kiefer. Auf tiefgründigen, nährstoffreichen, feuchten, auch nassen Kies- und Lehmböden. Das größte vermessene Exemplar hatte bei einer Höhe von 38,4 m und einem Kronendurchmesser von 11 m einen Stamm von 1,52 m Dicke.

Ansprüche: Sonniger Standort, relativ anspruchslos und anpassungsfähig, sauer bis alkalisch, auch Kalk vertragend, mäßig trockenheitsverträglich.

Allgemeines: Lateinisch „pungens“ = stechend. Die Stech-Fichte gelangte 1862 nach Europa.

Verwendung: Auffälliger, etwas steif wirkender Nadelbaum für Einzelstellung in Garten und Parkanlagen.

Nutzung: Das Holz ist hellbraun, leicht und weich, es hat als Nutzholz kaum Bedeutung.

Sorten: 'Hoopsii', Silber-Fichte: Mittelgroßer Baum mit regelmäßigem, breit kegelförmigem Kronenaufbau, langsam wachsend, kompakt, Nadeln hellsilberblau. 'Koster', Blau-Fichte: Mittelgroßer Baum mit kegelförmiger, dichter Krone und etwas unregelmäßig gewachsenem Stamm, Nadeln leicht sichelförmig, dicht stehend, spitz, stechend, silberblau.

Picea pungens 'Koster'

Picea engelmannii

Weitere Arten:

Picea engelmannii Parry ex Engelm., Engelmanns Fichte; *engl.* Engelmann's spruce, Mountain spruce, Silver spruce; *franz.* Epicé d'Engelmann. 20–30 m hoher Baum mit kegelförmiger Krone, Äste in dichten Quirlen, leicht hängend, Nadeln dünn, gerade oder leicht gebogen, bläulich grün, gerieben mit unangenehmem Geruch. Westliches Nordamerika, in Gebirgslagen, waldbildend.

Picea sitchensis (Bong.) Carière, Sitka-Fichte; *engl.* Sitka spruce; *franz.* Epicéa de Sitka; *span.* Picea de Sitka. 40–60 m hoher Baum mit anfangs schmal, im Alter breit kegelförmiger Krone, obere Äste aufstrebend, junge Zweige steif, bräunlich, Nadeln steif, starr und stechend zugespitzt. Pazifisches Nordamerika, von der Küste bis 1000 m ins Gebirge ansteigend.

Pinus Kiefer

Kiefer; *engl.* Pine; *franz.* Pin; *ital.* Pino; *span.* Pino; *kroat.* Bor
Familie: Pinaceae, Kieferngewächse

Nach den Kiefern ist die größte Nadelgehölzfamilie benannt, sie stellen auch die umfangreichste Gattung innerhalb der Nadelbäume dar. Immergrüne Bäume von recht unterschiedlicher Gestalt, meist mächtige Baumgestalten, oft auch niederliegende Sträucher. Ihr Sprosssystem ist in Lang- und Kurztriebe gegliedert, der Wuchs nicht so streng kegelförmig wie bei Fichten und Tannen. Mit zunehmenden Alter bilden viele Arten bizarre und oft malerische Kronen aus, sie fallen durch ihr aufgelockertes, lichtdurchlässiges Kronengerüst auf. Die Rinde entwickelt sich bei vielen Arten zu einer dicken, oft eindrucksvoll gemusterten und gefärbten Borke. Die Nadeln stehen nur ausnahmsweise einzeln, sondern immer zu 2, 3 oder 5 und entspringen extrem gestauchten Kurztrieben, sind von einer Nadelscheide umgeben und fallen gemeinsam mit den Kurztrieben ab. Kiefer haben 1-häusige Blüten, die männlichen sind oft auffällig gelb gefärbt und sitzen in ährigen Ständen an der Basis der Langtriebe; die zapfenähnlichen weiblichen sind eher unscheinbar. Anfangs sind die Zapfen noch elastisch, grün oder purpurn gefärbt, später verholzen sie und stehen entweder aufrecht an den Zweigen oder sind gekrümmt und locker überhängend. Sie sind von rundlicher oder walzenförmiger Gestalt und oft mit Harztropfen versehen. Die Samen wie zum Beispiel Pinienkerne und Zirbelnüsse dienen als Nahrungsmittel. Kiefern besiedeln trockene bis feuchte Standorte, man findet sie aber ebenso auf sauren (Hochmoor) bis stark kalkhaltigen Bodenverhältnissen, ihre Wärmeansprüche sind gering. Sie haben ein ausgeprägtes Lichtbedürfnis, tiefgehende Wurzeln und lassen sich gut unterpflanzen, bzw. mit Stauden und Gehölzen wie Rhododendren, Azaleen und Heidekrautgewächsen kombinieren. Einige Arten werden sehr alt (Zirbe 1000 Jahre, Grannen-Kiefer bis 4500 Jahre), die Gattung ist mit etwa 100 Arten auf der gesamten nördlichen Halbkugel vertreten.

Pinus aristata

Pinus aristata Engelm.

Grannen-Kiefer; *engl.* Bristlecone pine; *franz.* Pin aristé; *ital.* Pino; *kroat.* Tisucljetni bor

Habitus: Kleiner, 8–10 m hoher, knorriger Baum mit offener Krone oder mehrstämmiger Strauch mit etwas unregelmäßiger Krone, extrem langsam wachsend.

Rinde: Rotbraune, etwa 1,5 cm dicke Schuppenborke.

Blätter: Immergrün, nadelartig, 5-nadelig, 2,5–4 cm, mit kleinen weißen Harz-Schuppen, sehr dicht stehend. Lebensdauer 12–15 Jahre.

Blüten: 1-häusig; männliche Blüten orangerot, 1 cm lang; weibliche Blütenstände dunkelpurpurn, 6–8 mm lang; Juli–August.

Früchte: Zapfen sitzend, zylindrisch-eiförmig, 5–9 cm lang, Schilde mit grannenartigem, langen Fortsatz.

Verbreitung und Standort: Westliches Nordamerika, Arizona, New Mexico, Colorado; in Hochgebirgslagen von 2500–3400 m in lichten Beständen, Baumgrenze bildend; auf trockenen Granit- und Dolomithängen.

Ansprüche: Sonnig, sehr frosthart, hitzeverträglich, mäßig trocken bis mäßig feucht.

Allgemeines: Der Artname „aristatus" = begrannt und bezieht sich auf den grannenartigen Fortsatz der Zapfenschuppen. Die Grannen-Kiefer wurde 1861 entdeckt.

Verwendung: Interessante, kleinwüchsige, malerische Kiefer für Steingärten, Heidegärten, Innenhöfe, Dachgärten und Tröge, in Hausgarten und Parkanlagen, Liebhaberpflanze.

Pinus aristata

Pinus cembra

Weitere Art:
Pinus longaeva (*P. aristata* var. *longaeva*). Etwa 3 cm lange Nadeln ohne Harz-Schuppen; in den White Mountains stehen 17 Individuen, die 4000 Jahre alt sind. Ein Exemplar mit 4600 Jahren ist wahrscheinlich das älteste Lebewesen der Erde.

Pinus cembra L.

Arve, Zirbel-Kiefer, Zirbe; *engl.* Arolla pine, Swiss stone pine; *franz.* Auvier, Arolle, Pin cembro; *ital.* Cembro, Cirmo, Pino zimbro; *span.* Pino cembro, Cembro; *kroat.* Alpski bor

Habitus: Mittelhoher Baum, 15–20 (–25) m hoch und 2–4 m breit, in der Jugend schmal kegelförmig, dicht, Krone geschlossen eiförmig, Äste und bogenförmig aufstrebend, im Alter unregelmäßig, offen, oft sehr malerisch wachsend, langsamwüchsig. Wird 700–1000 Jahre alt.

Rinde: Borke grau- bis silbrig rotbraun, in unregelmäßigen Schuppen abblätternd.

Blätter: Immergrün, nadelartig, 5-nadelig, in dichten, pinselartigen Büscheln, 5–12 cm lang, zugespitzt, aber nicht stechend, weich, dunkelgrün. Lebensdauer der Nadeln 4–6 Jahre.

Blüten: 1-häusig, Blüten nur im oberen Kronenbereich. Männliche Blüten eiförmig bis walzenförmig, gelb mit rötlichen Knospen; weibliche Blütenstände 1–1,5 cm lang, hellpurpurn bis tiefrot, aufrecht; Mai–Juli. Blühfähigkeit beginnt mit etwa 30–35 Jahren.

Früchte: Zapfen eiförmig, 5–13 cm lang, 3,5–8 cm breit, jung violett, zur Reifezeit zimtbraun, im Frühjahr des 3. Jahres abfallend. Samen groß, essbar.

Pinus cembra

Pinus cembra

Pinus halepensis

Wurzel: Anpassungsfähig, flach- und tiefwurzelnd.
Verbreitung und Standort: Subsp. *cembra* in den Alpen, Tatra und Karpaten; subalpine Art, vorwiegend in kalter, lufttrockener, kontinental geprägter Klimalage im Hochgebirge von 1300–2700 m, bevorzugt zwischen 1500 und 2000 m. Reinbestände bildend oder mit Lärchen, seltener mit Berg-Kiefer vergesellschaftet, die Waldgrenze bildend. Subsp. *sibirica* wächst vom östlichen Nordrussland bis West- und Mittelsibirien.
Ansprüche: Braucht sonnigen freien Stand, kühle und luftfeuchte Lagen, sehr frosthart, trockenheits- und hitzeempfindlich, sauer bis alkalisch (Rohhumusauflage), gedeiht auch noch auf ärmeren, trockenen Substraten.
Allgemeines: Die Samen der Zirbel-Kiefer (Zirbelnüsse) werden durch Nagetiere und Tannenhäher verbreitet. Sie sind Hauptnahrung des Tannenhähers, jeder Altvogel legt in guten Samenjahren bis zu 10.000 Verstecke (90 % am Erdboden) an, er findet 80 % wieder. Auf diese Weise sorgt er auch für die Ausbreitung der Zirbel-Kiefer.
Verwendung: Schöner, schlank pyramidaler Nadelbaum mit langsamen Wuchs, deshalb auch gut für kleinere Gärten geeignet. Auch zu mehreren oder in Gruppen in Park und Garten in inneralpinen Lagen, benötigt aber unbedingt freien Stand. Die Zirbel-Kiefer ist auch ein wichtiger Baum für den Hochgebirgswald, Hangbefestigung und Schutzgehölz.
Nutzung: Das Holz ist im Splint gelblich, im Kerb rötlich und stark nachdunkelnd, harzreich, weich, zäh und sehr dauerhaft. Es wird für den Innenausbau, für Vertäfelungen, als Holz für rustikale Möbel, für Schindeln und zur Herstellung von Tellern und Schnitzereien verwendet. Die bis 1,5 cm großen Zirbelnüsse sind essbar, wohlschmeckend und nahrhaft. Sie werden roh gegessen und zum Backen genutzt. Das Harz des Zirbel-Kieferholzes lässt sich als Immersionsöl in der Mikroskopie einsetzen.
Sorte: 'Glauca', Blaue Zirbel-Kiefer: Ähnlich der Art, aber die Nadeln sind kräftig silbrig blau gefärbt.

Pinus halepensis Mill.

See-Kiefer; *engl.* Aleppo pine; *franz.* Pin d'Alep; *ital.* Pino d'Aleppo; *span.* Pino carrasco, Pincarrasco, Pino de Alepo, Pino de Jerusalén; *kroat.* Alepski bor
Habitus: Mittelgroßer Baum, 15–20 m hoch, mit anfangs lichter, kegelförmiger, im Alter asymmetrischer, gerundeter, oft fast schirmartiger Krone, Stamm und Äste oft krumm.
Rinde: Borke silbergrau bis rötlich braun, mäßig dick, Schuppenborke.
Blätter: Immergrün, nadelförmig, Kurztriebe 2-nadelig, Nadeln gerade und weich, 5–10 cm lang, zugespitzt, am Rand fein gesägt, frischgrün. Lebensdauer der Nadeln 2–3 Jahre.
Blüten: 1-häusig; männliche Blüten länglich-eiförmig, etwa 1 cm lang; weibliche Blütenstände aufrecht, etwa 1 cm lang; Mai–Juni.
Früchte: Zapfen meist symmetrisch, breit eiförmig oder kegelförmig, 1–2 cm lang gestielt, 7–10 cm lang, grau- bis rotbraun und matt glänzend; im 3. Jahr reifend.
Verbreitung und Standort: Mittelmeergebiet, Nordafrika. Wächst in wintermilder, ausgeglichener Klimalage, meist in Meeresnähe, Spritzwasser ertragend. In lichten kraut- und strauchreichen Reinbeständen oder Mischwäldern der immergrünen Laubwaldstufe. Auf tiefgründigen, nährstoffarmen, mäßig feuchten Sandböden, aber auch auf flachgründigen Kalkverwitterungsböden.
Ansprüche: In Mitteleuropa nicht winterhart, benötigt vollsonnigen Standort in wintermilder Klimalage, verträgt aber Wind und sommerliche Dürre.
Verwendung: Wichtige Kiefer im Garten- und Landschaftsbereich der Mittelmeerländer.
Nutzung: Das Holz wird mannigfach verwendet, ist aber wegen der krummen Stämme nicht immer als Bau- und Möbelholz geeignet. In Griechenland wird das Harz gewonnen, es wird bei der Haltbarmachung des Weins verwendet, der einzigartige Geschmack des „Retsina" geht auf diese Harzung zurück.

Pinus heldreichii Christ var. **leucodermis** Ant.

Schlangenhaut-Kiefer; *engl.* Bosnian pine, Palebark pine; *franz.* Pin blanc de Bosnie; *ital.* Pino balcanico, Pino loricato; *kroat.* Bor munjika
Habitus: Mittelhoher, gerade wachsender Baum, 6–10 (–15) m hoch und 5–8 m breit, obere Äste aufrecht, die unteren etwas hängend, in der Jugend schlanke, gestreckte Kegelform, sehr kompakt wachsend, spä-

ter breiter, doch geschlossene Form bleibt erhalten, bis unten hin beastet; langsamwüchsig.

Rinde: Borke grauschwarz, schmal gefurcht, Schuppenborke; Rinde der Zweige grauweiß bis hellbraun, kahl, nach dem Abfallen der Nadeln schlangenhautartig gefeldert (Name!).

Blätter: Immergrün, nadelförmig, 2-nadelig, 5–8 cm, dunkelgrün glänzend, an den Triebspitzen dicht pinselartig gehäuft, dazwischen weißliche Rinde sichtbar, steif, scharf zugespitzt.

Blüten: 1-häusig; männliche Blüten zylindrisch, 2,5–3 cm lang, purpurrot überlaufen; weibliche Blütenstände rötlich, etwa 1 cm lang, aufrecht; Mai–Juni.

Früchte: Zapfen länglich eiförmig, in der Jugend purpurfarben, später stumpfbraun, 5–7,5 cm lang, kurz gestielt.

Wurzel: Kräftiges Hauptwurzelsystem, tiefgehend.

Verbreitung und Standort: Bergwälder Südosteuropas; an Steilhängen in Höhenlagen zwischen 800 und 2200 m, vorwiegend in 1400–1900 m Höhe. Auf flach- bis mittelgründigen, nur mäßig nährstoffreichen, meist armen, gut drainierten Kalkverwitterungsböden.

Ansprüche: Vollsonnige Standorte, freistehend, sehr standorttolerant, auch für nährstoffarme, trockene Böden, schwach sauer bis alkalisch, bis pH 8,4, verträgt keine Staunässe.

Allgemeines: Der Artname „leucodermis“ bedeutet weißhäutig und bezieht sich auf die Rinde der jungen Zweige. Die Schlangenhaut-Kiefer wurde 1864 von Fr. Maly entdeckt und 1865 nach Wien gebracht.

Verwendung: Sehr schöne Bäume, wegen der dunklen Nadelfärbung und des langsamen Wuchses besonders auch für Gärten geeignet. Harmoniert gut mit Rosen, Stauden, Azaleen und Rhododendren. Des Weiteren für Parkanlagen, sonnige Innenhöfe und mobiles Grün.

Sorten: Es werden mehrere schwachwüchsige Sorten gehandelt.

Pinus heldreichii var. leucodermis

Pinus heldreichii var. leucodermis

Pinus nigra subsp. **nigra** Arnold

Schwarz-Kiefer; *engl.* Austrain pine, Black pine; *franz.* Pin noir; *ital.* Pino nero; *span.* Pino negral; *kroat.* Austrijski crni bor

(Syn.: *P.nigra* var. *austriaca*)

Habitus: Dekorativer Großbaum, 20–25 (–45) m hoch, 8–10 (–15) m breit; anfangs breit kegel- oder eiförmig, mit kandelaberartigen, regelmäßig angeordneten Zweigetagen (Scheinquirlen); bis zum 15. Jahr bis unten beastet, Krone im Alter zunehmend ausladend, malerisch, schirmförmig bis unregelmäßig. Die Schwarz-Kiefer kann 500 Jahre alt werden.

Rinde: Borke tief und grob gefurcht, löst sich in gelb- bis dunkelbraunen Platten mit schwärzlichen Rissen, im Alter grauschwarze Schuppenborke.

Blätter: Immergrün, nadelförmig, 2-nadelig, auffallend dunkelgrün, steif und stechend, derb, 8–16 cm lang.

Blüten: 1-häusig; männliche Blüten walzenförmig, 2–2,8 cm lang, gelb, auch im unteren Kronenbereich; weibliche Blütenstände zu 1–4, aufrecht, nur im oberen Kronenteil; Mai–Juni.

Früchte: Zapfen 5–9 cm lang, hellbraun, Samen im 2. Jahr reifend, leere Zapfen im Frühjahr abfallend.

Verbreitung und Standort: Variable Art mit 4 geographischen Unterarten, die Österreichische Schwarz-Kiefer, die Krim-Schwarz-Kiefer, die Pyrenäen-

Pinus nigra subsp. nigra

Pinus nigra subsp. nigra

Pinus nigra subsp. nigra

Schwarz-Kiefer und die Korsische Schwarz-Kiefer. Die Österreichische Schwarz-Kiefer ist von Österreich bis Mittelitalien, Griechenland und Jugoslawien verbreitet. Wächst auf mittel- bis flachgründigen, mäßig nährstoffreichen, gut durchlässigen Sand- oder Lehmböden, häufig auf Kalkgestein.

Ansprüche: Nur vollsonnige Standorte, auf allen trockenen bis feuchten, gut durchlässigen, auch nährstoffarmen Böden, keine sauren Böden, nur schwach sauer, kalkliebend, trockenresistent, nässeempfindlich, Hitze und sommerliche Dürre ertragend, stadtklima- und industrieresistent, windfest.

Verwendung: Wichtiger großer Nadelbaum für die Landschaft, als Einzelbaum und in Gruppen, in Parkanlagen und im städtischen Grün. Wird auch in großem Umfang forstlich angebaut.

Nutzung: Das Holz verwendet man als Masten, Pfähle und Verpackungsmaterial, für gröbere Tischlerarbeiten, als Rohstoff für die Zellstoff- und Papierindustrie sowie für Sperrholz-Paneele. Früher wurde es auch im Schiffsbau eingesetzt. Das in den Harzgängen von Holz und Rinde befindliche Harz kann durch Einschnitte austreten und wird in Behältern aufgefangen. Pro Jahr und Baum lassen sich bis zu 4 kg Harz gewinnen, die Einschnitte sind jedes Jahr nötig. Durch Wasserdampfdestillation wird das farblose bis gelbliche Terpentinöl gewonnen. Der Destillationsrückstand ist das spröde, glänzend gelbbraune Kolophonium.

Sorte: 'Nana': Zwergform.

Pinus parviflora Siebold et Zucc.

Mädchen-Kiefer; *engl.* Japanese white pine; *franz.* Pin; *ital.* Pino; *kroat.* Japanski bijeli bor

Habitus: Auffallender zierlicher Kleinbaum, 5–8 (–10) m, in der Heimat bis 30 m hoch und 4–6 m breit, in der Jugend mit kegelförmiger, später mit breit ausladender, malerischer; z. T. bizarr locker aufgebauter Krone; langsamwüchsig.

Rinde: Borke schwarzgrau, sich in kleinen Schuppen ablösend.

Blätter: Immergrün, nadelförmig, 5-nadelig; 3–6 cm lang, silbrig blaugrün, sichelförmig gekrümmt und verdreht, Innenseiten intensiv blauweiß, an Triebenden pinselförmig gehäuft.

Blüten: 1-häusig; männliche Blüten etwa 7 mm lang; weiblicher Blütenstand 1–1,2 cm lang, rosa; Mai–Juni.

Früchte: Reicher und früher Zapfenbesatz, eiförmig bis zylindrisch, 5–10 cm lang, 3–4 cm breit, anfangs blaugrün, später rotbraun; im 2. Jahr reifend, meist 6–7 Jahre an den Ästen bleibend.

Verbreitung und Standort: Japan, in Gebirgslagen von 1300–1800 m. Auf wasserdurchlässigen, frischen, sehr unterschiedlichen Böden, sehr lichtbedürftig.

Ansprüche: Sonne, braucht völligen Freistand, wärmeverträglich, frosthart, meidet nasse Standorte und schwere Böden, bevorzugt mäßig trockene bis mäßig feuchte, gut durchlässige, mäßig nährstoffreiche, kalkarme Böden, ist jedoch etwas kalkverträglich, meidet zu trockene Standorte; ist sehr langsam wachsend.

Allgemeines: Der Artname „parviflorus“ bedeutet kleinblütig. Die Mädchen-Kiefer wurde 1861 durch J. G. Veitch eingeführt, es ist eine bekannte Bonsaiart (als *P. pentaphylla*). Die Mädchen-Kiefer kann bis 350 Jahre alt werden.

Verwendung: Exquisiter kleiner Nadelbaum für Heidegärten, Troggärten, Einzelstellung auch im Hausgarten, eignet sich gut für die Vergesellschaftung mit Roten Fächerahornen und Azaleen, ist auch schönes Leitgehölz für Rosen- und Staudenplanzungen.

Sorten: 'Glauca', Blaue Mädchen-Kiefer: Etwas schwächerwüchsig, Nadeln besonders schön blaugrün gefärbt. 'Tempelhof': Malerischer Baum, blaugrüne Nadeln, raschwüchsiger als 'Glauca'.

Pinus parviflora

Pinus parviflora

Pinus peuce Griseb.

Mazedonische Kiefer, Rumelische Kiefer, Rumelische Strobe; *engl.* Macedonian pine; *franz.* Pin de Macédoine, Pin des Balkans; *ital.* Pino del Balcani; *span.* Pino de Macedonia, Pino de los Balcanes; *kroat.* Elov bor, Balkanski bor

Habitus: Mittelgroßer Baum mit schlanker, kegelförmiger, im Freistand bis zum Boden beasteter Krone, 10–15 (–20) m hoch und 4–7 m breit, Äste in regelmäßigen Quirlen angeordnet, etagenförmig, waagrecht ausgebreitet oder ansteigend, sehr lichtkronig und locker verzweigt; mittelstark wachsend.

Pinus peuce

Pinus pinaster

Rinde: Dunkel graubraune Schuppenborke.

Blätter: Immergrün, nadelförmig, 5-nadelig, 7–10 cm lang, gerade, biegsam, frisch- bis dunkelgrün, an den Triebenden pinselförmig gehäuft. Lebensdauer der Nadeln 2–3 Jahre.

Blüten: 1-häusig; männliche Blüten walzenförmig, 1 cm lang; weibliche Blütenstände 1,6–1,8 cm lang, rötlich; Mai–Juni.

Früchte: Walzenförmiger, länglicher, hellbrauner Zapfen, 8–15 cm lang; stark harzend, 1 cm lang gestielt, im 2. Jahr reifend.

Verbreitung und Standort: Südosteuropa, Balkan, Nordgriechenland. Lichtbedürftiges Gehölz der hochmontanen und subalpinen Stufe zwischen 780 und 2200 m Höhe, vorwiegend in 1500–2000 m Höhe. Auf mittel- bis tiefgründigen, nur mäßig nährstoffreichen Silikat- und Serpentinböden, kalkverträglich.

Ansprüche: Sonniger Standort, benötigt völligen Freistand. Anspruchslos, hitzeverträglich, frosthart, anpassungsfähig, mäßig trocken bis frisch; leicht saure bis kalkhaltige Böden.

Allgemeines: „Peuce“ = makedonischer Name für die Fichte (Theophrast und Homer.). Die Rumelische Kiefer wurde 1839 von dem deutschen Botaniker A.H.R. Griesebach bei Bitola in Mazedonien entdeckt. Tertiäres Eiszeitrelikt.

Verwendung: Attraktive Kiefer mit schmalem Wuchs für Einzelstellung und Gruppenpflanzungen in Gärten und Parkanlagen. Als schmalkronige Kiefer auch für Kleinräumige Gartenanlagen, Vorgärten etc. gut verwendbar.

Nutzung: Das Holz der Rumelischen Kiefer wird für die Möbelherstellung, zum Schnitzen, in der Böttcherei und Kufnerei, aber auch als Brennholz verwendet. Das Harz enthält eine Reihe von Komponenten, die in der chemischen, der optischen und der pharmazeutischen Industrie eingesetzt werden. Die einheimische Bevölkerung nutzt das Harz zur Wundheilung, aber auch als Mittel gegen Atemwegserkrankungen, Haut- und Magenkrankheiten sowie gegen Krampfadern und andere Leiden.

Pinus pinaster Aiton

Strand-Kiefer; *engl.* Cluster pine, Maritime pine, Pinaster; *franz.* Pin maritime; *ital.* Pino marittimo; *span.* Pino rodeno, Pino maritimo, Pino rubial; *kroat.* Primorski bor

Habitus: Mittelgroßer bis großer, 20–30 m Baum mit anfangs kegelförmiger, im Alter dichter und abgeflachter Krone. Stamm meist geradschäftig, 0,5–1 m dick.

Rinde: Tiefrissige, grau- bis rötlich braune, längsgefurchte Schuppenborke. Junge Zweige meist kahl, olivgrün, hell- oder rötlich braun, gerieft und sehr rau.

Blätter: Immergrün, nadelförmig, 2-nadelig, mitunter auch 3-nadelig, steif, fast gerade, 15–25 cm lang, dunkel- bis graugrün, matt glänzend. Lebensdauer der Nadeln 3–4 Jahre.

Blüten: 1-häusig; männliche Blüten etwa 1,5 cm lang, länglich-eiförmig; weibliche Blütenstände nahe der Triebspitze zu 1–6, aufrecht, 1,5–2 cm lang, purpurn; April–Mai.

Früchte: Zapfen sternförmig angeordnet, symmetrisch, fast sitzend, 10–20 cm lang, glänzend, meist harzfrei. Im 2. Jahr reifend.

Verbreitung und Standort: Westliches Mittelmeergebiet. Bevorzugt in Meeresnähe, in milder, ausgeglichener Klimalage. Auf Korsika bis 1000 m, in der Sierra Nevada bis 1300 m ansteigend. Meist Wald bildend, aber auch in lichten Beständen, vergesellschaftet mit Baum-Heide, Erdbeerbaum, Dornginster, Großfrüchtigem Wacholder und Myrte. Auf tiefgründigen, gut drainierten, nährstoffarmen Sandböden, aber auch auf Silikatgestein und Serpentin.

Ansprüche: Sonniger, freier Stand in wintermilder Klimalage, in Mitteleuropa nicht winterhart. Durchlässiger, sandiger, nährstoffarmer Boden.

Verwendung: Im Mittelmeergebiet häufig verwendeter Einzel- und Gruppenbaum in Gärten, Parkanlagen und Landschaft, zur Wiederaufforstung und Dünenbefestigung.

Nutzung: Waldbaum. Pinasterholz wird für den Schiffsbau, für Pfähle und als Grubenholz, für Telegraphenmasten und Schwellen verwendet. Auch Kisten Paneele, Parkettböden und Furniere werden daraus hergestellt, es dient als Zellstoff- und Papierholz. Die Terpentingewinnung erfolgt durch mehrmalige schräg-parallele Einschnitte am Stamm, in deren Mitte sich eine Abflussrinne befindet. Das ausfließende Harz wird in einem Auffanggefäß gesammelt.

Pinus pinea L.

Pinie, Schirm-Kiefer; *engl.* Stone pine, Umbrella pine; *franz.* Pin pinie, Pin parasol; *ital.* Pino domestico; *span.* Pino pinonero, Pino manso, Pino doncel, Pino albar; *kroat.* Kisobranasti bor, Pinija

Habitus: Mittelgroßer, 15–25 m hoher Baum. Krone junger Bäume breit pyramidal, mit scheinquirlig in Etagen stehenden Ästen; im Alter mit sehr dichter, schirmförmiger oder gerundeter Krone; stamm langschäftig, 0,5–1 m dick.

Rinde: Graubraune, tiefrissige Schuppenborke, löst sich in schmalen, geschichteten Platten, legt dabei die tiefer liegenden, rötlich gefärbten Borkenschichten frei.

Blätter: Immergrün, nadelförmig, 2-nadelig, mitunter 3-nadelig, Nadeln steif, gerade oder schwach gebogen, kurz stechend zugespitzt, 10–17 cm lang, dunkelgrün. Lebensdauer der Nadeln 3–4 Jahre.

Blüten: 1-häusig; männliche Blütenknospen rotbraun, Blüten gelb, walzenförmig; weibliche Blütenstände 1,5 cm lang, gelbgrün, meist einzeln.

Früchte: Zapfen fast sitzend, ei- bis kugelförmig, symmetrisch, harzig, 10–15 cm lang, glänzend gelb- bis rotbraun, mit dicken, zur Reifezeit fast waagrecht abstehenden Zapfenschuppen. Im 3. Jahr reifend.

Verbreitung und Standort: Südeuropa bis Westasien. In der immergrünen Hartlaubzone meist einzeln, bzw. kleine, lichte Bestände bildend. In ausgeglichener, wintermilder Klimalage. Vergesellschaftet mit der Aleppo- und Strand-Kiefer. Auf tiefgründigen, feuchten, aber gut drainierten, mäßig nährstoffreichen bis armen, basischen oder sauren Sand- und Kiesböden.

Ansprüche: Sonniger Standort. Nur in wintermilder Klimalage des Mittelmeergebietes winterhart, in Mitteleuropa nicht frosthart. Sandig-kiesige, durchlässige Böden.

Allgemeines: Neben dem Ölbaum, der Stein- und Kork-Eiche sowie der Zypresse gehört die Pinie zu den landschaftsprägenden Bäumen des Mittelmeerraumes.

Verwendung: Wald- und Parkbaum sowie für Einzelstand in großen Gärten, nur im Mittelmeergebiet.

Nutzung: Die Samen sind steinhart und haben eine 1,4 mm dicke Samenschale. Sie werden als „Piniennüsse“ bezeichnet und enthalten ein wohlschmeckendes Nährgewebe, das den Embryo einbettet. In Frankreich sind sie als „pignons“ oder „pignes“, in Italien als „pignoli“ oder „pinoli“ im Handel.

Pinus pinea

Pinus pinea

Pinus ponderosa

Pinus ponderosa Douglas ex C. Lawson

Gelb-Kiefer; *engl.* Ponderosa pine, Western yellow pine; *franz.* Pin june de Nouveau Monde; *ital.* Pino; *span.* Pino ponderosa, Pino ponderoso, Pino real americano; *kroat.* Zuti bor

Habitus: Imposanter Großbaum 15–20 (–25) m hoch, in der Heimat bis 50 m, 6–8 (–10) m breit; anfangs breit kegelförmig, später unregelmäßig mit offener Krone; Äste dick kandelaberartig aufgebogen, locker verzweigt, im Alter sind die unteren Astpartien überhängend; 0,5–1,5 m Stammdurchmesser; stark wachsend. Wird 500 Jahre alt.

Rinde: Tief längsrissige, 5–10 cm dicke, anfangs schwarze, später dunkel rotbraune bis zimtfarbene, unregelmäßig gefelderte Plattenborke.

Pinus strobus

Pinus strobus

Blätter: Immergrün, nadelförmig, 3-nadelig, außergewöhnliche, 15–25 cm lange, dunkelgrüne, etwas gedrehte Nadeln, mit scharfer Spitze, scheinen büschelartig an Triebenden gehäuft; meist 3 Jahre am Zweig haftend.

Blüten: 1-häusig; männliche Blüten zylindrisch, 4 cm lang; weibliche Blütenstände eiförmig, 7–9 mm lang; Mai–Juni.

Früchte: Zapfen meist zu mehreren dicht beieinander, glänzend rotbraun, 8–15 cm lang. Samen im 2. Jahr reifend.

Verbreitung und Standort: Westliches Nordamerika, ab Meeresniveau bis in Gebirgslagen bis 2800 m, Reinbestände oder vergesellschaftet mit Douglasie, Zucker-Kiefer. Auf gut wasserdurchlässigen, kiesigen oder sandigen Lehmböden.

Ansprüche: Sonne, schattenunverträglich, hitzetolerant, frosthart, trocken bis frisch, anpassungsfähig, durchlässige, sandig bis lehmige Böden, keine schweren Böden, stadtklimaresistent.

Allgemeines: Der Artname „ponderosa“ = gewichtig bezieht sich auf das schwere Holz. Die Gelb-Kiefer wurde 1826 von D. Douglas am Spokane River/Washington entdeckt und 1827 in Europa eingeführt.

Verwendung: Großer, imposanter Baum für Einzelstellung in Parkanlagen und großen Gärten.

Nutzung: Forstbaum, wirtschaftlich wichtigste Kiefern-Art Nordamerikas.

Pinus strobus L.

Strobe, Weymouth-Kiefer; *engl.* Eastern white pine, Weymouth pine, White pine; *franz.* Pin Weymouth; *ital.* Pino Weymouth, Pino strobo; *span.* Pino de Weymouth, Pino estrobo, Pina canadiense; *kroat.* Weymouthov bor

Habitus: Hoher Baum, 25–30 m, in der Heimat bis 60 m hoch und 8–10 (–15) m breit, mit schlank kegelförmiger Krone und kerzengeradem Stamm, in der Jugend regelmäßige, waagrecht ausgebreitete Astetagen bildend, im Alter sehr breit und malerisch. Wird etwa 500 Jahre alt.

Rinde: Rinde bleibt lange Zeit glatt, im Alter 2–5 cm dicke, tief gefurchte, fast schwarzgraue Schuppenborke.

Blätter: Immergrün, nadelförmig, 5-nadelig, Nadeln 7,5–12 cm lang, auffallend dünn, weich, gerade, blaugrün. Lebensdauer der Nadeln 3 Jahre.

Blüten: 1-häusig; männliche Blüten eiförmig, 6–7 mm groß; weibliche Blütenstände zu 1–4, aufrecht, 1–1,5 cm lang, hellrot.

Früchte: Zapfen hängend, bananenförmig gebogen, 8–20 cm lang, braun.

Wurzel: Anfangs tiefreichende Pfahlwurzel, später kräftige, flachstreichende Hauptseitenwurzeln mit großer Ausbreitung.

Verbreitung und Standort: Nordöstliches Nordamerika. Vorwiegend im Tiefland, in den Südappalachen bis 1300 m ansteigend. Reinbestände bildend oder mit Hemlock, Amerikanischer Esche und Eichen-Arten vergesellschaftet.

Ansprüche: Sonniger bis lichtschattiger Standort, frosthart, sturmfest; bevorzugt tiefgründige, nährstoffreiche und sandig-lehmige Standorte mit guter Wasserversorgung, sauer bis neutral, insgesamt aber standorttolerant, meidet Staunässe und heiße Lagen, sehr empfindlich gegen Raucheinwirkung.

Allgemeines: Die Weymouth-Kiefer ist anfällig für den Blasenrost.

Verwendung: Großer, raschwüchsiger Baum, der als Einzelbaum in Park und Garten gut zur Geltung kommt.

Nutzung: Das Holz ist im Splint weiß und rötlich braun im Kern, harzreich, leicht, weich, trocknet gut und ohne zu schrumpfen, lässt sich sowohl im Innen-

als auch im Außenbau einsetzen. Viele Bauernhöfe, Fabriken und Städte des amerikanischen Ostens und des mittleren Westens wurden aus Strobenholz erbaut. Ursprünglich verwendete man Stroben für Masten und Sparren von Segelschiffen; heute noch sind Schneideware, Sperrholz und Papierholz die Hauptprodukte. Das weiche, leicht geradfasrige Holz eignet sich gut für Fensterrahmen und Türen, für den Schiffs- und Bootsbau sowie als Grundmaterial für Blockhäuser, zur Kunsttischlerei, für die Möbelherstellung, für Kisten, Einfassungen, Fußböden und Paneele sowie als Konstruktionsholz.
Sorten: Es gibt einige schwachwüchsige Gartenformen.

Pinus sylvestris L.

Pinus sylvestris

Föhre, Gewöhnliche Kiefer, Wald-Kiefer; *engl.* Scots pine; *franz.* Pin sylvestre; *ital.* Pino silvestre; *span.* Pino silvestre, Pino Valsain, Pino serrano, Pino del Norte, Pino rojo; Pino bermejo; *kroat.* Obicni bor, Crveni bor
Habitus: Mittelgroßer bis großer Baum, 10–25 (–40) m hoch und 5–10 (–15) m breit; in der Jugend kegelförmig, später aufastend und Schirmkronen oder lockere Wipfelkronen bildend, Verzweigung in Scheinquirlen, Stamm geradschäftig, 0,5–1 m dick, oft ebenso wie die Hauptäste leicht gekrümmt oder verdreht.
Rinde: Im oberen Kronenbereich orangefarbene, rotbraune bis graubraune „Spiegelrinde", später tiefrissig, braunrot bis schwärzlich, in Platten ablösend.
Blätter: Immergrün, nadelförmig, 2-nadelig, graugrün bis blaugrün, steif, meist deutlich gedreht, 4–7 cm lang. Lebensdauer der Nadeln 2–3 Jahre.
Blüten: 1-häusig; männliche Blüten zahlreich, walzenförmig, 6–7 mm lang, gelblich; weibliche Blütenstände zu 1–2, eiförmig oder fast kugelig, 5–6 mm lang, hellrosa bis tiefrot; Mai–Juni.
Früchte: Zapfen ei-kegelförmig, 2,5–8 cm lang, kurz gestielt, oliv- bis hellbraun.
Wurzel: Tiefwurzler, anpassungsfähig, auf tonigen, grundwassernahen, moorigen oder Ortsteinböden flachwurzelnd, verträgt Einschüttung mit Lockermaterial.
Verbreitung und Standort: Europa bis Ostasien, Nordeurasien, südlich bis zur Donau, sonst nur in höheren Lagen, in Laub- und Nadelmischwäldern, Hochmooren, auf Sandböden. In sommerwarmer, häufig winterkalter Klimalage. Reinbestände bildend oder in Mischwäldern je nach geografischer Lage vergesellschaftet mit Fichten, Eichen, Birken und anderen Gehölzarten. Vom Tiefland bis in die subalpine Stufe ansteigend, in den Alpen bis 1600 m, im Engadin bis 2200 m. Auf mäßig trockenen bis nassen, basenreichen, kalkhaltigen oder sauren, humosen Sand-, Kies-, Lehm oder Torfböden.
Ansprüche: Sonniger Standort, frosthart, sonst sehr anpassungsfähig, trockene bis nasse Standorte, sauer bis stark kalkhaltig, Sand-, Kies und Torfböden, Hitze und Trockenheit ertragend.
Allgemeines: Der Artname „sylvestris" = wildwachsend (im Wald).
Verwendung: Malerische, oft breite Pflanzengestalten, Solitär oder in lockeren Gruppen, benötigen Freistand, für landschaftliche Pflanzungen, Parkanlagen und Gärten.
Nutzung: Das Holz ist harzreich, weich, langsam trocknend und mäßig schwindend sowie sehr dauerhaft. Der Splint ist gelblich weiß oder rötlich weiß, der Kern bräunlich gefärbt, er dunkelt am Licht stark nach und färbt sich braunrot. Kiefernholz wird als Möbel- und Bauholz verwendet.
Sorten: 'Fastigiata', Säulen-Kiefer: Straff aufrecht, 3–5 m, langsamwüchsig, mit blauen Nadeln. 'Watereri', Strauch-Wald-Kiefer: Halbrunder Großstrauch, 3–5 m, langsamwüchsig, blaue Nadeln.

Pinus wallichiana A.B. Jacks.

Tränen-Kiefer; *engl.* Bhutan pine, Himalayan pine; *franz.* Pin pleureur de l'Himalaya; *ital.* Pino; *span.* Pino azul del Hilaya, Pino de Bhután; *kroat.* Himalajski bor
Habitus: Mächtiger, elegant aufgebauter Großbaum 15–20 (–30) m, in der Heimat bis 50 m hoch, 6–10 (–15) m breit, in der Jugend breit kegelförmig, dann zunehmend locker unregelmäßig, Äste waagrecht bis übergeneigt, Zweige locker hängend, oft bis zum Boden beastet; Stamm 1–1,5 m, bei alten Bäumen sogar bis 3 m dick; mittelstark wachsend.

Pinus wallichiana

Pinus wallichiana

Rinde: Borke grau- bis schwarzbraun, längsrissig, sich in kleinen, schmalen Schuppen lösend.

Blätter: Immergrün, nadelartig, 5-nadelig, weiche, schimmernde blaugrüne Nadeln, 10–20 cm lang, schlaff herabhängend, elegant, oft leicht geknickt. Lebensdauer der Nadeln 3–4 Jahre.

Blüten: 1-häusig; männliche Blüten 1,5–2 cm lang, als Knospe rosarot; weibliche Blütenstände im mittleren und oberen Kronenbereich, aufrecht, etwa 1,5 cm lang; Mai–Juni.

Früchte: Junge Zapfen grünviolett, mit dicken Harztropfen, zur Reife hellbraun; Zapfen gestielt, 15–25 cm lang, zylindrisch, bananenförmig gebogen.

Wurzel: Weitstreichend, flach, mäßig tief wurzelnd, empfindlich gegen Bodenverdichtung.

Verbreitung und Standort: Himalaja, Westchina bis Ostafghanistan. In feuchten bis trockenen, mittleren und hohen Gebirgslagen von 1800–4000 m. Vergesellschaftet mit Himalaja-Zeder und der Himalaja-Tanne große, dichte Wälder bildend.

Ansprüche: Sonne, wärmebedürftig, liebt geschützte Standorte; mäßig frosthart, mäßig feucht bis mäßig trocken, bevorzugt saure bis neutrale, durchlässige Substrate, Kalk vertragend, empfindlich gegen Lufttrockenheit.

Allgemeines: Die Art ist nach N. Wallich, Arzt und Botaniker (1786–1854), der die Himalaja-Region erforschte.

Verwendung: Eine der schönsten, elegantesten Kiefern mit großen blaugrünen Zapfen mit Harztropfen, für Einzelstand in Parks und großen Gärten.

Nutzung: Das Holz ist harzreich, im Splint weißlich, im Kern hellbraun bis rötlich, glattfasrig und lässt sich gut verarbeiten.

Sorten: Es werden einige schwachwüchsige Sorten gehandelt.

Weitere Arten:

Pinus contorta Douglas ex Loudon, Dreh-Kiefer, *engl.* Lodgepole pine, Shore pine; *franz.* Pin tordu. Kleiner bis mittelgroßer Baum, 10–20 m, in der Heimat 30 m hoch, 6–8 m breit, mit kegelförmiger, oft buschiger Krone, Äste unregelmäßig, später stark ausgebreitet und im unteren Bereich überhängend, 2-nadelig, gedreht, 3–5 cm lang; Zapfen eiförmig, meist gebogen, 3–6 cm lang, bleiben in geschlossenem Zustand oft bis zu 10 Jahren am Baum. Standorttolerante Kiefer, für saure bis neutrale Böden, stadtklimafest. Heimat westliches Nordamerika, Alaska, Kanada, südlich bis Nordmexiko; wächst im Norden des Areals bis 1800 m, im Süden bis 3600 m.

Pinus jeffrey Grev. et Balf. ex A. Murray. Jeffreys Kiefer; *engl.* Jeffrey's pine; *franz.* Pin de Jeffrey; *span.* Pino de Jeffrey. Großer, langschäftiger Baum, 30–40 m hoch, mit schmal pyramidaler Krone, Stamm 0,2–2 m dick, mit rotbrauner, tief gefurchter Plattenborke. 3-nadelig, Nadeln 12–24 cm lang, Starr zugespitzt, hell blaugrün; Zapfen 15–25 cm lang, hellbraun. Pazifisches Nordamerika, vorwiegend an den Westhängen der Sierra Nevada in Höhenlagen von 1500–3000 m wachsend.

Pinus monticola Douglas ex D. Don. Westliche Weymouth-Kiefer; *engl.* Californian mountain pine, Silver pine, Western white pine. Kleiner bis mittelgroßer Baum, 10–15 (–20) m hoch, 4–6 m breit, mit kegelförmiger Krone, Äste leicht ansteigend, dicht verzweigt, ähnlich *P. cembra*, 5-nadelig, 4–12 cm lang, steif, olivgrün; Zapfen zu 2–5, walzenförmig, 10–25 cm lang. Schöne Solitär-Kiefer, frosthart, aber anfällig für Blasenrost. Heimat nordwestliche Rocky Mountains, Kalifornien.

Pseudolarix Goldlärche

Goldlärche; *engl.* Golden larch; *franz.* Faux-mélèze; *ital.* Larice dorato; *span.* Alerce de Oro; *kroat.* Paaris
Familie: Pinaceae, Kieferngewächse

Sommergrüner, mittelgroßer, schmal kegelförmig bis unregelmäßig wachsender Nadelbaum mit weichen, hellgrünen, bis 7 cm langen Nadeln, die an Langtrieben spiralig angeordnet sind. An den Kurztrieben hingegen stehen sie zu 15–30 in Büscheln und sind schirmförmig ausgebreitet; interessant ist ihre intensive goldgelbe Herbstfärbung. Die Zapfen reifen im 1. Jahr und zerfallen am Baum. Anspruchsvolle, kalkempfindliche Baumart mit besonderem Erscheinungsbild. Es gibt nur eine einzige Art, die in China beheimatet ist.

Pseudolarix amabilis Mill.

Goldlärche; *engl.* Golden larch; *franz.* Mélèze de la Chine; *ital.* Larice dorato; *span.* Alerce de Oro; *kroat.* Zlatni paaris
Habitus: Mittelgroßer, 10–25 m, in der Heimat bis 40 m hoher Nadelbaum von lärchenähnlicher Gestalt, anfangs mit schmal kegelförmiger, im Alter mit breiter, ausladender Krone, 8–12 m breit, mit lockerem, lichtdurchlässigem Kronenaufbau, die unteren Äste tief herabhängend, malerischer Wuchs, deutlich in Lang- und Kurztriebe gegliedert, Stamm bis 1 m dick, langsamwüchsig.
Rinde: Borke rotbraun bis braun, gefurcht, sich in kleinen Schuppen ablösend.
Blätter: Sommergrün, nadelförmig, 3–7 cm lang, 1,5–3 mm breit, sehr weich, hellgrün, später nachdunkeln. Herbstfärbung goldgelb.
Blüten: 1-häusig; männliche Blüten zu 15–20 an blattlosen Kurztrieben, 2,5 cm lang; weibliche Blütenstände an beblätterten Kurztrieben, 6 mm lang; Mai.
Früchte: Zapfen aufrecht eiförmig, kurz gestielt, bis 7 cm lang, anfangs grün, bläulich bereift, reif braun, rosettenähnlich, im 1. Jahr reifend und am Baum zerfallend(!).
Verbreitung und Standort: China, in den Gebirgen der küstennahen Provinzen Chekiang und Kiangsi, in Höhenlagen von 500–1500 m. Auf tiefgründigen, nährstoffreichen, zwar feuchten, aber gut drainierten, sauren bis neutralen Böden.
Ansprüche: Sonniger, freier, geschützter Standort, frostempfindlich; anspruchsvolle Art, benötigt frische bis feuchte, gut durchlässige, nährstoffreiche Böden, sauer bis neutral, kalkempfindlich.
Allgemeines: Die Goldlärche gelangte 1854 durch den schottischen Botaniker und Forschungsreisenden R. Fortune nach Europa.
Verwendung: Prächtiger, sommergrüner Baum mit besonderem Flair, zur Einzelstellung, Unterpflanzung mit kleine Gehölzen und Stauden möglich.

Pseudolarix amabilis

Pseudolarix amabilis

Gewöhnliche Douglasie

Gewöhnliche Douglasie; *engl.* Blue Douglas fir; *franz.* Sapin de Douglas; *ital.* Douglasia; *span.* Douglasia; *kroat.* Duglazija
Familie: Pinaceae, Kieferngewächse

Immergrüne, bis 50 m, in den heimatlichen Küstenwäldern bis 100 m hohe, fichtenartig wachsende Bäume mit Stammdurchmesser bis zu 5 m. Die Borke ist bei jungen Bäumen grau und glatt mit Harzbeulen, bei alten Bäumen korkartig, bis 25 cm dick und tief gefurcht. Die Nadeln sind weich, bis 3,5 cm lang, spiralig gestellt und duften beim Zerreiben. Die Zapfen sind hängend, sie haben herausragenden, 3-spitzigen Deckschuppen und fallen nach der Reife ab. Douglasien bevorzugen kalkarme Böden. Sie sind die am häufigsten angepflanzten Forstbäume außerhalb ihres natürlichen Verbreitungsareals. Es gibt etwa 7 Arten im westlichen Nordamerika und Ostasien.

Pseudotsuga menziesii (Mirb.) Franco

Douglasfichte, Douglasie; *engl.* Douglas fir; *franz.* Sapin de Douglas, Douglas vert; *ital.* Douglasia, Abete di Douglas; *span.* Douglasia verde, Falsa tsuga verde de las Rocosas, Douglas de Oregón, „Abete" de Douglas; Pino real colorado; *kroat.* Obicna americka duglazija

Habitus: Mächtiger Großbaum, 30–50 m (Heimat bis 100 m) hoch und 8–10 m breit; raschwüchsig, fichtenähnlich, in der Jugend kegelförmig, mit durchgehendem Stamm, später ausladende, unregelmäßige Krone; Äste in Etagen horizontal, Zweige locker überhängend. In der Heimat werden Stammdurchmesser von 5 m erreicht. Wird 500–700 Jahre alt.

Pseudotsuga menziesii

Pseudotsuga menziesii

Rinde: Anfangs glatt, dunkelgrau, mit Harzbeulen, im Alter dicke, tief längsrissige, schwarzgraue korkartige Schuppenborke.

Blätter: Immergrün, nadelförmig, 2–4 cm lang, schraubig, teils kammförmig gescheitelt, graugrün, locker angeordnet, sehr weich, duften fruchtig-harzig nach Zitrone.

Blüten: 1-häusig, Blüten an vorjährigen Zweigen. Männliche Blüten gelb, länglich-eiförmig, 1–1,5 cm lang; weibliche Blütenstände 1,5–2 cm lang, gelbgrün bis rot.

Früchte: Zapfen länglich-eiförmig, 5–10 cm lang, mit weit hervorragenden 3-zipfeligen Deckschuppen.

Wurzel: Herzwurzler, Wurzelraum wird intensiv von Feinwurzeln durchzogen.

Verbreitung und Standort: Westliches, pazifisches Nordamerika, Küsten- und Gebirgs-Douglasie. In Reinbeständen oder mit anderen Gehölzen vergesellschaftet. Wächst in den Gebirgstälern der Rocky Mountains in Höhen zwischen 600 und 2600 m. Auf tiefgründigen, feuchten, aber gut drainierten, nährstoffreichen, lehmigen Böden in luftfeuchter, regenreicher Klimalage.

Ansprüche: Sonnig bis lichtschattig. Feuchte, tiefgründige und gut drainierte Böden, nährstoffreich, schwach sauer bis schwach alkalisch, meidet zu trockene und staunasse Böden, ist schneebruch- und windgefährdet. Ist ausreichend winterhart, leidet aber unter Spätfrösten und ist empfindlich gegen Immissionen.

Jungpflanzen eventuell frostgefährdet (Herkunft des Saatgutes beachten).

Allgemeines: Der Gattungsname leitet sich von „pseudos" = falsch und „Tsuga" = Gattungsname, ab, der Artname „menziesii" von A. Menzies, schottischer Arzt und Botaniker. David Douglas (schottischer Forschungsreisender und Botaniker) entdeckt die Douglasie 1792, sie wurde 1872 in Europa eingeführt. Douglasien sind nach den Mammutbäumen die größten und gewaltigsten Bäume Nordamerikas.

Pseudotsuga menziesii

Verwendung: Großer, raschwüchsiger Nadelbaum für große Gärten und Parkanlagen. Als Einzelbaum und Gruppengehölz, als Sichtschutz und Windschutz verwendbar. Forstbaum (in Österreich kaum), Schmuckreisiggewinnung.

Nutzung: In Nordamerika wird Douglasienholz in großem Umfang als Bauholz für Häuser verwendet. Es eignet sich hervorragend zur Herstellung von Furnieren und Möbeln sowie Türen, Fenster, Treppen und Innenausstattungen. In den USA werden heute anstelle von Stahlträgern oft Träger aus Leimbindern verarbeitet. Auch für Telefon- und Stromleitungsmasten sowie als Grubenholz wird es verwendet.

Sciadopitys Schirmtanne

Schirmtanne; *engl.* Umbrella pine; *franz.* Pin parasol japonais; *kroat.* Prsljenka
Familie: Sciadopityaceae, Schirmtannengewächse

Aufrechter, bis 30 m hoher, immergrüner Baum mit schmal pyramidaler Krone und Stammstärken von 1–2 m. Die Borke ist grau- bis dunkelbraun, sie löst sich in Streifen ab; die Äste sind in regelmäßigen Scheinquirlen angeordnet. Auffallende „Doppelnadeln" (Nadeln sind an Längsseiten verwachsen!) sind quirlig in Etagen angeordnet, ledrig glänzend und dunkelgrün gefärbt, die Zapfen 8–12 cm groß. Sehr anspruchsvolle Gehölzart, die bis zum Tertiär in Europa heimisch und sehr häufig war. Die einzige, heute lebende Art der Gattung ist in Japan heimisch.

Sciadopitys verticillata (Thunb.) Siebold et Zucc.

Japanische Schirmtanne; *engl.* Umbrella pine; *franz.* Pin parasol japonais; *kroat.* Japanska prsljenks

Habitus: Kleiner bis mittelgroßer, 10–20 m, in der Heimat 30–50 m hoher Baum, mit schmal kegelförmiger, dichter Krone und quirlständigen Ästen, 2,5–4 m breit, Stamm meist durchgehend, Krone im Alter fast säulenförmig bleibend; Stamm 1–2 m dick.

Rinde: Rinde lange glatt bleibend, Borke grau- bis dunkelbraun, dünn, in Streifen ablösend.

Sciadopitys verticillata

Blätter: Immergrün, nadelförmig, der Länge nach verwachsene „Doppelnadeln", 5–15 cm lang, 3–4 mm breit, ledrig, glänzend dunkelgrün, kahl, in schirmspeichenartig ausgebreiteten Quirlen angeordnet. Lebensdauer der Nadeln 3–4 Jahre.

Blüten: 1-häusig; Blütenstände an den Triebenden. Männliche Blüten kugelig, gelb; weibliche Blütenstände unscheinbar, einzeln oder zu mehreren; Mai.

Früchte: Zapfen eiförmig, aufrecht, 7–12 cm lang, graubraun.

Wurzel: Flaches Wurzelsystem, Wurzeln fleischig, wenig verankert, gegen Verdichtung empfindlich.

Verbreitung und Standort: Japan. Im Gebirge auf nährstoffreichen, feuchten, lockeren, gut drainierten, kalkfreien Böden.

Ansprüche: Sonnig bis halbschattig, freier, aber geschützter Standort, frostempfindlich, trockenheitsempfindlich; anspruchsvoll, frische bis feuchte, lockere, gut durchlässige, nährstoffreiche Böden, sauer bis neutral, kalkmeidend.

Allgemeines: Die Gattung *Sciadopitys* war bis zum Tertiär im Europa heimisch, man findet noch Blattreste in manchen Braunkohleschichten. Manchmal bilden die Blätter aber ganze Schichten, diese Kohle nennt man „Graskohle".

Verwendung: Besonders exquisites Nadelgehölz für Garten und Park, in Einzelstellung oder vergesellschaftet mit Rhododendren, Bambus und Farnen.

Sciadopitys verticillata

Sequoia Küstenmammutbaum

Küstenmammutbaum, Küstensequoie; *engl.* Coastal redwood; *franz.* Séquoia; *ital.* Sequoia; *span.* Secoya; *kroat.* Sekvoja, Mamutovac
Familie: Taxodiaceae, Sumpfzypressengewächse

Der Küstenmammutbaum ist ein 60–110 m hoher, immergrüner Nadelbaum, der Stammdurchmesser von 6–9 m erreichen kann und ist heute damit eines der größten Lebewesen der Erde. Er wird 500 bis 1000 Jahre alt. Seine Nadeln sind an den Langtrieben schraubig angeordnet, an Kurztrieben 2-zeilig gescheitelt. Die kegelförmige Krone ist in Scheinquirlen angeordnet. Auffällig ist auch die dunkel- bis rotbraune, schwammige Streifenborke. Der Küstenmammutbaum ist in Amerika ein Nutzholz-Baum, in Mitteleuropa nicht ausreichend winterhart, wird aber in Italien und England häufig verwendet. Es gibt heute nur eine einzige Art an der pazifischen Küste (Küstennebel) Nordamerikas.

Sequoia sempervirens (D. Don) Endl.

Küstenmammutbaum, Küstensequoie; *engl.* California redwood, Coast redwood; *franz.* Séquoia cotier; *ital.* Sequoia semperverde; *span.* Secoya roja, Secoya de California; *kroat.* Obalna sekvoja, Obalni mamutovac
Habitus: Langschäftiger, 60–100 m hoher Baum mit schlank kegelförmiger, im Alter gerundeter Krone. Stämme gerade, 3–5 m im Durchmesser, am Grunde verbreitert, nach oben allmählich dünner werdend, im unteren Drittel meist unverzweigt. Küstenmammutbäume werden 500–600 Jahre alt, Einzelbäume können aber auch 800–1000 Jahre alt werden.
Rinde: Alte Borke schwammig, bis 30 cm dick, weich, langfasrig, dunkel- bis rotbraun, oft grau überlaufen, tief gefurcht, sich in Streifen ablösend, ist nicht brennbar.
Blätter: Immergrün, nadelförmig, wechselständig 2-zeilig, an Langtrieben schraubig stehend, 6–20 mm lang, gerade oder schwach gebogen, oben dunkelgrün glänzend, abrupt zugespitzt.
Blüten: Männliche Blüten an den Spitzen der Kurztriebe, manchmal auch zu mehreren blattachselständig, 5–7 mm groß, blassgelb; weibliche Blütenstände werden ebenfalls schon im Herbst angelegt, unscheinbar grün, 7–10 mm lang; Februar–März.
Früchte: Zapfen eiförmig, elliptisch oder kugelig, 1,5–3 cm lang, hängend. Samenreife im 1. Jahr.
Verbreitung und Standort: Pazifisches Nordamerika, Küste von Südwestoregon bis Südkalifornien, im Küstengebirge zwischen 500 und 1000 m. Im Tiefland meist in Reinbeständen, im Gebirge vergesellschaftet mit Westlicher Hemlock, Riesen-Tanne, Riesen-Lebensbaum und Douglasie. Wächst auf tiefgründigen, feuchten, aber gut durchlässigen, nährstoffreichen, basischen oder schwach sauren Böden. In küstenna-

Sequoia sempervirens

Sequoia sempervirens

hen Ebenen, Flussniederungen oder gewässerbegleitend in sommerkühler und wintermilder, feuchter und nebelreicher Klimalage.

Ansprüche: Sonnig bis halbschattig, in genügend luftfeuchter, windgeschützter Lage. Liebt Nebellagen, verträgt keine Wintersonne, Jungpflanzen bevorzugen Schatten. In vielen Gebieten Mitteleuropas nicht zuverlässig bzw. nicht ausreichend winterhart. Wächst am besten auf frischen bis feuchten, tiefgründigen, nährstoffreichen sandigen Lehmböden, vorzugsweise auf Kalk.

Sequoia sempervirens

Allgemeines: Der Küstenmammutbaum wurde 1794 von dem Arzt und Botaniker A. Menzies entdeckt und gehört zu den größten Lebewesen der Erde. Der höchste lebende Baum wurde 1972 im Humboldt State Park in Kalifornien vermessen: er hat eine Höhe von 110,35 m, einen Stammdurchmesser von 5,1 m und eine 22,5 m breite Krone. Die ältesten gefällten Bäume waren etwa 2000 Jahre alt. Der Küstenmammutbaum hat ein sehr beachtliches Regenerationsvermögen und treibt aus Stockausschlägen wieder aus. Die Gattung ist nach Häuptling Sequoiah (1770–1843), einem Halbindianer, der für die Cherokee-Indianer eine Laut-Silbenschrift entwickelt hatte, benannt.

Verwendung: Mächtiger, beindruckender Baum für entsprechend milde Klimalagen.

Nutzung: Redwood gehört zu den wertvollsten, begehrtesten und dauerhaftesten Hölzern des Weltmarktes. Es ist schwer entflammbar sowie pilz- und insektenfest und wird auch nicht von Termiten zerstört. Man nutzt es als Konstruktionsholz geringerer mechanischer Belastung, wie auch als Furnierholz für Möbel, als Holz für Täfelungen, Fenster, Türen und Fußböden. Auch Dachschindeln fertigt man daraus sowie Gefäße zur Aufbewahrung von Lebensmitteln. Redwood-Borke nutzt man als Isoliermaterial und auch als Garten-Mulchmaterial.

Sequoiadendron

Gebirgs-mammutbaum

Gebirgsmammutbaum, Wellingtonie; *engl.* Wellingtonia; *franz.* Wellingtonia; *ital.* Wellingtonia; *span.* Secoya; *kroat.* Mamutovac
Familie: Taxodiaceae, Sumpfzypressengewächse

Großer, 50–80 m hoher, immergrüner Nadelbaum mit anfangs dicht kegelförmiger, im Alter breit und locker unregelmäßig gerundeter Krone. Zählt mit 10–12 m Brusthöhen-Durchmesser zu den dicksten Bäumen der Welt(!) und kann ein Höchstalter über 3000 Jahren erreichen. Die bis zu 60 cm dicke, schwammige und leuchtend rotbraune Streifenborke ist feuerresistent. Die schraubig gestellten Nadeln sind pfriemlich bis lanzettlich und sichelförmig gebogen. Die Zapfen sind eiförmige und 4–6 cm lang. Es gibt nur 1 Art in Kalifornien, sie wächst an den Westhängen der Sierra Nevada in 1300 bis 2300 m Höhe.

Sequoiadendron giganteum (Lindl.) Buchholz

Gebirgsmammutbaum, Bergmammutbaum, Mammutbaum, Wellingtonie; *engl.* Giant sequoia, Bigtree, Sierra redwood; *franz.* Séquoia géant; *ital.* Wellingtonia, Sequoia gigante; *span.* Secoya gigante, Wellingtonia; *kroat.* Golemi mamutovac
(Syn. *Wellingtonia gigantea* Lindl., *Sequoia gigantea* (Lindl.) Decne, non Endl.)

Habitus: Imposanter Großbaum, 30–50 m, in der Heimat bis 80 m hoch und dabei Stammdurchmesser von 5–9 m erreichend, 8–10 (–12) m Kronenbreite, in der Jugend kegelförmig wachsend, bis unten beastet, gerader Stamm bis zur Spitze durchgehend, am Grund stark verbreitert, im Alter wird die Krone sehr locker, mit kräftigen, hängenden Ästen, die oft erst in großer Höhe ansetzen. Bergmammutbäume können 3000–4000 Jahre alt werden.

Rinde: Borke 30–60 cm dick, schwammig-rissig, löst sich in langen schmalen Streifen ab, dunkel rotbraun bis fuchsrot.

Knospen: Winterknospen ohne Knospenschuppen.

Blätter: Immergrün, 4–6 mm lang, an den Haupttrieben bis 12 mm lang, scharf zugespitzt, dicht angedrückt, blaugrün.

Blüten: Werden schon im Herbst angelegt. Männliche Blüten elliptisch, 7–10 mm lang, gelblich; weibliche Blütenstände unscheinbar grün, etwa 1 mm lang; April–Mai.

Früchte: Zapfen eiförmig, 4–8 cm lang, aus starr verholzten, dunkel- bis rotbraunen zur Reife spreizenden Schuppen. Samenreife über das ganze Jahr verteilt.

Wurzel: In den ersten Jahren eine Pfahlwurzel bildend, später Herzwurzelsystem mit weitstreichenden Seitenwurzeln. Pfahlwurzel bis 1 m tief, Oberboden bis 10 cm wird intensiv durchwurzelt.

Verbreitung und Standort: Pazifisches Nordamerika, Kalifornien. An den Westhängen der Sierra Nevada,

Sequoiadendron giganteum

Sequoiadendron giganteum

stets in isolierten Talschluchten, so genannte „Groves", Hauptbestände in Tulare, in 1500 bis 2500 m Höhe. In Reinbeständen oder vergesellschaftet mit Gelb-, Zucker- und Dreh-Kiefer, Riesen- und Colorado-Tanne sowie Rauch-Zypresse.

Ansprüche: Sonnig bis halbschattig, aber gegen kalte Winde geschützte Lagen, wärmeliebend und gemäßigt kühl, meist frosthart. Wächst auf allen kultivierten Böden, bevorzugt aber tiefgründige, frische bis feuchte, nährstoffreiche, saure bis alkalische, sandig bis kiesige Lehmböden; trockenheitsempfindlich, auf schweren Böden frostgefährdet.

Allgemeines: Das größte Lebewesen der Erde ist „General Sherman", dieser Mammutbaum steht im Sequoia National Park. Er ist 83,80 m hoch, sein Stammdurchmesser beträgt etwa 10 m. Das Stammvolumen beträgt etwa 1500 Kubikmeter, sein Alter wird auf 2500–3000 Jahre geschätzt. Der Bergmammutbaum wurde 1853 nach Europa eingeführt.

Verwendung: Einzel- oder Gruppenbaum in großen, weitläufigen Gärten oder Parkanlagen. Auch als Alleebaum in großen Parkanlagen.

Sequoiadendron giganteum

Sorten: 'Glaucum', Blauer Mammutbaum: Krone lange schlank bleibend, Nadeln deutlich graublau. 'Pendulum', Hänge-Mammutbaum: Wächst zunächst schmal säulenförmig, Mitteltrieb dann horizontal oder überhängend wachsend, Zweige mähnenartig herabhängend.

Taxodium Sumpfzypresse

Sumpfzypresse; *engl.* Swamp cypress; *franz.* Cyprès chauve; *ital.* Cipresso calvo; *span.* Falso ciprés de los pantanos; *kroat.* Taksodij
Familie: Taxodiaceae, Sumpfzypressengewächse

Sommergrüne, meist hohe Bäume mit pyramidaler, im Alter abgerundeter Krone. Sie wachsen meist in Sümpfen oder an Flussufern. Das Sprosssystem ist in Lang- und Kurztriebe gegliedert; die 2-zeilig angeordneten Nadeln fallen mit Kurztrieben ab. Die Blüten sind 1-häusig, die 2–3 cm großen, kugeligen Zapfen zerfallen nach der Reife. Eine Besonderheit stellen die „Atemknie" dar, die nur an feuchten bis nassen Standorten gebildet werden. Es gibt 3 Arten im südlichen Nordamerika und Mexiko.

Taxodium distichum (L.) Rich.

Zweizeilige Sumpfzypresse; *engl.* Bald cypress, Swamp cypress; *franz.* Cyprès chauve; *ital.* Cipresso calvo; *span.* False ciprés de los pantanos, Falso ciprés calvo, Taxodio de pantano; *kroat.* Mocvarni taksodij

Taxodium distichum

Habitus: Sommergrüner, locker wirkender, 20–25 (–40) m hoher und 8–10 m breiter Baum mit regelmäßig kegelförmigem Kronenaufbau. Im Alter breit kegelförmig, oft mit unregelmäßiger, aufgelockerter Krone, meist bis zum Boden beastet; Stamm 1–1,5 m dick, an der Basis verbreitert; Sprosssystem in Lang- und Kurztriebe gegliedert, Langtriebe verholzend, Kurztriebe nicht verholzend, im Herbst mit den Nadeln abfallend; langsamwüchsig. Sumpfzypressen können bis 700 Jahre alt werden.

Rinde: Borke rot- bis graubraun, anfangs glatt, später sich in langen Streifen ablösend.

Blätter: Sommergrün, nadelförmig, schraubig bzw. wechselständig angeordnet, frischgrün, 0,5–2 cm lang, Herbstfärbung rotbraun bis fuchsrot, im Herbst meist einzeln, aber oft gemeinsam mit den Kurztrieben abfallend.

Blüten: 1-häusig; männliche Blüten am Ende vorjähriger Triebe; weibliche Blütenstände einzeln oder zu mehreren, unscheinbar, etwa 2 mm lang; März–April.

Früchte: Zapfen eirund bis kugelig, 2–3 cm groß, anfangs grün, reif braun.

Wurzel: Kräftige Pfahlwurzeln, bzw. Flachwurzler mit Senkwurzeln. In nassen Substraten senkrecht aufstrebende Atemwurzeln ausbildend, so genannte Atemknie, die bis 30 cm dick und 1 m hoch aus dem Wasser oder feuchten Boden herausragen. Sie sind mit grob strukturiertem Durchlüftungsgewebe ausgefüllt und dienen wahrscheinlich der Verankerung, darüber hinaus dürften sie auch für den Sauerstoffaustausch verantwortlich sein.

Verbreitung und Standort: In Sümpfen und Flussufern im südlichen Nordamerika, Texas bis Florida. Küstennahe Standorte der Ebene, meist unter 30 m selten bis 200 m ansteigend. Stämme zumindest während einiger Monate jährlich im Wasser stehend. Auf nährstoffarmen, flachgründigen Schlammböden, meist auf Kalkuntergrund. In Reinbeständen oder vergesellschaftet mit Wasser-Hickorynuss, Wasser-Tupelobaum, Rot-Ahorn, Sumpf-Esche und Schwarz-Weide.

Ansprüche: Sonnige Lagen, freie, geschützte Standorte, frosthart, Jungpflanzen frostempfindlich, wi-

Taxodium distichum

Taxodium distichum

derstandsfähig gegen Immissionen, stadtklimafest. Mäßig trockene bis nasse, schlammige, saure bis neutrale, nährstoffreiche Sand-, Lehm- oder Tonböden. Werden bei zu hohem pH-Wert chlorotisch.

Allgemeines: Im Tertiär war die Sumpfzypresse in den gemäßigten Zonen der gesamten Nordhalbkugel verbreitet. Sie war maßgeblich bei der Bildung der Braunkohle beteiligt und starb hier zu Beginn der Eiszeit aus. J. Tradescant, ein englischer Gärtner, führte sie 1640 in Europa ein.

Verwendung: Interessanter, lockerkroniger Baum für die Bepflanzung wassernaher Standorte, äußert wirkungsvoll auch in größeren Gruppen am Rande von Teichen und Seen sowie auf Rasenflächen. Groß- und derblaubige Stauden wie Eupatorium, Lysichiton und Rodgersia-Arten sind gute Partner zur Vergesellschaftung.

Nutzung: Das Holz ist ungewöhnlich attraktiv, dauerhaft und vielseitig verwendbar. Das Kernholz wurde als black, red oder yellow cypress gehandelt. Wegen seiner Dauerhaftigkeit wird es vielfach in Außenbereichen eingesetzt, für Brücken und Docks beispielsweise. Täfelungen, Paneele und Fußböden fertigte man daraus. Früher war es „das Schindelholz des Südens".

Weitere Art:
Taxodium ascendens Brongn. 'Nutans' (Syn. *T. distichum* var. *nutans* (Aiton) Sweet; *T. distichum* var. *imbricatum* H.B. Croom). Sand-Sumpfzypresse, *engl.* Pond cypress. Sommergrüner, 20–25 m hoher, schlank kegelförmiger Baum mit kurzen, nach oben gerichteten Trieben und dicker, gefurchter Borke.

Taxodium ascendens

Taxus Eibe

Eibe; *engl.* Yew; *franz.* If; *ital.* Tasso; *span.* Tejo; *kroat.* Tisa
Familie: Taxaceae, Eibengewächse

Eiben sind meist kleine Bäume oder große, breit ausladende Sträucher mit immergrünen, dunkelgrünen Nadeln. Die Blüten sind 2-häusig verteilt, die „Früchte" bestehen aus dem Samen, der von einem roten, ungiftigen Samenmantel (Arillus) umgeben ist. Alle anderen Pflanzenteile der Eibe sind giftig(!). Eiben sind gut schattentolerante Gehölze, besitzen ein hohes Ausschlagvermögen und können sehr alt werden. Sie sind mit etwa 7–10 Arten auf der nördlichen Halbkugel beheimatet.

Taxus baccata L.

Europäische Eibe, Gewöhnliche Eibe; *engl.* Common yew, English yew; *franz.* If commun; *ital.* Tasso, Libo; *span.* Tejo común, Tejo negro; *kroat.* Obicna tisa

Habitus: Immergrüner, kleiner bis mittelgroßer Baum, selten über (6–) 10 (–15) m hoch und 5–10 (–15) m breit, oder Strauch mit breit ausladenden, leicht ansteigenden Seitenästen; oft mehrstämmig, Sorten auch straff aufrecht säulenförmig; Zweige nickend bis überhängend, Bäume bis zum Boden beastet; langsamwüchsig.

Taxus baccata

Rinde: Rinde glatt, dünn, grau- oder rotbraun, blättert in dünnen Schuppen ab, Rindenmuster von zimtroten bis rotbraunen oder violettgrauen Flecken.

Blätter: Immergrün, nadelförmig, dunkelgrün oder schwarzgrün, Unterseite matt hellgrün, allmählich kurz zugespitzt, 1–3 cm lang; an horizontalen Trieben kammförmig gescheitelt (2-zeilig), an aufrechten Trieben radial gestellt; geruchlos und ohne Harz. Lebensdauer der Blätter 3–8 Jahre.

Blüten: 2-häusig, windblütig; männliche Blüten zahlreich, 1,5–2 mm lang, in gelben Köpfchen; weibliche Blüten unscheinbar, 1–1,5 mm groß; März–April; Blühalter etwa 20 Jahre.

Früchte: Samen 6–7 mm lang und 3,5 mm breit, von rotem, fleischigen Samenmantel (Arillus) umgeben, etwa 1 cm groß. Samen im 1. Jahr reifend.

Wurzel: Tiefwurzler, intensives dichtes Faserwurzelsystem.

Verbreitung und Standort: Europa, nördliches Kleinasien, Kaukasus bis zum Nordiran, westliches Nordafrika. Berg- und Schluchtwälder, wächst meist im Schutze lichter Buchen-Tannen-Mischwälder in der submontanen und montanen Stufe bis in 1600 m Höhe sowie an steilen, südseitig exponierten Felsen. Auf frischen bis feuchten tiefgründigen, lockeren, humosen, kalkhaltigen Böden, bevorzugt in feuchter, ozeanischer Klimalage. Wird über 1000 Jahre alt.

Ansprüche: Sonnig bis halbschattig, Vollschatten wird toleriert, ist aber ungünstig; wärmeverträglich, meist frosthart, mäßig trocken bis feucht, liebt hohe Luftfeuchte, schwach sauer bis alkalisch (über pH 7,4), insgesamt standorttolerant; stadtklimaverträglich, hohes Ausschlagvermögen, widerstandsfähig gegenüber Wurzeldruck hoher Bäume.

Allgemeines: „Taxus" = römische Name für die Eibe und geht auf das griechische Wort „toxon" mit der Bedeutung Schnitzholz, Bogenholz zurück, der Artname „baccata" = beerentragend und bezieht sich auf die Samen. Alle Pflanzenteile sind stark giftig (Taxin), besonders für Pferde, die tödliche Dosis beträgt etwa 50–100 g Blattmasse; der Arillus ist ungiftig. Die Verbreitung der Samen erfolgt vorwiegend durch Vögel. Die Eibe spielt in der Mythologie und im Volksglauben eine große Rolle. Den Kelten war sie ein hei-

Taxus baccata

Taxus baccata

Taxus baccata

Taxus baccata

liger Baum, den Germanen galt sie als Sinnbild der Ewigkeit. Die Anpflanzung auf Friedhöfen geht wahrscheinlich auf heidnische Bräuche zurück.

Verwendung: Garten- und Parkgehölz mit vielseitigen Verwendungsmöglichkeiten: Einzelpflanzung, Gruppenpflanzung, für Hecken und Figuren, Abpflanzungen, Unterpflanzung von Bäumen, in historischen Gärten und Friedhöfen. Nicht im Bereich von Schulen und Kinderspielplätzen verwenden, da die Eibe stark giftig ist. Regeneriert sich als einzige Nadelholzart aus dem alten Holz.

Nutzung: Schon seit jeher wurde das Holz der Eibe genutzt: zum Beispiel für die Anfertigung von Eibenholz-Särgen aus altägyptischen Gräbern sowie bronzezeitliche Pfahlbauten am Mondsee, wo man auch Kämme, Löffel und Bögen aus Eibenholz fand. Sie liefert bestes Holz (Elastizität) für die Anfertigung von Armbrust-Bögen, allein zwischen 1531 und 1590 exportierte man etwa 500 000 Eibenbögen aus Nürnberg und Bamberg nach Westen. Ausfuhr nach England. Auch als Drechslerholz, für Schnitzware und als Bauholz für den Wasserbau war das Holz der Eibe gesucht. Sie wurde so fast ausgerottet. Heute wird das Holz noch für Holzschnitzereien, zum Kunstdrechseln und zum Kunstschreinern genutzt. Auch in der Pharmazie und als Krebsmittel findet die Eibe Verwendung.

Sorten: 'Dovastoniana', Adlerschwingen-Eibe: 4–6 m hoch und breit, schräg aufsteigende Äste mit nickenden Spitzen, langsam- bis mittelstark wachsend. 'Fastigiata', Säulen-Eibe: Aufrecht strebende, schmale Säulenform, 3–5 (–7) m hoch, anfangs 2–3 m breit, im Alter bis 5 m breite Vasenform, langsamwüchsig; es gibt auch gelbgerandete und schmalbleibende Sorten. Derzeit sind mehr als 100 verschiedene Züchtungen bekannt, die sich durch Wuchsform, Wüchsigkeit und Nadelfärbung unterscheiden.

Weitere Art:

Taxus × media 'Hicksii', Hecken-Eibe. Breit aufrechter Strauch, 3–5 m hoch, 2 (–4) m breit, Nadeln glänzend dunkelgrün.

Thuja Lebensbaum

Lebensbaum, Thuja; *engl.* Red cedar; *franz.* Arbre-de-vie, Biota, Thuja; *ital.* Tuia; *span.* Tuya; *kroat.* Tuja, Smrekusa
Familie: Cupressaceae, Zypressengewächse

Immergrüne, meist kegelförmig bis säulenförmig wachsende Bäume, aber auch Sträucher, mit schuppenförmiger Borke. Die Zweige sind abgeflacht und mit schuppenförmigen, dicht und dachziegelartig anliegenden Nadelblättern bedeckt. Die Zapfen sind länglich oder eiförmig, 0,8–1,5 cm lang und erscheinen meist in größerer Anzahl. Nach dem Schnitt weisen sie ein hohes Regenerationsvermögen auf. Die Gattung Thuja ist mit 6 Arten in Nordamerika und Ostasien beheimatet.

Thuja occidentalis L.

Abendländischer Lebensbaum; *engl.* Eastern arborvitae, Red cedar, Eastern white cedar; *franz.* Arbre de paradies, Thuya occidental, Thuja du Canada, Thuya de l'Occident; *ital.* Tuia occidentale; *span.* Tuya occidental; *kroat.* Obicna americka tuja

Habitus: Mittelhoher, 5–20 m hoher und 3–5 m breiter Baum mit schmal kegelförmiger Krone und meist kurzen, waagrecht abstehenden oder leicht aufwärts gerichteten Ästen. Im Alter Krone locker und etwas unregelmäßig, im Freistand meist bis zum Boden beastet, oft von Grund auf mehrstämmig wachsend, Stammdicken von 0,5–1 m.

Thuja occidentalis

Rinde: Borke 0,5–1 cm dick, hell rotbraun, längsrissig, sich in Streifen ablösend.

Blätter: Immergrün, schuppenförmig, dicht dachziegelartig angeordnet, 4–7 mm lang, mattgrün, glanzlos, im Winter olivgrün bis bronzefarben.

Blüten: 1-häusig, Blüten endständig, schon im Herbst angelegt. Männliche Blüten zahlreich, nach unten gerichtet, 1,5–2 mm lang, gelbbraun, violett getönt; weibliche Blütenstände unscheinbar, 1,5–2,5 mm lang; April–Mai.

Früchte: Zapfen länglich elliptisch, 0,8–1,3 cm lang, anfangs gelbgrün, im reifen Zustand bräunlich, Samen im 1.Jahr reifend.

Wurzel: Flach und dicht, oberflächennah ausgebreitet, fein verzweigt, empfindlich gegen Oberflächenverdichtung.

Verbreitung und Standort: Atlantisches Nordamerika, Nordosten Nordamerika und Kanada. Baum des borealen Nadelwaldes, vergesellschaftet mit Amerikanischer Lärche, Schwarz-Fichte, Silber-Ahorn, Schwarz-Esche, Gelb-Birke und Kanadischer Hemlock. Wächst auf mittel- bis tiefgründigen, feuchten, wasserdurchlässigen Böden, oft auch auf kalkhaltigem Untergrund und bisweilen auf kalten, sumpfigen Standorten.

Thuja occidentalis

Ansprüche: Sonnig bis halbschattig, liebt kühlfeuchte Lagen, empfindlich gegen Hitze und Trockenheit, stadtklimaverträglich, windresistent, schnittverträglich; anpassungsfähig an den Standort, bevorzugt aber frische bis feuchte, nährstoffreiche, sandig-lehmige, kalkhaltige Böden.

Allgemeines: Der Abendländische Lebensbaum ist stark giftig. Ein 1972 in Leelanau County/Michigan vermessener Baum war 34,5 m hoch und hatte einen Stammdurchmesser von 1,1 m.

Verwendung: Anspruchsloses Gehölz für Hecken, Sicht- und Windschutzpflanzungen, auch als Einzelbaum und in Gruppen verwendbar, zur Begrünung sumpfiger Standorte.

Nutzung: Das Holz wird für Telegrafenmasten verwendet, außerdem fertigt man daraus Kanus sowie Zaunpfähle, des Weiteren wird es im Boots- und Schiffsbau genutzt.

Sorten: 'Brabant': 15–20 m hoher und 3–4 m breiter, kegelförmiger, dicht verzweigter Baum. 'Columna', Säulen-Lebensbaum: 5–8 m und bis 1,5 m breiter, schmal säulenförmiger Kleinbaum mit dunkelgrüner Nadelfärbung. 'Smaragd': Kegelförmiger Großstrauch, dicht gedrungen wachsend, 4–6 m hoch und 1–2 m breit, frischgrün, frosthart, windfest, robust. Es gibt noch zahlreiche weitere schwachwüchsige Formen.

Thuja occidentalis 'Columna'

Thuja orientalis L. **(Platycladus o.)** Spach

Morgenländischer Lebensbaum; *engl.* Arborvitae, Oriental thuja; *franz.* Thuya d'Orient, Thuya de Chine; *ital.* Biota; *span.* Tuya oriental; *kroat.* Obicna azijska tuja

Habitus: Meist von Grund auf mehrstämmiger, (5–) 10–15 m hoher und 2–4 m breiter Strauch oder Baum mit dichter, konischer oder kegelförmiger, im Alter breiter oder gerundeter Krone. Stämme 50–75 cm dick. Äste aufrecht stehend(!), wechselständig verzweigt.

Rinde: Grau- bis rotbraune, sich in Streifen ablösende, dünne Borke.

Blätter: Immergrün schuppenförmig, gegenständig, den Zweigen dachziegelartig anliegend, frischgrün, oft gelblich grün, an den Hauptsprossen 7–8 mm lang, stumpf oder zugespitzt.

Blüten: 1-häusig; männliche Blüten, 2 mm lang, hellgelb; weibliche Blütenstände unscheinbar, 1,5 mm lang; März–April.

Früchte: Zapfen eiförmig bis kugelig, 2 cm lang, mit 6–8 Schuppen, diese sind mit auffälligen, horn- oder hakenartigen Fortsatz versehen, eintrocknend und weit spreizend.

Verbreitung und Standort: Nord- und Westchina, Mandschurei und Nordpersien. Auf mittel- bis tiefgründigen, humosen, feuchten, aber gut durchlässigen Lehmböden, auf basischem wie auf saurem Gestein.

Ansprüche: Sonne bis lichter Schatten, mäßig frosthart, mäßig trockene bis frische, durchlässige Lehm-

Thuja orientalis

Thuja orientalis

Thuja plicata

Thuja plicata

böden, schwach sauer bis alkalisch, verträgt keine Vernässung.

Allgemeines: Der Morgenländische Lebensbaum wurde zwischen 1690 und 1730 nach Europa eingeführt.

Verwendung: Für Einzelstellung und lockere Gruppen in Garten und Parkanlagen, dekorativ und etwas formal wirkend.

Weitere Sorte: 'Aurea': Anfangs säulenförmiger, später schmal kegelförmiger Großstrauch, 2–4 (–6) m hoch und bis 1,5 m breit, schuppenförmige Nadeln dichtstehend, intensiv goldgelb gefärbt, nicht vergrünend.

Thuja plicata J. Donn ex S. Don

Riesen-Lebensbaum; *engl.* Western red cedar, Giant arborvitae; *franz.* Thuya géant de Californie; *ital.* Tuia gigantesca; *span.* Tuya gigante, Àrbol de la vida gigante, „Cedro" rojo del Pacifico; *kroat.* Golena tuja

Habitus: Mittelgroßer, bis 15 m, in der Heimat 30–50 m hoher und 4–8 m breiter Baum mit anfangs schmal kegelförmiger, im Alter säulenförmiger Krone. Am heimatlichen Standort erreichen die Stämme 1–2 m, mitunter bis 4 m im Durchmesser. Äste überwiegend horizontal abstehend oder überhängend, bei Sorten auch aufwärts strebend, im Freistand bis zum Boden beastet. Aus bodennahen Ästen bilden sich bewurzelnde Schleppen; Zweige meist waagrecht stehend, alternierend verzweigt. Riesen-Lebensbäume können ein Alter von 500–600, möglicherweise bis 1000 Jahre erreichen.

Rinde: Borke 1–2 cm dick, längsstreifig, hell zimt- bis dunkel rotbraun, Schuppenborke.

Blätter: Immergrün, schuppenförmig, an Haupttrieben 6–8 mm lang; auf der Sprossoberseite glänzend grün, Spross unterseits graugrün mit silbergrauer Zeichnung; zerriebene Blätter aromatisch riechend, im Winter grün bleibend. Lebensdauer der Nadeln 2–3 Jahre.

Blüten: 1-häusig; männliche Blüten eiförmig, 1–2 mm groß, gelblich bis dunkelbraun; weibliche Blütenstände unscheinbar, 1,8–2,2 mm lang, grünlich, rosafarben überlaufen; März–April.

Früchte: Zapfen länglich-elliptisch, 1,5–2 cm lang.

Wurzel: Flachwurzler mit oberflächennahem, dichtem Wurzelgeflecht.

Verbreitung und Standort: Pazifisches Nordamerika, Küstenregion von Südalaska, West-British Columbia, Washington, Oregon bis zum nördlichen Kalifornien sowie in den nordwestlichen Rocky Mountains. An Flussläufen und in Schluchtwäldern, oberhalb von 1500 m meist nur noch strauchförmig. Selten in Reinbeständen, meist vergesellschaftet mit Küsten-Mammutbaum, Sitka-Fichte, Douglasie, Riesen-Tanne und Lawsons Scheinzypresse. Auf feuchten bis nassen, auch sumpfigen, meist schwach sauren Böden, in niederschlagsreicher, luftfeuchter Klimalage.

Ansprüche: Sonne bis lichter Schatten, hitzeempfindlich, liebt kühl-feuchte Plätze, meist frosthart; frische bis feuchte Böden, sauer bis schwach alkalisch, auf nährstoffreichen Böden, hitzeempfindlich.

Verwendung: Einzelstellung und Gruppengehölz, auch für Sichtschutzpflanzungen und Hecken geeignet.

Nutzung: Das leichte, gut spaltbare Holz wird in großem Umfang zur Herstellung von Schindeln verwendet. Auch für Pfosten und Masten, als Konstruktionsholz, als Material in der Böttcherei, aber auch zur Fertigung von Gartenmöbeln, Fenstern und Türen sowie als Material für Holzzäune wird es herangezogen. Aus dem ätherischen Öl der Blätter gewinnt man Grundsubstanzen für Produkte in der kosmetischen Industrie, u. a. für Seifen, Parfums, Desodoranzien, Schuhpflegemittel und Insektizide. Für die Indianer des Nordwestens war der Riesen-Lebensbaum von großer praktischer Bedeutung. Sie nutzten das Holz als Baumaterial, verwendeten es zum Schnitzen ihrer hohen, bunt bemalten Totem-Pfähle und stellten aus ausgehöhlten Stämmen Kanus her.

Sorten: 'Atrovirens': 12–15 m hoher, dicht und straff kegelförmig wachsender, mittelhoher Baum, 3–5 m breit, dunkelgrüne, auffallend glänzende Schuppenblätter. 'Aurescens': Kegelförmiger Kleinbaum, 8–10 m hoch und 3–4 m breit, gelbgrün bis weißlich gestreifte Schuppenblätter. 'Excelsa': Schlank kegelförmiger, locker verzweigter mittelgroßer Baum, 12–15 m hoch und 3–4 m breit, frisch- bis dunkelgrüne Schuppenblätter, bleibt auch im Alter kegelförmig, stadtklimaverträglich.

Thuja plicata

Thuja plicata

Weitere Art:

Thuja standishii (Gor.) Carr., Japanischer Lebensbaum. Kleiner bis mittelgroßer, 8–12 (–20) m hoher und 4–7 m breiter, kegelförmiger Baum, Äste unregelmäßig verteilt, überhängend. Schuppenblätter immergrün, gelbgrün, scharf riechend; Zapfen eiförmig. Als junge Pflanze empfindlich, spätfrostgefährdet, dekorative Thujen-Art für Einzelstellung oder Gruppenpflanzung in geschützten Garten- und Parkanlagen.

Thujopsis Hibalebensbaum

Hibalebensbaum; *engl.* Hiba; *franz.* Thuya jiba; *span.* Hiba; *kroat.* Hiba
Familie: Cupressaceae, Zypressengewächse

Immergrüner, bis 10 m hoher Baum oder Strauch, ähnlich den Thujen. Die gegenständigen, glänzenden, frischgrünen schuppenförmigen, 4–6 mm langen Blätter sind unterseits auffallend weiß gezeichnet. Die etwa 1,5 cm großen Zapfen bestehen aus dornigen Zapfenschuppen.

Thujopsis dolabrata (L. f.) Siebold et Zucc.

Hibalebensbaum; *engl.* Hiba; *franz.* Thuya jiba; *span.* Hiba; *kroat.* Japanska hiba

Habitus: Langsam wachsender kleiner Baum oder auch mehrstämmiger Großstrauch, in England 15–20 m, in der Heimat bis 35 m hoch, in Mitteleuropa höchstens bis 10 m hoch und 4–5 m breit, mit kegelförmiger, dichter Krone und waagrecht bis bogig aufsteigenden Ästen; Stamm dünn (in der Heimat 1–1,5 m dick) und meist bis zum Boden beastet. Zweige abgeflacht und fächerartig verzweigt, von den Blättern völlig umkleidet.

Rinde: Borke rotbraun, sich in feinen Streifen lösend.

Blätter: Immergrün, schuppenförmig, 4–8 mm lang, gegenständig, abgeflacht, ledrig, sich dachziegelartig deckend, oberseits glänzend grün, unterseits weiß gefleckt. Lebensdauer der Nadeln 2–6 Jahre.

Blüten: 1-häusig, Blüten endständig. Männliche Blüten zylindrisch, 5–7 mm lang; weibliche Blütenstände unscheinbar.

Früchte: Zapfen breit eiförmig, anfangs blaugrün, zur Reife braun, aus 6–8 gegenständigen Schuppen gebildet.

Wurzel: Flachwurzler.

Verbreitung und Standort: Japan, als Unterholz in feucht-kühlen Gebirgswälder, in Höhenlagen um 3000 m.

Ansprüche: Sonne bis Halbschatten, hitzemeidend, wärmeliebend, frosthart, bevorzugt kühl-luftfeuchte Standorte; tiefgründige, frische bis feuchte, sandig humose, saure bis alkalische Böden.

Allgemeines: Der Hibalebensbaum wurde von Ph. F. von Siebold 1853 nach Europa eingeführt.

Verwendung: Durch die glänzenden Schuppenblätter ist der Hibalebensbaum eine sehr dekorative Pflanze für Einzel- und Gruppenpflanzung in Gärten, Parkanlagen und Friedhöfen.

Nutzung: Thujopsis-Zweige sind ein guter Vasenschmuck.

Sorten: 'Variegata': Langsamwüchsige Sorte mit weißbunten Nadeln. 'Nana': Flachwachsende, dichtbuschige Zwergform.

Thujopsis dolabrata

Thujopsis dolabrata

Torreya Nusseibe

Nusseibe, Stinkeibe; *engl.* Nutmeng Yew; *franz.* If puant, Muscadier de Californie; *kroat.* Toreja
Familie: Taxaceae, Eibengewächse

Kleine Bäume oder große Sträucher, an Taxus erinnernd, sie besitzen aber wesentlich längere, steife, stechende Nadeln mit hellbraunen Stomabändern auf den Unterseiten. Der etwa nussgroße Same ist fast zur Gänze von dem anfangs grünen, später braunen, fleischigen Samenmantel eingehüllt. Die Gattung ist mit 6 Arten in Nordamerika und Ostasien vertreten.

Torreya nucifera (L.) Siebold et Zucc.

Japanische Nusseibe; *engl.* Japanese torreya; *franz.* If puant; *kroat.* Japanska toreja
Habitus: In Mitteleuropa meist strauchig wachsend, 3–4 m hoch und breit, seltener baumförmig bis 8 m; breit kegelförmige Krone, Äste in mehr oder minder regelmäßigen Scheinquirlen, meist etwas hängend; in der Heimat 20–25 m hoher Baum mit breit kegelförmiger Krone und Stämmen von 0,5–1,5 m Dicke.
Rinde: Flach gefurchte, sich schuppig ablösende Borke.
Blätter: Immergrün, nadelförmig bis 3 cm lang, stark abgeflacht, steif und ledrig, stechend(!), gestielt; unterseits hellgrün; beim Zerreiben intensiv harzig duftend. Lebensdauer der Nadeln 3–6 Jahre.
Blüten: Eingeschlechtlich, 2-häusig verteilt. Männliche Blüten zahlreich, einzeln blattachselständig an vorjährigen Seitenzweigen; weibliche Blüten sitzend, paarweise blattachselständig am Grund kurzer Seitensprosse, unscheinbar; Mai.
Früchte: Hartschaliger, etwa 2,5 cm langer und 1,5 cm breiter Samen, von grünen, oft rötlich überlaufenen Samenmantel (Arillus) bis auf eine kleine Öffnung zur Gänze eingehüllt.
Verbreitung und Standort: Japan. In wintermilder, feuchter und luftfeuchter Klimalage der Gebirge, vor allem in der Laubwaldstufe zwischen 500 und

Torreya nucifera

Torreya californica

Torreya californica

1000 m, vergesellschaftet mit Japanischer Eibe und Kopfeibe.

Ansprüche: Sonnige bis halbschattige Standorte; nährstoffreiche, mäßig feuchte, lockere Böden, mäßig sauer bis stark alkalisch, kalkliebend, wintermilde Lagen (Weinbau-Klima).

Allgemeines: Die Japanische Nusseibe wurde 1712 von E. Kaempfer entdeckt. Benannt ist die Gattung nach dem amerikanischen Botaniker J. Torrey (1796–1873); der Artname „nucifera“ bedeutet „Nüsse tragend“ und bezieht sich auf die Samen.

Verwendung: Zierstrauch oder kleiner Baum in Parks und Historischen Gärten.

Nutzung: Das Holz ist hart, geradfasrig, angenehm duftend und ist sehr dauerhaft, es wird vor allem in der Kunsttischlerei geschätzt. Die Früchte werden in Japan als „Kayanüsse“ bezeichnet und gegessen, sie schmecken angenehm, mit leicht harzigem Beigeschmack; das Öl der Samen wird zum Kochen verwendet.

Weitere Arten:

Torreya californica Torr., Kalifornische Nusseibe. Ist der japanischen Nusseibe ähnlich, jedoch sind deren Nadeln mit 3–8 cm Länge wesentlich größer, auch die Samen sind größer und rundlich.

Torreya grandis Fortune, Chinesische Nusseibe. Wird in der Heimat ein bis 25 m hoher Baum, bei uns nur starkwüchsiger Strauch, die Nadeln sind oberseits dunkelgrün, der Samenmantel rotbraun.

Tsuga Hemlocktanne

Hemlocktanne, Schierlingstanne; *engl.* Hemlock, Hemlock spruce; *franz.* Pruche; *ital.* Tsuga; *span.* Tsuga; *kroat.* Cuga
Familie: Pinaceae, Kieferngewächse

Immergrüne, breit bis schmal kegelförmig wachsende Bäume bis ca. 15 m Höhe, sind meist raschwüchsig und oft mehrstämmig. Nadeln sind kurz, 2-zeilig, vereinzelt aber auch an der Zweigoberseite angeordnet. Die 1–2 cm kleinen Zapfen an den Zweigenden zerfallen nicht, sondern bleiben meist ein 2. Jahr am Baum. Hemlocktannen sind feuchtigkeitsliebende, schattentolerante Bäume. Die etwa 14 Arten sind im gemäßigten Nordamerika und Ostasien beheimatet.

Tsuga canadensis (L.) Carrière

Kanadische Hemlocktanne; *engl.* Eastern Hemlock; *franz.* Sapin cigue, Sapin du Canada; *ital.* Tsuga canadense; *span.* Tsuga de Canadá, Tsuga oriental; *kroat.* Kanadska cuga
Habitus: Locker aufgebauter, mittelgroßer bis großer Baum, 15–20 (–30) m hoch und 6–8 (–12) m breit, Krone breit kegelförmig, Stamm durchgehend bis zur Spitze, oft auch mehrstämmig wachsend, bis zum Boden beastet, Stämme gelegentlich gebogen, Äste horizontal, Zweige zierlich übergeneigt, mit nickenden Zweigspitzen, junge Krone mit überhängendem Gipfeltrieb, Stämme 0,5–1 m dick. Kann bis 1000 Jahre alt werden.
Rinde: Längsrissige, graubraune bis schwarzbraune, korkige Schuppenborke.
Knospen: Eiförmig, zugespitzt, 1,5–2 mm lang.
Blätter: Immergrün, nadelförmig, Nadeln 1–1,8 cm lang, bis 1,5 mm breit, Spitze abgerundet, oberseits glänzend dunkelgrün, unterseits weiß gestreift, schraubig und dicht, fast regelmäßig 2-zeilig stehend; zusätzliche Nadeln an der Zweigoberseite. Lebensdauer der Nadeln 5–6 Jahre.

Tsuga canadensis

Tsuga canadensis

Tsuga canadensis

Tsuga canadensis

Blüten: 1-häusig; männliche Blüten blattachselständig, fast kugelig, 3 mm groß, gelb; weibliche Blütenstände endständig an vorjährigen Zweigen, 6 mm lang, blassgrün; Mai.

Früchte: Zapfen 1,5–2,5 cm lang, kurz gestielt, hängend, unreif grün, später hellbraun; im 1. Jahr reifend, aber erst im 2. Jahr abfallend.

Wurzel: Anfangs tief gehende Pfahlwurzel, später flach und weitstreichendes, oberflächennahes Wurzelsystem, gegen Bodenverdichtung empfindlich.

Verbreitung und Standort: Nordöstliches Nordamerika. In feuchter und kühler Klimalage von der Ebene bis in Gebirgslagen von 1700 m; vorwiegend an Ost- und Nordhängen geschützter, schattiger Lagen; Reinbestände bildend oder vergesellschaftet mit Weymouth-Kiefer, Rot- und Schimmel-Fichte sowie Gelb-Birke. In den Appalachen in Laub- und Nadelmischwäldern. Auf feuchten, gut wasserdurchlässigen, tiefgründigen, nährstoffreichen Lehmböden, auf basischem als auch auf saurem Untergrund.

Ansprüche: Halbschattig bis schattig, kühlfeuchte Lagen, frosthart, hitze- und trockenheitsempfindlich; frische bis mäßig feuchte, nicht zu schwere Böden, sauer bis neutral, etwas kalkverträglich, ist gut schnittverträglich, nicht im städtischen Bereich, empfindlich gegenüber Luftverschmutzung.

Allgemeines: Die Kanadische Hemlocktanne gelangte um 1730 nach Europa. Der Gattungsname „Tsuga“ = japanischer Name, „canadensis“ bedeutet aus Kanada stammend. Die Gattung Tsuga war im Tertiär auch in Mitteleuropa heimisch und starb während der Eiszeit aus.

Verwendung: Außergewöhnlicher, eleganter Baum, als Gruppen- und Einzelpflanze für große Gärten und Parks. Lässt sich gut mit Rhododendren und Azaleen kombinieren.

Nutzung: Das Holz ist im Splint gelblich weiß, im Kern gelb- bis rotbraun, weich und leicht, spröde, grobfasrig und stark schwindend. Es findet als Bau- und Konstruktionsholz Verwendung und wird auch in der Zellstoff- und Papierindustrie verarbeitet.

Sorten: Hänge- und Zwergformen.

Tsuga heterophylla (Raf.) Sarg.

Westliche Hemlocktanne; *engl.* Western Hemlock; *franz.* Tsuga de L'Ouest, Pruche de l'Ouest; *ital.* Tsuga del Pacifico; *span.* Tsuga hererófila, Tsuga del Pacifico, Tsuga de Alberta; *kroat.* Zapadnoamericka cuga

Habitus: Mittelgroßer bis großer Baum, 15–25 m, in der Heimat bis 60 m hoch und 8–12 (–15) m breit, mit durchlaufendem Stamm, lockerer, breit kegelförmiger Krone, Äste horizontal, Zweige an der Spitze elegant bogig überhängend. Stamm langschäftig, am heimatlichen Standort 1–3 m im Durchmesser.

Rinde: Borke bis 3 cm dick, tief gefurchte, hell rötlich braune Schuppenborke.

Blätter: Immergrün, nadelförmig, meist locker gestellt, linealisch, Nadeln flach und weich, ungleich lang, obere Reihe 0,5–1 cm, untere Reihe bis 2 cm lang, Spitze stumpf abgerundet, oben glänzend grün.

Blüten: 1-häusig; männliche Blüten blattachselständig, kugelig, 5–6 mm groß, gelb; weibliche Blütenstände endständig, eiförmig, 6 mm lang, purpurviolett; April–Mai.

Früchte: Zapfen ungestielt, oval, 2–2,5 cm lang, 1–2 cm breit, hell- bis rotbraun. Im 1. Jahr reifend, aber erst im Sommer des 2. Jahres abfallend.

Wurzel: Anfangs tief gehende Pfahlwurzel, später flaches und weitstreichendes, oberflächennahes Wurzelsystem; gegen Bodenverdichtung empfindlich.

Verbreitung und Standort: Nordwestliches Nordamerika. In milder, luftfeuchter Klimalage von der Ebene bis in Gebirgslagen. Reinbestände bildend oder in Nadelmischwäldern mit Lebensbaum, Mammutbaum und Fichten. Auf nährstoffreichen, tiefgründigen, gut drainierten Böden wachsend.

Ansprüche: Halbschattig bis schattig, kühlfeuchte Lagen, frosthart, hitze- und trockenheitsempfindlich; frische bis mäßig feuchte, nicht zu schwere Böden, sauer bis neutral, kalkfreie Standorte; nicht im städtischen Bereich, empfindlich gegenüber Luftverschmutzung, benötigt windgeschützten Standort.

Allgemeines: Die Westliche Hemlocktanne wurde 1826 von D. Douglas entdeckt und 1851 von J. Jeffrey in Schottland eingeführt. Der Artname „heterophylla" bedeutet „verschiedenblättrig" und bezieht sich auf die unterschiedliche Länge der Nadeln.

Verwendung: Noch schöner und eleganter als die Kanadische Hemlocktanne, jedoch anspruchsvoller. Starkwüchsiges Forstgehölz.

Nutzung: Die Westliche Hemlocktanne liefert eines der besten Hölzer zur Herstellung von Papier, Pappe und Kunstfasern. Es ist als Konstruktionsholz gut geeignet. Des Weiteren liefert es Schwellen, Grubenholz und Brückenpfeiler, dient zur Produktion von Kisten, Lattenverschlägen. Auch Möbel, Dielen und Deckenverkleidungen werden daraus gefertigt. In früheren Jahrhunderten verwendeten die Bewohner der Pazifikküste die tanninreiche Borke zum Gerben. Aus der Rinde extrahierte man außerdem Farbstoffe, aus dem Holz schnitzte man Löffel, Schalen, Keile, Haken und Lanzenschäfte.

Tsuga mertensiana

Weitere Arten:

Tsuga diversifolia (Maxim.) Mast., Japanische Hemlocktanne; *engl.* Northern Japanese Hemlock; *franz.* Tsuga du Japon. Dekorativer Großstrauch oder kleiner Baum mit kegelförmiger Krone, 5–7 m hoch und 4–6 m breit (in der Heimat bis 25 m hoch), Äste waagerecht ausgebreitet, nach außen überhängend, im Alter breit pyramidale, kompakt-buschige Wuchsform, langsamwüchsig. Nadeln 0,5–1,5 cm lang, ungleich lang, sehr dicht stehend, gescheitelt; Zapfen hängend, kugelig bis eiförmig, 2 cm lang, dunkelbraun; frosthärteste Art, kalkfliehend. Japan; in milden, feuchten Gebirgslagen; in Höhenlagen von 2000–2500 m oft Reinbestände bildend.

Tsuga mertensiana (Bong.) Carrière. Berg-Hemlocktanne; *engl.* Mountain Hemlock; *franz.* Tsuga des montagnes. Schmal kegelförmig wachsender Kleinbaum, 8–10 m hoch und 4–6 m breit, Äste in der Jugend kurz, Krone schmal und schlank, später mehr ausgebreitet, langsamwüchsig, Nadeln 1–2 cm lang, blaugrün bis blau, rund um den Trieb stehend, Nadelbild an Zedern erinnernd. Zapfen länglich bis zylindrisch, 5–8 cm lang. Ansprüche wie *T. canadensis*.

Tsuga sieboldii Carrière. Aragi-Hemlocktanne, Südjapanische Hemlocktanne, *engl.* Southern Japanese Hemlock. In der Heimat bis 28 m, in Mitteleuropa nur kleinkroniger, bis etwa 10 m hoher Baum oder breit strauchförmig wachsend. Nadeln 0,6–2,3 cm lang, dunkelgrün glänzend, Zapfen an 4 mm langen Stielen, eirund, 2–2,5 cm lang. Gebirge Mitteljapans bis in Höhen von 800 m ansteigend. Teilweise vergesellschaftet mit Japanischer Sicheltanne, Stewartia und Trochodendron.

Artenregister

* Arten bzw. Sorten werden nur kurz beschrieben.

Acer rubrum	Rot-Ahorn	Red maple	Erable rouge			Crveni javor	14
Acer saccharinum	Silber-Ahorn	Silver maple	Erable argenté	Acero bianco americano	Arce plateado, Arce blanco americano, Arce sacarino	Srebrnolisni javor	15
Acer saccharum	Zucker-Ahorn	Sugar maple	Erable à sucre		Arce azucarero	Secerni javor	16
Acer tataricum subsp. ginnala*	Feuer-Ahorn	Amur maple	Erable du fleuve Amour		Arce de Manchuria		18
Aesculus × carnea	Rotblühende Rosskastanie	Red horse chestnut	Marronnier rouge		Castano de Indias rojo	Ruzicasti kestenovac	20
Aesculus flava	Gelbe Rosskastanie	Yellow buckeye	Marronnier jaune			Zuto kestenovac	21
Aesculus hippocastanum	Gewöhnliche Rosskastanie	Horse chestnut	Marronnier d'Inde		Castano de Indias común	Obicni kestenovac	22
Aesculus × neglecta	Carolina-Rosskastanie	Sunrise horse chestnut	Marronnier aurore				23
Ailanthus altissima	Götterbaum	Tree of heaven	Ailante	Ailanto	Ailanto, Àrbol del cielo, àrbol de los dioses, Falso Zumaque	Obicni pajasen	24
Albizia julibrissin	Seidenbaum, Albizie	Silk tree, Pink siris	Acacia de Constaninople			Swilenasta albicija	26
Alnus cordata	Italienische oder Neapolitanische Erle	Italien alder	Aulne de Corse	Ontano neapolitano	Aliso, Homero	Srcrolisna joha	27
Alnus glutinosa	Schwarz-Erle	Common alder	Aulne glutineux		Aliso comun, Alno	Crna joha	28
Alnus incana	Grau-Erle	Grey alder	Aulne blanc	Alno bianco	Aliso gris, Aliso blanco, Aliso cano	Bijela joha	29
Alnus × spaethii	Spaeths Erle	Spaeths alder	Aulne de Spaeth				29
Amelanchier laevis	Kahle Felsenbirne	June berry, Service berry	Amelanchier du Canada				30
Amelanchier lamarckii	Kupfer-Felsenbirne	June berry, Amélanchier du Canada	Pero corvino			Alleghenska rusvica	30
Betula albosinensis	Kupfer-Birke	China paper birch, Red bark birch	Bouleau		Abedul chino de corteza roja	Kineska breza	32
Betula ermanii	Gold-Birke, Ermans Birke	Erman's birch, Russian rock birch	Bouleau du Japon		Abedul de Erman	Ermanova breza	32
Betula maximowicziana	Maximowicz-Birke	Japanese red birch, Monarch birch	Bouleau monarque		Abedul de Maximowicz	Maximowiczeva breza	33
Betula nigra	Schwarz-Birke, Fluss-Birke	black Birch, River birch	Bouleau noir		Abedul negro americano, Abedul fluvial, Abedul de agua	Mrka breza	34

lat. Name	deutsch	engl.	franz.	ital.	span.	kroat.	Seite
Betula papyrifera	Papier-Birke	Canoe birch, Paper birch	Bouleau à canots, Bouleau à papier		Abedul de los cànoes, Abedul papyrifero	Papirokora breza	34
Betula pendula	Hänge-Birke, Sand-Birke	European white birch, White birch	Bouleau blanc, Bouleau verruqueux		Abedul común, Abedul de europa, Abedul verrugoso, Abedul péndulo	Obicna breza	35
Betula pubescens	Moor-Birke	Downy birch, White birch	Bouleau pubescent	Betulla pubescente	Abedul pubescernte	Cretna breza	37
Betula utilis var. jaquemontii	Weißrindige Himalaja-Birke	Himalajan birch	Bouleau de l'Himalaya			Jaquemontova breza	38
Broussonetia papyrifera	Papier-Maulbeerbaum	Paper mulberry				Papirokori dudovac	39
Carpinus betulus	Hainbuche, Weißbuche	Common hornbeam	Charme commun, Charmille	Carpino bianco	Carpe blanco, Carpe europeo	Obicni grab	40
Carya cordiformis	Bitternuss	Bitternut hickory, Swamp hickory				Gorka karija	43
Carya illinoinensis	Pecannuss, Pekan	Pecan, Sweet pecan				Slatka karija	43
Carya ovata	Schuppenrinden-Hickory	Shagback hickory, Scalybark hickory			Hicoria ovada	Obicna karija	44
Castanea sativa	Edelkastanie, Marone, Echte Kastanie	Spanish chestnut, Sweet chestnut	Chataignier commun	Castagno	Castano	Europski piomi kesten	46
Catalpa bignonioides	Gewöhnlicher Trompetenbaum, Bohnenbaum, Zigarrenbaum	Indian bean tree	Catalpa commun, Catalpa de la Caroline	Catalpa americana	Catalpa	Obicna katalpa	48
Catalpa ovata	Kleinblütiger Trompetenbaum	Ovate catalpa				Kineski katalpa	49
Catalpa speciosa	Westlicher Trompetenbaum	Western catalpa, Cigartree und Indian bean	Catalpa élégant, Bois chavanon	Catalpa cordifolia		Scrolisna katalpa	50
Celtis australis	Südlicher Zürgelbaum	Nettle tree, European nettle tree	Micocoulier de Provence	Arcidiavolo, Bagolaro	Almez, Aligonero, Latonero	Obicni koprivic	51
Celtis occidentalis	Abendländischer Zürgelbaum	Hackberry	Micocoulier occidentale	Micocoulier occidentale		Americki koprivic	52
Cercidiphyllum japonicum	Kuchenbaum, Katsurabaum	Katsura tree				Japanska sladika	53
Cercis canadensis	Kanadischer Judasbaum	Eastern redbud, Redbud	Arbre de Judée			Kanadski judic	54

Cercis siliquastrum	Gewöhnlicher Judasbaum	Judas tree	Arbre de Judée, Gainier	Albero di Guida, Siliquastro	Ciclamor, Àrbol del amor, Algarrobo loco, Àrbol de Judas	Obicni judic	54
Cladrastis lutea	Amerikanisches Gelbholz	Yellowwood	Virgilier à bois jaune			Kentakijsko zuto drvo	56
Cornus alternifolia	Wechselblättriger Hartriegel	Alternate-leaf dogwood, Pagoda dogwood	Cornouiller à feuilles alternes			Americki crni drijen	57
Cornus controversa	Pagoden-Hartriegel	Giant dogwood	Cornouiller discuté, Cornouiller des pagodes			Azijski crni drijen	57
Cornus florida	Blumen-Hartriegel	Flowering dogwood, Eastern flowering dogwood	Cornouiller à fleurs, Cornouiller de Floride	Corniolo americano		Velecvjetni drijen	58
Cornus kousa	Japanischer Blumen-Hartriegel	Japanese dogwood	Cornouiller kousa			Japanski velecvjetni drijen	60
Cornus mas	Kornelkirsche, Dierlitze, Herlitze	Cornelian cherry	Cornouiller mâle	Crogiolo	Cornejo macho	Tvrdi drijen	61
Cornus nuttalii	Nuttalls Blumen-Hartriegel	Mountain dogwood, Pacific dogwood	Cornouiller de Nuttall			Nuttallov drijen	62
Corylus colurna	Baum-Hasel, Türkische Hasel	Turkish hazel, Turkish filbert	Noisetier en arbre, Noisetier de Bysance	Nocciolo mediterraneo	Avellano mediterráneo, Avellano arbóreo, Avellano turco	Medvjeda lijeska	63
Crataegus azarolus	Welsche Mispel						69
Crataegus crus-galli	Hahnensporn-Weißdorn	Cockspur thorn, Hog-apple, Newcastle-thorn	Aubépine ergot de coq			Ostrugasti glog	65
Crataegus laciniata	Orientalischer Weißdorn						69
Crataegus laevigata	Zweigriffeliger Weißdorn	Midland hawthorn	Aubépine à deux styles	Biancospino	Espino navarro, Majuelo de dos huesos	Obicni glog	65
Crataegus monogyna	Eingriffeliger Weißdorn	Common hawthorn, May tree	Aubépine monogyne, Epine blanche	Biancospino	Espino albar, Espino blanco, Majuelo	Bijeli glog	67
Crataegus pedicellata	Scharlach-Weißdorn	Scarlet hawthorn				Grimizni glog	68
Crataegus persimilis	Pflaumenblättriger Weißdorn	Hawthorn				Sljivolisni glog	68
Crataegus phaenopyrum	Washington-Weißdorn						69
Crataegus pinnatifida	Fiederblättriger Weißdorn						69
Crataegus × lavallei	Apfeldorn, Lederblättriger Weißdorn	Lavell hawthorn				Lavalléeov hibridni glog	66

lat. Name	deutsch	engl.	franz.	ital.	span.	kroat.	Seite
Davidia involucrata	Taubenbaum, Taschen-tuchbaum	Dove tree, Ghost tree, Handkerchief tree				Kineska davidija	70
Elaeagnus angustifolia	Schmalblättrige Ölweide, Russische Olive	Russian olive	Chalet	Olivo di Boemia		Uskolisna maslinica	72
Eucommia ulmoides	Guttaperchabaum	Gutta percha tree	Arbre á Gutta-Percha			Pruzac	73
Fagus grandifolia*	Amerikanische Buche						77
Fagus orientalis*	Orient-Buche				Haya oriental, Haya del Asia Menor		77
Fagus sylvatica	Rot-Buche	Common beech, European beech	Fayard, Hêtre commun	Faggio	Haya común	Obicna bukva	74
Ficus carica	Echte Feige	Fig, Fig tree	Figuier commun	Fico	Higuera	Obicna smokva	78
Fraxinus americana*	Weiß-Esche						82
Fraxinus angustifolia	Schmalblättrige Esche	Narrow leaved ash			Fresno de hoja estrecha, Fresno del Sur	Poljski jasen	79
Fraxinus excelsior	Gewöhnliche Esche, Hohe Esche	Common ash, European ash	Frêne, Frêne commun, Fraisne, Fresne, Fraine commun	Frassino	Fresno común, Fresno grande	Obicni jasen	79
Fraxinus ornus	Blumen-Esche, Manna-Esche	Flowering ash, Manna ash	Frêne á fleurs, Frêne á manne	Orniello	Orno, Fresno del maná, Fresno florido	crni jasen, krsky jasen	81
Fraxinus paxiana*	Chinesische Blumen-Esche						82
Gleditsia triacanthos	Amerikanische Gleditschie, Dreidorniger Lederhülsenbaum	Honey locust, Sweet locust, Thorny locust	Févier d'Amérique	Spino di Guida	Gleditsia de tres espinas	trobodni trnovac, gledicija	83
Gymnocladus dioicus	Amerikanischer Geweih-baum, Kanadischer Schusserbaum	Kentucky coffe-tree, chicot			Gimnoclado dioico	kentakijski gimnokladus, lubovac	85
Halesia carolina*	Carolina-Schneeglöck-chenbaum, Maiglöckchen-strauch						86
Halesia diptera*	Zweiflügeliger Schnee-glöckchenbaum						86

Halesia monticola	Berg-Schneeglöckchen-baum	Mountain silverbell, Snowdrop tree	Halésia			brdska halezija	86
Hippophae rhamnoides	Gewöhnlicher Sanddorn	Sea buckthorn	Argousier, Saule épineux	Olivello spinoso	Espino amarillo	Krkavinasti vucji trn	88
Idesia polycarpa	Orangenkirsche	Igiri tree	Idésia			Idezija	90
Ilex altaclerensis*	Großblättrige Stechpalme		Houx de Highclere				92
Ilex aquifolium	Gewöhnliche Stechpalme, Hülse	Holly, English holly	Houx commun	Agrifoglio	Acebo, Agrifolio	Obicna bozika, Bozikovina	91
Ilex crenata*	Japanische Hülse						92
Ilex × meservae*							92
Juglans ailantifolia*	Japanische Walnuss						95
Juglans cinerea*	Butternuss						95
Juglans microcarpa*	Felsennuss						95
Juglans nigra	Schwarznuss, Schwarze Walnuss	American walnut, Eastern black walnut, Black walnut	Noyer noir	Noce nero americano	Nogal nero americano	Crni orah, Morsi orah	93
Juglans regia	Walnuss, Welschnuss	Walnut	Noyer commun	Noce commune	Nogal común, Nogal europeo, Nogal espanol	Obicni orah, Bieli orah	94
Koelreuteria paniculata	Blasenbaum, Blasenesche	Golden rain tree	Koelreuteria, Savonnier			klepetac, kelreuterija	96
+ Laburnocytisus adamii*	Geißklee-Goldregen						99
Laburnum alpinum	Alpen-Goldregen	Scotch laburnum	Cytise des Alpes	Laburno di monte	Codeso d los Alpes	planinski negnjil, gorska zanovijet	98
Laburnum anagyroides	Gewöhnlicher Goldregen, Bohnenbaum, Kleebaum	Common laburnum, Golden rain, Golden chain	Aubour, Faux-ébénier	Laburno, Maggiociondolo	Laburno, Citiso, Lluvia de oro, Falso ébano	obicni negnjil, obicna zanovijet	98
Laburnum × watereri*							99
Liquidambar formosana*	Formosa-Amberbaum						101
Liquidambar orientalis*	Orientalischer Amberbaum						101
Liquidambar styraciflua	Amerikanischer Amberbaum	American sweet gum, Red gum	Copalme d'Amérique	Nocino d'Americano		Americki likvidambar, storac	100
Liriodendron chinense*	Chinesischer Tulpenbaum						103
Liriodendron tulipifera	Amerikanischer Tulpenbaum	Tulip tree, Tulip polar, Yellow poplar, Canary whitewood	Tulipier de Virginie	Tulipifero americano	Tulipífero de Virginia, Tulipífero americano, Tulipia	Americki tulipanivac, tulipovac	102

lat. Name	deutsch	engl.	franz.	ital.	span.	kroat.	Seite
Maclura pomifera	Osagedorn, Indianer-Orange, Milch-Orange, Osage-Orange	Osage orange, Bowdark, Bowwood, Hedge apple, Horse apple	Oranger des osages	Maclura		Americka maklura	104
M. acuminata var. subcordata	Gelbe Gurken-Magnolie	Yellow cucumber tree					107
Magnolia acuminata	Blaue Gurken-Magnolie, Gurken-Magnolie	Cucumber tree	Arbre aux concombres, Magnolia á feuilles acu-minèe	Magnolia		Usiljena magnolija	106
Magnolia campbellii	Himalaja-Magnolie						113
Magnolia denudata	Yulan-Magnolie, Lilien-Magnolie	Lily tree, Yulan	Magnolia dénudé	Yulan magnolia		Julanska magnolija	107
Magnolia fraseri	Bergmagnolie						113
Magnolia grandiflora	Immergrüne Magnolie, Großblütige Magnolie	Bull Bay, Evergreen mag-nolia, Southern magnolia	Magnolia à grandes fleurs, Magnolia d'Ameri-que	Magnolia americana	Magnolia común, Magno-lia grandiflora	Velecvjetna magnolija	108
Magnolia kobus	Kobushi-Magnolie, Japani-sche Baum-Magnolie	Kobus magnolia	Magnolia de Kobé		Magnolia kobus, Magno-lia del Norte del Japón	Kobusi-magnolija	108
Magnolia liliiflora	Purpur-Magnolie	Purple magnolia	Magnolia pourpre			Purpurea magnolija	109
Magnolia × loebneri	Loebners Magnolie	Loebner magnolia				Loebnerova hibridna magnolija	110
Magnolia × soulangiana	Tulpen-Magnolie	Lenne's magnolia, Saucer magnolia	Magnolia de Soulange		Magnolia tulípera	Soulangeova magnolija	111
Magnolia tripetala	Schirm-Magnolie	Elkwood, Umbrella magnolia	Magnolia parasol		Magnolia umbelada	Kisobrana magnolija	113
Malus coronaria*	Kronen-Apfel						115
Malus floribunda*	Vielblütiger Apfel						115
Malus × moerlandsi*							116
Malus × purpurea*							116
Malus sargentii*	Sargents Apfel						116
Malus sieboldii*	Siebolds Apfel						116
Malus sylvestris	Holz-Apfel, Wild-Apfel	Apple, Wild crab	Pommier sauvage	Melo selvatico	Manzano silvestre europeo	Divlja jabuka	115

Malus tschonoskii*	Woll-Apfel						117
Mespilus germanica	Echte Mispel	Medlar	Néflier commun	Nespolo	Níspero	Obicna musmula, Mespula	120
Morus alba	Weißer Maulbeerbaum	Silkworm mulberry, White mulberry	Mûrier blanc	Moro, Gelso	Morera blanca, Moral blanco	Bijeli dud	121
Morus nigra	Schwarzer Maulbeerbaum	Black mulberry	Mûrier noir	Gelso nero	Morera negro, Moral negro	Crni dud	122
Nothofagus antarctica	Scheinbuche, Südbuche	Antarctic beech	Hêtre austral, Hêtre de Magellan	Notofagus		Antarkticka pabukva	124
Nyssa sylvatica	Wald-Tupelobaum, Nymphenbaum	Tupelo, Black gum, Sour gum	Tupélo	Tupelo		Sumski rujnolist	125
Nyssa aquatica*	Wasser-Tupelo						126
Olea europaea	Olivenbaum, Ölbaum	Common olive, Olive tree	Olivier	Olivio	Olivo, Aceituno	Maslina	127
Ostrya carpinifolia	Gewöhnliche Hopfenbuche	Europaean hop hornbeam	Ostryer commun, Charme houblon	Carpino nero	Ostria, Carpe negro, Falso carpe	Obicni crnograb	128
Ostrya japonica	Japanische Hopfenbuche						129
Ostrya virginiana	Virginische Hopfenbuche	American hop hornbeam					129
Parrotia persica	Parrotie, Eisenholzbaum	Irontree, Ironwood	Parrotie de Perse	Parrotia		Perzijska parocija	130
Paulownia fargesii							132
Paulownia tomentosa	Chinesischer Blauglockenbaum, Kaiser-Paulownie, Paulownie	Foxglove tree	Paulownia impérial	Paulownia	Paulownia imperial	Carska paulownija	131
Phellodendron amurense	Amur-Korkbaum	Amur cork tree	Phellodendron de l'Amur			Amurski plutasokor, Amurski barhat	133
Platanus × hispanica	Bastard-Platane, Gewöhnliche Platane	London plane	Platane á feuilles d'erable	Platano commune	Plátano híbrido común, Plátano híbrido espanol, Plátano de Londres	Hibridna platana	134
Platanus occidentalis	Nordamerikanische Platane						135
Platanus orientalis	Morgenländische Platane						135
Populus alba	Silber-Pappel	White poplar	Peuplier blanc	Pioppo bianco	Àlamo blanco, Àlamo común, Chopo blanco	Bijela topola	136
Populus balsamifera	Balsam-Pappel	Balsam poplar, Tacamahaca	Peuplier baumier	Pioppo		Balzamna topola	138

lat. Name	deutsch	engl.	franz.	ital.	span.	kroat.	Seite
Populus × berolinensis	Berliner-Pappel	Berlion poplar	Peuplier de Berlin			Berlinska topola	138
Populus × canadensis	Bastard-Schwarz-Pappel, Kanada-Pappel	Canadian poplar	Peuplier grisard, Peuplier hybride euaméricain	Pioppo del Canada		Kanadska topola	139
Populus × canescens*	Grau-Pappel				Àlamo cano, Chopo cano, Àlamo gri		137
Populus lasiocarpa	Großblatt-Pappel	Chinese necklace poplar	Peuplier á fruits velus			Kineska velelisna topola	139
Populus nigra	Schwarz-Pappel	Black poplar	Peuplier noir	Pioppo nero	Àlamo negro, Chopo negro	Crna topola	139
Populus simonii	Birken-Pappel	Cottonwood	Peuplier de Simon			Simonijeva topola	140
Populus tremula	Zitter-Pappel, Espe	Aspen	Peuplier tremble	Pioppo tremulo	Àlamo temblón, Vchopo temblón, Lamparilla	Europska treperava topola	141
Prunus avium	Vogel-Kirsche, Süß-Kirsche	Gean, Mazzard, Wild cherry	Cerisier des oiseaux, Merisier	Ciliego	Cerezo silvestre, Cereszo de monte	Tresnjina prunika	143
Prunus cerasifera	Kirschpflaume, Myrobalane	Cherry plum, Myrobalan plum	Myrobolan, Prunier-cerise			Mirobalanina prunika	144
Prunus cerasus	Sauer-Kirsche, Weichsel	Tree sour cherry	Cerisier aigre	Ciliego agerotte	Cerezo silvestre es el Guindo	Visnjina prunika	145
Prunus × eminens 'Globosa'*	Kugel-Steppenkirsche						146
Prunus maackii	Amur-Trauben-Kirsche						150
Prunus mahaleb	Felsen-Kirsche, Stein-weichsel, Weichsel-Kir-sche	Mahaleb cherry, St. Lucie cherry	Cerisier de Sainte Lucie	Ciliego canino		Raseljkina prunika	147
Prunus padus	Gewöhnliche Trauben-Kir-sche	European bird cherry	Merisier à grappes	Ciliego pado	Cerezo aliso, Cerezo de racimos, Cerezo pado	Stremzina prunika	147
Prunus sargentii	Scharlach-Kirsche, Japani-sche Berg-Kirsche	Sargent's cherry	Cerisier de Sargent			Tresnjina prunika	148
Prunus × schmittii	Schmitts Kirsche						150
Prunus serotina*	Spätblühende Traubenkirsche		Cerisier tardif		Cerezo negro americano		148

Prunus serrula	Tibetische Kirsche, Mahagoni-Kirsche	Birch bark cherry	Cerisier du Tibet			Glatkokora prunika	149
Prunus serrulata	Japanische Blüten-Kirsche	Oriental cherry	Cerisier de collines			Japanska tresnja	151
Prunus subhirtella	Higan-Kirsche	Autumn cherry, Winter flowering cherry	Cerisier d'hivier			Higan-prunika	151
Prunus × yedoensis	Tokyo-Kirsche, Yoshino-Kirsche	Tokyo cherry	Cerisier Yoshino			Tokijska hibridna prunika	153
Prunus virginiana*	Virginische Traubenkirsche						148
Pterocarya fraxinifolia	Kaukasische Flügelnuss	Caucasian wingnut	Ptérocaryer du Cuacase	Noce ad ali	Pterocaria de hojas de fresno, Pterocaria del Cáucaso, Nogal alade común	Kavkaska pterokarija	154
Pterocarya stenoptera	Chinesische Flügelnuss						154
Pyrus calleryana	Chinesische Birne	Pear	Poirier			Kruska	156
Pyrus communis	Garten-Birnbaum, Kultur-Birne	Common pear	Poirier commun		Peral común	Pitoma kruska	156
Pyrus elaeagrifolia*	Ölweidenblättrige Birne						157
Pyrus nivalis*	Schnee-Birne						157
Pyrus pyraster	Wild-Birne, Wilder Birnbaum, Holz-Birne	Wild pear	Poirier sauvage	Perastro	Peral silvestre	Divlija kruska	157
Quercus cerris	Zerr-Eiche	Turkey oak	Chene chevelu	Quercia cerro	Roble cerris, Roble cabelludo, Roble de Turqua	Hrast cer	158
Quercus coccinea	Scharlach-Eiche	Scarlet oak, Red oak, Black oack	Chene écarlate	Quercia;	Roble escarlata	Grimizini hrast	159
Quercus frainetto	Ungarische Eiche	Hungarian oak	Chene de Hongrie	Farnetto	Roble de Hungría	Hrast sladun, Blagun	159
Quercus × hispanica*	Spanische Eiche	Spanish oak	Chene de Lucombe				167
Quercus ilex	Stein-Eiche	Evergreen oak, Holm oak	Chene vert, Yeuse	Leccio	Encina	Crni hrast, Crnika	160
Quercus imbricaria*	Schindel-Eiche	Shingle oak	Chene à feuilles de laurier				167
Quercus libani*	Libanon-Eiche	Lebanon oak	Chene du Liban				167
Quercus macranthera	Persische Eiche	Caucasian oak, Persian oak	Chene de Caucase		Roble del Cáucaso, Roble de Persia	Kavkaski hrast	161
Quercus macrocarpa*	Großfrüchtige Eiche	Burr oak, Mossy cup oak					167

lat. Name	deutsch	engl.	franz.	ital.	span.	kroat.	Seite
Quercus palustris	Sumpf-Eiche	Pin oak, Swamp oak, Spanish oak	Chene de marais		Roble palustre americano, Roble de los pantanos	Camoliki hrast	161
Quercus petraea	Trauben-Eiche, Winter-Eiche	Durmast oak, Sessile oak	Chene rouvre, Chene noir, Chene sessile	Quercia commune, Rovere;	Roble albar, Roble del invierno	Hrast kitnjak, beljik	162
Quercus phellos*	Weiden-Eiche	Willow oak	Chene à feuilles de saule				167
Quercus pontica*	Pontische Eiche	Armenain oak, Pontine oak	Chene d'Arménie				167
Quercus pubescens	Flaum-Eiche	Downy oak, Pubescent oak	Chene pubescent	Quercia lanuginosa, Roverella	Roble pubescente	Roble; kroat. Hrast	164
Quercus robur	Stiel-Eiche, Sommer-Eiche	English oak, Pedunculate oak, Oak	Chene commun, Chene pédonculé	Farnia	Roble carvallo, Roble fresnal	Hrast luznjak, Gorun	164
Quercus rubra	Rot-Eiche	American red oak, Northern red oak, Red oak	Chene rouge d'Amerique	Quercia rossa	Roble boreal rojo americano, Roble rojo del Norte	Crveni hrast	166
Quercus suber*	Kork-Eiche	Cork oak	Chene-liège		Alcornoque medierraneo		167
Quercus × turneri*	Wintergrüne Eiche						168
Quercus variabilis*	Chinesische Kork-Eiche	Oriental corkoak					168
Quercus velutina*	Färber-Eiche						168
Rhus glabra*	Scharlach-Sumach						170
Rhus typhina	Essigbaum, Hirschkolben-Sumach	Stag's horn sumach	Sumac amarante, Sumac de Virginie			Kiseli ruj	169
Robinia pseudoacacia	Gewöhnliche Robinie, Scheinakazie	Acacia, Black locust, Robinia	Faux acacia, Robinier	Falsa acacia	Robinia, Falsa acacia	Obicni bagrem	171
Robinia × margaretta 'Casque Rouge'*							173
Salix alba	Silver-Weide	White willow	Saule blanc	Salice bianco	Sauce blanco, Salguero, Sauce lanco	Bijela vrba	174
Salix alba var. vittelina	Dotterweide	Golden willow					175
Salix caprea	Sal-Weide	Goat willow, Pussy willow, Common willow, Sallow	Saule Marsault	Salice, Salicone	Sauce cabruno, Zargatillo	Vrba iva	175
Salix daphnoides	Reif-Weide	Violet willow	Saule faux-daphné, Saule noir	Salice noir	Sauce dafnoide	Rana vrba	176

Salix fragilis*	Knack-Weide, Bruch-Weide	Crack-willow	Saule fragile	Salice fragile	Mimbrera fragil	Krhka vrba	177
Salix matsudana*	Korkenzieher-Weide	Peking-willow	Saule de Matsuda				177
Salix × erythroflexuosa							177
Salix × sepulcralis	Hänge-Weide, Trauer-Weide	Weeping willow					175
Salix viminalis	Hanf-Weide, Korb-Weide	Common Osier, Osier	Osier des vanniers vert	Salice	Mimbrera	Kosaracka vrba	176
Sambucus nigra	Schwarzer Holunder	Common elder, Elderberry, Black elder	Sureau commun, Sureau noir	Sambuco	Saúco negro	Crna bazga	178
Sassafras albidum	Fieberbaum	Silky sassafras	Sassafras	Sassafras		Sasafras	180
Sophora japonica	Pagodenbaum, Japanischer Schnurbaum, Perlschnurbaum	Japanese pagoda tree	Sophora du japon	Sophora	Sofor, Àrbol de la miel, Àrbol de las pagodas, Falsa acacia del Japón	Japanska sofora	181
Sorbus americana*	Amerikanische Eberesche						186
Sorbus aria	Mehlbeere, Gewöhnliche Mehlbeere	Whitebeam	Alisier blanc, Alouchier	Sorbo montano, Farinaccio	Serbal blanco, Mostellar	Obicna mukinja	182
Sorbus × arnoldiana	Arnolds Eberesche						186
Sorbus aucuparia subsp. aucuparia	Eberesche, Gewöhnliche Eberesche, Vogelbeere	Mountain ash, Rowan, Rowan tree	Sorbier des oiseleurs	Sorbo selvatico	Serbal de los cazadores, Azarollo	Jarebikina mukinja	183
Sorbus aucuparia subsp. moravica	Süße Eberesche, Mährische Eberesche						184
Sorbus cashmiriana*	Himalaja-Eberesche						187
Sorbus commixta*	Japanische Eberesche						187
Sorbus decora*	Labrador-Eberesche						187
Sorbus domestica	Speierling	Service tree; franz. Cormier	Sorbo		Serbal común, Sorbo	Oskorusina mukinja	184
Sorbus × hybrida*	Bastard-Mehlbeere						187
Sorbus intermedia	Schwedische Mehlbeere, Oxelbeere	Swedish Whitebeam	Alisierde Suède		Serbal de Suecia	Baltica mukinja	185
Sorbus × thuringiaca*	Thüringer Mehlbeere						187
Sorbus torminalis	Elsbeere	Wild service tree	Alisier torminal	Ciavardello, Baccarello	Serbal silvesrtre, Sorbo silvestre, Mostajo	Brekinjina mukinja	186

lat. Name	deutsch	engl.	franz.	ital.	span.	kroat.	Seite
Sorbus latifolia*	Breitblättrige Mehlbeere	Service tree of Fontainbleau					187
Stewartia pseudocamellia	Japanische Scheinkamelie	Japanese stewartia	Faux-camélia, Stuartia			Japanska parakamelia	188
Storax japonica	Japanischer Storaxbaum	Japanese snowbell	Aliboufier, Styrax			Japanska diviza	189
Tetradium daniellii	Samthaarige Stinkesche	Tetradium, Evodia	Cedre batard, Cedrella			Daniellova medarica	190
Tilia americana	Amerikanische Linde	American basswood, American lime	Tilleul d'Amerique	Tiglio americana		America lipa	191
Tilia cordata	Winter-Linde	Little leaf linden	Tilleul à petites feuilles	Tiglio selvatico	Tilo silvestre, Tilo de hoja pequena	Kasna lipa, pozna lipa	191
Tilia × euchlora	Krim-Linde	Crimean Lime	Tilleul de Crimée			Svjezezelena lipa	193
Tilia platyphyllos	Sommer-Linde	Large leafed lime, Broad-leaved limetree	Tilleul á grandes feuilles,	Tiglio a foglie grandi	Tilo común, Tilo de hoja grande	Velelisna lipa	195
Tilia tomentosa	Silber-Linde, Ungarische Linde	Silver lime	Tilleul argenté, Tilleul de Hongrie	Tiglio argenteo	Tilo plateado, Tilo húngaro	Srebrnasta lipa	196
Tilia × vulgaris	Holländische Linde	Common lime, European linden	Tilleul commun, Tilleul de Hollande	Tiglio olandse		Obicna hibridna lipa	197
Tilia × flavescens*							197
Toona sinensis	Chinesischer Surenbaum	Red toon, Chinese toon	Frene puant			Kineski pajasenak	198
Ulmus glabra	Berg-Ulme, Weiß-Rüster	Scotch elm, Wych elm, Elm	Orme blanc, Orme de montagne	Olmo montano	Olmo montano, Olmo de monte	Gorski brijest	199
Ulmus × hollandica	Bastard-Ulme, Holländische Ulme	Dutch elm	Orme de Hollande	Olmo	Olmos híbridos de Holanda	Nizozemski hibridni brijest	201
Ulmus Hybriden und Resista-Sorten*							203
Ulmus laevis	Flatter-Ulme, Weiß-Rüster	Russian elm, White elm	Orme diffus	Olmo levis	Olmo temblón, Olmo pedunculado	brijest vez	202
Ulmus minor	Feld-Ulme, Feld-Rüster	European elm, Smoth-leaved elm	Orme champetre, Orme commun, Ormeau	Olmo comune	Olmo de Lock	Brijest	202
Ulmus procera	Englische Ulme	English elm	Orme anglais				203
Ulmus pumila*	Sibirische Ulme	Sibirian elm	Orme de Sibérie				203
Zelkova serrata	Japanische Zelkove	Japanese zelkova, sawleaf zelkova	Faux-orme de Sibérie, Zelkova	Azad		Japanska zelkova	205
Zelkova carpinifolia*	Kaukasische Zelkove			Zelkova del Caucaso			206

Abies alba	Weiß-Tanne	European silver fir	Sapin commun	Abete bianco	Abete blanco	Obicna jela	207
Abies cephalonica	Griechische Tanne	Graecian fir, Greek fir	Sapin de Grèce	Abete greco	Abete griego, Abete de Cefalonia	Grcka jela	208
Abies concolor	Colorado-Tanne	Colorado fir, White fir	Sapin du Colorado	Abete concolore	Abete del Colorado	Koloradska jela	208
Abies grandis	Küsten-Tanne, Große Küstentanne, Riesen-Tanne	Giant fir, Grand fir	Sapin de Vancouver	Abete bianco americano	Abete grande, Abete de Vancouver	Gorostasna jela	209
Abies homolepis	Nikko-Tanne	Nikko fir				Japanska jela	210
Abies koreana	Koreanische Tanne	Korean fir			Abete de Corea	Korean fir	210
Abies nordmanniana	Nordmanns-Tanne, Kaukasus-Tanne	Caucasian fir, Christmas tree			Abete de Nordmann, Abete del Cáucaso	Kavkaska jela	211
Abies pinsapo	Spanische Tanne	Hedgehog fir, Spanish fir	Sapin d'Espagne	Abete di Spagna	Pinsapo, Abete espanol	Spanjolska jela	211
Abies procera	Edel-Tanne	Noble fir	Sapin noble d'Amerique	Abete bianco americano	Abete noble, Abete prócer, Abete azul de Oregón	Plemenita jela	212
Abies veitchii*	Veitchs Tanne, Japan-Tanne	Veitchs silver fir			Abeto de Veitch		212
Araucaria araucana	Andentanne, Chilenische Araukarie, Chilenische Schmucktanne	Chile pine, Monkey puzzle	Araucaria du Chili, Pin du Chili, Bourreau des singes	Pino de Cile	Araucaria de Chile, Pchúen	Cileanska auraukarija	213
Calocedrus decurrens	Kalifornische Flusszeder, Weihrauch-Zeder	Incense cedar	Cèdre à encens		Libocedro de California; Cedro de incenso de California	Kalifornijski kalocedar	215
Cedrus atlantica	Atlas-Zeder	Atlas cedar	Cèdre de l'Atlas, Cèdre d'Afrique	Cedro dell'Atlante	Cedro del Atlas, Cedro plateado, Cedro atlántico	Atlaski cedar	217
Cedrus deodara	Himalaja-Zeder	Deodar, Indian cedar	Cèdre de l'Himalaya, Cèdre déodar	Cedro deodara	Cedro del Himalya, Cedro deodar, Cedro de la India	Himalajski cedar	218
Cedrus libani subsp. libani	Libanon-Zeder	Libanon cedar	Cèdre de l'Lebanon	Cedro del Libano	Cedro del Libano, Cedro de Salomón	Libanoski cedar	219
Cephalotaxus harringtonia	Harringtons Kopfeibe	Japanese plum yew	If-à-prunes			Harringtonova patisa	220
Cephalotaxus fortunei	Chinesische Kopfeibe						220
Chamaecyparis lawsoniana	Lawsons Scheinzypresse	Lawson's cypress	Cyprès de Lawson	Cipresso di Lawson	Camecíparis de Lawson, Falso ciprés de Lawson, „Cedro“ de Oregón, „Cedro“ de Puerto Oxford	Lawsonov pacempres	221

lat. Name	deutsch	engl.	franz.	ital.	span.	kroat.	Seite
Chamaecyparis nootkatensis	Nutka-Scheinzypresse	Alaska cedar, Yellow cedar	Cyprès de Nootka, Cyprès pleureur de l'Alaska		Camecíparis de Nootka, Falso ciprés de Nootka, Falso ciprés de Alaska	Nutkanski pacempres	222
Chamaecyparis pisifera	Erbsenfrüchtige Scheinzypresse	Sawara cypress	Cyprès de porte-pois		Camecíparis de Nootka, Falso ciprés de Nootka, Falso ciprés de Alaska	Pjegavi pacempres	222
Cryptomeria japonica	Japanische Sicheltanne	Japanese cedar	Cryptoméria du Japon, Cèdre du Japon		Criptomeria japonesa, Sugi	Japanska kriptomerija	225
Cunninghamia lanceolata	Chinesische Spießtanne	China fir	Sapin chinois			Kineska kuningamija	226
× Cupressocyparis leylandii	Bastard-Zypresse, Leylandzypresse	Leyland cypress	Cyprès batard, Cyprès de Leyland		Ciprés común, Ciprés mediterráneo	Leylandova cemprika	227
Cupressus sempervirens var. horizontalis	Echte Zypresse, Italienische Zypresse, Mittelmeer-Zypresse	Italien cypress	Cyprès commun	Cipresso	Ciprés comun	Obicni cempres	228
Cupressus sempervirens var. sempervirens*	Säulen-Zypresse	Italien cypress	Cyprès commun	Cipresso		Obicni cempres	230
Cupressus arizonica*	Arizona-Zypresse	Arizona cypress					230
Ginkgo biloba	Ginkgo, Mächenhaarbaum	Ginkgo, Maidenhair tree	Arbre aux quarante écus, Ginkgo	Ginco	Ginkgo	Dvolapi ginko	231
Juniperus chinensis	Chinesischer Wacholder	Chinese juniper	Genévrier de Chine	Ginepro		Kineska borovica	234
Juniperus communis	Gewöhnlicher Wacholder	Common juniper, Juniper	Genévrier commun	Ginepro	Enebro	Obicna borovica	235
Juniperus scopulorum*	Felsengebirgs-Wacholder	Colorado juniper, Rocky Mountains juniper	Genévrier de Montagnes Rocheuses				236
Juniperus virginiana	Virginischer Wacholder	Eastern red cedar, Red juniper	Bois à encens, Genévrier de Virginie	Ginepro		Virginijska borovica	236
Larix decidua	Europäische Lärche	European larch	Mélèze commun	Larice	Alerce europeo, Lárice	Europski aris	237
Larix kaempferi*	Japanische Lärche	Japanese larch	Mèléze du Japon	Larice giapponese			238
Metasequoia glyptostroboides	Urweltmammutbaum, Chinesisches Rotholz	Dawn redwood	Métaséquoia	Metasequoia	Metasecoya	Kineska metasekvoja	239
Picea abies	Europäische Fichte, Gewöhnliche Fichte, Rotfichte	Christmas tree, Common spruce, Norway spruce	Epicéa commun, Sapin de Norvège	Picea comune, Abete rosso	Picea común, Picea de Noruega, Picea europea, „Abete“ rojo	Obicna smreka	241

Picea breweriana	Siskiyou-Fichte	Brewer's weeping spruce	Epicéa de Brewer			Zalosna smreka	242
Picea engelmannii*	Engelmanns Fichte	Engelmann's spruce, Mountain spruce, Silver spruce	Epicéa d'Engelmann				245
Picea omorika	Omorika-Fichte, Serbische Fichte	Serbian spruce	Sapin de Serbie, Epicéa de Serbie	Picea di Serbia, Abete rosso della Serbia	Picea de Serbia	Panciceva smreka	243
Picea orientalis	Kaukasus-Fichte, Orient-Fichte	Oriental spruce, Caucasian spruce	Epicéa d'Orient, Sapin du Caucase	Abete rosso d'Oriente, Picea orientale	Picea oriental, Picea del Cáucaso, Picea de Asia Menor	Kavkaska smreka	244
Picea pungens	Blau-Fichte, Stech-Fichte	Blue spruce, Colorado spruce	Epicéa du Colorado	Abete de Colorado	Picea de Colorado	Bodlijkava smreka	245
Picea sitchensis*	Sitka-Fichte	Sitka spruce	Epicéa de Sitka		Picea de Sitka		245
Pinus aristata	Grannen-Kiefer	Bristlecone pine	Pin aristé			Tisucljetni bor	246
Pinus cembra	Arve, Zirbel-Kiefer	Arolla pine, Swiss stone pine	Auvier, Arolle, Pin cembro	Cembro, Cirmo, Pino zimbro	Pino cembro, Cembro	Alpski bor	247
Pinus contorta*	Dreh-Kiefer	Lodgepole pine, Shore pine	Pin tordu				256
Pinus halepensis	See-Kiefer	Aleppo pine	Pin d'Alep	Pino d'Aleppo	Pino carrasco, Pincarrasco, Pino de Alepo, Pino de Jerusalén	lepski bor	248
Pinus heldreichii var. leucodermis*	Schlangenhaut-Kiefer	Bosnian pine, Palebark pine	Pin blanc de Bosnie	Pino balcanico, Pino loricato		Bor munjika	248
Pinus jeffrey*	Jeffreys Kiefer	Jeffrey's pine	Pin de Jeffrey		Pino de Jeffrey		256
Pinus monticola*	Westliche Weymouth-Kiefer	Californian mountain pine, Silver pine, Western white pine					256
Pinus nigra	Schwarz-Kiefer	Austrain pine, Black pine	Pin noir	Pino nero	Pino negral	Austrijski crni bor	249
Pinus parviflora	Mädchen-Kiefer	Japanese white pine				Japanski bijeli bor	251
Pinus peuce	Mazedonische Kiefer, Rumelische Kiefer, Rumelische Strobe	Macedonian pine	Pin de Macédoine, Pin des Balkans	Pino del Balcani	Pino de Macedonia, Pino de los Balcanes	Elov bor, Balkanski bor	251
Pinus pinaster	Strand-Kiefer	Cluster pine, Maritime pine, Pinaster	Pin maritime	Pino marittimo	Pino rodeno, Pino marítimo, Pino rubial	Primorski bor	252
Pinus pinea	Pinie, Schirm-Kiefer	Stone pine, Umbrella pine	Pin pinie, Pin parasol	Pino domestico	Pino pinonero, Pino manso, Pino doncel, Pino albar	Kisobranasti bor, Pinija	253

lat. Name	deutsch	engl.	franz.	ital.	span.	kroat.	Seite
Pinus ponderosa	Gelb-Kiefer	Ponderosa pine, Western yellow pine	Pin june de Nouveau Monde		Pino ponderosa, Pino ponderoso, Pino real americano	Zuti bor	253
Pinus strobus	Strobe, Weymouth-Kiefer	Eastern white pine, Weymouth pine, White pine	Pin Weymouth	Pino Weymouth, Pino strobo	Pino de Weymouth, Pino estrobo, Pina canadiense	Weymouthov bor	254
Pinus sylvestris	Föhre, Gewöhnliche Kiefer, Wald-Kiefer	Scots pine	Pin sylvestre	Pino silvestre	Pino silvestre, Pino Valsain, Pino serrano, Pino del Norte, Pino rojo; Pino bermejo	Obicni bor, Crveni bor	255
Pinus wallichiana	Tränen-Kiefer	Bhutan pine, Himalayan pine	Pin pleureur de l'Himalaya		Pino azul del Hilaya, Pino de Bhután	Himalajski bor	255
Pseudolarix amabilis	Goldlärche	Golden larch	Mélèze de la Chine	Larice dorato	Alerce de Oro	Zlatni paaris	257
Pseudotsuga menziesii	Douglasfichte, Douglasie	Douglas fir	Sapin de Douglas, Douglas vert	Douglasia, Abete di Douglas	Douglasia verde, Falsa tsuga verde de las Rocosas, Douglas de Oregón, „Abete“ de Douglas; Pino real colorado	Obicna americka duglazija	258
Sciadopitys verticillata	Japanische Schirmtanne	Umbrella pine	Pin parasol japonais			Japanska prsljenks	260
Sequoia sempervirens	Küstenmammutbaum, Küstensequoie	California redwood, Coast redwood	Séquoia cotier	Sequoia semperverde	Secoya roja, Secoya de California	Obalna sekvoja, Obalni mamutovac	261
Sequoiadendron giganteum	Bergmammutbaum, Gebirgsmammutbaum, Mammutbaum, Wellingtonie	Giant sequoia, Bigtree, Sierra redwood	Séquoia géant	Wellingtonia, Sequoia gigante	Secoya gigante, Wellingtonia	Golemi mamutovac	263
Taxodium ascendens*	Sand-Sumpfzypresse	Pond cypress					267
Taxodium distichum	Zweizeilige Sumpfzypresse	Bald cypress, Swamp cypress	Cyprès chauve	Cipresso calvo	False ciprés de los pantanos, Falso ciprés calvo, Taxodio de pantano	Mocvarni taksodij	266
Taxus baccata	Europäische Eibe, Gewöhnliche Eibe	Common yew, English yew	If commun	Tasso, Libo	Tejo común, Tejo negro	Obicna tisa	268
Thuja occidentalis	Abendländischer Lebensbaum	Eastern arborvitae, Red cedar, Eastern white cedar	Arbre de paradies, Thuya occidental, Thuya du Canada, Thuya de l'Occident	Tuia occidentale	Tuya occidental	Obicna americka tuja	270

Thuja orientalis	Morgenländischer Lebensbaum	Arborvitae, Oriental thuja	Thuya d'Orient, Thuya de Chine		Tuya oriental	Obicna azijska tuja	271
Thuja plicata	Riesen-Lebensbaum	Western red cedar, Giant arborvitae	Thuya géant de Californie	Tuia gigantesca	Tuya gigante, Àrbol de la vida gigante, „Cedro" rojo del Pacifico	Golena tuja	272
Thuja standishii*	Japanischer Lebensbaum						273
Thujopsis dolabrata	Hibalebensbaum, Thuja	Hiba	Thuya jiba		Hiba	Japanska hiba	274
Torreya californica*	Kalifornische Nusseibe						276
Torreya grandis*	Chinesische Nusseibe						276
Torreya nucifera	Japanische Nusseibe	Japanese torreya	If puant			Japanska toreja	275
Tsuga canadensis	Kanadische Hemlocktanne	Eastern Hemlock	Sapin cigue, Sapin du Canada	Tsuga canadense	Tsuga de Canadá, Tsuga oriental	Kanadska cuga	277
Tsuga heterophylla	Westliche Hemlocktanne	Western Hemlock	Tsuga de L'Ouest, Pruche de l'Ouest	Tsuga del Pacifico	Tsuga hererófila, Tsuga del Pacifico, Tsuga de Alberta	Zapadno americka cuga	278
Tsuga diversifolia	Japanische Hemlocktanne	Northern Japanese Hemlock	Tsuga du Japon				279
Tsuga mertensiana*	Berg-Hemlocktanne	Mountain Hemlock	Tsuga des montagnes				279
Tsuga sieboldii*	Aragi-Hemlocktanne, Südjapanische Hemlocktanne	Southern Japanese Hemlock					279

Verwendete Literatur

AAS, G., RIEDMÜLLER, A.: Arboles, Gran Guia de la Naturaleza. Gräfe und Unzer GmbH, Editorial Everest, S. A., Carretera León-La Coruna km 5 –León, 2002.

BÄRTELS, A.: Enzyklopädie der Gartengehölze. Verlag Eugen Ulmer, Stuttgart, 2001.

BORZAN, Z.: Baum- und Strauchnamen, Lateinisch, Kroatisch, Englisch, Deutsch. Hrvatske Sume, Zagreb 2001.

ERHARDT, W., GÖTZ, E., BÖDEKER, N., SEYBOLD, S.: Zander, Handwörterbuch der Pflanzennamen, 17. Aufl. Verlag Eugen Ulmer, Stuttgart 2002.

HECKER, U.: BLV Handbuch Bäume und Sträucher. BLV Verlagsgesellschaft mbH, München 1995.

HILLIER NURSERIES: The Hillier Gardener's Guide to Trees and Shrubs. Editor John Kelly, David and Charles, Brunel House, Newton Abbot, Devon 1995.

KRÜSSMANN, G.: Die Bäume Europas, 2. Aufl. Verlag Paul Parey, Berlin, Hamburg 1979.

KRÜSSMANN, G.: Die Nadelgehölze, 3. neu bearb. Aufl. Verlag Paul Parey, Berlin, Hamburg 1979.

NATIONAL AUDUBON SOCIETY: Field Guide to North American Trees, Eastern Region. Published by Alfred A. Knopf, Inc., 17. Aufl. Produced by Chanticleer Press, Inc., New York 1997.

SCHENK, C. A.: Fremdländische Wald- und Parkbäume. Verlag Paul Parey, Berlin 1939.

SCHÜTT, P., SCHUCK, H. J., LANG, U. M., ROLOFF, A.: Enzyklopädie der Holzgewächse, Handbuch und Atlas der Dendrologie. Ecomed 1995.

THOMA, E.: ... und du begleitest mich. Wie Bäume und Hölzer dem Menschen nützen. 2. Aufl. Verlag Thoma, St Johann/Pongau 1999.

VAUCHER, H.: Baumrinden: Aussehen, Struktur, Funktion. Naturbuch Verlag 1997.

VON EHREN, L.: Sortimentskatalog 2001/02. Herausgeber Lorenz von Ehren GmbH, Hamburg, 2000.

WARDA, H.-D.: Das große Buch der Garten- und Landschaftsgehölze, 2. erw. Aufl. Bruns Pflanzen Export GmbH, 2001.

Bildquellen

Großes Umschlagfoto: Rudolf Wittmann, Ingolstadt.
Kleine Umschlagfotos: Links und Mitte: Rudolf Wittmann, Ingolstadt, rechts: Helmut Pirc, Wien.
Innenteil:
Andreas Bärtels: *Crataegus azarolus, Stewartia pseudocamellia* var. *koreana, Toona sinensis, Abies grandis* (Habitus).
Martin Haberer: *Idesia polycarpa*.
Alle anderen Fotos stammen vom Verfasser.
Zeichnungen: Klappe und Umschlag vorn innen: Helmuth Flubacher, Waiblingen.
Klappe und Umschlag hinten innen: Andreas Roloff.

Bibliografische Information der Deutschen Bibliothek

Die Deutsche Bibliothek verzeichnet diese Publikation in der Deutschen Nationalbibliografie; detaillierte bibliografische Daten sind im Internet über http://dnb.ddb.de abrufbar.

ISBN 3-8001-4577-4

Wollgrasweg 41, 70599 Stuttgart (Hohenheim)
E-Mail: info@ulmer.de
Internet: www.ulmer.de
Lektorat: Antje Springorum
Herstellung: Gabriele Wieczorek
Umschlaggestaltung: Wilde 2, Stuttgart
Satz: primustype Robert Hurler GmbH, Notzingen
Druck und Bindung: Litotipografia Alcione, Trento
Printed in Italy

Mehr vom Autor Helmut Pirc.

Mit rund 150 Arten und einer Fülle von Gartenformen sind die Ahorne eine formenreiche Gattung.

Ein **farbenprächtiges Buch**, das die nahezu unüberschaubare Arten- und Sortenvielfalt einer der faszinierendsten Gehölzgattungen **umfassend und anschaulich** näherbringt.

Ahorne.

Helmut Pirc. 1994. 240 S., 115 Farbf., 37 Zeichn., geb. (Ln.) mit SU. ISBN 3-8001-6554-6.

Ganz nah dran. Ulmer